高等学校金融科技专业主要课程教材

金融科技

何平平 马倚虹 陈昱 编著

高等教育出版社·北京

内容简介

　　本书面向金融应用,系统地阐述了金融科技的主要技术及其在金融中的应用,具有全面性、系统性和实用性特色。全书共 4 部分、11 章,分别是技术篇、支付与结算篇、融资篇和财富管理篇,主要内容包括物联网、云计算与大数据技术,人工智能,区块链技术,移动支付与跨境电子支付,数字货币,互联网贷款,互联网消费金融,电子商务小额贷款,大数据信用评分,智能投顾,量化交易。本书可以作为高等院校金融学专业及相关专业本科生、研究生的教学用书,也可供金融科技研究者、从业者、管理人员学习和参考。

图书在版编目(C I P)数据

　　金融科技 / 何平平,马倚虹,陈昱编著. －－北京:高等教育出版社,2023.5
　　ISBN 978-7-04-060065-0

　　Ⅰ. ①金… Ⅱ. ①何… ②马… ③陈… Ⅲ. ①金融 -科学技术 Ⅳ. ① F830

　　中国国家版本馆 CIP 数据核字(2023)第 036958 号

Jinrong Keji

| 策划编辑 | 赵 鹏 | 责任编辑 | 奚 玮 | 封面设计 | 张 楠 | 版式设计 | 童 丹 |
| 责任绘图 | 邓 超 | 责任校对 | 刘俊艳 刘丽娴 | 责任印制 | 耿 轩 | | |

出版发行	高等教育出版社	网　　址	http://www.hep.edu.cn
社　　址	北京市西城区德外大街 4 号		http://www.hep.com.cn
邮政编码	100120	网上订购	http://www.hepmall.com.cn
印　　刷	河北信瑞彩印刷有限公司		http://www.hepmall.com
开　　本	787mm×1092mm　1/16		http://www.hepmall.cn
印　　张	20.75		
字　　数	470 千字	版　　次	2023 年 5 月第 1 版
购书热线	010-58581118	印　　次	2023 年 5 月第 1 次印刷
咨询电话	400-810-0598	定　　价	49.80 元

本书如有缺页、倒页、脱页等质量问题,请到所购图书销售部门联系调换
版权所有　侵权必究
物 料 号　60065-00

前　言

　　作为互联网金融升级版的金融科技已经成为金融创新的重要驱动力,在金融领域具有广泛的应用,而各类金融机构的金融科技人才极度短缺。为解决这一问题,近几年来部分高校成立了金融科技学院或者新设金融科技专业,或者在金融专业本科生和研究生人才培养方案中增设了与金融科技相关的课程设计。然而,金融科技课程方面的建设是金融科技人才培养方面的短板。在这一背景下,湖南大学数字金融研究中心组织力量撰写了本书。

　　由于金融科技刚刚兴起,可供参考的资料不多,本书也仅仅是在这方面的一个探索。全书的整体框架是以 2017 年巴塞尔银行监管委员会对金融科技的分类进行设计,按照编者自己的思路进行呈现的。全书共 4 部分、11 章,第一部分为技术篇,共 3 章,第一章至第三章分别介绍物联网、云计算与大数据技术,人工智能以及区块链技术。第二部分为支付与结算篇,共 2 章,第四章和第五章分别介绍移动支付与跨境电子支付、数字货币;第三部分为融资篇,共 4 章,第六章至第九章分别介绍互联网贷款、互联网消费金融、电子商务小额贷款和大数据信用评分;第四部分为财富管理篇,共 2 章,第十章至第十一章分别介绍智能投顾、量化交易。全面性、系统性和实用性是本书的最大特点。

　　(1) 全面性。本书不仅全面介绍了金融科技的主要技术——物联网、云计算与大数据技术,人工智能以及区块链技术,而且全面介绍了金融科技在金融领域中的主要应用,内容涵盖面极广。

　　(2) 系统性。一是全书的内容编排比较系统。本书在内容编排上按照技术、支付与结算、融资、财富管理四大部分进行设计。二是章节体例很清晰。每章节包括概念厘定、发展历程与现状、模式或系统架构等,对读者希望了解的内容从理论到应用进行系统呈现。

　　(3) 实用性。本书对于从事金融科技的研究人员、实务部门和管理者是一本难得的参考书籍。

　　2017 年 10 月,清华大学出版社出版了一套本人的互联网金融系列丛书,包括《互联网金融》《大数据金融与征信》《消费金融与供应链金融》《互联网金融运营与实务》《互联网金融法规》。2019 年 10 月,中国社会科学出版社出版了本人的专著《普惠金融背景下传统金融与金融科技融合研究》。本书可以看作互联网金融系列丛书的姊妹之作。感谢高等教育出版社相关编辑对于本书出版的鼎力支持。

　　本书由何平平拟订大纲并统稿,湖南大学数字金融研究中心组织撰写。具体分工如下:第一章、第二章、第四章、第八章和第十章由何平平负责编写,第三章、第九章和第十一章由马倚虹、何平平负责编写,第五章至第七章由陈昱、何平平负责编写。汪淑敏、罗若阑、粟颜、李馨蕊、邓雅芳和李皓也参与了本书的编写工作。

　　由于目前金融科技正在发展过程中,其理论体系、内容、应用等还有待在实践中不断梳理与提升。本书编写过程中参考了大量的文献资料,并尽可能在书后的参考文献中标注,在此向相关作者一并表示感谢。囿于时间和个人能力,书中难免有疏漏和不妥之处,敬请读者批评指正。

何平平

2022 年 8 月

目 录

第一部分 技 术 篇

第二部分 支付与结算篇

第三部分 融 资 篇

第一部分

技术篇

第一章 物联网、云计算与大数据技术

随着物联网、云计算的快速发展,大数据也吸引了越来越多的人关注。尤其是大数据已经成为各行业发展必不可少的技术支撑,金融行业也已经逐渐离不开大数据。通过本章的学习,你将了解到:金融科技的概念及业务模式;什么是物联网技术、云计算技术和大数据技术,物联网的系统架构和关键技术,云计算的特点、架构和云的服务模式,大数据的特征、技术处理的基本流程和分析技术;物联网、云计算、大数据之间的关系,物联网、云计算、大数据技术在金融领域的主要应用场景。

第一节 金融科技概述

一、金融科技概念的界定

金融科技,英文全称 Financial Technology,简写为 FinTech。该词源可以追溯到 20 世纪 90 年代初,前身为"金融服务技术联盟",是花旗银行启动的一个旨在促进技术合作的项目。顾名思义,FinTech(金融科技)是 Finance(金融)和 Technology(科技)的结合,但是又不是两者的简单组合。根据金融稳定理事会(FSB)的定义,金融科技主要是指由大数据、区块链、云计算、人工智能等新兴前沿技术带动,对金融市场以及金融服务业务供给产生重大影响的新兴业务模式、新技术应用、新产品服务等。

金融科技和互联网金融既有联系,也有区别。

(一)金融科技与互联网金融的联系

金融科技和互联网金融都是建立在科技与金融的深度融合基础之上,都是对运用各种新技术手段提供、优化、创新金融服务等行为的概括。

(二)金融科技与互联网金融的区别

金融科技与互联网金融相比,少了"互联网"的大概念,更多集中于科技本身。互联网金融是一种商业模式,它将传统金融行业的一些业务转移到线上。互联网金融是指传统金融机构与互联网企业利用互联网技术和信息通信技术实现资金融通、支付、投资和信息中介服务的新型金融业务模式。互联网金融不是互联网和金融业的简单结合,而是在网络技术被用户熟悉、接受后(尤其是对电子商务的接受),自然而然为适应新的需求而产生的新模式及新业务,它是传统金融行业与互联网技术相结合的新兴领域。国内的"互联网金融"概念既涵盖金融机构的"金融 + 互联网"模式,典型的如网上银行、移动银行,也涵盖互联网企业的"互联网 + 金融"模式,典型的如阿里小额贷款之类的网络小额贷款。"金融科技"更强调新技术对金融业务的辅助、支持和优化作用,是基于金融本身萌发出的一种全新产品,该金融产品主要利用大数据、区块链等互联网创新技术进行风险管理与控制,给用户带来全新体验。互联网金融对金融行业的改变稍显浅显,而金融科技给传统金融带来的是颠覆性改变。互联网金融的落脚点在金融,金融属性更强,从"互联网金融"到"金融科技"的转换折射出了互联网对金融的改变已经从渠道升级到更深层的技术层面。

另外,金融科技作为一种运用科技手段变革金融业生产方式进而提高金融生产力的创新活动,具有三个鲜明特点:一是金融科技采用技术手段而非商业模式变化来实现金融业务的创新,打造新的生产方式。互联网金融主要通过提供新渠道,将传统的各类金融业务互联网化,但没有从根本上变革金融业的生产方式。二是金融科技不是简单的技术复制,而是从 0 到 1 的金融创新,从规模导向转化为功能与结构导向,追求功能的优化和结构的完善,通过提供创造性的解决方案,提高金融服务生产效率,大大降低金融服务成本。三是金融科技能够深入触及金融行业的本质,通过技术创新打破现有金融的边界,从而发挥出金融最本质的作用,使资金能够在短缺方与盈余方之间有效流通。

二、金融科技发展历程

科技进步为金融科技的发展提供了强大的动力,推动了金融业务和服务不断创新和发展。2017 年 2 月,IOSCO(国际证监会组织)发布了《金融科技研究报告》,该报告根据美国的情况,从新兴科技和创新商业模式演进两个方面,将金融科技的发展历程分为三个阶段。

(一)第一阶段,金融科技 1.0:1980—1989 年,金融科技萌芽期

在这一阶段,金融科技的发展主要体现在金融机构在其内部设立 IT 部门,借助高速计算运行和快捷通信的信息技术手段,金融业实现了从传统业务处理向基于现代信息系统的数据化业务处理的迁移,大大提高了传统金融体系的业务效率。

(二)第二阶段,金融科技 2.0:1990—2010 年,金融科技起步期

2008 年以来,国际金融危机使西方传统金融业进入相对收缩的状态,一批追求个性化金融服务、依赖互联网及数字设备的年轻客户群涌现,为互联网金融创新提供了天然的土壤。通过互联网汇集海量用户,实现金融业务中资产端、交易端、支付端、资金端等任意组合的互联互通,以业务和产品创新的方式推动金融业务的转型、跨界和客户体验的提升。

(三)第三阶段,金融科技 3.0:2011 年以后,金融科技快速成长期

2011 年,FinTech 概念正式提出,美国硅谷和英国伦敦的高科技公司利用云计算、区块链、人工智能等新兴技术对传统金融业进行颠覆性改造。

金融科技发展三阶段内容详见表 1.1。

表 1.1 金融科技发展三阶段

金融科技 1.0,1980—1989 年,萌芽期	金融科技 2.0,1990—2010 年,起步期	金融科技 3.0,2011 年至今,快速成长期
科技没有独立于金融系统,金融公司内部设立 IT 部门,用于压缩成本,提高运营效率	金融业搭建线上平台,获取客户资源和信息,本质上是渠道变革。此外,科技第一次独立于金融系统,以互联网金融为典型	新兴技术如大数据、人工智能、区块链与金融相结合,金融服务向长尾客户普及,大幅度提升传统金融的效率

续表

金融科技 1.0,1980—1989 年,萌芽期	金融科技 2.0,1990—2010 年,起步期	金融科技 3.0,2011 年至今,快速成长期
金融科技 1.0 的标志:金融机构内设 IT 部门 ◆ 1980 年,美国华尔街已经开始使用金融科技(FinTech)一词 ◆ 20 世纪 80 年代末,直销银行出现,标志进入金融科技 1.0 阶段	金融科技 2.0 的标志:互联网金融、移动互联网 ◆ 1990 年,移动支付业务出现 ◆ 1992 年,第一家互联网经纪商 Etrade 成立 ◆ 1995 年,第一家互联网银行 SFNB 成立 ◆ 20 世纪 90 年代末,电子支付与货币基金对接,互联网保险直销出现 ◆ 2003 年,互联网众筹成立 ◆ 2005 年,第一家 P2P 平台 Zopa 出现	金融科技 3.0 标志:IT 与金融机构紧密结合 ◆ 2015 年,纳斯达克交易所发布全球首个区块链平台 Linq ◆ 2016 年,巴克莱银行完成首个基于区块链技术的贸易

三、金融科技业务模式分类

2017 年,巴塞尔银行监管委员会将金融科技分为支付结算、存贷款与资本筹集、投资管理、市场设施四类(见表 1.2)。这四类业务在发展规模、市场成熟度等方面存在差异,对现有金融体系的影响程度也有所不同。

表 1.2　金融科技业务模式分类

支付结算	存贷款与资本筹集	投资管理	市场设施
▲零售类支付	▲借贷平台	▲智能投顾	▲跨行业通用服务
移动支付	借贷型众筹	财富管理	客户身份数字认证
点对点付款	线上贷款平台	▲电子交易	多维数据归集处理
数字货币	电子商务贷款	线上证券交易	▲技术基础设施
▲批发类支付	信用评分	线上货币交易	分布式账户
跨境支付	贷款清收		大数据
虚拟价值交换网络	▲股权融资		云计算
	投资型众筹		

（一）支付结算类

这类业务主要包括面向个人客户的小额零售类支付服务(如 PayPal、支付宝等)和针对机构客户的大额批发类支付服务(如跨境支付、外汇兑换等)。目前,互联网第三方支付业务发展迅速并趋于成熟,但由于其对银行支付系统仍有一定程度的依赖,并未从根本上替代银行的支付功能或对银行体系造成重大冲击,二者更多的是实现分工协作,优势互补。金融机构的支付服务主要针对客户在大额、低频次,以及对效率和费用不敏感的支付需求;互联网第三方支付则主要满足客户在互联网环境下对小额、高频、实时、非面对面、低费用的非现金支付需求,更多的是发挥对传统金融支付领域的补充作用。

（二）存贷款与资本筹集类

这类业务主要包括借贷平台和股权融资,即融资方通过互联网平台,以债权或股权形式向一定范围内的合格投资者募集小额资金。此类业务主要定位于传统金融服务覆盖不足的个人和小微企业等融资需求,虽然发展较快,参与机构数量众多,但与传统融资业务相比,所占比重仍然较低,更多的是对现有金融体系的补充。

（三）投资管理类

这类业务主要包括智能投资顾问和电子交易服务。前者是运用智能化、自动化系统提供投资理财建议,后者是提供各类线上证券、货币交易的电子交易服务。目前,智能投资顾问模式主要出现在少数交易标准化程度较高的发达国家金融市场,应用范围还比较有限,其发展前景也有赖于计算机程序能否提升自我学习分析能力,能否提供比人工顾问更优的投资建议,以及市场和投资者能否逐步适应和接受。

（四）市场设施类

这类业务既包括客户身份认证、多维数据归集处理等可以跨行业通用的基础技术支持,也包括分布式账户、大数据、云计算等技术基础设施。此类业务的科技属性较为明显,大多属于金融机构的业务外包范畴。

在上述四类业务中,前三类业务具有较明显的金融属性,一般属于金融业务并纳入金融监管;第四类并不是金融行业特有的业务或技术应用,通常被界定为针对金融机构提供的第三方服务。但随着科技与金融深度融合,其对持牌金融机构的稳健运行将会产生越来越重要的影响,需要监管机构给予更多关注。

第二节　物联网技术

一、物联网的概念

物联网(The Internet of Things,IOT)是一个宽泛的大概念,从以前的工控网升级到如今的物联网概念,不局限于工业自动化,而是包含了人类社会的方方面面,如生活、学习、工作、休闲等方面,都加入了自动化的概念。大到工厂自动化、城市智能智慧化,小到自动取货柜、智能家居,都属于物联网的一部分。

物联网一般的定义是指通过射频识别(RFID)(RFID+互联网)、红外感应器、全球定位系统、激光扫描器、气体感应器等信息传感设备,按约定的协议,把任何物品与互联网连接起来,进行信息交换和通信,以实现智能化识别、定位、跟踪、监控和管理的一种网络。简而言之,物联网就是"物物相连的互联网"。

物联网的发展可以追溯到1990年施乐公司的网络可乐贩售机(Networked Coke Machine)。1995年比尔·盖茨在其《未来之路》一书中也曾提及物互联,但未引起广泛重视。1998 年麻省理工学院提出了当时被称作 EPC 系统的物联网构想;1999 年在物品编码(RFID)技术上 Auto-ID 公司提出了物联网的概念;2005 年在信息社会世界峰会上,国际电信联盟发布了《ITU 互联网报告 2005:物联网》,正式提出"物联网"概念。此后,针对物联网的国家战略以及应用发展迅速,日韩基于物联网的"U 社会"战略、欧洲"物联网行动计划"以及美国"智能电网""智慧地球"等计划纷纷出台,物联网已经开始在军事、工业、农业、环境监测、建筑、医疗、空间和海洋探索等领域投入应用。

我国对物联网发展也高度重视,《国家中长期科学与技术发展规划纲要(2006—2020年)》和"新一代宽带移动无线通信网"国家科技重大专项均将物联网相关技术列入重点研究领域。目前,我国移动物联网用户规模快速扩大,根据工业和信息化部统计数据,截至 2022 年年底,连接数达 18.45 亿户,比 2021 年年底净增 4.47 亿户,占全球总数的 70%。我国已经初步形成窄带物联网(NB—IoT)、4G 和 5G 多网协同发展的格局,网络覆盖能力持续提升。其中,窄带物联网规模全球最大,实现了全国主要城市乡镇以上区域连续覆盖;4G 网络实现全国城乡普遍覆盖;5G 网络已覆盖全部的县城城区。物联网飞速发展背后的原因是,其基础技术日趋成熟。

二、物联网的系统架构

物联网作为一个系统网络,与其他网络一样,有其内部特有的架构。物联网的基础框架主要包含三层:感知层、网络层、应用层。如图 1.1 所示。

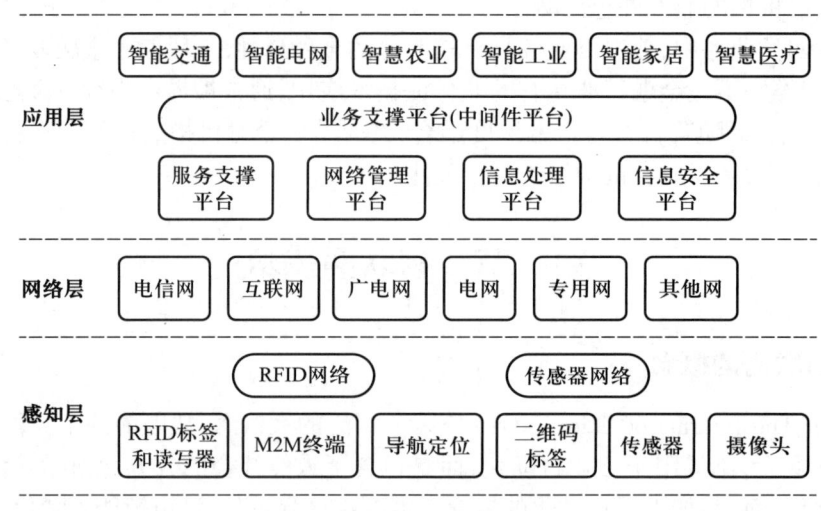

图 1.1　物联网系统架构图

（一）感知层

感知层是实现物联网全面感知的核心能力,其中传感器是感知层中获得信息的主要设备。传感器是最底层的应用,属于数据感知的器械。它利用各种机制把被测量的信息转换为电信号,然后由相应信号处理装置进行处理,并产生响应动作。常见的传感器包括水质、温度、湿度、压力、光电、气象传感器等。通过各种类型的传感器获取物理世界智能光发生的物理时间和数据信息。短距离通信技术和协同信息处理子层将采集到的数据在局部范围内进行协同处理,以提高信息精度,降低信息冗余度,并通过自组织能力的短距离传感网介入广域承载网络。它旨在解决感知层数据与多种应用平台间的兼容性问题。

(二)网络层

网络层主要将来自感知层的各类信息通过基础承载网络传输到应用层,解决的是感知层在一定范围内所获得的数据,通常是长距离的传输问题。这些数据可以通过移动通信网、国际互联网、企业内部网、各类专网、小型局域网等网络传输。网络层所需要的关键技术包括长距离有线和无线通信技术、网络技术等。目前的长距离无线传输方式有 NB_IoT、LoRa、eMTC、2G/3G/4G/5G;短距离无线传输主要有 ZigBee、WiFi、蓝牙。不同的应用场景对应不同的传输方式,选择适用的方式,是网络层最终实现客户需求的关键因素。

网络层中除了适用的通信方式之外,采集设备也是必不可少的。传感器的数据以电流或电压的方式通过串口、模拟量、数字量等接口传输到采集器中,依据特定的协议进行数据交互。

(三)应用层

应用层位于物联网三层结构中的最顶层,其功能为"处理",即通过云计算平台进行信息处理。应用层主要将物联网技术与行业专业系统相结合,实现广泛的物物互联的应用解决方案,主要包括业务中间件和行业应用领域。用于支撑跨行业、跨应用、跨系统之间的信息协同、共享、互通,从而实现对物理世界的实时控制、精确管理和科学决策。

物联网应用层的核心功能围绕两个方面:一是数据。应用层需要完成数据的管理和数据的处理。二是应用。仅仅管理和处理数据还远远不够,必须将这些数据与各行业应用相结合。例如,在智能电网中的远程电力抄表应用:安置于用户家中的读表器就是感知层中的传感器,这些传感器在收集到用户用电的信息后,通过网络发送并汇总到发电厂的处理器上。该处理器及其对应工作就属于应用层,它将完成对用户用电信息的分析,并自动采取相关措施。

物联网各层之间,信息不是单向传递的,可有交互、控制等,所传递的信息多种多样,包括在特定应用系统范围内能唯一标识物品的识别码和物品的静态与动态信息。尽管物联网在智能工业、智能交通、环境保护、公共管理、智能家庭、医疗保健等经济和社会各个领域的应用特点千差万别,但是每个应用的基本架构都包括感知、网络和应用三个层次,各种行业和各种领域的专业应用子网都是基于三层基本架构构建的。

三、物联网的核心技术

物联网的核心技术主要包括二维码及射频识别技术、传感器技术、网络与通信技术、数据的挖掘与融合技术等。

(一)二维码及射频识别技术(RFID)

二维码及 RFID 是目前市场关注的焦点,其主要应用于需要对标的物(货物)的特征属性进行描述的领域。二维码是一维码的升级,是用某种特定的几何形体按一定规律在平面上分布(黑白相间)的图形来记录信息的应用技术。目前,二维码即将或正在广泛应用于海关/税务征管管理、文件图书流转管理(我国国务院正在推行机关的公文管理采用二维码技术);已经普遍用于车辆管理、票证管理(几乎包含所有行业)、支付应用(如电子回执)、资产管理及工业生产流程管理等多个领域。

射频识别技术(RFID)是一种无接触的自动识别技术,利用射频信号及其空间耦合传输特性,实现对静态或移动待识别物体的自动识别,用于对采集点的信息进行标准化标识。鉴于 RFID 技术可实现无接触的自动识别,全天候、识别穿透能力强、无接触磨损、可同时实现对多个物品的自动识别等诸多特点,将这一技术应用到物联网领域,使其与互联网、通信技术相结合,可实现全球范围内物品的跟踪与信息的共享,这在物联网"识别"信息和近程通信的层面中,起着至关重要的作用。另外,产品电子代码(EPC)采用 RFID 电子标签技术作为载体,大大推动了物联网的发展和应用。

RFID 由以下几个方面结合而成:第一,在某一个事物上有标识的对象,即 RFID 电子标签;第二,RFID 读写器,读取或者写入附着在电子标签上的信息,可以是静态的,也可以是动态的;第三,RFID 天线,用在读写器和标签之间做信号的传达,在生活应用中要求相关软硬件的匹配。

RFID 利用优越的条件,促使人类对事物设施等在静止或者动态等状态下的管理和自动识别。该技术发展涉及的难点问题是:如何选择最佳工作频率和机密性的保护等。无线射频原理如图 1.2 所示。

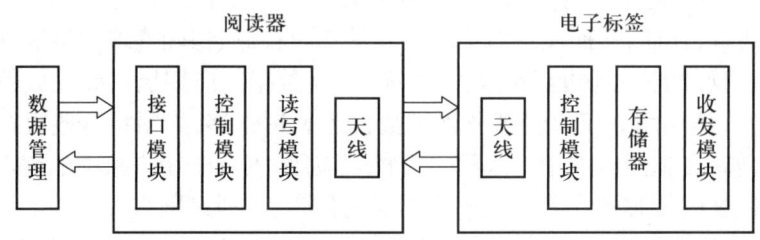

图 1.2　无线射频原理图

（二）传感器技术

信息采集是物联网的基础,而目前的信息采集主要是通过传感器、传感节点和电子标签等方式完成的。传感器技术是一种检测装置,通俗点讲就是能感知到被测量的信息,并能将感受到的信息,按一定规律变换成为电信号或其他所需形式的信息输出,以满足信息的传输、处理、存储、显示、记录和控制等要求。传感器的存在和发展,让物体有了视觉、触觉、味觉和嗅觉等感官,让物体慢慢活了起来。

（三）网络与通信技术

网络与通信技术作为为物联网提供信息传递和服务支撑的基础通道,通过增强现有网络与通信技术的专业性与互联功能,以适应物联网低移动性、低数据率的业务需求,实现信息安全且可靠的传送,是当前物联网研究的一个重点。传感器网络与通信技术主要包括广域网络通信和近距离通信两个方面。广域网络通信方面主要包括 IP 互联网、2G/3G/4G/5G 移动通信、卫星通信等技术,而以 IPv6 为核心的新联网的发展,更为物联网的用户提供了高效的传送通道;在近距离通信方面,当前的主流是以 IEEE802.15.4 为代表的近距离通信技术。

（四）数据的挖掘与融合技术

从物联网的感知层到应用层,各种信息的种类和数量都成倍增加,需要分析的数据量也呈级数增加,同时还涉及各种异构网络或多个系统之间数据的融合问题,如何从海量的数据中及时挖掘出隐藏信息和有效数据的问题,给数据处理带来了巨大的挑战,因此怎样合理、有效地整合、挖掘和智能处理海量的数据是物联网的难题。采用结合 P2P、云计算等分布式计算技术,可以成为解决以上难题的一个途径。

物联网的发展离不开云计算技术的支撑。物联网终端的计算和存储能力有限,云计算平台可以作为物联网的大脑,实现海量数据的存储和计算。

四、物联网在金融领域的应用场景

近年来,商业银行已开展了局部的物联网金融应用试点和探索,如利用物联网进行访客跟踪管理,应用 RFID 电子标签进行实物资产和设备管理,依托智能穿戴设备进行支付等。物联网技术在银行业具有广阔的应用前景,主要包括以下三个方面。

（一）面向企业客户的应用

在面向企业客户的服务中,银行可通过传感器采集全面客观的数据,将资金、信息、实体相结合,构建三维立体的物联网金融模式,进一步降低风险,推进业务模式变革。比如:

（1）小微企业融资。银行可运用物联网实时掌握其授信企业的采购渠道、原料库存、生产过程、成品积压、销售情况以及用户的使用情况,可按需贷款、按进度放款。物联网还可帮助银行开展贷前调查、贷中管理、贷后预警,预防欺诈违约案件。

（2）动产质押融资。传统业务模式中,银行往往无法对质押的动产做到全方位监控,而物联网的传感、导航和定位等技术将使物流环节(尤其是仓储和货运环节)变得可视化,银行可从时间、空间、物理状态量等维度全面感知和监控质押动产的存续状态和变化,以提高风控精细化水平。

（3）供应链融资。在传统供应链场景下,核心企业一般只掌握其直接上下游企业的相关经营数据,但将物联网 RFID 和 EPC 等技术应用于供应链各环节,有利于银行依托真实交易和实体行为,全面客观评估产业链条上各主体的信用状况。比如,中信银行与海尔集团合作的物联网供应链项目就取得了较大成功。据中国电子银行网数据显示,截止到 2019 年 9 月 30 日,其供应链金融平台交易量已经达到 101 亿元,用户规模已经超过200 万。

（4）大宗商品交易。物联网金融除了应用于仓储质押、供应链融资外,还在大宗商品跟踪监管方面有较大成效。目前,由于大宗商品交易平台上的交易双方常为异地监管,因此很容易产生仓单重复质押、虚假质押、骗贷挪用等问题。通过物联网技术可以实时跟踪融资企业的原材料采购情况、生产情况、销售情况、运输情况和仓储情况,从而可以及时采取措施,减少资金回流的风险。

（5）服务"三农"。物联网传感器可及时获取农作物真实的生长环境和长势,使银行有条件自动化预测产量和预期收益,为农户提供合适的贷款和保险服务,或面向农户提供辅助农业种植的增值服务,促进农户生产效率提升,实现银行和客户的双赢。

（二）面向个人客户的应用

物联网"连接万物"的理念与消费者对于智能化、移动化、便携性等的需要相契合,银行也具有利用物联网实时获取并分析客户数据来提升和改进服务品质的需要。在面向个人客户的服务中,利用物联网技术,银行可通过智能穿戴设备、智能手机、智能家居等入口,将银行服务延伸并无缝融入消费者的日常生活,为客户打造随时、随地、随心的服务。比如:

（1）智能穿戴设备和无感支付。基于内置无线射频或 NFC（近场通信）模块的智能穿戴设备,可为个人客户提供便捷的近场支付功能;停车场摄像头识别车辆车牌并关联银行账户实现停车缴费,为客户提供了顺畅及"无感"的支付体验。未来,物联网将深入个人消费领域,促进产品和服务创新,为客户提供更为丰富、智能和便捷的应用和体验。

（2）基于位置的客户营销和服务。利用物联网技术,银行可获取客户的位置信息并提供服务,如获悉客户在商场购物,银行可向客户推送信用卡商品促销等营销信息,将金融服务无缝嵌入客户消费场景中;又如在获悉客户抵达银行网点附近时,银行可利用 iBeacon 技术（苹果公司发布的一种基于低功耗蓝牙的通信协议）向客户推送自动排队或营销信息,改善客户体验。

（3）智能家居金融服务。美国 Capital One 银行已经结合亚马逊 Echo 音箱率先提供了以语音操作作为入口的银行交易功能,包括信用卡还款和支票账户等。

（4）定制化保险。物联网技术将推动保险精准定价覆盖到更广泛的人群,并大幅提高保险业对风险的预期和预防能力。例如,利用车联网技术分析客户驾驶习惯并设计车险产品,利用智能家居技术设计财险产品,利用物联网穿戴设备设计人身险产品等。

（三）面向银行内部管理的应用

银行在内部管理的各类应用场景中,合理利用物联网技术和解决方案,可以有效解放人力,提升管理效能。比如:

（1）实物资产管理。传统的资产管理主要依靠人工,效率低下、错误率高、成本较高,同时难以及时更新、检索与追溯资产信息。物联网技术提供了基于二维码、RFID 和定位与蜂窝网络等智能化的资产管理方式。比如,在资产出入库时采用基于 RFID 的解决方案,而在运输途中应用 GPS+GSM 或者 LPWAN（低功耗广域网）的资产追踪解决方案,结合传感器技术和室内外定位技术以追踪资产的位置和状态。

（2）智能安防。传统的安防工作大量依赖于人力,不仅事故处理成本高,效果也不理想。近年来涌现的门禁警报系统、烟感探测消防系统、视频监控安防系统、防爆安全检测系统等智能安防系统,可综合运用图像处理技术、监控技术和警报技术,实现迅速警报,从而降低损失。

第三节　云计算技术

一、云计算概述

现在,无论是企业还是个人,只要有网络的地方就脱离不了对云计算能力的依赖。云是对互联网资源的一种形象说法。云计算（Cloud Computing）即基于云的计算。互联网上的各类计算资源都可以视为云，通过基于网络的一系列新的计算技术为网络用户提供了一种便捷的、按需获取的、可配置的计算资源共享的网络应用模式。

"云计算"概念产生于谷歌和 IBM 等大型互联网公司处理海量数据的实践。2006 年 8 月 9 日，Google 首席执行官埃里克·施密特（Eric Schmidt）在搜索引擎大会首次提出"云计算"的概念。2007 年 10 月，Google 与 IBM 开始在美国大学校园推广云计算技术的计划，这项计划希望能降低分布式计算技术在学术研究方面的成本，并为这些大学提供相关的软硬件设备及技术支持。

云计算是继分布式计算、网格计算、对等计算之后的一种新型计算模式。目前全世界关于"云计算"的定义有很多。比如，维基百科上云计算的定义是"一种基于互联网的计算新方式，通过互联网上异构、自治的服务为个人和企业用户提供按需即取的计算"；著名咨询机构 Gartner 将云计算定义为"利用互联网技术来将庞大且可伸缩的 IT 能力集合起来作为服务提供给多个客户的技术"；而 IBM 则认为"云计算是一种新兴的 IT 服务交付方式，应用、数据和计算资源能够通过网络作为标准服务在灵活的价格下快速地提供给最终用户"。我们比较赞同美国国家标准技术研究院（NIST）2009 年关于云计算的定义："云计算是一种按使用量付费的模式，这种模式提供可用的、便捷的、按需的网络访问，进入可配置的计算资源共享池（资源包括网络、服务器、存储、应用软件、服务等），这些资源能够被快速提供，只需投入很少的管理工作，或与服务供应商进行很少的交互。"根据这一定义，云计算的特征主要表现为：第一，云计算是一种计算模式，具有时间和网络存储的功能。第二，云计算是一条接入路径，通过广泛接入网络以获取计算能力，通过标准机制进行访问。第三，云计算是一个资源池，包含云计算服务提供商的计算资源，通过多租户模式为不同用户提供服务，并根据用户的需求动态提供不同的物理的或虚拟的资源。第四，云计算是一系列伸缩技术，在信息化和互联网环境下的计算规模可以快速扩大或缩小，计算能力可以快速、弹性获得。第五，云计算是一项可计量的服务，云计算资源的使用情况可以通过云计算系统检测、控制、计量，以自动控制和优化资源使用。

云计算的核心是：云计算是新一代 IT 模式，它能在后端庞大的云计算中心的支撑下为用户提供更方便的体验和更低廉的成本（见图 1.3）。

图 1.3　云计算的定义

具体而言，由于在后端有规模庞大、非常自动化和高可靠性的云计算中心的存在，人们只要接入互联网，就能非常方便地访问各种基于云的应用和信息，并免去了安装和维护等烦琐操作，同时，企业和个人也能以低廉的价格来使用这些由云计算中心提供的服务或者在云中直接搭建其所需的信息服务。在收费模式上，云计算和水电等公用事业非常类似，用户只需为其所使用的部分付费。对云计算的使用者（主要是个人用户和企业）来讲，云计算将会在用户体验和成本这两方面给他们带来很多非常实在的好处。

二、云计算架构

云计算架构大致分为四层,包括三横一纵。三横为显示层、中间件层和基础设施层,一纵为管理层,管理层是为了更好地维护和管理其他三层而存在的(见图 1.4)。

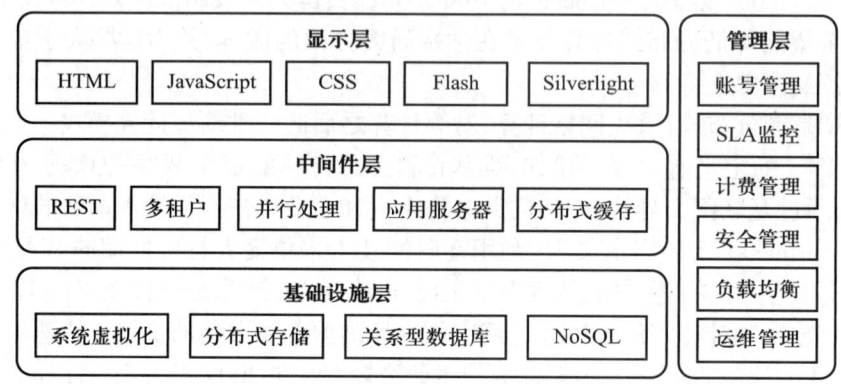

图 1.4　云计算的架构 1

按照云计算平台提供的服务种类,云计算平台又可划分为三层架构,即 IaaS、PaaS 以及 SaaS,概括为基础设施层、平台层和软件层(见图 1.5)。

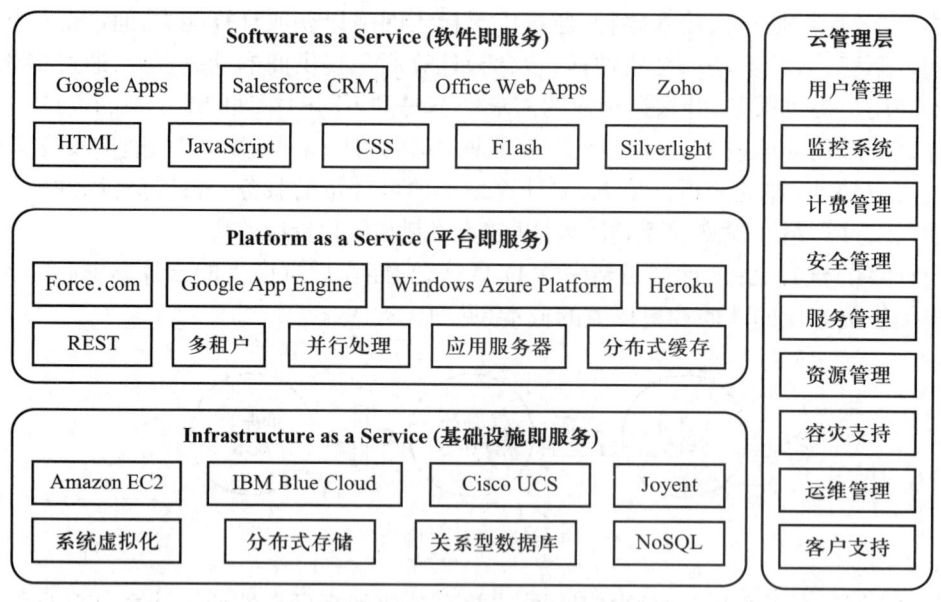

图 1.5　云计算的架构 2

（一）IaaS

IaaS(Infrastructure as a Service),中文名为基础设施即服务,主要包括计算机服务器、通信设备、存储设备等,能够按需向用户提供计算能力、存储能力或网络能力等 IT 基础设施类服务,也就是能在基础设施层面提供的服务。

(二) PaaS

PaaS(Platform as a Service),中文名为平台即服务。如果以传统计算机架构中"硬件 + 操作系统 / 开发工具 + 应用软件"的观点来看待,那么云计算的平台层应该提供类似操作系统和开发工具的功能。就如同在软件开发模式下,程序员可能会在一台装有 Windows 或 Linux 操作系统的计算机上使用开发工具开发并部署应用软件一样。

(三) SaaS

SaaS(Software as a Service),中文名为软件即服务,就是一种通过互联网提供软件服务的软件应用模式。在这种模式下,用户不需要再花费大量资金投资于硬件、软件和开发团队的建设,只需要支付一定的租赁费用,就可以通过互联网享受到相应的服务,而且整个系统的维护也由厂商负责。

此外,为实现计算资源本地化,目前如 Microsoft、IBM 等公司提供的服务器集装箱租赁服务可以被认为是一种新的服务模式,并称为硬件即服务(Hardware as a Service,HaaS)。

三、云的服务模式

云的服务模式包括公有云、私有云和混合云。

(一) 公有云

公有云是现在最主流同时也是最受欢迎的云计算模式。它是一种对公众开放的云服务,能支持数目庞大的请求,而且因为规模的优势,其成本偏低。公有云由云供应商运行,为最终用户提供各种各样的 IT 资源。云供应商负责从应用程序、软件运行环境到物理基础设施等 IT 资源的安全、管理、部署和维护。在使用 IT 资源时,用户只需为其所使用的资源付费,无须任何前期投入,所以非常经济,而且在公有云中,用户不清楚与其共享和使用资源的还有其他哪些用户,整个平台是如何实现的,甚至无法控制实际的物理设施,所以云服务提供商能保证其所提供的资源具备安全和可靠等非功能性需求。

应用在金融领域的公有云多体现为行业共享的行业云。所谓行业云,就是通过金融机构间的基础设施领域的合作,资源共享,在金融行业内形成公共基础设施、公共接口、公共应用等一批技术公共服务,用于对金融机构外部客户的数据处理服务,或为一定区域内金融机构、金融机构的垂直机构提供资源共享服务。

经济实力较弱和技术能力偏弱的中小型银行、城商行通常采取行业云的方式进行云计算。如兴业数金是行业云,主要为中小银行和非银行金融机构、中小企业提供金融行业云的服务,率先将云计算技术用于生产系统,而且将云计算技术推向金融行业云的高度。

(二) 私有云

关于云计算,虽然人们谈论最多的莫过于以 Amazon EC2 和 Google App Engine 为代表的公有云,但是对许多大中型企业而言,因为很多限制和条款,它们在短时间内很难大规模地采用公有云技术,可是它们也期盼云所带来的便利,所以引入了私有云这一云计算模式。私有云主要为企业内部提供云服务,不对公众开放,在企业的防火墙内工作,并且企业 IT 人员能对其数据、安全性和服务质量进行有效的控制。与传统的企业数据中心相比，私有云可以支持动态灵活的基础设施，降低 IT 架构的复杂度，使各种 IT 资源得以整合和标准化。私有云的适应性比公有云好很多，因为 IT 部门能完全控制私有云，这样它们有能力使私有云比公有云更好地与现有流程进行整合。技术实力和经济基础比较强的大型机构偏向于私有云的部署方式，可以将一些核心业务系统、重要敏感数据部署到私有云上。

在私有云界，主要有两大联盟：一是 IBM 与其合作伙伴，主要推广的解决方案有 IBM Blue Cloud 和 IBM Cloud Burst；二是由 VMware、Cisco 和 EMC 组成的 VCE 联盟，它们主推的是 Cisco UCS 和 vBlock。在实际的例子方面，已经建设成功的私有云有采用 IBM Blue Cloud 技术的中化云计算中心和采用 Cisco UCS 技术的 Tutor Perini 云计算中心。

（三）混合云

混合云虽然不如前面的公有云和私有云常用，但已经有类似的产品和服务出现。顾名思义，混合云是把公有云和私有云结合到一起的方式，即让用户在私有云的私密性和公有云灵活的低廉之间做一定权衡的模式。比如，企业可以将非关键的应用部署到公有云上来降低成本，而将安全性要求很高、非常关键的核心应用部署到完全私密的私有云上。如瑞银银行利用云计算完成数字化转型，采取了混合云的方式，平时日常业务处理中使用的是瑞银数据中心进行，一旦峰值到来，可以将负载导入公有云平台，充分利用公有云计算资源。

云平台已成为承载各类应用的关键基础设施。随着国家"互联网 +"政策的落地，金融行业"互联网 +"的步伐也不断加快，为保障银行后台信息安全、降低金融信息系统迁移成本和金融业务上云风险，各大银行主动出击，启动云平台建设。目前，我国商业银行布局金融云的模式主要有三类：一是以中国工商银行、中国建设银行、民生银行为代表的大型商业银行重建基于云技术的 IT 架构。2017 年，中国工商银行基于 SDN 云网架构的新一代全球网络 ASTRONET1.0 落地上线，目前已经成功运行了 7 大互联网金融关键业务。二是通过成立云服务子公司攻克云计算技术，实现金融业务上云，同时向外输出相关技术和服务，如兴业银行成立兴业数金，招商银行成立招引云创。三是借助互联网科技公司提供的云服务优化银行业务，如南京银行通过与阿里云和蚂蚁金融云的合作，切入医、食、住、教、产、销等场景，扩充业务范围。在上述三种模式中，前两种模式以私有云开发为主，而互联网公司提供的云产品以公有云为主。未来，商业银行基于信息安全、成本管控及监管要求，或将采取核心系统放私有云、其他系统放公有云的混合云解决方案。

第四节　大数据技术

一、大数据 VS 小数据

（一）大数据

1. 大数据的定义

在过去 20 年间，数据产生速度越来越快。据国际数据公司（IDC）报道，2018 年，中

国产生了大约 7.6 泽字节(ZB,1ZB 约为 1 万亿 GB)的数据。2025 年,中国预计将产生
48.6ZB 的数据,占全球的 27.8%。随着互联网产业与数字经济的迅速发展,中国正在形
成庞大的大数据"金库"。数据是信息时代最具代表性、最为宝贵的资源。大数据中隐藏
着巨大的机会和价值,将对许多领域带来深远影响,有效合理地挖掘数据价值将会成为
推动经济增长的重要助力。因此,大数据研究领域吸引了产业界、政府和学术界的广泛
关注。

2011 年 5 月,全球知名咨询公司麦肯锡(Mckinsey & Company)在美国拉斯维加斯举
办了第 11 届 EMC World 年度大会,会议的主题为"云计算相遇大数据"。会议发布了《大
数据:下一个创新、竞争和生产率的前沿》的报告,该报告首次提出"大数据"的概念。所
谓大数据,是指无法在可承受的时间范围内用常规软件工具进行捕捉、管理和处理的数据
集合,是需要新处理模式才能具有更强的决策力、洞察力和流程优化能力的海量、高增长
率和多样化的信息资产。

2. 大数据的特征

大数据的定义体现了大数据的 4V 特征:数据体量巨大(Volume)、数据类型繁多
(Variety)、数据时效性高(Velocity)以及数据价值密度低(Value)。如图 1.6 所示。

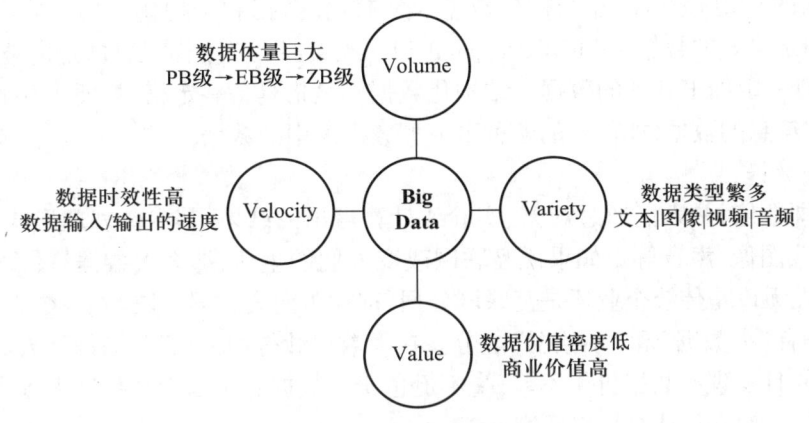

图 1.6　大数据的特征

(1) 数据体量巨大(Volume)。大数据的来源广泛,既有来自人类活动的,也有来自计
算机和物理世界的。① 来自人类活动。人们通过社会网络、互联网、健康、金融、经济、交
通等活动过程所产生的各类数据,包括文字、图像、视频、音频等信息。② 来自计算机。
各类计算机信息系统产生的数据,以文件、数据库、多媒体等形式存在,也包括审计、日志
等自动生成的信息。③ 来自物理世界。各类数字设备、科学实验与观察所采集的数据,
如摄像头不断产生的数字信号、医疗物联网不断产生的人的各项特征值、气象业务系统采
集设备收集的海量数据等。

数据集合的规模不断扩大,已经从 GB 级增加到 TB 级,再增加到 PB 级,近年来,数据
量甚至开始以 EB 和 ZB 来计数。例如,一个中型城市的视频监控信息一天就能达到几十
TB 的数据量。百度首页导航每天需要提供的数据达到 1~5PB,如果将这些数据打印出来,
会超过 5 000 亿张 A4 纸。

（2）数据类型繁多（Variety）。Variety 意味着要在海量、种类繁多的数据中发现其内在关联。在互联网时代，各种设备连成一个整体，个人在这个整体中既是信息的收集者也是信息的传播者，加速了数据量的爆炸式增长和信息多样性。这就必然促使我们在各种各样的数据中发现数据信息之间的相互关联，把看似无用的信息转变为有效的信息，从而做出正确的判断。

（3）数据时效性高（Velocity）。Velocity 可以理解为更快地满足实时性需求。时效性高主要表现为数据流和大数据的移动性。要求对大数据进行实时分析而非批量式分析，数据的输入、处理与丢弃必须立竿见影而非事后见效，一般要在 1s 时间给出分析结果，否则处理结果就是过时和无效的。实时处理的要求是大数据应用和传统数据仓库技术、BI 技术的关键差别之一。

（4）数据价值密度低（Value）。大数据时代，数据的价值就像沙里淘金，数据量越大，里面真正有价值的东西就越少。现在的任务就是利用云计算、智能化开源实现平台等技术，从 ZB、PB 级的数据中提取出有价值的信息，将信息转化为知识，发现规律，最终用知识促成正确的决策和行动。

3. 大数据的类型

大数据的类型有三种：非结构化数据、半结构化数据和结构化数据。非结构化数据是指没有固定格式的数据，如 PDF、E-mail 和一般文档。半结构化数据是指类似 XML 和 HTML 的、有一定加工处理的数据。结构化数据则是指具备一定格式，便于存储、使用，并可从中提取信息的数据，如传统的各种事务型数据库中的数据。

（二）小数据

数据，即数值，是人们通过观察、实验或计算得出的结果，其主要表现形式为数字，也可以是文字、图像、声音等。如果说互联网改变人们的生活，那么大数据时代可以改变整个世界，现在无论是传统企业还是互联网公司，都在迈向大数据领域。在大数据兴起之前，数据几乎没有"大数据"和"小数据"之分。在大数据炒得如火如荼的时候，人们也开始关注小数据，并且发现小数据价值不菲，毫不逊色于大数据。正因为小数据中蕴含着无数知识财富，所以我们必须认真加以研究。

小数据的概念由美国康奈尔大学教授德波哈尔·艾斯汀于 2014 年首次提出。这位计算机学教授在父亲去世的前几个月，发现年迈的老人的日常行为与往常有很大不同，如发送邮件及购物的次数减少、散步的距离缩短等，然而这种身体的异常在医院的体检中却无法体现出来。因此艾斯汀教授把这种利用日常小数据来分析、评估个体特征生命信息的方式运用到医疗中，为病人的治疗提供科学依据。小数据的概念提出之后，得到了很多学者的关注。

小数据是个体用户全面特征的完全表征，是针对个体用户的全方位、多层次行为模式和情景感知的全部数据集合。小数据的本质并不是数据总量小，而是以个人为中心全方位的数据。小数据是通过研究单一用户多种类型的特征、数据和行为来挖掘关于用户个体的规律和知识。随着移动互联网和物联网技术的发展，以及移动终端、传感器、可穿戴设备的普及，形成了以用户为中心的泛在计算环境，实现了信息空间、物理空间和人类活动三者的无缝融合。在这种融合的泛在计算环境中，通过用户小数据的采集、分析和处理,可以随时随地为用户个体提供个性化的信息服务,实现对个体行为的分析和预测。

　　大数据主要来源于大量用户的各种活动,包括在线搜索、在线交易、社交媒体等,关注大量用户的同一类型的行为和特征规律。小数据以个体用户为中心进行数据的采集和感知获取,主要包括个体用户的基本特征、情境信息、线上行为、线下行为、传感器采集信息、社交网络关系。如图 1.7 所示。

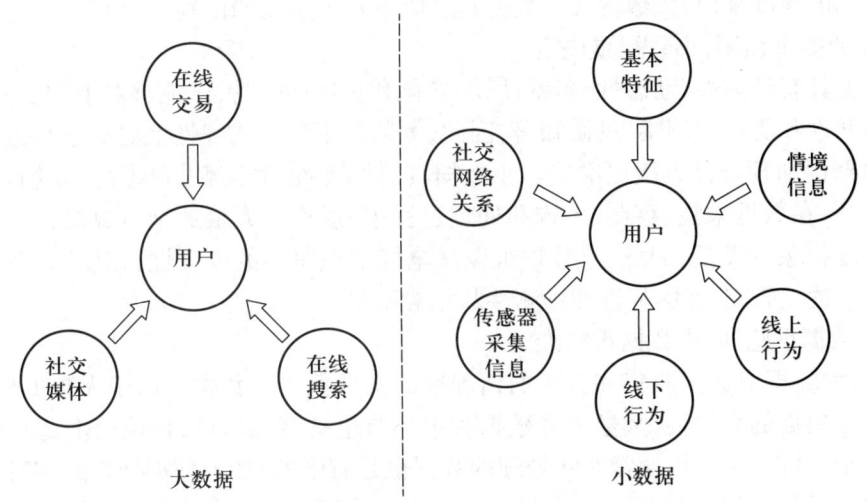

图 1.7　大数据与小数据来源

　　小数据中用户的基本特征是对用户个体基本信息的描述,包括姓名、性别、年龄、专业角色、任务、兴趣爱好、病史等。情境信息是对用户个体所在的实时环境的描述,包含了时间、用户地理位置、天气等环境信息,也包含了用户主观状态以及系统本身的运行状态。线上行为是对用户个体在互联网上各种活动的记录,包括用户个体的在线搜索、浏览、收藏、订购、回复等操作产生的数据。线下行为是对用户线下各种活动的记录,如学习、阅读、讨论、会议、娱乐、锻炼等。传感器采集信息是各种智能终端和可穿戴设备中的传感器采集的关于用户个体状况的实时数据,如每天的步行数、血压、脉搏、心电图等。社交网络关系是对个体用户社会关系网络的描述,包括好友、群组等静态连接和点赞、评论、转发等动态行为。

　　小数据的应用迄今虽然还十分幼稚,比如运动手环、智能手表等收集身体信息,告诉你每天的运动量如何,但若通过数据整合,小数据能提供的信息不止于此,如饮食健康、阅读习惯及推荐、消费分析及个人财务等,这是数据智能化的重要方向。小数据又被称为“量化的自我”,目的与大数据相同,是给个人提供决策依据。

　　小数据具有以下几个方面的特征:

　　(1) 小数据在规模上表现为有限性。小数据在规模上的有限性,主要体现在对象和体量上。一方面,小数据的采集对象主要为个人,这在一定程度上限制了数据规模的扩大;另一方面,数据体量的“大”“小”衡量是相对的,小数据并非简单的体量小,而是与海量大数据相比,小数据的容量是有限的。

（2）小数据在类型上呈现出多样性。从数据来源看,小数据可以产生于访谈和调查问卷等。从数据种类看,它包括各种结构化、半结构化以及非结构化数据。

（3）小数据具有一定的价值且价值密度高。由于小数据主要是围绕单一用户的个性化信息,并且数据规模相对有限,因此小数据中的价值信息并不容易被淹没,且较大数据而言,小数据的价值密度更高。

（三）大数据和小数据的区别

从应用的角度来说,大数据和小数据具有以下几个主要的区别。

1. 大数据重预测,小数据重决定

大数据具有整体性、动态性、多维性、场景化和长尾性等特征,能够对事物及其周边环境进行空间性和历时性洞察,见微知著,因此,大数据不仅在描述性上更优于小数据,而且能够在解释性和预测性方面更准确。小数据具有局部性、静态性、单维性、非场景化和规模性等特征,在数据采集、存储、传输和处理过程中,损耗了大量的细节数据,只是对各类事物的高度抽象性概括,因此,小数据难以从全局把握事物的变动性,在使用方式上多被用来进行描述性研究,而解释性和预测性却相对不足。

2. 大数据重感知,小数据重精准

首先,大数据对数据收集和分析的精确性的要求低于小数据。由于大数据样本来源的广泛性和数据的海量性,大数据在数据收集环节也具有粗糙性,价值密度比较低,而小数据则相反。其次,大数据通常在线处理的数据也是有限的,加上数据处理的实时性要求,其结果往往只是近似情况,而小数据专注于个性化探索,对精确性的要求较高。最后,大数据关注群体的共性规律,小数据关注揭示个性化规律,所以它们的分析层次分别是针对宏观和微观层面的,这也决定了大数据和小数据的精确性差异。

3. 大数据重相关,小数据重因果

大数据更关注相关关系,而小数据则更关注因果关系。大数据是"让数据说话",它基于数据驱动的思维,从海量数据中分析出"是什么"。而小数据更注重结果背后存在的内在逻辑关系,它是基于理论驱动的思维,不仅要了解"是什么",还需要探究"为什么",对现象背后的本质把握更为深入和透彻。

4. 大数据重广度,小数据重深度

大数据的价值发现主要在于广度,小数据则主要在于深度。这是因为大数据的海量性和多样性特征,大数据的涵盖面广,涉及的因素多且复杂。因此,它更侧重于在横向领域的价值挖掘,价值发现的层次浅但范围广,有助于把握宏观规律。而小数据是对个体数据全方位的收集和挖掘,其涉及面与大数据相比较窄,但挖掘更为彻底,更注重于个体的行为分析结果,个性化是小数据的重要特点。

二、大数据的产生背景和发展历程

（一）大数据的产生背景

1. 信息科技的进步

现代信息技术产业已经拥有 70 多年的历史,其发展的过程先后经历了几次浪潮。先是 20 世纪六七十年代的大型机浪潮,此时的计算机体型庞大,计算能力也不高。20 世纪

80 年代以后,随着微电子技术和集成技术不断发展,计算机各类芯片不断小型化,兴起了微型机浪潮,PC 成为主流。20 世纪末,随着互联网的兴起,网络技术快速发展,由此掀起了网络化浪潮,越来越多的人能够接触到网络和使用网络。

近几年随着手机及其他智能设备的兴起,全球网络在线人数激增,我们的生活已经被数字信息包围,而这些所谓的数字信息就是我们通常所说的"数据",我们可以将其称为大数据浪潮。也可以进一步看出,智能化设备的不断普及是大数据迅速增长的重要因素。

面对数据爆炸式的增长,存储设备的性能也必须得到相应的提高。美国科学家戈登·摩尔发现了晶体管增长规律的"摩尔定律"。在摩尔定律的指引下,计算机产业会进行周期性的更新换代,表现在计算能力和性能的不断提高。同时,以前的低速带宽已经远远不能满足数据传输的要求,各种高速高频带宽不断投入使用,光纤传输带宽的增长速度甚至超越了存储设备性能的提高速度,被称为超摩尔定律。

智能设备的普及、物联网的广泛应用、存储设备性能的提高、网络带宽的不断增长都是信息科技的进步,它们为大数据的产生提供了储存和流通的物质基础。

2. 云计算技术的兴起

云计算技术是互联网行业的一项新兴技术,它的出现使互联网行业产生了巨大的变革,我们平常所使用的各种网络云盘,就是云计算技术的一种具化表现。云计算技术通俗地来讲就是使用云端共享的软件、硬件以及各种应用,来得到我们想要的操作结果,而操作过程则由专业的云服务团队去完成。通俗一点来说,就像以前喝水需要自己打井、下泵,再通过水泵将水抽上来,而云计算就相当于现在的自来水厂,只要打开开关就有水流出,其他的过程都由厂家来完成,而你只要交费就行。我们通常所说的云端就是"数据中心",现在国内各大互联网公司、电信运营商、银行乃至政府各部委都建立了各自的数据中心,云计算技术已经在各行各业得到普及,并进一步占据优势地位。

云空间是数据存储的一种新模式,云计算技术将原本分散的数据集中在数据中心,为庞大数据的处理和分析提供了可能。可以说,云计算为大数据庞大的数据存储和分散的用户访问提供了必需的空间和途径,是大数据诞生的技术基础。

3. 数据资源化趋势

根据产生的来源,大数据可以分为消费大数据和工业大数据。消费大数据是人们日常生活产生的大众数据,虽然只是人们在互联网上留下的印记,但各大互联网公司早已开始积累和争夺数据。谷歌依靠世界上最大的网页数据库,充分挖掘数据资产的潜在价值,打破了微软的垄断;Facebook 基于人际关系数据库,推出了 Graph Search 搜索引擎;在国内,阿里和京东两家最大的电商平台也打起了数据战,利用数据评估对手的战略动向、促销策略等。在工业大数据方面,众多传统制造企业利用大数据成功实现数字转型表明,随着"智能制造"快速普及,工业与互联网深度融合创新,工业大数据技术及应用将成为未来提升制造业生产力、竞争力、创新能力的关键要素。

(二) 大数据的发展历程

大数据的发展历程总体上可以划分为三个重要阶段:萌芽期、成熟期和大规模应用期。

1. 萌芽期(20 世纪 90 年代至 21 世纪初)

"大数据"概念起源于美国。早在 1980 年,著名未来学家阿尔文·托夫勒就在其所著的《第三次浪潮》一书中将"大数据"称颂为"第三次浪潮的华彩乐章"。90 年代复杂性科学的兴起,不仅给我们提供了复杂性、整体性的思维方式和科学研究方法,还给我们带来了有机的自然观。1997 年,NASA 阿姆斯科研中心的大卫·埃尔斯沃斯和迈克尔·考克斯在研究数据的可视化问题时,首次使用了"大数据"概念。他们当时就坚信信息技术的飞速发展,一定会带来数据冗杂的问题,数据处理技术必定会进一步发展。1998 年,一篇名为《大数据科学的可视化》的文章在美国《自然》杂志上发表,大数据正式作为一个专有名词出现在公共刊物之中。

这一阶段可以看作大数据发展的萌芽期,在当时大数据还只是作为一种构想或者假设被极少数的学者进行研究和讨论,其含义也仅限于数据量的巨大,并没有更进一步地探索有关数据的收集、处理和存储等问题。

2. 成熟期(21 世纪前 10 年)

21 世纪前 10 年,互联网行业迎来了飞速发展的时期,信息技术也不断地推陈出新,大数据最先在互联网行业得到重视。2001 年,麦塔集团(META Group)(后被 Gartner 收购)分析师道格·莱尼提出数据增长的挑战和机遇有三个方向:数量(Volume,数据量大小)、速度(Velocity,数据输入输出的速度)、类型(Variety,数据多样性),合称"3V"。在此基础上,麦肯锡公司增加了价值密度(Value),构成"4V"特征。

2005 年大数据实现重大突破,Hadoop 技术诞生,并成为数据分析的主要技术。2007 年,数据密集型科学的出现,不仅为科学界提供了全新的研究范式,还为大数据的发展提供了科学上的基础。2008 年,美国《自然》杂志推出了一系列有关大数据的专刊,详细讨论了有关大数据的一系列问题,大数据开始引起人们的关注。2010 美国信息技术顾问委员会(PITAC)发布了一篇名为"规划数字化未来"的报告,详细叙述了政府工作中对大数据的收集和使用,美国政府已经高度关注大数据的发展。

这一阶段被看作大数据的成熟期,大数据作为一个新兴名词开始被理论界关注,其概念和特点得到进一步的丰富,相关的数据处理技术相继出现,大数据开始展现活力。

3. 大规模应用期(2010 年以后)

2011 年,IBM 公司研制出了沃森超级计算机,以每秒扫描并分析 4TB 的数据量打破世界纪录,大数据计算迈向了一个新的高度。紧接着,麦肯锡发布了题为《海量数据,创新、竞争和提高生成率的下一个新领域》的研究报告,详细介绍了大数据在各个领域中的应用情况,以及大数据的技术架构,提醒各国政府为应对大数据时代的到来,应尽快制定相应的战略。2012 年世界经济论坛在瑞士达沃斯召开,会上讨论了大数据相关的系列问题,发布了名为《大数据,大影响》的报告,向全球正式宣布大数据时代的到来。另外,国内外学术界也针对大数据进行了一系列的研究,像《纽约时报》《自然》《人民日报》等都推出大篇幅对大数据的应用、现状和趋势进行报道,同时哲学与社会科学界也出现了许多有影响力的著作,像舍恩伯格的《大数据时代》、城田真琴的《大数据的冲击》等。

大数据发展的三个阶段如表 1.3 所示。

表 1.3　大数据发展的三个阶段

阶段	时间	内容
第一阶段：萌芽期	20 世纪 90 年代至 21 世纪初	随着数据挖掘理论与数据库技术初步成熟,一批商业智能工具和知识管理技术开始被应用,如数据仓库、专家系统、知识管理系统等
第二阶段：成熟期	21 世纪前 10 年	Web2.0 应用迅速发展,非结构化数据大量产生,传统处理方法难以应对,带动了大数据技术的快速突破,大数据解决方案逐渐走向成熟,形成了并行计算与分布式系统两大核心技术,谷歌的 GFS 和 MapReduce 等大数据技术受到追捧,Hadoop 平台开始大行其道
第三阶段：大规模应用期	2010 年以后	大数据应用渗透各行各业,数据驱动决策,信息社会智能化程度大幅提高

三、大数据处理的基本流程

大数据的数据来源广泛,应用需求和数据类型都不尽相同,但是最基本的处理流程是一致的。整个大数据的处理流程可以定义为:在合适工具的辅助下,对广泛异构的数据源进行抽取和集成,将结果按照一定的标准进行统一存储,然后利用合适的数据分析技术对存储的数据进行分析,从中提取有益的知识,并利用恰当的方式将结果展现给终端用户。

具体来讲,大数据处理的基本流程可以分为数据抽取与集成、大数据预处理、大数据存储、数据分析和数据解释等步骤。

（一）数据抽取与集成

对于各种来源的数据,包括移动互联网数据、社交网络数据等,这些结构化和非结构化的海量数据是零散的,也就是所谓的数据孤岛,此时这些数据并没有什么意义,数据采集就是将这些数据写入数据仓库中,把零散的数据整合在一起,对这些数据综合起来进行分析。数据采集包括文件日志的采集、数据库日志的采集、关系型数据库的接入和应用程序的接入等。在数据量比较小的时候,可以写个定时的脚本将日志写入存储系统,但随着数据量的增长,这些方法无法提供数据安全保障,并且运维困难,需要更强大的解决方案。

从数据集成模型来看,现有的数据抽取与集成方式可以大致分为三种类型:数据库采集、网络数据采集、文件采集。

（1）数据库采集。流行的有 Sqoop 和 ETL,传统的关系型数据库 MySQL 和 Oracle 也依然充当着许多企业的数据存储方式。当然,目前对于开源的 Kettle 和 Talend 本身,也集成了大数据集成内容,可实现 HDFS、HBase 和主流 Nosq 数据库之间的数据同步和集成。

（2）网络数据采集。它是一种借助网络爬虫或网站公开 API,从网页获取非结构化或半结构化数据,并将其统一结构化为本地数据的数据采集方式。

(3)文件采集。文件采集包括实时文件采集和处理技术 Flume、基于 ELK 的日志采集和增量采集等。

(二)大数据预处理

大数据预处理是指在进行数据分析之前,先对采集到的原始数据进行的诸如清洗、填补、平滑、合并、规格化、一致性检验等一系列操作,旨在提高数据质量,为后期分析工作奠定基础。数据预处理主要包括四个部分:数据清理、数据集成、数据转换、数据归约。

(1)数据清理,是指利用 ETL 等清洗工具,对有遗漏数据(缺少感兴趣的属性)、噪声数据(存在着错误,或偏离期望值的数据)、不一致数据进行处理。

(2)数据集成,是指将不同数据源中的数据,合并存放到统一数据库的存储方法,着重解决三个问题:模式匹配、数据冗余、数据值冲突检测与处理。

(3)数据转换,是指对所抽取出来的数据中存在的不一致进行处理的过程。它同时包含了数据清洗的工作,即根据业务规则对异常数据进行清洗,以保证后续分析结果的准确性。

(4)数据归约,是指在最大限度保持数据原貌的基础上,最大限度精简数据量,以得到较小数据集的操作,包括数据方聚集、维归约、数据压缩、数值归约、概念分层等。

(三)大数据存储

大数据存储是指用存储器,以数据库的形式,存储采集到的数据的过程。包含三种典型路线:

(1)基于 MPP 架构的新型数据库集群。即采用 Shared Nothing 架构,结合 MPP 架构的高效分布式计算模式,通过列存储、粗粒度索引等多项大数据处理技术,重点面向行业大数据所展开的数据存储方式。其具有低成本、高性能、高扩展性等特点,在企业分析类应用领域有着广泛的应用。较之传统数据库,其基于 MPP 产品的 PB 级数据分析能力,有着显著的优越性。自然,MPP 数据库也成了企业新一代数据仓库的最佳选择。

(2)基于 Hadoop 的技术扩展和封装。基于 Hadoop 的技术扩展和封装,是针对传统关系型数据库难以处理的数据和场景(针对非结构化数据的存储和计算等),利用 Hadoop 开源优势及相关特性(善于处理非结构、半结构化数据、复杂的 ETL 流程、复杂的数据挖掘和计算模型等),衍生出相关大数据技术的过程。伴随着技术进步,其应用场景也将逐步扩大,目前最典型的应用场景为:通过扩展和封装 Hadoop 来实现对互联网大数据存储、分析的支撑,其中涉及了几十种 NoSQL 技术。

(3)大数据一体机。这是一种专为大数据的分析处理而设计的软、硬件结合的产品。它由一组集成的服务器、存储设备、操作系统、数据库管理系统,以及为数据查询、处理、分析而预安装和优化的软件组成,具有良好的稳定性和纵向扩展性。

(四)数据分析

数据分析是指用适当的统计分析方法对收集来的大量数据进行分析,提取有用信息和形成结论而对数据加以详细研究和概括总结的过程。数据分析是整个大数据处理流程的核心,大数据的价值产生于分析过程。从异构数据源抽取和集成的数据构成了数据分析的原始数据。根据不同应用的需求可以从这些数据中选择全部或部分进行分析。小数据时代的分析技术,如统计分析、数据挖掘和机器学习等,并不能适应大数据时代数据分析的需求,必须做出调整。大数据时代的数据分析技术面临着一些新的挑战,主要有以下几点:

(1) 数据量大并不一定意味着数据价值的增加,相反这往往意味着数据噪声的增多。因此,在数据分析之前必须进行数据清洗等预处理工作,但是预处理如此大量的数据,对于计算资源和处理算法来讲都是非常严峻的考验。

(2) 大数据时代的算法需要进行调整。首先,大数据的应用常常具有实时性的特点,算法的准确率不再是大数据应用的最主要指标。在很多场景中,算法需要在处理的实时性和准确率之间取得一个平衡。其次,分布式并发计算系统是进行大数据处理的有力工具,这就要求很多算法必须做出调整以适应分布式并发的计算框架,算法需要变得具有可扩展性。许多传统的数据挖掘算法都是线性执行的,面对海量的数据很难在合理的时间内获取所需的结果。因此需要重新把这些算法实现成可以并发执行的算法,以便完成对大数据的处理。最后,在选择算法处理大数据时必须谨慎,当数据量增长到一定规模以后,可以从小量数据中挖掘出有效信息的算法并一定适用于大数据。

(3) 数据结果的衡量标准对大数据进行分析比较困难,但是对大数据分析结果好坏的衡量却是大数据时代数据分析面临的更大挑战。大数据时代的数据量大,类型混杂,产生速度快,进行分析的时候往往对整个数据的分布特点掌握得不太清楚,从而会导致在设计衡量的方法和指标的时候遇到许多困难。

（五）数据解释

数据分析是大数据处理的核心,但是用户往往更关心对结果的解释。如果分析的结果正确,但是没有采用适当的方法进行解释,则所得到的结果很可能让用户难以理解,极端情况下甚至会引起用户的误解。

数据解释的方法很多,比较传统的解释方式就是以文本形式输出结果或者直接在计算机终端上显示结果。这些方法在面对小数据量时是一种可行的选择。

但是大数据时代的数据分析结果往往是海量的,同时结果之间的关联关系极其复杂,采用传统的简单解释方法几乎是不可行的。解释大数据分析结果时,可以考虑从以下两个方面提升数据解释能力。

(1) 引入可视化技术。可视化作为解释大量数据最有效的手段之一,率先被科学与工程计算领域采用。该方法通过将分析结果以可视化的方式向用户展示,可以使用户更易理解和接受。常见的可视化技术有标签云、历史流、空间信息流等。

(2) 让用户能够在一定程度上了解和参与具体的分析过程。这方面既可以采用人机交互技术,利用交互式的数据分析过程来引导用户逐步地进行分析,使得用户在得到结果的同时更好地理解分析结果的过程,也可以采用数据溯源技术追溯整个数据分析的过程,帮助用户理解结果。

四、大数据计算模式

大数据处理的问题复杂多样,单一的计算模式是无法满足不同类型的计算需求的。

大数据的计算模式可以分为批量计算(Batch Computing)和流式计算(Stream Computing)两种形态。

（一）批量计算

如图 1.8 所示，批量计算首先进行数据的存储，然后再对存储的静态数据进行集中计算。Hadoop 是典型的大数据批量计算架构。由 HDFS 分布式文件系统负责静态数据的存储并通过 MapReduce 进行处理，将计算逻辑分配到各数据节点进行数据计算和价值发现。由于简单高效，MapReduce 被广泛应用于生物信息、Web 挖掘和机器学习中。

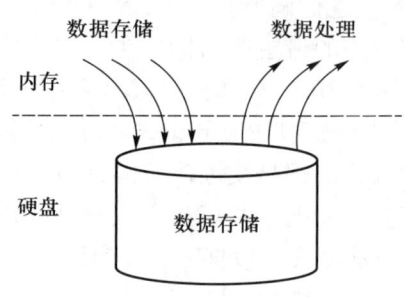

图 1.8　大数据批量计算

（二）流式计算

如图 1.9 所示，流数据是指在时间分布和数量上无限的一系列动态数据集合体，数据的价值随着时间的流逝而降低，因此必须采用实时计算的方式给出秒级响应，不再进行流式数据的存储，而是当流动的数据到来后在内存中直接进行数据的实时计算。流处理理论和技术已研究多年，如代表性的开源系统包括 Twitter 的 Storm、Yahoo 的 S4 就是典型的流式数据计算架构。流处理方式用于在线应用，通常工作在秒或毫秒级别。

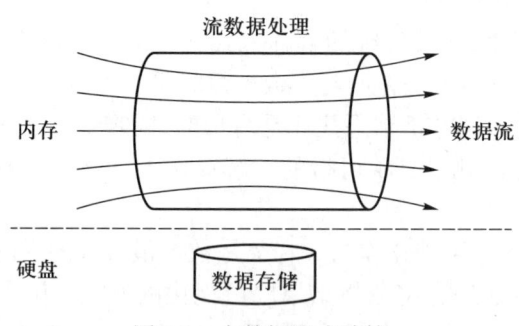

图 1.9　大数据流式计算

大数据流式计算主要用于对动态产生的数据进行实时计算并及时反馈结果，但往往不要求结果绝对精确的应用场景。在数据的有效时间内获取其价值，是大数据流式计算系统的首要设计目标。因此，当数据到来后将立即对其进行计算，而不再对其进行缓存等待后续全部数据到来再进行计算。

大数据流式计算的应用场景较多，比如金融领域的银行业。在银行日常运营过程中，往往会产生大量数据，这些数据的时效性往往较短，不仅有结构化数据，也会有半结构化和非结构化数据。因此,银行是大数据流式计算最典型的应用场景之一,也是大数据流式计算最早的应用领域。在银行系统内部,每时每刻都有大量的往往是结构化的数据在各个系统间流动,并需要实时计算。同时,银行系统与其他系统也有着大量的数据流动。通过对这些大数据的流式计算,发现隐含于其中的内在特征,可以帮助银行进行实时决策。在银行的实时监控场景中,大数据流式计算往往体现出了自身的优势。例如:

(1) 风险管理方面,包括信用卡诈骗、保险诈骗、证券交易诈骗、程序交易等,需要实时跟踪发现。

(2) 营销管理方面,如根据客户信用卡消费记录,掌握客户的消费习惯和偏好,预测客户未来的消费需求,并为其推荐个性化的金融产品和服务。

(3) 商业智能方面,如掌握金融银行系统内部各系统的实时数据,实现对全局状态的监控和优化,并提供决策支持。

五、大数据分析技术

(一) 可视化分析

可视化分析(Visual Analytics)是科学 / 信息可视化、人机交互、认知科学、数据挖掘、信息论、决策理论等研究领域的交叉融合所产生的新的研究方向。根据 Thomas 和 Cook 在 2005 年给出的定义:可视化分析是一种通过交互式可视化界面来辅助用户对大规模复杂数据集进行分析推理的科学与技术。可视化分析的运行过程可看作“数据→知识→数据”的循环过程,中间经过两条主线:可视化技术和自动化分析模型。从数据中洞悉知识的过程主要依赖两条主线的互动与协作。

大数据可视化分析是指在大数据自动分析挖掘方法的同时,利用支持信息可视化的用户界面以及支持分析过程的人机交互方式与技术,有效融合计算机的计算能力和人的认知能力,以获得对于大规模复杂数据集的洞察力(Insight)。

支持可视化分析的基础理论包括支持分析过程的认知理论、信息可视化理论以及人机交互与用户界面理论。面向大数据主流应用的信息可视化技术,主要包括文本可视化、网络(图)可视化、时空数据可视化、多维数据可视化技术等。

(二) 数据挖掘

大数据分析核心即为挖掘。从技术角度看,数据挖掘就是从大量的、复杂的、不规则的、随机的、模糊的数据中获取隐含的、人们事先未发觉的、有潜在价值的信息和知识的过程。

1. 数据挖掘的基本过程

数据挖掘的基本过程包括数据准备、数据挖掘、解释评估和知识运用。

(1) 数据准备是长期的、无规律的数据积累的结果,过程分为数据源的集成(数据对象整理、清洗等)、数据的选择(根据需求分类和提取数据集合)、数据预处理(消除数据中的非主体数据,检查数据的一致性和完整性)和数据转换(完成数据从数据源向目标数据仓库的转化过程)四个部分。

（2）数据挖掘是整个程序的关键过程，通过挖掘的目标要求选定合适的算法和数据挖掘模式，从海量数据中多次提取并转化为用户需要的知识，常见的算法有决策树、分类、神经网络等。

（3）解释评估是根据一定的评估标准最终甄别并提取出有价值的模式知识。数据挖掘发现的知识常见的有广义知识（实现方法如数据立方体、面向属性的归约等）、关联知识（发现方法如 Agrawal R 提出的 Apriori 算法）、分类知识（发现方法如 ID3 决策树方法）、预测型知识（发现方法如时间序列预测方法、神经网络和机器学习）和偏差型知识。

（4）知识运用就是对挖掘的评估结果在现实决策中的运用，是数据挖掘价值的体现。

2. 数据挖掘的分析方法

数据挖掘的分析方法包括聚类分析、分类和预测、关联分析、预测分析、语义分析等。

（1）聚类分析。聚类分析就是把大量的数据对象聚集成若干个簇的过程，并使得簇内对象尽量相似而簇间对象尽量相异。现有的聚类算法大致分为：划分方法，如 K-means、K-中心点算法（PAM 算法、CLARA 算法、CLARANS 算法等）；层次方法，如 BIRCH 方法、CURE 方法和 CHameleon 方法；基于密度的方法，如 DBSCAN 算法、OPTICS 算法、DENCLIUE 算法；基于网格的方法，如 CLIQLE 算法、STING 算法等，以及基于模型的方法，如 EM 算法。能适用于大数据、处理不同类型数据、发现任意形状的簇、处理高维数据、具有处理噪声的能力和聚类结果可解释、易使用是聚类分析的目标。

（2）分类和预测。分类和预测是问题预测的两种主要类型。分类是预测分类（离散、无序的）标号，而预测则是建立连续值函数模型。分类是利用已知的训练数据集表现出来的特性，获得每个类别的描述或属性来构造相应的分类器或者分类，是一种有监督的学习过程，根据训练数据集发现准确描述来划分类别。常见的分类算法主要有决策树、粗糙集、贝叶斯、遗传算法、神经网络（如 BP 和 RBF 网络）等，评估的要素为预测的准确度、计算复杂度、模型描述的简洁性、模型的可解释性和避免过度拟合。

（3）关联分析。关联分析就是利用事物之间存在的联系和相互之间的依赖性的规律，对这些事件进行的预测。著名的关联规则发现方法有 Agrawal 提出的挖掘布尔关联规则频繁项集的 Apriori 算法，此外还有 Han 等提出的解决 Apriori 算法缺陷的不产生候选挖掘频繁项集的频繁模式树算法等。

（4）预测分析。预测分析是利用统计、建模、数据挖掘工具对已有数据进行研究以完成预测。传统预测分析技术与大数据预测分析技术有两点不同：首先，传统预测分析是基于关系数据仓库中的数据的，而关系数据库只对结构化数据进行批量处理；其次，传统预测分析需要特征设计，然后由特征通过假设和测试过程去驱动分析。

预测方法从技术上分为定性预测与定量预测。定性预测是基于经验和判断对预测对象做定性分析，主要有集思广益法和德尔菲法，预测的准确程度主要取决于预测者的经验、理论以及掌握的情况和分析判断能力等，近年来人工智能也产生了如 Boosting、贝叶斯网络等一些定性预测算法。定量预测则是使用数学模型，根据已有的历史统计数据运用数学方法得到变量间的规律性联系，如统计分析、因果联系模拟、人工智能算法等。常用的统计分析模型主要有指数平滑法、趋势外推法、移动平均法等，常用的因果联系模型主要有线性回归因果模型等。定量预测的步骤主要包括分析数据、识别数据模式或规律、通过数据模型进行描述和将数学模型在时间域上扩展完成预测。

预测的过程主要考虑三个方面：计算复杂性、分类变量的因果关系以及预测模型的寻优。选择一个恰当的预测算法需要考虑现有数据、预测形式、预测精度、实时性要求、可理解性和可操作性等因素。

预测分析是大数据技术的核心应用，但是预测分析的成功与否取决于数据质量、数据科学家（能运用统计分析、机器学习、分布式处理等技术，从大量的数据中提炼出有价值的信息，以简单易懂的形式传达给决策者，其工作包括数据架构的搭建、数据模型的建立和数据分析）、预测分析软件（供数据科学家使用，用来评估数据科学家建立的数据模型和分析规则）三个要点。

(5) 语义分析。由于非结构化数据与异构数据等的多样性带来了数据分析的新的挑战与困难，需要一系列的工具去解析、提取、分析数据。语义引擎的设计需要其能从文档中智能提取信息，并能从大数据中挖掘出特点，通过科学建模和输入新的数据，预测未来的数据。语义分析即对信息所包含的语义的识别，是智能语义分析，包括三个方面：一是通过语义识别处理非结构化的社会性信息；二是通过支持大规模程序计算的自动分析应对持续快速增长的大数据；三是通过人工智能对信息进行及时处理，提高数据处理的时效性。

六、基于大数据的金融服务场景

大数据在金融行业的应用范围较广，典型的案例有：花旗银行利用 IBM 沃森计算机为财富管理客户推荐产品，并预测未来计算机推荐理财的市场将超过银行专业理财师；摩根大通银行利用决策树技术，降低了不良贷款率，转化了提前还款客户，一年为摩根大通银行增加了 6 亿美元的利润。

从投资结构上来看，银行将会成为金融类企业中的重要部分，证券和保险分列第二和第三位。下面将分别介绍银行、证券和保险行业的大数据应用情况。

(一) 银行大数据应用场景

比较典型的银行大数据应用场景集中在数据库营销、用户经营、数据风控、产品设计和决策支持等。目前来讲，大数据在银行的商业应用还是以其自身的交易数据和客户数据为主，外部数据为辅；以描述性数据分析为主，预测性数据建模为辅；以经营客户为主，经营产品为辅。

银行的数据按类型可以分为交易数据、客户数据、信用数据、资产数据四大类。银行数据大部分是结构化数据，具有很强的金融属性，都存储在传统关系型数据库和数据仓库中，通过数据挖掘可分析出其中的一些具有商业价值的隐藏在交易数据之中的知识。

国内不少银行已经开始尝试通过大数据来驱动业务运营，如中信银行信用卡中心使用大数据技术实现了实时营销，光大银行建立了社交网络信息数据库，招商银行则利用大数据发展小微贷款。如图 1.10 所示，银行大数据应用可以分为四个方面：客户画像、精准营销、风险管控、运营优化。

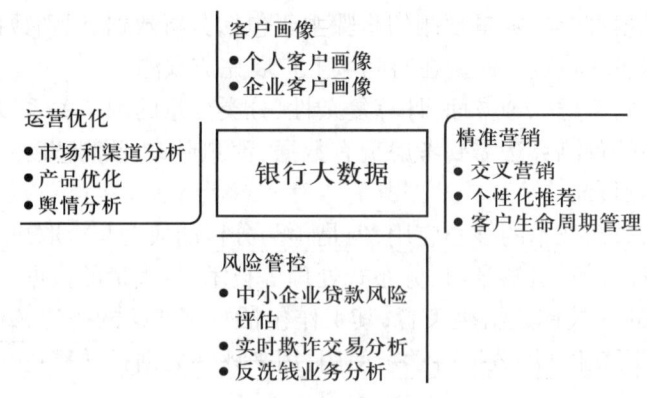

图 1.10　银行大数据应用的四个方面

（二）证券行业大数据应用场景

证券行业的主要收入来源于经纪业务、资产管理、投融资服务和自由资金投资等。外部数据的分析,特别是行业数据的分析有助于其投融资服务和投资业务。

证券行业拥有的数据类型有个人属性信息(如用户名称、手机号码、家庭地址、邮件地址等)、交易用户的资产和交易记录、用户收益数据。证券公司可以利用这些数据和外部数据来建立业务场景,筛选目标客户,为用户提供适合的产品,提高单个客户收入。

证券行业需要通过数据挖掘和分析找到高频交易客户、资产较高的客户和理财客户。借助于数据分析的结果,证券公司就可以根据客户的特点进行精准营销,推荐针对性服务。

如果客户平均年收益低于5%,交易频率很低,就可以建议其购买证券公司提供的理财产品。如果客户交易比较频繁,收益也比较高,那么就可以主动推送融资服务。如果客户交易不频繁,但是资金量较大,就可以为客户提供投资咨询服务,激活客户的交易兴趣。客户交易的频率、客户的资产规模和客户交易量都是证券公司的主要收入来源,通过对客户交易习惯和行为的分析,可以帮助证券公司获得更多的收益。

除了利用企业财务数据来判断企业经营情况以外,证券公司还可以利用外部数据来分析企业的经营情况,为投融资以及自身投资业务提供有力支持。例如,利用移动 App 的活跃和覆盖率来判断移动互联网企业的经营情况,电商、手游、旅游等行业的 App 活跃情况完全可以说明企业的运营情况。另外,海关数据、物流数据、电力数据、交通数据、社交舆情、邮件服务器容量等数据可以说明企业经营情况,为投资提供重要参考。

目前,国内外证券行业的大数据应用大致有以下三个方向:股价预测、客户关系管理、投资景气指数预测。

（三）保险行业大数据应用场景

保险行业主要通过保险代理人与保险客户进行连接,对客户的基本信息和需求掌握很少,因此极端依赖外部保险代理人和渠道(银行)。在竞争不激烈的情况下,这种连接客户的方式是可行的。但是随着互联网保险的兴起,用户会被分流到互联网渠道,特别是年轻人会更加喜欢通过互联网这个渠道来满足自己的需求。未来线上客户将成为保险公司客户的重要来源。

保险行业的产品是一个长周期性产品,保险客户再次购买保险产品的转化率很高,所以,经营好老客户是保险公司的一项重要任务。保险公司内部的交易系统不多,交易方式比较简单,数据主要集中在产品系统和交易系统。保险公司的主要数据有人口属性信息、信用信息、产品销售信息和客户家人信息等,但是缺少客户兴趣爱好、消费特征、社交等信息。

保险行业的数据业务场景是围绕保险产品和保险客户实现的,典型的数据应用包括利用用户行为数据来制定车险价格,利用客户外部行为数据来了解客户需求,向目标用户推荐产品等。

例如,依据个人属性和外部养车 App 的活跃情况,为保险公司找到车险客户;依据个人属性和移动设备位置信息,为保险企业找到商旅人群,推销意外险和保障险等;依据家人数据和人生阶段信息,为用户推荐理财保险、寿险、保障保险、养老险、教育险等;依据自身数据和外部数据,为高端人士提供财产险和寿险等;利用外部数据,提升保险产品的精算水平,提高利润水平和投资收益。

保险公司也需要同外部渠道进行合作,以开发出适合不同业务场景的保险产品,如航班延误险、旅游天气险、手机被盗险等新的险种。目的不仅仅是靠这些险种营利,还是找到潜在客户,为客户提供其他保险产品。另外,保险公司应该借助于移动互联网连接客户,利用数据分析来了解客户,降低对外部渠道的依赖,降低保险营销费用,提高直销渠道投入和直销销售比。

总而言之,保险行业的大数据应用可以分为三大方面:客户细分及精细化营销、欺诈行为分析、精细化运营。

第五节　物联网、云计算与大数据之间的关系

一、物联网、云计算与大数据之间的联系

物联网、云计算和大数据三者互为基础,物联网产生大数据,大数据需要云计算。物联网、云计算和大数据都是数据存储和处理服务,都需要占用大量的存储和计算资源,因而都要用到数据存储技术、海量数据管理技术等。云计算所具备的弹性伸缩和动态调配、资源虚拟化,以及环保节能等基本要素可以满足大数据处理技术的需求。物联网的传感器源源不断产生的大量数据,构成了大数据的重要来源,实现了人工产生阶段向自动产生阶段的转变。同时,物联网需要借助于云计算和大数据技术,实现对物联网数据的分析和处理(见图 1.11)。

二、物联网、云计算与大数据之间的区别

（一）目的不同

大数据是为了发掘数据资产的价值;云计算主要是为了实现计算、网络、存储资源的弹性管理;物联网的目的是实现信息化连接。

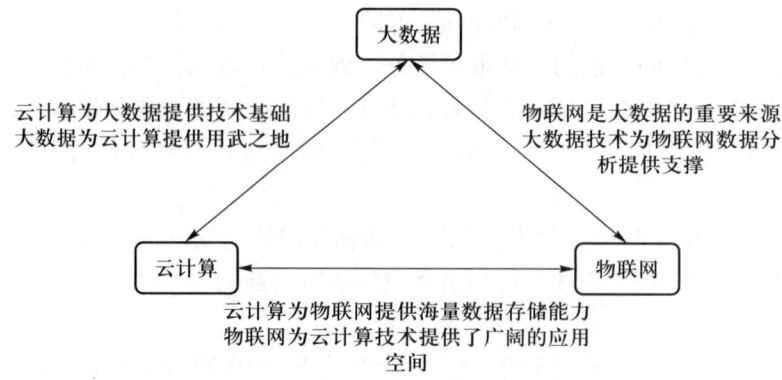

图 1.11　大数据、物联网与云计算三者之间的关系

（二）对象不同

大数据的对象是数据；云计算的对象是互联网资源以及应用等；物联网的对象是各类物品。

（三）背景不同

大数据出现的背景是用户和社会各行各业所产生的数据呈现几何倍数的增长；云计算出现的背景是用户服务需求的增长，以及企业处理业务能力的提高；物联网出现的背景是识别与感应技术的发展以及数据资源的获取需求。

（四）价值不同

大数据的价值在于发掘数据的有效信息；云计算则可以大量节约使用成本；物联网则使得各类信息、咨询可以更容易地被获取并产生衍生价值。

从整体上看，虽然大数据、云计算与物联网在目的、对象、背景和价值等方面存在不同，但大数据、云计算与物联网三者的发展是相辅相成的。大数据主要专注于实际业务，着眼于"数据"，提供数据采集、挖掘、分析的技术和方法，强调的是数据存储能力。云计算主要关注"计算"，关注 IT 架构，提供 IT 解决方案，强调的是计算能力，即数据处理能力。物联网主要着重于物物相连，形成万物互联的局面，按约定的协议将任何物品与互联网相连接进行信息交换和通信，以实现智能化识别、定位、跟踪、监控和管理，强调的是数据通信能力。如果没有大数据的数据存储，那么云计算的计算能力再强大，也难以找到用武之地；如果没有云计算的数据处理能力，则大数据的数据存储再丰富，也终究难以用于实践。由物联网的传感器产生的大量数据，构成了大数据的重要来源；同时，云计算和大数据也是物联网的重要支柱，有助于实现物联网大数据的存储、分析和处理。

从技术上看，大数据、云计算与物联网三者之间存在共生关系。在物理网架构设计中，应用层要将物联网技术与大数据存储技术以及云计算技术相结合，从而实现数据管理、数据处理与数据应用的功能。海量数据存储技术、海量数据管理技术、MapReduce 编程模型都是云计算的关键技术，也都是大数据的技术基础。而数据之所以会变"大"，也离不开物联网信息采集技术和云计算提供的技术平台。根据 IDC 预测，2026 年我国物联网连接规模将达到 102.5 亿个，物联网装置的普及将产生和累计庞大的数据量，是大数据的重要来源之一。采集的海量数据被放到"云"上之后，打破了过去那种各自分割的数据存储，更容易被收集和获得,大数据才能呈现在人们眼前,而巨量的数据也只有依靠云计算强大的数据处理能力,才能够"淘尽黄沙始得金"。

从侧重点看,大数据、云计算与物联网的侧重点不同。大数据的侧重点是各种数据,广泛、深入挖掘巨量数据,发现数据中的价值,迫使企业从"业务驱动"转变为"数据驱动"。而云计算主要通过互联网广泛获取、扩展和管理计算及存储资源和能力,其侧重点是 IT 资源、处理能力和各种应用,以帮助企业节省 IT 部署成本。物联网则侧重于将线下的生产生活内容接到互联网上,通过大数据和云计算提供的数据和技术支持,对社会中所有的产业实现数据的可视化,以提供智慧化的服务。

从结果看,大数据、云计算与物联网带来的变化不同。大数据为人类提供了全新的思维方式和探知客观规律、改造自然和社会的新手段。随着大数据技术产业创新发展,企业数字化程度不断提高,在拥有充足的计算能力和高效的数据分析方法前提下,就可以对海量数据进行挖掘,从而理解和发现现实复杂系统的运行行为、装填和规模。而挖掘数据价值、利用数据的"推动力"就是云计算。云计算将信息存储、分享和挖掘能力极大提高,更经济、高效地将巨量、高速、多变的终端数据存储下来,并随时进行计算与分析。通过云计算对大数据进行分析、总结与预测,会使得决策更可靠,释放出更多大数据的内在价值。物联网的出现改变了传统的信息沟通方式与连接方式,以"万物均需互联、一切皆可编程"为目标,不断推动"人机物"三元融合,跨界融合成为产业发展趋势,行业与行业的边界越来越模糊,大量新服务、新模式和新物种不断涌现。大数据奠定基础,实现数据资源的获取和积累;物联网提供感应,促进数据资源的流通和汇聚;云计算提供反应,通过多源数据的融合分析呈现信息应用的类人智能,帮助人类更好地认知复杂事物和解决问题。大数据、物联网与云计算是三条并行不悖的主线,三者形成合力共同推动数字经济的形成与繁荣。

本 章 总 结

物联网就是"物物相连的互联网"。物联网的基础框架主要包含三层:感知层、网络层和应用层。物联网的核心技术主要包括射频识别技术、传感技术、网络与通信技术和数据的挖掘与融合技术等。

云计算是继分布式计算、网格计算、对等计算之后的一种新型计算模式。云计算是一种按使用量付费的模式。云计算架构大致分为四层:三横一纵。三横为显示层、中间件层和基础设施层;一纵是管理层,它是为了更好地维护和管理其他三层而存在的。云的服务模式包括公有云、私有云和混合云。

大数据是指无法在可承受的时间范围内用常规软件工具进行捕捉、管理和处理的数据集合,是需要新处理模式才能具有更强的决策力、洞察力和流程优化能力的海量、高增长率和多样化的信息资产。大数据技术具有数据体量巨大、数据类型繁多、数据时效性高以及数据价值密度低四方面特征。大数据处理的基本流程可以分为数据抽取与集成、数据分析和数据解释等步骤。大数据分析技术包括可视化分析、数据挖掘。

物联网、云计算与大数据之间既有联系又有区别。物联网、云计算和大数据技术在银行、证券和保险行业具有广泛的应用场景。

阅读材料

大数据时代的预言家:维克托·迈尔－舍恩伯格

维克托·迈尔－舍恩伯格是最早洞见大数据时代发展趋势的数据科学家之一,也是最受人尊敬的权威发言人之一。他曾先后任教于世界最著名的几大互联网研究学府,现任牛津大学网络学院互联网治理与监管专业教授,曾任哈佛大学肯尼迪学院信息监管科研项目负责人、哈佛国家电子商务研究中心网络监管项目负责人,新加坡国立大学李光耀学院信息与创新策略研究中心主任,并担任耶鲁大学、芝加哥大学、弗吉尼亚大学、圣地亚哥大学、维也纳大学的客座教授。

舍恩伯格的学术成果斐然,有100多篇论文公开发表在《科学》《自然》等著名学术期刊上,他同时也是哈佛大学出版社、麻省理工出版社及《通信政策期刊》《美国社会学期刊》等多家出版机构的特约评论员。

他是备受众多世界知名企业信赖的信息权威与顾问。他的咨询客户包括微软、惠普和IBM等全球顶级企业。而他自己早在1986年与1995年就担任两家软件公司的总裁兼CEO,由他的公司开发的病毒通用程序,成为当时奥地利最畅销的软件产品。舍恩伯格1991年跻身奥地利软件企业家前5名之列,2000年被评为奥地利萨尔茨堡州的年度人物。

舍恩伯格也是众多机构和国家政府高层的信息政策智囊。他一直专注于信息安全和信息政策与战略的研究,是欧盟专家之一,也是世界经济论坛、马歇尔计划基金会等重要机构的咨询顾问。同时,他以大数据的全球视野,熟悉亚洲信息产业的发展与战略布局,先后担任新加坡商务部高层、文莱国防部高层、科威特商务部高层、迪拜及中东政府高层的咨询顾问。舍恩伯格所著《大数据时代》一书是开国外大数据系统研究的先河之作。而在这之前,他已经在《经济学人》上和数据编辑肯尼斯·尼尔－库克耶一起,发表了长达14页的大数据专题文章,成为最早洞见大数据时代趋势的数据科学家之一。而他的《删除》一书,同样被认为是关于数据的开创性作品,并且创造了"被遗忘的权利"的概念,该概念在媒体圈和法律圈得到广泛运用。该书获得美国政治科学协会颁发的唐·K.普赖斯奖,以及媒介环境学会颁发的马歇尔·麦克卢汉奖,且受到《连线》《自然》《华尔街日报》《纽约时报》等各大权威媒体广泛好评。

同时,舍恩伯格还是《大数据时代》一书的作者。《大数据时代》是开国外大数据研究的先河之作。舍恩伯格也被誉为"大数据商业应用第一人"。

舍恩伯格在书中前瞻性地指出,大数据带来的信息风暴正在变革我们的生活、工作和思维,大数据开启了一次重大的时代转型,并用三个部分讲述了大数据时代的思维变革、商业变革和管理变革。

舍恩伯格最具洞见之处在于,他明确指出,大数据时代最大的转变就是,放弃对因果关系的渴求,而取而代之关注相关关系。也就是说,只要知道"是什么",而不需要知道"为什么"。这就颠覆了千百年来人类的思维惯例,对人类的认知和与世界交流的方式提出了全新的挑战。

舍恩伯格认为,大数据的核心就是预测。大数据将为人类的生活创造前所未有的可量化的维度。大数据已经成为新发明和新服务的源泉,而更多的改变正蓄势待发。

复习思考题

1. 阐述大数据处理的基本流程、大数据在金融领域的主要应用场景。
2. 阐述物联网的系统架构以及物联网的关键技术。
3. 阐述云的服务模式。
4. 阐述物联网、云计算与大数据之间的关系。

第二章 人工智能

如同蒸汽时代的蒸汽机、电气时代的发电机、信息时代的计算机和互联网,人工智能正成为推动人类进入智能时代的决定性力量。习近平在第十九届中央政治局第九次集体学习时深刻指出,加快发展新一代人工智能是事关我国抓住新一轮科技革命和产业变革机遇的战略问题。通过本章的学习,你将了解到什么是人工智能,人工智能的发展历程、现状及趋势,人工智能的层次结构及主要技术,机器学习、深度学习,生物识别的主要技术如指纹识别、人脸识别、语音识别及虹膜识别,了解人工智能技术在金融领域的主要应用场景。

第一节　人工智能概述

一、人工智能的概念与内涵

近年来,国际互联网巨头如 Google、IBM 纷纷将人工智能技术(Artificial Intelligence,AI)全面渗透到金融产品和服务,而国外金融行业也逐步在业务中应用人工智能技术。例如,摩根大通和高盛均表示,要在人工智能和机器学习领域进行大规模投资,以便于在业务中更加智能地为客户提供优质服务。国内金融部门也在积极布局人工智能的应用服务。人工智能在金融领域加快应用可谓大势所趋,必将打破金融市场常规,带来深远的影响。

对于人工智能,国际上没有一个公认的定义。计算机科学理论奠基人图灵在论文《计算机器和智能》中提出了著名的"图灵测试":如果一台机器能够与人展开对话(通过电传设备),并且会被人误以为它也是人,那么这台机器就具有智能。人工智能的奠基人之一马文·明斯基将人工智能定义为"让机器做本需要人的智能才能够做到的事情的一门科学"。全球知名咨询公司麦肯锡则将人工智能定义为"人工智能就是要让机器的行为看起来像人所表现出的智能行为一样"。

我国《人工智能辞典》将人工智能定义为"使计算机系统模拟人类的智能活动,完成人用智能才能完成的任务"。

人工智能是一门什么科学? 人工智能科学的主旨是研究和开发出智能实体,在这一点上它属于工程学。然而,人工智能涉及的领域非常广泛。当前人工智能涵盖的学科可以归纳为六个:一是计算机视觉(暂且把模式识别、图像处理等问题归入其中);二是自然语言理解与交流(暂且把语音识别、合成归入其中,包括对话);三是认知与推理(包含各种物理和社会常识);四是机器人学(机械、控制、设计、运动规划、任务规划等);五是博弈与伦理(多代理人的交互、对抗与合作,机器人与社会融合等议题);六是机器学习(各种统计的建模、分析工具和计算方法)。这些领域目前还比较散,它们正处在交叉发展、走向统一的过程中。因此,人工智能是研究开发能够模拟、延伸和扩展人类智能的理论、方法、技术及应用系统的一门新的技术科学,是一门融合计算机科学、统计学、脑神经学和社会科学等的前沿综合性学科。

人工智能的研究目的是促使智能机器会听（语音识别、机器翻译等）、会看（图像识别、文字识别等）、会说（语音合成、人机对话等）、会思考（人机对弈、定理证明等）、会学习（机器学习、知识表示等）、会行动（机器人、自动驾驶汽车等）。

二、人工智能的发展历程

(一) 起步发展期：1956 年至 20 世纪 60 年代初

1956 年夏季，在美国达特茅斯学院召开了一次为时两个月的学术研讨会，讨论如何在机器上实现人类的智能问题。会上，明斯基正式提出了人工智能的概念，第一次将人工智能作为一门独立学科的研究方向。自这次会议之后的 10 多年间，人工智能的研究在机器学习、定理证明、模式识别、问题求解、专家系统及人工智能语言等方面都取得了许多引人注目的成就。对人工智能的发展有重大影响的主要研究成果包括：

在机器学习方面，1957 年罗生布拉特（Rosenblatt）研制成功了感知机。这是一种将神经元用于识别的系统，它的学习功能引起了人们的广泛兴趣，推动了连接机制的研究。1958 年约翰·麦卡锡发明了表处理语言 LISP，这种语言成为建造智能系统的重要工具。

在定理证明方面，美籍华人数理逻辑学家王浩于 1958 年在 IBM-704 机器上用 3~5 分钟证明了《数学原理》中有关命题演算的全部定理（220 条），并且证明了谓词演算中 150 条定理的 85%；1965 年鲁宾逊（J.A.Robinson）提出了归结原理，为定理的机器证明做出了突破性的贡献。

在模式识别方面，1959 年塞尔夫里奇推出了一个模式识别程序，1965 年罗伯特（Roberts）编制出了可分辨积木构造的程序。

在问题求解方面，1960 年纽厄尔等人通过心理学试验总结出了人们求解问题的思维规律，编制了通用问题求解程序（General Problem Solver，GPS），可以用来求解 11 种不同类型的问题。

在专家系统方面，美国斯坦福大学的费根鲍姆（E.A.Feigenbaum）领导的研究小组自 1965 年开始专家系统 DENDRAL 的研究，1968 年完成并投入使用。该专家系统能根据质谱仪的实验，通过分析推理决定化合物的分子结构，其分析能力已接近甚至超过有关化学专家的水平，在美、英等国得到了实际的应用。该专家系统的研制成功不仅为人们提供了一个实用的专家系统，而且对知识表示、存储、获取、推理及利用等技术是一次非常有益的探索，为以后专家系统的建造树立了榜样，对人工智能的发展产生了深刻的影响，其意义远远超过了系统本身在实用上所创造的价值。

在人工智能语言方面，1960 年麦卡锡发明的人工智能语言（List Processing，LISP），成为建造专家系统的重要工具。

(二) 反思发展期：20 世纪 60 年代至 70 年代初

1969 年成立的国际人工智能联合会议（International Joint Conferences On Artificial Intelligence，IJCAI）是人工智能发展史上一个重要的里程碑，它标志着人工智能这门新兴学科已经得到了世界的肯定和认可。1970 年创刊的国际性《人工智能》（*Artificial Intelligence*）杂志对推动人工智能的发展、促进研究者们的交流起到了重要作用。

进入 20 世纪 70 年代，许多国家都开展了人工智能的研究，涌现了大量的研究成果。

例如,1972 年法国马赛大学的科麦瑞尔(A.Comerauer)提出并实现了逻辑程序设计语言 PROLOG;斯坦福大学的肖特利夫(E.H.Shorliffe)等人从 1972 年开始研制用于诊断和治疗感染性疾病的专家系统 MYCIN。

人工智能发展初期的突破性进展大大提升了人们对人工智能的期望,人们开始尝试更具挑战性的任务,并提出了一些不切实际的研发目标。然而,接二连三的失败和预期目标的落空,如无法用机器证明两个连续函数之和还是连续函数,使人们发现机器翻译的研究没有像最初想象的那么容易。英国、美国当时也中断了对大部分机器翻译项目的资助。在其他方面,如问题求解、神经网络、机器学习等,也都遇到了困难,人工智能的研究一时陷入了困境。

(三)应用发展期:20 世纪 70 年代初至 80 年代中

1977 年第五届国际人工智能联合会议上,费根鲍姆教授系统地阐述了专家系统的思想,并提出了"知识工程"的概念。知识工程的概念使人工智能的研究又有了新的转折点,即从获取智能的基于能力的策略,变成了基于知识的方法研究。知识工程的方法很快渗透了人工智能各个领域,促使人工智能从实验室研究走向实际应用。从此,人工智能的研究又迎来了以知识为中心的蓬勃发展的新时期。

20 世纪 70 年代出现的专家系统模拟人类专家的知识和经验解决特定领域的问题,实现了人工智能从理论研究走向实际应用、从一般推理策略探讨转向运用专门知识的重大突破。专家系统在医疗、化学、地质等领域取得成功,产生了巨大的经济效益及社会效益,推动人工智能走入应用发展的新高潮。

专家系统的成功,使人们越来越清楚地认识到知识是智能的基础,对人工智能的研究必须以知识为中心来进行。人们对知识的表示、利用及获取等的研究取得了较大的进展,特别是对不确定性知识的表示与推理取得了突破,建立了主观 Bayes 理论、确定性理论、证据理论等,对人工智能中模式识别、自然语言理解等领域的发展提供了支持,解决了许多理论及技术上的问题。

(四)低迷发展期:20 世纪 80 年代中至 90 年代中

在这一时期,随着人工智能的应用规模不断扩大,专家系统存在的应用领域狭窄、缺乏常识性知识、知识获取困难、推理方法单一、缺乏分布式功能、难以与现有数据库兼容等问题逐渐暴露了出来。

(五)稳步发展期:20 世纪 90 年代中至 2010 年

进入 20 世纪 90 年代,人工智能再次出现研究高潮,人工智能开始由单个智能主体研究转向基于网络环境下的分布式人工智能研究。人工智能面向实际应用,深入社会生活的各个领域,出现了欣欣向荣的景象。1997 年国际商业机器公司(简称 IBM)深蓝超级计算机战胜了国际象棋世界冠军卡斯帕罗夫,2008 年 IBM 提出"智慧地球"的概念,都是这一时期的标志性事件。

(六)蓬勃发展期:2011 年至今

随着大数据、云计算、互联网、物联网等信息技术的发展,泛在感知数据和图形处理器等计算平台推动以深度神经网络为代表的人工智能技术飞速发展,大幅跨越了科学与应用之间的"技术鸿沟",诸如图像分类、语音识别、知识问答、人机对弈、无人驾驶等人工智能技术实现了从"不能用""不好用"到"可以用"的技术突破,迎来爆发式增长的新高潮。

三、人工智能发展现状及趋势

（一）人工智能发展的现状

1. 专用人工智能取得重要突破

从可应用性看,人工智能大体可分为专用人工智能和通用人工智能。面向特定任务(比如下围棋)的专用人工智能系统由于任务单一、需求明确、应用边界清晰、领域知识丰富、建模相对简单,形成了人工智能领域的单点突破,在局部智能水平的单项测试中可以超越人类智能。人工智能的近期进展主要集中在专用人工智能领域。例如,阿尔法狗(AlphaGo)在围棋比赛中战胜人类冠军,人工智能程序在大规模图像识别和人脸识别中达到了超越人类的水平,人工智能系统诊断皮肤癌达到专业医生水平。

2. 通用人工智能尚处于起步阶段

人的大脑是一个通用的智能系统,能举一反三、融会贯通,可处理视觉、听觉、判断、推理、学习、思考、规划、设计等各类问题,可谓"一脑万用"。真正意义上完备的人工智能系统应该是一个通用的智能系统。目前,虽然专用人工智能领域已取得突破性进展,但是通用人工智能领域的研究与应用仍然任重而道远,人工智能总体发展水平仍处于起步阶段。当前的人工智能系统在信息感知、机器学习等"浅层智能"方面进步显著,但是在概念抽象和推理决策等"深层智能"方面的能力还很薄弱。总体上看,目前的人工智能系统可谓有智能没智慧、有智商没情商、会计算不会"算计"、有专才而无通才。因此,人工智能依旧存在明显的局限性,依然还有很多"不能",与人类智慧还相差甚远。

3. 人工智能创新创业如火如荼

全球产业界充分认识到人工智能技术引领新一轮产业变革的重大意义,纷纷调整发展战略。比如,谷歌在其 2017 年年度开发者大会上明确提出发展战略从"移动优先"转向"人工智能优先",微软 2017 财年年报首次将人工智能作为公司发展愿景。人工智能领域处于创新创业的前沿。麦肯锡公司报告指出,2016 年全球人工智能研发投入超 300 亿美元并处于高速增长阶段;全球知名风投调研机构 CB Insights 报告显示,2017 年全球新成立人工智能创业公司 1 100 家,人工智能领域共获得投资 152 亿美元,同比增长 141%。普华永道数据预测,由于下游需求倒逼和上游技术成型推动双重动因,预计未来几年市场将继续保持高速增长,到 2030 年全球市场规模将达到 15.7 万亿美元的规模,约合人民币 104 万亿元,2020—2030 年年复合增长率为 23%。

4. 创新生态布局成为人工智能产业发展的战略高地

信息技术和产业的发展史,就是新老信息产业巨头抢滩布局信息产业创新生态的更替史。例如,传统信息产业代表企业有微软、英特尔、IBM、甲骨文等,互联网和移动互联网时代信息产业代表企业有谷歌、苹果、脸书、亚马逊、阿里巴巴、腾讯、百度等。人工智能创新生态包括纵向的数据平台、开源算法、计算芯片、基础软件、图形处理器等技术生态系统和横向的智能制造、智能医疗、智能安防、智能零售、智能家居等商业和应用生态系统。目前智能科技时代的信息产业格局还没有形成垄断,因此全球科技产业巨头都在积极推动人工智能技术生态的研发布局,全力抢占人工智能相关产业的制高点。

5. 人工智能的社会影响日益凸显

一方面,人工智能作为新一轮科技革命和产业变革的核心力量,正在推动传统产业升级换代,驱动"无人经济"快速发展,在智能交通、智能家居、智能医疗等民生领域产生积极正面影响。另一方面,个人信息和隐私保护、人工智能创作内容的知识产权、人工智能系统可能存在的歧视和偏见、无人驾驶系统的交通法规、脑机接口和人机共生的科技伦理等问题已经显现出来,需要抓紧提供解决方案。

(二)人工智能发展的趋势

经过60多年的发展,人工智能在算法、算力(计算能力)和算料(数据)"三算"方面取得了重要突破,正处于从"不能用"到"可以用"的技术拐点,但是距离"很好用"还有诸多瓶颈。人工智能发展将出现以下发展趋势:

1. 从专用人工智能向通用人工智能发展

如何实现从专用人工智能向通用人工智能的跨越式发展,既是下一代人工智能发展的必然趋势,也是研究与应用领域的重大挑战。2016年10月,美国国家科学技术委员会发布《国家人工智能研究与发展战略计划》,提出在美国的人工智能中长期发展策略中要着重研究通用人工智能。阿尔法狗系统开发团队创始人戴密斯·哈萨比斯提出朝着"创造解决世界上一切问题的通用人工智能"这一目标前进。微软在2017年成立了通用人工智能实验室,众多感知、学习、推理、自然语言理解等方面的科学家参与其中。

2. 从人工智能向人机混合智能发展

借鉴脑科学和认知科学的研究成果是人工智能的一个重要研究方向。人机混合智能旨在将人的作用或认知模型引入人工智能系统中,提升人工智能系统的性能,使人工智能成为人类智能的自然延伸和拓展,通过人机协同更加高效地解决复杂问题。在我国新一代人工智能规划和美国"脑计划"中,人机混合智能都是重要的研发方向。

3. 从"人工 + 智能"向自主智能系统发展

当前人工智能领域的大量研究集中在深度学习,但是深度学习的局限是需要大量人工干预,比如人工设计深度神经网络模型、人工设定应用场景、人工采集和标注大量训练数据、用户需要人工适配智能系统等,非常费时费力。因此,科研人员开始关注减少人工干预的自主智能方法,提高机器智能对环境的自主学习能力。例如,阿尔法狗系统的后续版本阿尔法元从零开始,通过自我对弈强化学习实现围棋、国际象棋、日本将棋的"通用棋类人工智能"。在人工智能系统的自动化设计方面,2017年谷歌提出的自动化学习系统(AutoML)试图通过自动创建机器学习系统降低人员成本。

4. 人工智能将加速与其他学科领域交叉渗透

人工智能本身是一门综合性的前沿学科和高度交叉的复合型学科,研究范畴广泛而又异常复杂,其发展需要与计算机科学、数学、认知科学、神经科学和社会科学等学科深度融合。随着超分辨率光学成像、光遗传学调控、透明脑、体细胞克隆等技术的突破,脑与认知科学的发展开启了新时代,能够大规模、更精细解析智力的神经环路基础和机制,人工智能将进入生物启发的智能阶段,依赖于生物学、脑科学、生命科学和心理学等学科的发现,将机理变为可计算的模型,同时人工智能也会促进脑科学、认知科学、生命科学甚至化学、物理、天文学等传统科学的发展。

5. 人工智能产业将蓬勃发展

随着人工智能技术的进一步成熟以及政府和产业界投入的日益增长,人工智能应用的云端化将不断加速,全球人工智能产业规模在未来 10 年将进入高速增长期。例如,2016 年 9 月,咨询公司埃森哲发布报告指出,人工智能技术的应用将为经济发展注入新动力,可在现有基础上将劳动生产率提高 40%;到 2035 年,美、日、英、德、法等 12 个发达国家的年均经济增长率可以翻一番。2018 年麦肯锡公司的研究报告预测,到 2030 年,约 70% 的公司将采用至少一种形式的人工智能,人工智能新增经济规模将达到 13 万亿美元。

6. 人工智能将推动人类进入普惠型智能社会

"人工智能 +X" 的创新模式将随着技术和产业的发展日趋成熟,对生产力和产业结构产生革命性影响,并推动人类进入普惠型智能社会。2017 年国际数据公司 IDC 在《信息流引领人工智能新时代》白皮书中指出,未来 5 年人工智能将提升各行业运转效率。我国经济社会转型升级对人工智能有重大需求,在消费场景和行业应用的需求牵引下,需要打破人工智能的感知瓶颈、交互瓶颈和决策瓶颈,促进人工智能技术与社会各行各业的融合提升,建设若干标杆性的应用场景创新,实现低成本、高效益、广范围的普惠型智能社会。

7. 人工智能领域的国际竞争将日益激烈

当前,人工智能领域的国际竞赛已经拉开帷幕,并且将日趋白热化。2018 年 4 月,欧盟委员会计划 2018—2020 年在人工智能领域投资 240 亿美元;法国总统在 2018 年 5 月宣布《法国人工智能战略》,目的是迎接人工智能发展的新时代,使法国成为人工智能强国;2018 年 6 月,日本《未来投资战略 2018》重点推动物联网建设和人工智能的应用。世界军事强国也已逐步形成以加速发展智能化武器装备为核心的竞争态势,例如美国 2018 年发布的《国防战略报告》即谋求通过人工智能等技术创新保持军事优势,确保美国打赢未来战争;俄罗斯 2017 年提出军工拥抱 "智能化",让导弹和无人机这样的 "传统" 兵器威力倍增。

8. 人工智能的社会学将提上议程

为了确保人工智能的健康可持续发展,使其发展成果造福于民,需要从社会学的角度系统全面地研究人工智能对人类社会的影响,制定完善人工智能法律法规,规避可能的风险。2017 年 9 月,联合国犯罪和司法研究所(UNICRI)决定在海牙成立第一个联合国人工智能和机器人中心,规范人工智能的发展。美国白宫多次组织人工智能领域法律法规问题的研讨会、咨询会。特斯拉等产业巨头牵头成立 Open AI 等机构,旨在 "以有利于整个人类的方式促进和发展友好的人工智能"。

第二节 人工智能的层次结构及主要技术

一、人工智能的层次结构

如果要结构化地表述人工智能的话,从下往上依次是基础设施层、算法层、技术层、应用层(见图 2.1)。基础设施层包括硬件 / 计算能力和大数据,数据越大,人工智能的能力越强。算法层包括各类机器学习算法、深度学习算法等。技术层为重要的技术方向,包括赋

予计算机感知 / 分析能力的计算机视觉技术和语音处理技术、提供理解 / 思考能力的自然语言处理技术、提供决策 / 交互能力的规划决策系统和大数据 / 统计分析技术。每个技术方向下又有多个具体子技术如图像识别、语音识别、机器翻译等。应用层是行业解决方案，目前比较成熟的包括金融、医疗、安防、交通、教育、游戏、家用等。

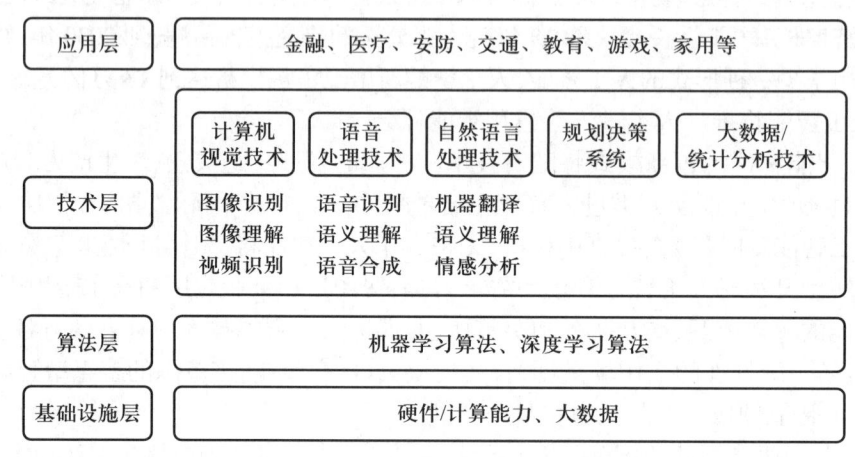

图 2.1　人工智能研究领域及分层

（一）基础设施层

基础设施层为 AI 发展提供基础设施和资源支持，包括计算能力和大数据。其中计算能力以硬件为核心，包括 GPU/FPGA 等用于性能加速的硬件、神经网络芯片、传感器与中间件；大数据是驱动 AI 取得更好的识别率和精准度的重要因素，训练数据的规模和丰富度对算法训练也尤为重要。

（二）算法层

算法层是指用系统的方法描述解决问题的策略机制，人工智能算法主要指目前相对成熟的深度学习、机器学习算法等。优秀的算法是机器实现人工智能的最关键一环，对 AI 发展起到最主要的推动作用。

（三）技术层

技术层对人工智能产品的智能化程度起到直接作用，包括自然语言处理、语音处理、计算机视觉等通用技术。技术层主要依托于基础设施层的计算平台和数据资源进行海量识别训练和机器学习建模，通过不同类型的算法建立模型，开发面向不同领域的应用技术。每个技术方向下又有多个具体子技术。

（四）应用层

应用层主要利用技术层输出的通用技术实现不同场景的落地应用，为用户提供智能化的服务和产品，使 AI 与产业深度融合，为传统行业的发展带来新的动力。按照应用对象不同，AI 应用一般又可分为消费级终端应用和行业场景应用两部分。

二、人工智能发展的关键技术

人工智能技术关系到人工智能产品是否可以顺利应用到我们的生活场景中。在人工智能领域,它普遍包含了机器学习、知识图谱、自然语言处理、人机交互、计算机视觉、生物特征识别、VR/AR 七个关键技术(见图 2.2)。

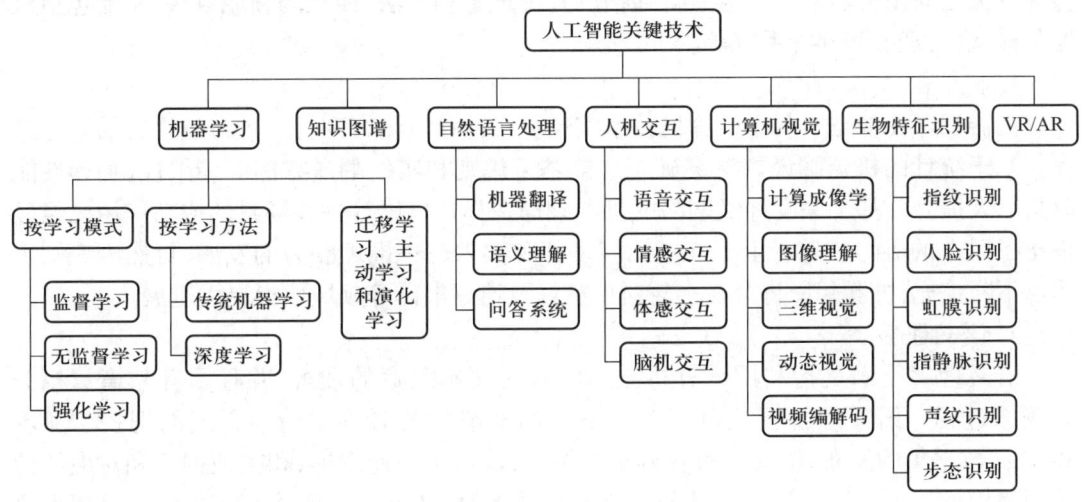

图 2.2 人工智能关键技术

(一) 机器学习

机器学习(Machine Learning)是人工智能的核心,属于人工智能的一个分支。机器学习是一门涉及统计学、系统辨识、逼近理论、神经网络、优化理论、计算机科学、脑科学等诸多领域的交叉学科,研究计算机怎样模拟或实现人类的学习行为,以获取新的知识或技能,重新组织已有的知识结构使之不断改善自身的性能。基于数据的机器学习是现代智能技术中的重要方法之一,研究从观测数据(样本)出发寻找规律,利用这些规律对未来数据或无法观测的数据进行预测。

(二) 知识图谱

知识图谱本质上是结构化的语义知识库,是一种由节点和边组成的图数据结构,以符号形式描述物理世界中的概念及其相互关系,其基本组成单位是"实体—关系—实体"三元组,以及实体及其相关"属性—值"对。不同实体之间通过关系相互联结,构成网状的知识结构。在知识图谱中,每个节点表示现实世界的"实体",每条边为实体与实体之间的"关系"。通俗地讲,知识图谱就是把所有不同种类的信息连接在一起而得到的一个关系网络,提供了从"关系"的角度去分析问题的能力。

知识图谱可用于反欺诈、不一致性验证、组团欺诈等公共安全保障领域,需要用到异常分析、静态分析、动态分析等数据挖掘方法。特别地,知识图谱在搜索引擎、可视化展示和精准营销方面有很大的优势,已成为业界的热门工具。但是,知识图谱的发展还有很大的挑战,如数据的噪声问题,即数据本身有错误或者数据存在冗余。随着知识图谱应用不断深入,还有一系列关键技术需要突破。

(三) 自然语言处理

人类的日常社会活动中,语言交流是不同个体间信息交换和沟通的重要途径。对机器而言,能否自然地与人类进行交流、理解人类表达的意思并做出合适的回应,被认为是衡量其智能程度的一个重要参照。

自然语言处理是计算机科学领域与人工智能领域中的一个重要方向,研究能实现人与计算机之间用自然语言进行有效通信的各种理论和方法,涉及的领域较多,主要包括机器翻译、语义理解和问答系统等。

1. 机器翻译

机器翻译技术是指利用计算机技术实现从一种自然语言到另一种自然语言的翻译过程。基于统计的机器翻译方法突破了之前基于规则和实例翻译方法的局限性,翻译性能取得巨大提升。基于深度神经网络的机器翻译在日常口语等一些场景的成功应用已经显现出了巨大的潜力。随着上下文的语境表征和知识逻辑推理能力的发展,自然语言知识图谱不断扩充,机器翻译将会在多轮对话翻译及篇章翻译等领域取得更大进展。

2. 语义理解

语义理解技术是指利用计算机技术实现对文本篇章的理解,并且回答与篇章相关问题的过程。语义理解更注重于对上下文的理解以及对答案精准程度的把控。随着MCTest数据集的发布,语义理解受到更多关注,取得了快速发展,相关数据集和对应的神经网络模型层出不穷。语义理解技术将在智能客服、产品自动问答等相关领域发挥重要作用,进一步提高问答与对话系统的精度。

3. 问答系统

问答系统分为开放领域的对话系统和特定领域的问答系统。问答系统技术是指让计算机像人类一样用自然语言与人交流的技术。人们可以向问答系统提交用自然语言表达的问题,系统会返回关联性较高的答案。尽管问答系统目前已经有了不少应用产品出现,但大多是在实际信息服务系统和智能手机助手等领域中的应用,在问答系统稳定性、可靠性方面仍然存在着问题和挑战。

自然语言处理面临四大挑战:一是在词法、句法、语义、语用和语音等不同层面存在不确定性;二是新的词汇、术语、语义和语法导致未知语言现象的不可预测性;三是数据资源的不充分使其难以覆盖复杂的语言现象;四是语义知识的模糊性和错综复杂的关联性难以用简单的数学模型描述,语义计算需要参数庞大的非线性计算。

(四)人机交互

人机交互主要研究人和计算机之间的信息交换,主要包括人到计算机和计算机到人的两部分信息交换,是人工智能领域重要的外围技术。人机交互是与认知心理学、人机工程学、多媒体技术、虚拟现实技术等密切相关的综合学科。传统的人与计算机之间的信息交换主要依靠交互设备进行,主要包括键盘、鼠标、操纵杆、数据服装、眼动跟踪器、位置跟踪器、数据手套、压力笔等输入设备,以及打印机、绘图仪、显示器、头盔式显示器、音箱等输出设备。人机交互技术除了传统的基本交互和图形交互外,还包括语音交互、情感交互、体感交互及脑机交互等技术。

(五)计算机视觉

计算机视觉是使用计算机模仿人类视觉系统的科学,让计算机拥有类似人类提取、处理、理解和分析图像以及图像序列的能力。自动驾驶、机器人、智能医疗等领域均需要通过计算机视觉技术从视觉信号中提取并处理信息。近来随着深度学习的发展,预处理、特征提取与算法处理渐渐融合,形成端到端的人工智能算法技术。根据解决的问题,计算机视觉可分为计算成像学、图像理解、三维视觉、动态视觉和视频编解码五大类。

目前,计算机视觉技术发展迅速,已具备初步的产业规模。未来计算机视觉技术的发展主要面临以下挑战:一是如何在不同的应用领域和其他技术更好地结合,计算机视觉在解决某些问题时可以广泛利用大数据,已经逐渐成熟并且可以超过人类,而在某些问题上却无法达到很高的精度;二是如何降低计算机视觉算法的开发时间和人力成本,目前计算机视觉算法需要大量的数据与人工标注,需要较长的研发周期以达到应用领域所要求的精度与耗时;三是如何加快新型算法的设计开发,随着新的成像硬件与人工智能芯片的出现,针对不同芯片与数据采集设备的计算机视觉算法的设计与开发也是挑战之一。

（六）生物特征识别

生物特征识别技术是指通过个体生理特征或行为特征对个体身份进行识别认证的技术。

从应用流程看,生物特征识别通常分为注册和识别两个阶段。注册阶段通过传感器对人体的生物表征信息进行采集,如利用图像传感器对指纹和人脸等光学信息、麦克风对说话声等声学信息进行采集,利用数据预处理以及特征提取技术对采集的数据进行处理,得到相应的特征进行存储。识别过程采用与注册过程一致的信息采集方式对待识别人进行信息采集、数据预处理和特征提取,然后将提取的特征与存储的特征进行比对分析,完成识别。

从应用任务看,生物特征识别一般分为辨认与确认两种任务。辨认是指从存储库中确定待识别人身份的过程,是一对多的问题;确认是指将待识别人信息与存储库中特定个人信息进行比对,确定身份的过程,是一对一的问题。

（七）VR/AR

虚拟现实(VR)/增强现实(AR)是以计算机为核心的新型视听技术,结合相关科学技术,在一定范围内生成与真实环境在视觉、听觉、触感等方面高度近似的数字化环境。用户借助必要的装备与数字化环境中的对象进行交互,相互影响,获得近似真实环境的感受和体验,通过显示设备、跟踪定位设备、触力觉交互设备、数据获取设备、专用芯片等实现。

虚拟现实/增强现实从技术特征角度,按照不同处理阶段,可以分为获取与建模技术、分析与利用技术、交换与分发技术、展示与交互技术,以及技术标准与评价体系五个方面。获取与建模技术研究如何把物理世界或者人类的创意进行数字化和模型化,难点是三维物理世界的数字化和模型化技术;分析与利用技术重点研究对数字内容进行分析、理解、搜索和知识化方法,其难点是内容的语义表示和分析;交换与分发技术主要强调各种网络环境下大规模的数字化内容流通、转换、集成和面向不同终端用户的个性化服务等,其核心是开放的内容交换和版权管理技术;展示与交互技术重点研究符合人类习惯数字内容的各种显示技术及交互方法,以期提高人对复杂信息的认知能力,其难点在于建立自然和谐的人机交互环境;技术标准与评价体系重点研究虚拟现实/增强现实基础资源、内容编目、信源编码等的规范标准以及相应的评估技术。

第三节 机 器 学 习

一、机器学习的核心：数据、算法和算力

机器学习的核心就是数据、算法（模型）、算力（计算机运算能力）。

（一）数据

如今这个时代，无时无刻不在产生大数据，如移动设备、廉价的照相机、无处不在的传感器等积累的数据。这些数据形式多样化，大部分都是非结构化数据。如果需要为人工智能算法所用，就需要进行大量的预处理过程。

（二）算法

主流的算法主要分为传统的机器学习算法和神经网络算法。神经网络算法近年来因为深度学习的发展而得到了迅猛发展。

（三）算力

人工智能的发展对算力提出了更高的要求。21世纪以来，得益于互联网尤其是移动互联网、社交媒体、移动设备和传感器的普及，全球产生及存储的数据量剧烈增加。另外随着GPU和异构/低功耗芯片的兴起，算力得以大幅提升，数据处理速度也显著提高。数据和算力的发展在很大程度上促成了深度学习的诞生，从而迅速点燃了人工智能这一波爆发的浪潮。

二、监督学习、无监督学习、半监督学习和强化学习

根据数据类型不同，对一个问题的建模有不同的方式。在机器学习或者人工智能领域，人们首先会考虑算法的学习方式。在机器学习领域，有几种主要的学习方式。将算法按照学习方式分类，可以让人们在建模和算法选择的时候考虑根据输入数据选择最合适的算法来获得最好的结果。

根据学习方式不同，机器学习分为监督学习、无监督学习、半监督学习和强化学习等。

（一）监督学习

监督学习，就是使用已经知道答案的数据或者是已经给定标签的数据给机器进行学习的一个过程。通俗地讲，监督学习就相当于我们在高中时做练习题的时候，做完一道题之后，可以翻看已经存在的答案，然后通过答案来进行学习和调整，达到举一反三的效果。通过这样的学习，在下次出现类似题目的时候，我们就可以通过已有的经验进行解答。

例如，你想训练一个可以在照片中识别出你父母的模型。那么，你需要将所有的照片看一遍，记录下来哪些照片上有你的父母。然后把照片分为两组，第一组叫作训练集，用来训练神经网络。第二组叫作验证集，用来检验训练好的神经网络能否认出你的父母，正确率有多少。之后反复地去调整模型，直到得到最优模型为止。

监督学习主要应用于预测等场景。当然，在机器学习中，监督学习也包含很多算法，如决策树、高斯朴素贝叶斯以及KNN等算法，不同的算法适应不同的场景，每个算法也有其优缺点，所以在机器学习的训练中，不同的场景会选择不同的算法。

（二）无监督学习

无监督学习，使用的数据是没有标记过的，即不知道输入数据对应的输出结果是什么。无监督学习只能默默地读取数据，自己寻找数据的模型和规律。就相当于你在学习的过程中遇到的问题是没有答案的，只能你自己从中摸索，然后对其进行分类判断等。在实际生活中，训练模型使用监督学习比较多，而无监督学习更多是使用在对数据进行分类上。例如，生产 T 恤时，要确定 XS、S、M、L 和 XL 的尺寸，可以根据人们的体测数据，用聚类算法把人们分到不同的组，从而决定尺码的大小。

（三）半监督学习

半监督学习，也就是训练中使用的数据，只有一小部分是标记过的，而大部分是没有标记的。因此和监督学习相比，半监督学习的成本较低，但是又能达到较高的准确度。相当于我们从少量的有答案的数据里训练，然后根据学习经验对剩下的数据进行标记分类等。

在实际中，半监督学习使用的频率也是挺高的。毕竟，很多时候我们缺的不是数据，缺的是带标签的数据，而人为地给数据打标签也是很费时费力的。

（四）强化学习

强化学习，也是使用未标记的数据，但是可以通过某种方法知道你离正确答案是越来越近还是越来越远（奖惩函数），强调的是如何基于环境而行动以取得最大化的收益。半监督学习算法就是最大化奖惩函数。可以把奖惩函数想象成正确答案的一个延迟的、稀疏的形式。

三、深度学习

按学习方法分类，机器学习分为传统机器学习和深度学习两类。下面介绍深度学习。

（一）什么是深度学习

深度学习是机器学习研究中的一个新领域，其动机在于建立、模拟人脑进行分析学习的神经网络，它模仿人脑的机制来解释数据，如图像、声音和文本。深度学习是无监督学习的一种。

深度学习的概念源于人工神经网络的研究。含多隐层的多层感知器就是一种深度学习结构。深度学习通过组合低层特征形成更加抽象的高层表示属性类别或特征，以发现数据的分布式特征表示。

深度学习是机器学习的一部分，机器学习是深度学习的基石。

（二）深度学习与传统机器学习比较

1. 应用场景

机器学习在指纹识别、特征物体检测等领域的应用基本达到了商业化的要求。深度学习主要应用于文字识别、人脸技术、语义分析、智能监控等领域，目前在智能硬件、教育、医疗等行业也在快速布局。

2. 所需数据量

深度学习是靠数据驱动的，需要大量的数据，这是因为深度学习算法需要大量数据才能完美理解。而传统机器学习算法通常不需要，机器学习能够适应各种数据量，特别是数据量较小的场景。传统机器学习属于统计学领域,它非常依赖数据及其表达方式(Representation),即如何将数据的某种规律/特征表示出来。举个现代的例子:在医院里面,医生给病人诊断,需要知道病人的一些信息(病态特征、习惯、发病时间、接触过什么等),这些信息在计算机中称为特征(Feature)。传统机器学习有三个大弊端阻止了它的发展:无法确定需要哪些特征(如是需要在哪读书,还是学习成绩)、无法确定这些特征的方式(是否需要将特征离散化)、某些信息无法学习(如数据与结果的相关性微小,无法表示的数据等)。

3. 特征提取

图 2.3 列示了传统机器学习与深度学习在特征提取方面的比较。从图 2.3 可以看出,传统机器学习是利用特征工程(Feature Engineering),人为对数据进行提炼清洗。人工特征提取是一种费时费力且需要专业知识的方法,很大程度上依赖经验和运气。而深度学习是利用表示学习(Representation Learning),机器学习模型自身对数据进行提炼,不需要选择特征、压缩维度、转换格式等对数据的处理。深度学习对比传统机器学习来说,最大的优势是自动特征的提取。

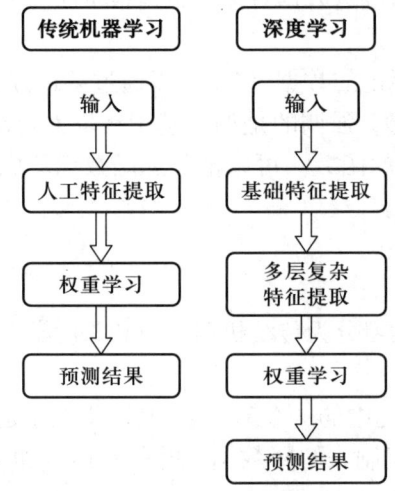

图 2.3　传统机器学习与深度学习流程

4. 解决问题的方法

机器学习算法遵循标准程序以解决问题。它将问题拆分成数个部分,对其进行分别解决,而后再将结果结合起来以获得所需的答案。传统机器学习的每一步的最优解不一定带来结果的最优解。深度学习则以集中方式解决问题,不必进行问题拆分。相比传统机器学习方法,深度学习使用了更多的参数,模型也更复杂,从而使得模型对数据的理解更加深入,也更加智能。

第四节　生物识别技术

网络的发展正日益威胁到基于用户 ID 和密码的传统访问方法来验证数字身份的做法,从而促使公司采用对用户更安全的新技术和系统。

2017 年,全球有超过 10 亿个账户被盗,近 1 780 万个域名被入侵。面对大量侵犯个人敏感数据的行为,消费者意识到了传统密码的不足之处,并且越来越多地采用先进的密码。

在这种情况下,技术的进步导致出现了许多新的越来越先进的安全和身份验证系统。其中包括生物识别技术。这是一种基于指纹、人声和面部识别的方法。通过生物识别采集数据是人工智能应用的重要一环。

一、生物识别技术概述

生物识别属于人工智能的重要领域。人工智能领域的研究包括机器人、语言识别、图像识别、自然语言处理和专家系统等。生物识别是通过机器模拟人的智能,对采集的人体生物特征及行为特征与注册信息进行比对,从而实现对人员身份的识别与鉴定。相比传统的身份鉴定方法,生物识别技术具有更高的安全性、保密性和方便性,并且在某些情况下可以集成或完全取代现有技术,从而在不同的市场中开辟新的商机。美国分析公司 Tractica 认为,引领市场的主要是智能手机中生物识别技术的集成,以及这些系统在从智能家居到汽车、从医疗保健到金融服务再到通过移动数字支付的不同领域的越来越多的使用。

生物识别技术具备不易遗忘、防伪性能好、不易伪造或被盗、随身"携带"和随时随地可用等优点。

生物识别助力人工智能大发展,现今已经出现了许多生物识别技术,如指纹识别、语音识别、人脸识别、虹膜识别等。

二、指纹识别技术

(一)指纹与指纹特征

指纹是比较复杂的。通常定义指纹的两类特征来进行指纹的验证:总体特征和局部特征。

1. 指纹的总体特征

指纹的总体特征是指那些用人眼直接就可以观察到的特征,包括环形(Loop)、弓形(Arch)、螺旋形(Whorl)三种基本纹路图案。其他的指纹图案都基于这三种基本图案。仅仅依靠图案类型来分辨指纹是远远不够的,这只是一个粗略的分类,但分类使得在大数据库中搜寻指纹更为方便。总体特征具体包括:

(1)模式区(Pattern Area)。模式区是指指纹上包括了总体特征的区域,即从模式区就能够分辨出指纹是属于哪一种类型的。有的指纹识别算法只使用模式区的数据。Aetex 的指纹识别算法使用了所取得的完整指纹而不仅仅使用模式区进行分析和识别。

(2)核心点(Core Point)。核心点位于指纹纹路的渐进中心,用作读取指纹和比对指纹的参考点。

(3)三角点(Delta)。三角点位于从核心点开始的第一个分叉点或者断点,或者两条纹路汇聚处、孤立点、折转处,或者指向这些奇异点。三角点提供了指纹纹路的计数和跟踪的开始之处。

(4)式样线(Type Lines)。式样线是指在包围模式区的纹路线开始平行的地方所出现的交叉纹路。式样线通常很短就中断了,但它的外侧线开始连续延伸。

(5) 纹数(Ridge Count)。纹数是指模式区内指纹纹路的数量。在计算纹数时,一般先连接核心点和三角点,这条连线与指纹纹路相交的数量即可认为是纹数。

2. 指纹的局部特征

指纹的局部特征是指指纹上的节点。两枚指纹经常会具有相同的总体特征,但它们的局部特征——节点(Minutia Points),却不可能完全相同。指纹纹路并不是连续的、平滑笔直的,而是经常出现中断、分叉或打折。这些断点、分叉点和转折点就称为"节点"。就是这些节点提供了指纹唯一性的确认信息。指纹上的节点有四种不同特性:

(1) 分类。节点有以下几种类型,最典型的是终结点和分叉点。① 终结点(Ending),即一条纹路在此终结。② 分叉点(Bifurcation),即一条纹路在此分开成为两条或更多的纹路。③ 分歧点(Ridge Divergence),即两条平行的纹路在此分开。④ 孤立点(Dot or Island),即一条特别短的纹路,以至于成为一点。⑤ 环点(Enclosure),即一条纹路分开成为两条之后,立即又合并成为一条,这样形成的一个小环。⑥ 短纹(Short Ridge),即一端较短但不至于成为一点的纹路。

(2) 方向(Orientation)。节点可以朝着一定的方向。

(3) 曲率(Curvature)。描述纹路方向改变的速度。

(4) 位置(Position)。节点的位置通过 (x, y) 坐标来描述,可以是绝对的,也可以是相对于三角点或特征点的。

(二) 什么是指纹识别技术

指纹是指人的手指末端正面皮肤上凸凹不平产生的纹线。纹线有规律地排列成不同的纹型。纹线的起点、终点、结合点和分叉点,称为指纹的细节特征点。每个指纹都有几个独一无二可测量的特征点,每个特征点都有大约 7 个特征,人们的 10 根手指产生最少 4 900 个独立可测量的特征。指纹识别技术把一个人同他的指纹对应起来,通过将他的指纹和预先保存的指纹进行比较,就可以验证他的真实身份。

(三) 指纹识别主要采集技术

指纹识别技术很重要的一个指标就是准确率,而提高指纹识别准确率的核心在于能否更准确、高效地采集指纹图像。目前指纹识别主要采集技术有三种方式:光学式指纹识别、电容式指纹识别、超声波指纹识别。

1. 光学式指纹识别

光学式指纹识别是应用比较早的一种指纹识别技术,比如之前很多的考勤机、门禁采用的就是光学式指纹识别技术。该技术主要是利用光的折射和反射原理,将手指放在光学镜片上,手指在内置光源照射下,光从底部射向三棱镜,并经三棱镜射出,射出的光线在手指表面指纹凹凸不平的线纹上折射的角度及反射回去的光线明暗就会不一样。用三棱镜将其投射在电荷耦合器件、CMOS 或者 CCD 上,进而形成脊线(指纹图像中具有一定宽度和走向的纹线)呈黑色、谷线(纹线之间的凹陷部分)呈白色的数字化的且可被指纹设备算法处理的多灰度指纹图像,然后对比资料库看是否一致。

光学式指纹识别的缺点在于该类型指纹模块对使用环境的温度、湿度都有一定的要求,并只能到达皮肤的表皮层,不能到达真皮层,而且受手指表面是否干净影响较大。如果用户手指上沾了较多的灰尘或者湿手指可能就会出现识别出错的情况,并且容易被假指纹欺骗。对于用户而言,使用起来不是很安全和稳定。

2. 电容式指纹识别

电容式指纹识别是模块下面有很多电容极板,因为我们的手指指纹是凹凸不平的,所以在进行指纹识别的时候,凸起的指纹纹路和凹下去的地方,因为与电容极板的距离不一样,所有各个电容极板的电容量大小就会有差异,电容大的地方就是凸起的纹路,电容小的地方就是凹下去的地方,也就通过电容大小识别出指纹的纹路。

3. 超声波指纹识别

射频传感器通过传感器发射微量的射频信号,可以穿透手指的表皮层获取里层的纹路以获取信息。比如高通在 2015 年的 MWC 展会上发布的 Sense ID 3D 超声波指纹识别技术就是生物射频识别技术的一种。

相对于前两种技术来说,射频传感器对手指的干净程度要求较低,可以产生高质量的图像。此外,由于能够采集高质量图像,所以可以在保证一定认证可靠性的前提下减小传感器面积,从而减少一定的成本,并且可以使得射频传感器应用到各种小型化移动设备当中。不过,由于需要主动发射信号,所以功耗相对电容式要高。另外,目前应用此类技术的厂商比较少,所以整体的成本还是相对比较高的。

总之,各种技术都具有它们各自的优势,也有各自的缺点。

(四)指纹识别的过程

指纹识别是一个典型的模式识别系统,包括指纹图像获取、指纹图像处理、指纹特征提取和指纹匹配等模块。

1. 指纹图像获取

通过专门的指纹采集仪可以采集指纹图像。指纹采集仪用到的指纹传感器按采集方式主要分为划擦式和按压式两种,按信号采集原理目前有光学式、压敏式、电容式、电感式、热敏式和超声波式等。另外,也可以通过扫描仪、数字相机等获取指纹图像,公安行业普遍采用滚动捺印指纹。

2. 指纹图像处理

(1) 指纹图像压缩。大容量的指纹数据库必须经过压缩后存储,以减少存储空间。主要方法包括 JPEG、WSQ、EZW 等。

(2) 指纹图像预处理,包括指纹区域检测、图像质量判断、方向图和频率估计、图像增强、指纹图像二值化和细化等。指纹图像预处理是指对含噪声及伪特征的指纹图像采用一定的算法加以处理,使其纹线结构清晰、特征信息突出。其目的是改善指纹图像的质量,提高特征提取的准确性。通常,预处理过程包括归一化、图像分割、增强、二值化和细化,但根据具体情况,预处理的步骤也不尽相同。

3. 指纹特征提取

纹型是指纹的基本分类,是按中心花纹和三角的基本形态划分的。我国十指纹分析法将指纹分为三大类型、九种形态。一般,指纹自动识别系统将指纹分为弓形纹(弧形纹、帐形纹)、箕形纹(左箕、右箕)、斗形纹和杂形纹等。指纹形态特征包括中心(上、下)和三角点(左、右)等,指纹的细节特征点主要包括纹线的起点、终点、结合点和分叉点。从预处理后的图像中提取指纹的特征点信息(终结点、分叉点),信息主要包括类型、坐标、方向等参数。指纹中的细节特征,通常包括端点、分叉点、孤立点、短分叉、环等。而纹线端点和分叉点在指纹中出现的机会最多、最稳定,且容易获取。这两类特征点就可对指纹特征匹配:计算特征提取结果与已存储的特征模板的相似程度。

4. 指纹匹配

指纹匹配是用现场采集的指纹特征与指纹库中保存的指纹特征相比较,判断是否属于同一指纹。可以根据指纹的纹型进行粗匹配,进而利用指纹形态和细节特征进行精确匹配,给出两枚指纹的相似性得分。根据应用不同,对指纹的相似性得分进行排序或给出是否为同一指纹的判决结果。指纹对比有两种方式:① 一对一比对:根据用户 ID 从指纹库中检索出待对比的用户指纹,再与新采集的指纹比对。② 一对多比对:新采集的指纹和指纹库中的所有指纹逐一比对。

(五) 指纹识别技术的优缺点

1. 指纹识别技术的主要优点

① 指纹是人体独一无二的特征,并且它们的复杂度足以提供用于鉴别的特征;② 如果要增加可靠性,只需登记更多的指纹、鉴别更多的手指,最多可达 10 个,而每一个指纹都是独一无二的;③ 扫描指纹的速度很快,使用非常方便;④ 读取指纹时,用户必须将手指与指纹采集头相互接触;⑤ 接触是读取人体生物特征最可靠的方法;⑥ 指纹采集头可以更加小型化,并且价格会更加低廉。

2. 指纹识别技术的主要缺点

① 某些人或某些群体的指纹特征少,难成像;双手长期徒手作业的人们手指若有丝毫破损或处于干湿环境里、沾有异物,不利于进行指纹识别;对于在严寒区域或者严寒气候下,或者人们需要长时间戴手套的环境当中,这也将使得指纹识别变得不那么便利。② 过去因为在犯罪记录中使用指纹,使得某些人害怕"将指纹记录在案"。③ 实际上指纹鉴别技术可以不存储任何含有指纹图像的数据,而只是存储从指纹中得到的加密的指纹特征数据。④ 每一次使用指纹时都会在指纹采集头上留下用户的指纹印痕,而这些指纹印痕存在被用来复制指纹的可能性。⑤ 指纹是用户的重要个人信息,某些应用场合用户担心信息泄露。我国第二代身份证早就实现了指纹采集,且各大智能手机的指纹解锁功能已经使用多年。与其他生物识别技术相比,指纹识别早已经在消费电子、安防、打卡机等产业中广泛应用,通过时间和实践的检验,技术方面也在不断革新。⑥ 指纹识别破解。指纹识别技术虽然应用广泛,但是相对来说破解也比较容易,可以制作指模破解。

三、语音识别技术

(一) 语音识别技术的定义

语音识别技术就是让智能设备听懂人类的语音。它是一门涉及数字信号处理、人工智能、语言学、数理统计学、声学、情感学及心理学等多学科交叉的科学。这项技术可以提供比如自动客服、自动语音翻译、命令控制、语音验证码等多项应用。近年来,随着人工智能的兴起,语音识别技术在理论和应用方面都取得较大突破,开始从实验室走向市场,已逐渐走进我们的日常生活。现在语音识别已用于许多领域,主要包括语音识别听写器、语音寻呼和答疑平台、自主广告平台、智能客服等。

（二）语音识别原理

语音识别的本质是一种基于语音特征参数的模型识别，即通过学习，系统能够把输入的语音按一定模型进行分类，进而依据判定准则找出最佳匹配结果。目前，模型匹配原理已经被应用于大多数语音识别系统中，如图2.4是基于模型匹配原理的语音识别系统。

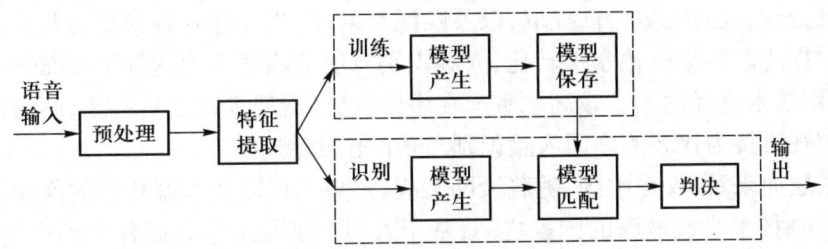

图 2.4　基于模型匹配原理的语音识别系统

一般的模型识别包括预处理、特征提取、模型匹配等基本模块。如图2.4所示，首先对输入语音进行预处理，其中预处理包括分帧、加窗、预加重等。其次是特征提取，因此选择合适的特征参数尤为重要。常用的特征参数包括基音周期、共振峰、短时平均能量或幅度、线性预测系数（LPC）、感知加权预测系数（PLP）、短时平均过零率、线性预测倒谱系数（LPCC）、自相关函数、梅尔倒谱系数（MFCC）、小波变换系数、经验模态分解系数（EMD）、伽马通滤波器系数（GFCC）等。在进行实际识别时，要对测试语音按训练过程产生模板，最后根据失真判决准则进行识别。常用的失真判决准则有欧式距离、协方差矩阵与贝叶斯距离等。

（三）语音识别技术分类

从语音识别算法的发展来看，语音识别技术主要分为三大类：第一类是模型匹配法，包括矢量量化（VQ）、动态时间规整（DTW）等；第二类是概率统计方法，包括高斯混合模型（GMM）、隐马尔科夫模型（HMM）等；第三类是辨别器分类方法，如支持向量机（SVM）、人工神经网络（ANN）和深度神经网络（DNN）等以及多种组合方法。这里不一一讨论这些技术了。

四、人脸识别技术

（一）人脸识别技术的定义

人脸识别，通常也叫作人像识别、面部识别，是基于人的脸部特征信息进行身份识别的一种生物识别技术。具体是指用摄像机或摄像头采集含有人脸的图像或视频流，并自动在图像中检测和跟踪人脸，进而对检测到的人脸进行脸部识别的一系列相关技术。由于人脸识别涉及的器官多，面积又大，因此该识别技术不仅复杂且易受到较多因素的干扰，如人的表情、姿态等。最早的人脸识别是半自动人脸识别，由人工标注人脸特征点，计算机根据特征点相对位置进行人脸匹配。如今，人脸识别技术已经非常成熟，已成为当下最为主流的生物识别技术。

人脸识别技术相比于传统的身份识别技术有很大的优势，主要体现在方便性上。传统的身份识别方式诸如密码、PIN 码、射频卡片、口令、指纹等,需要用户记住复杂密码或者携带身份认证钥匙。而密码、卡片均存在丢失泄露的风险,相比于人脸识别,交互性与安全性都不够高。人脸识别可以使用摄像头远距离非接触识别,相比于指纹免去了将手指按在识别区域的操作,可由摄像头自动识别。

从技术层面来看,人脸识别系统主要由四个部分组成,分别为人脸图像采集及检测、人脸图像预处理、人脸图像特征提取,以及匹配与识别。当前随着各家算力及算法的提升、非结构化数据逐渐向架构化水平转化,人脸识别算法准确率平均达到了 99.69%。也就是说,人脸识别技术已经达到了较高水平。在中国,已经出现了以云从科技、商汤科技、依图科技以及旷视科技为代表的中国人脸识别“四小龙”态势。

从应用层面来看,仅在中国,随着天网工程、雪亮工程以及国家政策的推动,中国已经成为人脸识别技术受益最深的国家之一,基于人脸识别技术的软硬件产品也处于持续更新状态,如人脸匝机、人脸识别手机解锁、人脸识别门禁与考勤、认证合一验证、人脸识别抓逃犯、行人闯红灯抓排系统、支付宝人脸识别付款、医院在线办卡等,各种“智慧 +”产业,如智能安防、智慧教育、智慧医院、智慧金融、智慧交通等,都已经将人脸识别技术作为最主流的技术。尽管全球已经加速进入“刷脸时代”,但人脸识别发展依旧面临不少挑战。

(二) 人脸识别流程

绝大多数人脸识别都包含如下几个流程:人脸检测(Face Detection)、人脸对齐(Face Alignment)、人脸表示(Face Representation)和人脸匹配(Face Matching),如图 2.5 所示。

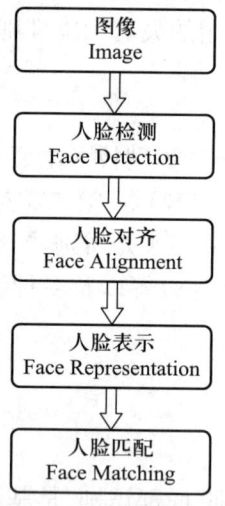

图 2.5 人脸识别流程

1. 人脸检测

人脸检测是指从输入图像中检测并提取人脸图像,通常采用 Haar 特征和 Adaboost 算法训练级联分类器对图像中的每一块进行分类。如果某一矩形区域通过了级联分类器,则被判别为人脸图像。

2. 人脸对齐

从人脸区域中检测到人脸特征点,并以特征点为依据对人脸进行归一化操作,使人脸区域的尺度和角度一致,方便特征提取与人脸匹配。人脸对齐的最终目的是在已知的人脸方框中定位人脸的精准形状,主要分为两大类:基于优化的方法和基于回归的方法。基于回归树的人脸对齐算法是 Vahid Kazemi 和 Josephine Sullivan 于 CVPR 2014 年发表的人脸特征点识别方法,这种方法通过建立一个级联残差回归树(GBDT)来使人脸从当前形状一点点回归到真实形状。

3. 人脸表示

从归一化的人脸区域中进行特征提取,得到特征向量,比如有的深度神经网络方法使用 128 个特征表示人脸,最理想的情况是不同的人的照片提取出的特征向量不一样,而同一人的不同照片中可以提取出相似的特征向量。

4. 人脸匹配

将两幅照片计算出的特征向量进行对比,获得两幅照片的相似得分。根据相似得分,得分高的可判断为同一人,得分低的判断为不同人。

(三) 人脸表示的基本思路

识别人脸的主要思路是不同的人脸由不同的特征组成。简单地说,特征可有眼皮、鼻子、瞳色、肤色、发色,如表 2.1 所示。这 5 个特征可以形容 25 种人脸,如(1,0,0,1,0)可表示一位双眼皮、低鼻梁、黑瞳色、白肤色、黑发色的人。

表 2.1　人脸的不同特征

特征	0	1
眼皮	单眼皮	双眼皮
鼻子	低鼻梁	高鼻梁
瞳色	黑色	棕色
肤色	黄色	白色
发色	黑色	金黄

对于表 2.1 中的物种特征表现来说,其数量用来做人脸识别是不够的,因此可以增加特征的数量,用更多的特征来表示人脸,如增加脸型、嘴唇等;可以增加某一特征的具体表现数量,如特征瞳色,用 0 表示黑色,0.1 表示黑色带点蓝色,0.2 表示黄色,0.25 表示棕色等。因此当实际应用中特征数量达到 1 024 或更高的数量级,特征值取连续的小数。扩充后,一张人脸可能表示为(0.3,2,1.5,1.75……),基本可以表示无数张人脸。

在实际中,这些特征并非由人工设置,而是由深度神经网络在训练过程中学习而来的,储存在深度神经网络各节点的参数中,一个深度神经网络模型即为网络的结构和各节点的参数组成。

五、虹膜识别技术

(一) 什么是虹膜识别技术

虹膜识别技术是通过拍摄人眼的虹膜来进行身份的确认,是一项基于生物特征的身份认证技术。人的眼睛结构由巩膜、虹膜、瞳孔晶状体、视网膜等部分组成。虹膜是位于黑色瞳孔和白色巩膜之间的圆环状部分,其包含很多相互交错的斑点、细丝、冠状、条纹、隐窝等细节特征,而且虹膜发育完成后在整个生命历程中将是保持不变的。这些特征决定了虹膜特征的唯一性,同时也决定了身份识别的唯一性。因此,可以将眼睛的虹膜特征作为每个人的身份识别对象。

虹膜识别技术可以读取 266 个特征点,而其他生物测定技术只能读取 13~60 个特征点。根据富士通方面的数据,虹膜识别的错误识别可能为 1/1 500 000,而苹果 TouchID 的错误识别可能为 1/50 000,虹膜识别的准确率高达当前指纹方案的 30 倍。而虹膜识别又属于非接触式识别,识别非常方便高效。

（二）虹膜技术的识别过程

1. 虹膜图像获取

这是指使用特定的数字摄像器材对人的整个眼部进行拍摄,并将拍摄到的图像通过图像采集卡传输到计算机中存储。

2. 图像预处理

这是指由于拍摄到的眼部图像包括了很多多余的信息,并且在清晰度等方面不能满足要求,需要对其进行图像平滑、边缘检测、图像分离等预处理操作。

3. 特征提取

这是指通过一定的算法从分离出的虹膜图像中提取出独特的特征点,并对其进行编码。

4. 特征匹配

这是指根据特征编码与数据库中事先存储的虹膜图像特征编码进行比对、验证,从而达到识别的目的。在虹膜识别过程之前,技术实现上要求通过对人类的虹膜进行标志性特征的定位,并且利用这些特征和具体形状对虹膜进行成像、特征分离和提取。基于虹膜成像,二维 Gabor 波将其筛选和绘制为相量,相量的信息包括方向和空间频率(图像内容)以及图像位置,利用这些相量信息绘制为"虹膜码",最终使用虹膜码进行认证。

（三）虹膜识别的优缺点

1. 虹膜识别的优点

（1）虹膜的独特性非常之高,不需要物理接触。虹膜基本上在人们出生后的 8 个月左右就已经发育到足够的尺寸,进入稳定期,不再发生改变。也就是说,随着年龄的增长、环境或疾病所带来的影响,人们的胖瘦、声音等都会有所改变,而虹膜却不会因此而发生任何改变,一旦形成,便成了这个人独一无二不可更改的身份标识。虹膜的高度独特性、稳定性及不可更改的特点,是虹膜可用作身份鉴别的物质基础。

（2）虹膜识别技术为最安全的生物识别技术之一。对于指纹识别技术,虽然现在已经发展到了非常智能和高效的程度,并且能达到非常高的安全级别,但指纹可通过生物膜的模拟等方式被窃取,从而导致手机安全受到威胁,因此,虹膜识别在一定程度上,也有着比较有利的优势。

2. 虹膜识别的缺点

（1）很难将图像获取设备的尺寸小型化。

（2）设备造价高,无法大范围推广。

（3）镜头可能产生图像畸变而使可靠性降低。

六、人工智能与其他技术形态的比较

（一）人工智能与物联网（IoT）

IoT 是一个由技术、物理和广泛的社会经济环境中的各种节点所组成的网络。它指的是我们周围的设备都配备了传感器和软件来收集和交换数据，作为 AI 所需输入的一种特定方式，这可以被看作获取外部数据。换言之，物联网所收集的数据是 AI 知识积累的重要来源。目前，AI+IoT（智能物联网）的开发已成为一个热门领域，它将 AI 应用到物联网中，使物联网具有智能数据处理、智能控制、人机交互等功能。

（二）人工智能与虚拟现实/增强现实/混合现实（VR/AR/MR）

VR/AR/MR 是以计算机为核心的新型视听技术。电子技术标准化研究院 2018 年的《人工智能标准化白皮书》将其定义为：结合相关科技，在一定范围内生成与真实环境在视觉、听觉、触觉等方面高度近似的数字化环境。如果说 AI 是对人类智能的模拟，那么 VR/AR/MR 则是对现实世界的模拟。目前，通过 AI 对 VR/AR/MR 赋能，实现研发过程智能化、虚拟对象和环境智能化，提升交互体验，是一个非常值得关注的领域。

（三）人工智能与机器人技术（Robotics）

Wilson（2015）将机器人宽泛地定义为能够执行基于规则的工作的机械机器或无形的计算机程序。AI 和机器人技术的联系在于，机器人是 AI 的载体之一，且两者都具有自动化、自主行动的特征，AI 是提升机器人智能化程度的手段。两者的区别在于，当不涉及 AI 时，机器人侧重于完成机械性任务，代替人力劳动，而不具备 AI 学习推理等代替人类智能的水平。并且，AI 的实现主要关注程序和算法，而机器人的设计还要重视硬件的实现。

（四）人工智能与第五代移动通信技术（5G）

作为最新一代移动通信技术，5G 网络的主要优势是数据传输速率远高于以前的蜂窝网络，最高可达 10 Gbit/s，比先前的 4G LTE 蜂窝网络快 100 倍。因为 AI 的研发非常需要云计算与大数据的支持，所以其发展会受到数据传输速率的限制。而 5G 的高速度、大容量和低延时，将在很大程度上突破网络带宽和传输速率的局限，促进 AI 的跨越式进步。

人工智能在金融领域中的应用，主要通过机器学习、语音识别、视觉识别等方式来分析、预测、辨别交易数据、价格走势等信息，从而为客户提供投资理财、股权投资等服务，同时规避风险、提高金融监管力度。

人工智能在金融领域的主要应用场景包括智能投顾、智能客服、安防监控、金融监管等。

本 章 总 结

人工智能的奠基人之一马文·明斯基将人工智能定义为"让机器做本需要人的智能才能够做到的事情的一门科学"。人工智能起步于 20 世纪 50 年代中期，但是，直到 2011 年后才迎来爆发式增长的新高潮。如果要结构化地表述人工智能的话，从下往上依次是基础设施层、算法层、技术层和应用层。在人工智能领域，它普遍包含了机器学习、知识图谱、自然语言处理、人机交互、计算机视觉、生物特征识别、VR/AR 七个关键技术。

数据、算法和算力是机器学习的核心。相比传统的身份鉴定方法,生物识别技术具有更高的安全性、保密性和方便性。主要的生物识别技术有指纹识别、语音识别、人脸识别、虹膜识别等。

人工智能在金融领域的主要应用场景包括智能投顾、智能客服、安防监控、金融监管等。

阅读材料

马文·明斯基

马文·明斯基(Marvin Lee Minsky),1927 年 8 月 9 日生于纽约市的一个眼科医生家庭。小学和中学阶段,明斯基对电子学和化学表现出浓厚的兴趣。1945 年,明斯基高中毕业后应征入伍,1946 年退伍,之后进入哈佛大学主修物理,但他选修的课程相当广泛,从电气工程、数学,到遗传学等涉及多个学科专业,他还在心理学系参加过课题研究。后来他放弃物理改修数学,并于 1950 年毕业,之后进入普林斯顿大学研究生院深造,攻读数学博士学位。1954 年取得博士学位。

1956 年的夏天,年仅 28 岁的马文·明斯基和约翰·麦卡锡(John McCarthy)、克劳德·香农(Claude Shannon,信息论创始人)、艾伦·纽厄尔(Allen Newell,计算机科学家)、赫伯特·西蒙(Herbert Simon,诺贝尔经济学奖得主)等科学家一起在达特茅斯学院组织了一场关于人工智能的头脑风暴式的研讨会,被称为"达特茅斯夏季人工智能研究会议"。在这场会议上"人工智能"一词被第一次提出,而这次意义非凡的会议也被看作人工智能的起点。马文·明斯基也成为最早联合提出"人工智能"概念的先驱之一。

明斯基作为人工智能的倡导者之一,坚信人的思维过程可以用机器去模拟,机器也可以有智能。他的一句流传颇广的话就是"大脑无非是肉做的机器而已"(The brain happens to be a meat machine)。

明斯基在人工智能领域取得的成就可谓震古烁今:他是麻省理工学院(MIT)媒体实验室名誉教授、数学家,计算机科学家,是人工智能领域首位图灵奖(计算机科学领域的最高奖项)的获得者(1969 年),是虚拟现实(VR)的最早提倡者(1963 年),开发出了世界上最早能够模拟人类活动的机器人(1951 年),也是世界上第一个人工智能实验室 MIT 人工智能实验室联合创始人(1958 年)。

明斯基的代表作有《计算:有限与无限的机器》(1967 年)、《语义信息处理》(1968 年)、《感知器》(1988 年)、《表示知识的框架》(1975 年)、《心智社会》(1986 年)、《机器人学》(1985 年)、《情感机器》(2006 年)。

大师们对明斯基的评价:

约翰·麦卡锡(人工智能先驱,LISP 语言之父,图灵奖获得者)对明斯基的评价是:"马文·明斯基在人工智能、认知心理学、数学、计算语言学、机器人和光学等诸多领域做出了巨大的贡献,近年来,他一直致力于让机器具备人类常识推理的能力。对于我来说,他是一位非常值得尊敬的导师。"

雷·库兹韦尔(21世纪的未来学家和思想家,奇点大学校长,谷歌公司工程总监)对明斯基的评价是:"在这世界上,我只佩服两个极具智慧的人物:首先是马文·明斯基,其次是卡尔·萨根。"

明斯基于2016年1月24日逝世,享年88岁。

复习思考题

1. 阐述人工智能的发展历程、现状及趋势。
2. 比较机器学习与深度学习。
3. 阐述人脸识别的主要流程。
4. 阐述人工智能的关键技术。

第三章　区块链技术

区块链被视为互联网的第二次革命,区块链行业将会成为各国竞争的重要领域。2019 年 10 月 24 日,习近平在中央政治局第十八次集体学习时明确指出:"要把区块链作为核心技术自主创新的重要突破口,明确主攻方向,加大投入力度,着力攻克一批关键核心技术,加快推动区块链技术和产业创新发展。"至此,对发展区块链技术的支持已经上升到了国家高度。通过本章的学习,你将了解到什么是分布式账本技术和区块链技术,区块链技术的特征、发展历程和发展现状,区块链系统的架构,区块链技术包含的核心技术,基于区块链的智能合约的运作原理及存在的法律问题,区块链技术在金融领域的应用场景。

第一节　区块链技术概述

2015 年以来,区块链(Block Chain)技术受到国际金融机构与资本市场的热捧。区块链技术被视为继大型机、个人计算机、互联网、移动社交网络之后的第五次颠覆式创新,是人类信用进化史上继血亲信用、贵金属信用、央行纸币信用后的第四个里程碑,有望重塑现代金融业态与组织构架。欧美大型银行、交易所等金融机构以及 IT 巨头采取单边、参股、合作等多种形式积极布局、抢占先发优势。2015 年 9 月,由金融技术公司 R3 领导的区块链联盟宣布成立,主要致力于概念验证的试验和区块链技术标准的制定。目前在全球最大的 50 家银行中,除中资银行以外已有包括花旗、汇丰、摩根大通、巴克莱银行、高盛集团、西班牙 BBVA 银行、澳洲联邦银行、瑞士信贷集团、道富银行、苏格兰皇家银行和瑞士银行等在内的大部分机构加入该联盟。花旗银行还在内部发行了自己的数字货币"花旗币"(Citicoin)的加密货币。纽约梅隆银行已尝试将比特币的点对点模型应用到银行系统,并在其员工内部推出基于区块链技术的 BK Coins 虚拟货币。瑞士联合银行(UBS)在区块链上试验了 20 多项金融应用,包括金融交易、支付结算和发行智能债券等。

区块链是比特币的基础支撑技术,近年来比特币的快速发展与普及,引起了多方的广泛关注。2016 年 1 月,英国政府发布区块链专题研究报告;同年 12 月,中国政府将区块链技术列入《"十三五"国家信息化规划》,旨在加强新技术的基础研发和前沿布局。

与此同时,区块链也受到监管机构的高度关注。美联储、IMF 与世界银行 2016 年 6 月初召开国际监管会议,全球 90 个国家央行应邀出席。美联储主席耶伦敦促与会机构加强对区块链的深入分析。

一、分布式账本技术

(一)传统账本

任何一家以营利为主的企业都一定会用到账本,可见账本对于一家企业的重要性。目前市面上所谓的账本大多是传统意义上的账本。

账本是指具有一定格式并由若干账页所组成,以原始凭证为依据,对所有经济业务进行序时分类记录的账册。它包括出纳账、现金日记账、存货日记账、营业费用明细账等。原始凭证则是在经济业务发生或完成时取得，用以记录或证明经济业务的发生或完成情况的凭据，它是进行会计核算工作的原始资料和重要依据，反映了最原始的交易信息，是明确经济责任的核心。但是，这些账本在使用过程中不难发现存在许多不足之处。例如，使用它们效率低下、成本高、不透明且容易发生欺诈和滥用等问题。而这些问题源于集中化的、基于信任的第三方系统，比如代理记账公司、会计师事务所、税务师事务所以及具有代理记账资格的其他社会咨询服务机构等。这些集中化的、基于信任的账本系统会给交易结算带来瓶颈和障碍，缺乏透明性，而且很容易发生腐败和欺诈，进而导致争议。解决争议、逆转交易或提供交易保险的成本很高。这些风险和不确定性导致了商机的错失。此外，每个网络参与者自己系统上的商业账本副本都是不同步的，这会导致因为临时的、错误的数据而制定错误的商业决策。在最好的情况下，也能够解决账本不同副本之间的差异，但却会延误制定明智决策的时机。

随着信息技术的发展，面对效率低、成本高、不透明等问题，传统账本逐渐向数字化技术演进，分布式账本是账本技术继数字化之后的又一次重大飞跃。

（二）分布式账本技术的定义与特征

1. 分布式账本技术的定义

分布式账本技术（Distributed Ledger Technology，DLT），是一种在网络成员之间共享、复制和同步的数据库。由于在金融领域的潜在应用范围较为广泛，美联储将分布式账本技术做了广义界定，即该技术是点对点网络、分布式数据存储、加密技术等多种技术要素的组合，并具备改变存储、记录和数字资产转移方式的潜力。可以将分布式账本技术各要素以不同方式组合，解决应用场景中的特定问题。

这里所谓的"分布式"不但意味着数据的分布式存储，同时也体现了数据的分布式记录，换句话说，就是由系统中所有的参与者对数据记录的安全性进行维护和管理。简单地说，就是区块链能够实现全球数据信息的分布式记录、分布式存储。

分布式账本中的每条记录都有一个时间戳和唯一的密码签名，这使得账本成为网络中所有交易的可审计历史记录。

每条区块链即一本账本，在会计意义上与传统账本无本质差别。但从技术角度看，分布式账本不仅传承了传统的记账哲学，又以其独特的创新具有一些传统账本无法比拟的优点，不仅可以在公司账本，还可以在国家账本和行业账本编制上发挥所长，解决痛点。

分布式账本的意义就在于它保证每个参与者都有一个账本的拷贝，并使每个参与者都确信自己的账本与别人的账本是同步的，能有效地改善当前基础设施中出现的效率低、成本高的问题。

分布式记账模式如图3.1所示。

2. 分布式账本技术特征

分布式账本技术本质上是一种可以在多个网络节点、多个物理地址或者多个组织构成的网络中进行数据分享、同步和复制的去中心化数据存储技术。相较于传统的分布式存储系统，分布式账本技术主要具备两种不同的特征：① 传统分布式存储系统执行受某一中心节点或权威机构控制的数据管理机制，分布式账本往往基于一定的共识规则，采用多方决策、共同维护的方式进行数据的存储、复制等操作。② 传统分布式存储系统将系

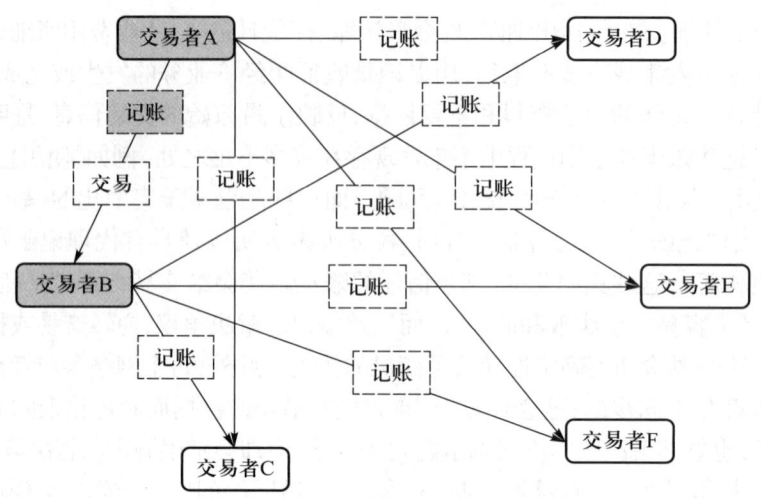

图 3.1　分布式记账模式

统内的数据分解成若干片段,然后在分布式系统中进行存储,而分布式账本中任何一方的节点都各自拥有独立的、完整的一份数据,各节点之间彼此互不干涉、权限等同,通过相互之间的周期性或事件驱动的共识机制达成数据存储的最终一致性。

以快递公司和电商公司为例,一家快递公司为一家电商公司提供快递服务。每个月,电商公司都会下很多订单到快递公司,有的通过电话,有的通过网络,还有的直接当面临时下单。到月底时,根据双方的对账单来支付快递费。快递公司和电商公司双方都会维护一个自己的账本来记录在这个月究竟发送了多少笔快递。这其中很少会有双方的数字完全一致的情况,总会出现这样或那样的状况导致双方的快递单量不一样。当出现了这样的情况,双方就需要进行协调和沟通。如果数额较少,那么问题不大。而数据有较大的出入,那么究竟以谁的账单上的数据为准就是一件很麻烦的事情。很可能需要对双方账单上的每一笔快递进行比较和核对,并查找原始单据来进行验证。有的时候可能还需要引入第三方来审计,从而会产生额外的费用。如果这两家公司用的是一个分布式账本,那么这个问题就不存在了。在分布式账本上,快递在输入的时候是双方都认可过的,那么到了月底,双方的分布式账本是同步的,电商公司只需要按照账本上的数量进行支付就可以了。

如今,金融机构的清算系统是由一家或多家第三方机构进行统一的账簿更新和验证,而区块链在本质上解决了传统依赖于第三方的问题。根据共同消费的概念,区块链技术把消费者和供应方直接联系起来,并完成自动结算,消除了中间人存在的必要。

二、区块链技术的定义及特征

(一)区块链技术的定义

从最简单的字面意思来理解,区块链就是把一个个区块链接起来。从数据结构的角度来说,区块链是一种保存交易记录的链式数据结构。通过复杂的哈希运算,能够防止数据被篡改。从应用的角度来说,区块链是一种防篡改的、共享的数字化账本,用于记录公有或私有对等网络中的交易。账本分发给网络中的所有成员节点,在区块中永久记录网络中的对等节点之间发生的资产交易的历史记录。

区块链是一个在集成了多方面研究成果基础之上的综合性技术系统,有共识机制、密码学原理、分布式数据存储三项必不可缺的核心技术。区块链能弥补传统金融机构的不足,提高运作效率,降低运营成本,灵活更新市场规则,防止信息篡改和伪造,同时也大大提高了稳定性。

目前,全球对区块链并没有一个行业公认的定义。已经达成逐步共识的是,区块链技术是一种分布式数据库共享技术。全球最具权威的 IT 研究与顾问咨询公司 Gartner 对于区块链的定义是:"区块链是一种分布式账本技术,它用来记录网络中的每一笔点对点的交易,所有经过确认和证明的交易都基于时间序列记录在每一个区块中,下一个区块始终指向前一个区块,形成一个链式结构,因此得名为区块链。在区块链的执行声明中,可以通过编程来实现一些自定义的行为,以此实现各类上层应用逻辑。"并指出:"区块链技术可以简单理解为是多种技术和方法的集合体,它结合了比如中间件、数据库、安全、分析、密码学、经济学、身份管理等概念,因此区块链也成为多种分布式账本产品的简称。"

2019 年 7 月,美国批准的《区块链促进法案》对该项技术进行了标准定义:"'区块链'是一种记账技术,是比特币和其他加密货币的底层技术。区块链在多台计算机上分发账本,因此网络中的每个人都可以处理所有交易记录,这是一种防篡改且易于审计的记录方式。"我国工业和信息化部 2016 年发布《中国区块链技术和应用发展白皮书(2016)》给出的区块链的定义是:"区块链技术是利用块链式数据结构来验证与存储数据、利用分布式节点共识算法来生成和更新数据、利用密码学的方式保证数据传输和访问的安全、利用由自动化脚本代码组成的智能合约来编程和操作数据的一种全新的分布式基础架构与计算范式。简单来说,区块链技术就是一种分布式加密存储的互联网数据技术。"

2019 年 10 月,习近平在中央政治局第十八次集体学习时强调,"区块链技术的集成应用在新的技术革新和产业变革中起着重要作用"。

（二）区块链技术的特征

"去中心化""信息不可篡改性""数据及操作的透明性""匿名性"是区块链的本质特征。

1. 去中心化

去中心化是区块链技术最本质的特征。区块链技术的产生意味着在没有中央处理节点的情况下,实现了全网所有数据的分布式记录、存储并且能够保证数据记录的真实性。区块链技术通过 P2P(点对点)协议组成网络。不同于中心化网络模式,P2P 网络中各节点的计算机地位平等,每个节点有相同的网络权力,不存在中心化的服务器。在这种去中心化的网络环境中,全网所有在网节点没有实质的区别,所有节点享有相同的权利和义务。区块链网络中的在网节点必须遵守同样的密码学规则,共同维护全网系统中的数据记录,对数据的记录、存储过程,必须得到区块链网络内其他节点的批准后才能执行。由于所有在网节点并没有第三方中介或者信任机构背书,所以在去中心化的区块链网络中,对单个节点的攻击无法控制或者对整个区块链网络产生影响。

2. 信息不可篡改性

区块链区块中的信息是不可篡改的。一旦数据信息被验证通过写入区块并加入区块链中,就无法被篡改。区块链的数据信息必须经过全网大部分节点的审核以后,才能允许被记录。除非能够控制系统中51%以上在网节点,否则对单节点的区块记录篡改是没有意义的,即对个别节点的账本数据的篡改、攻击不会影响全网总账的安全性。信息不可篡改性保证了区块链数据的稳定性与可靠性。

3. 数据及操作的透明性

区块链技术作为分布式账本技术,系统内所有的数据记录及操作对于所有在网节点都是透明的。在典型的区块链网络中,每一个节点都能够存储全网发生的历史交易记录的完整、一致账本。区块链通过对非对称加密算法、散列加密等密码学技术的组合应用,保证区块链信息在全网的高度透明性,并且区块链网络运行的程序、规则、节点的接入方式都是公开的,这是区块链网络信任的基础。这些机制的运用,保证了区块链中记录的数据可以被全网所有节点审查、追溯。

4. 匿名性

匿名性是指在实现数据透明的同时保护个人隐私,在进行私密交易的同时保证区块链的真实性。区块链技术在复杂的网络环境中解决了在网节点间的信任问题,因而区块链网络中的交易节点可以在无须了解对方身份的情况下进行交易。区块链网络中的交易是基于加密地址,而不会对交易双方身份进行认证。交易双方仅需要公布自己的地址就可以与对方进行交易通信。这种匿名性的技术基础就是非对称加密算法。

三、区块链技术的发展历程

(一)区块链1.0:实现于2009年的可编程货币

区块链技术伴随比特币的产生而产生,其最初的应用范围完全聚集在数字货币上,主要场景包括支付、流通等货币职能。比特币的出现第一次让区块链进入了大众视野,而后产生了莱特币、以太币、狗狗币等"山寨"数字货币。可编程货币的出现,使得价值在互联网中直接流通成为可能。

区块链构建了一种全新的、去中心化的数字支付系统,随时随地进行货币交易、毫无障碍的跨国支付以及低成本运营的去中心化体系,都让这个系统变得魅力无穷。新兴数字货币的出现强烈地冲击了传统金融体系,对于区块链的发展具有里程碑式意义。区块链1.0的架构如图3.2所示。

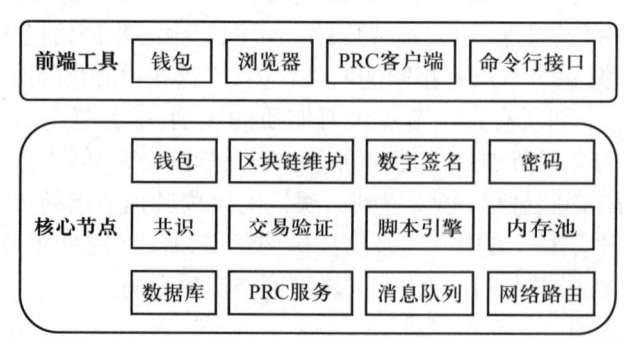

图3.2 区块链1.0架构

（二）区块链 2.0：实现于 2014 年的可编程金融

受到数字货币的影响，人们开始将区块链技术的应用范围扩展到其他金融领域。基于区块链技术可编程的特点，在数字货币的基础上，人们尝试将"智能合约"（利用程序算法替代人执行合同）的理念加入区块链中，形成了可编程金融。典型现象就是以以太坊为代表的数字货币与智能合约相结合。有了合约系统的支撑，区块链的应用范围开始从单一的货币领域扩大到涉及合约功能的其他金融领域，可以优化更多金融领域的实务和流程，包括股权、债券、产权的登记与转让，以及在证券和金融合约领域防伪、交易、执行等。现有的传统金融体系正在被颠覆。区块链 2.0 的架构如图 3.3 所示。

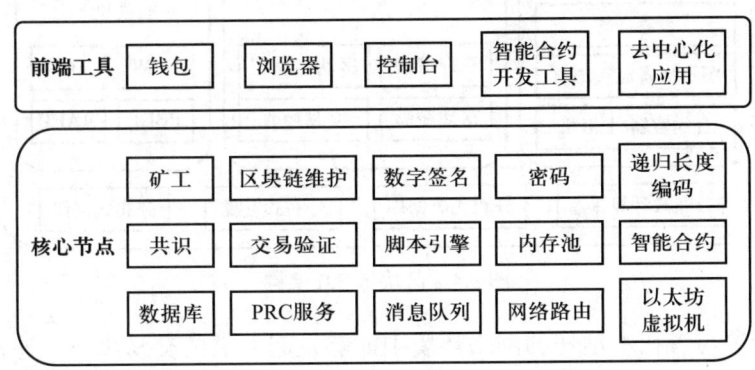

图 3.3 区块链 2.0 架构

（三）区块链 3.0：实现于 2017 年的可编程社会

随着区块链技术进一步发展，其"去中心化"功能及"数据防伪"功能在其他领域逐步受到重视。人们开始认识到，区块链的应用也许不局限在金融领域，还可以扩展到任何有需求的领域中去，扩展到人们生活的方方面面。于是，在金融领域之外，区块链技术又陆续被应用到了公证、仲裁、审计、域名、物流、医疗、邮件、鉴证、投票等其他领域中来，应用范围扩大到了整个社会，大大提高了人们的办事效率。

在这一应用阶段，人们试图用区块链来颠覆互联网的最底层协议，并试图将区块链技术运用到物联网中，让整个社会进入"万物互联"时代，应用范围扩大到了整个社会，形成了一个可编程的社会。这一阶段的典型现象就是以 EOS、Hyperledger Fabric 为代表的区块链操作系统得到了认可。区块链 3.0 的架构如图 3.4 所示。

四、区块链的分类

根据网络范围，区块链可以划分为公有链、私有链、联盟链。

（一）公有链

公有链是最早的区块链，也是目前应用最广泛的区块链。所谓公有就是完全对外开放，任何人都可以任意使用，没有权限的设定，也没有身份认证之类，完全公开透明。

比特币就是一个公有链网络系统，大家在使用比特币系统的时候，只需要下载相应的软件客户端，就可以执行创建钱包地址、转账交易、挖矿等操作。

公有链系统由于完全没有第三方管理，因此依靠的就是一组事先约定的规则，这个规

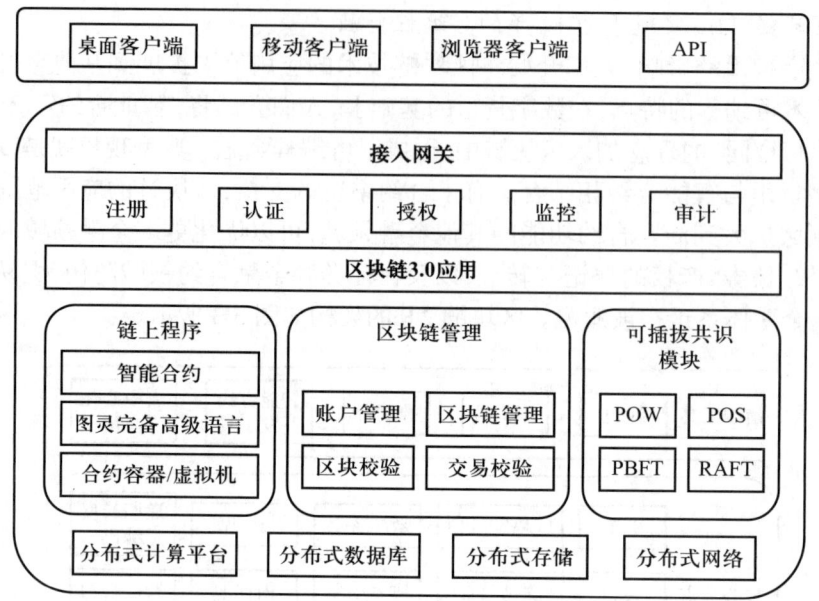

图 3.4　区块链 3.0 架构

则要确保每个参与者在不信任的网络环境中能够发起可靠的交易事务。通常来说,凡是需要公众参与,需要最大限度保证数据公开透明的系统,都适合采用公有链,比如数字货币系统、众筹系统、金融交易系统等。

这里要注意,在公有链环境中,节点数量是不固定的,节点的在线与否也是无法控制的,甚至节点是不是一个恶意节点也不能保证。我们在讲解区块链的一般工作流程的时候,提到过一个问题,在这种情况下,如何知道数据是被大多数的节点写入确认的呢? 实际在公有链环境下,这个问题没有很好的解决方案,目前最合适的做法就是通过不断地去互相同步,最终网络中大多数节点都同步一致的区块数据所形成的链就是被承认的主链,这也被称为最终一致性。

（二）私有链

私有链是与公有链相对的一个概念,就是指不对外开放,仅仅在组织内部使用的系统,比如企业的票据管理、账务审计、供应链管理等,或者一些政务管理系统。私有链在使用过程中,通常是有注册要求的,即需要提交身份认证,而且具备一套权限管理体系。

在私有链环境中,节点数量和节点状态通常是可控的,因此在私有链环境中一般不需要通过竞争的方式来筛选区块数据的打包者,可以采用更加节能环保的方式。

（三）联盟链

联盟链的网络范围介于公有链和私有链之间,通常是使用在多个成员角色的环境中,比如银行之间的支付结算、企业之间的物流等,这些场景往往都是由不同权限的成员参与的。与私有链一样,联盟链系统一般也是具有身份认证和权限设置的,而且节点的数量往往是确定的,对于企业或者机构之间的事务处理很合适。联盟链并不一定要完全管控,比如政务系统,有些数据可以对外公开,就可以部分开放出来。

由于联盟链一般用在明确的机构之间,因此与私有链一样,节点的数量和状态也是可控的,并且通常采用更加节能环保的共识机制。

五、分布式账本技术与区块链技术比较

区块链只是分布式账本技术的一种形式,区块链分布在点对点的网络上并由其管理。由于它是一个分布式账本,因此可以在没有中央服务器管理的情况下运行,并且可以通过数据库复制和信任计算来维护其数据质量。但是,区块链的结构使它有别于其他类型的分布式账本。区块链上的数据被分组并以块的形式组织起来,这些块按照时间顺序依次连接形成一条链,并使用密码学技术对其进行安全保护。区块链本质上是一个不断增长的记录列表,它的数据记录使用"仅可添加"的结构,即只允许将数据添加到链上,要更改或删除已经录入的数据是不可能的。密码签名和将记录连成链是区块链不同于分布式账本的特点。

通俗地讲,区块链实际上是分布式账本的一个子集。每个区块链都是一个分布式账本,但不是每个分布式账本都是区块链。区块链使用了分布式记账这种技术,但是同时区块链还使用了其他技术,例如,使用密码学来保证区块链的有序性、公开性和不可篡改性。也就是说,分布式账本在技术上是去中心化的,运营上可以保持中心化。而区块链则在技术和运营方面都是去中心化的。就像比特币,在没有中心管理者的情况下依旧平稳运行了 10 多年。

两者最关键的区别在于:区块链有激励层的存在,它的应用是可以包含激励机制的。分布式账本没有激励层,它就是一个协调得挺好的数据库。

六、我国区块链技术发展的政策环境

我国对于区块链技术一直持强支持态度。早在 2016 年 10 月,工信部就发布了《中国区块链技术和应用发展白皮书(2016)》,总结了国内外区块链发展现状和典型应用场景,介绍了中国区块链技术发展路线图,也展示了当时政府层面对区块链技术的研究成果。2016 年 12 月,国务院印发了《"十三五"国家信息化规划》(简称《规划》),旨在加强新技术的基础研发和前沿布局。《规划》将"到 2020 年,'数字中国'建设取得显著成效,信息化能力跻身国际前列"列为目标,首次将区块链技术列入国家级信息化规划内容。

2017 年 1 月,《国务院办公厅关于创新管理优化服务　培育壮大经济发展新动能加快旧动能接续转换的意见》发布,提出突破院所和学科管理限制,在人工智能、区块链、能源互联网、大数据应用等交叉融合领域构建若干产业创新中心和创新网络。

2018 年 5 月 20 日,工信部正式发布《2018 年中国区块链产业发展白皮书》,而在此前后,广州、深圳、广西、北京等地先后出台了一系列在资金、人才等方面扶持区块链产业发展的举措。

2019 年 2 月,国家互联网信息办公室发布的《区块链信息服务管理规定》正式施行,规范了我国区块链行业的发展,意味着我国正式迎来对于区块链信息服务的"监管时代"。2019 年 3 月 30 日,国家网信办发布《关于第一批境内区块链信息服务备案编号的公告》,公开发布了第一批共 197 个区块链信息服务名称及备案编号。2019 年 10 月,全国人大

常委会发布了全新《中华人民共和国密码法》,并定于 2020 年 1 月 1 日起实行。该法案旨在规范密码应用和管理,促进密码事业发展,保障网络与信息安全,提升密码管理科学化、规范化、法治化水平。作为我国密码领域的综合性、基础性法律,其对于区块链技术同样具有深远且重要的监管意义。2019 年 10 月 24 日,习近平在中央政治局第十八次集体学习时强调,把区块链作为核心技术自主创新重要突破口,加快推动区块链技术和产业创新发展。至此,对发展区块链技术的支持已经上升到了国家高度。

第二节 区块链系统架构

一般来说,区块链系统主要由数据层、网络层、共识层、激励层、合约层和应用层构成,它们相互独立但又不可分割,如图 3.5 所示。其中,数据层封装了底层数据区块以及相关的数据加密和时间戳等技术;网络层则包括分布式组网机制、数据传播机制和数据验证机制等;共识层主要封装网络节点的各类共识算法;激励层将经济因素集成到区块链技术体系中来,主要包括经济激励的发行机制和分配机制等;合约层主要封装各类脚本、算法和智能合约,是区块链可编程特性的基础;应用层则封装了区块链的各种应用场景和案例。该模型中,基于时间戳的链式区块结构、分布式节点的共识机制、基于共识算力的经济激励和灵活可编程的智能合约是区块链技术最具代表性的创新点。

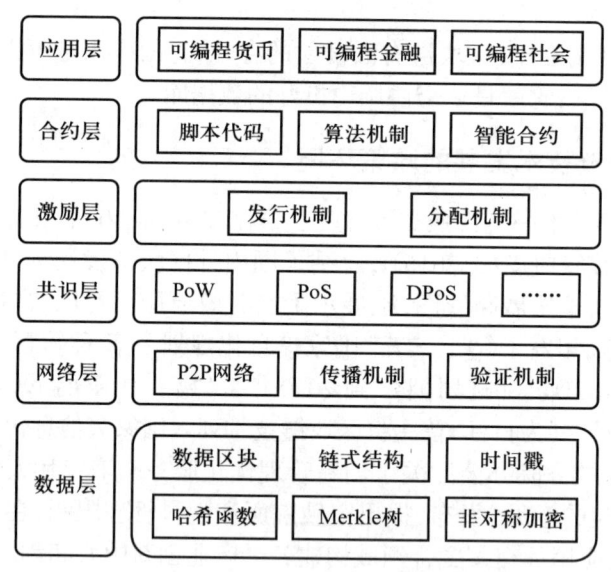

图 3.5　区块链技术架构图

一、数据层

数据层是最底层技术,它包含两块功能:数据存储、账户和交易的实现与安全。狭义的区块链即是去中心化系统各节点共享的数据账本。每个分布式节点都可以通过特定的哈希函数和 Merkle 树数据结构,将一段时间内接收到的交易数据和代码封装到一个带有时间戳的数据区块中,并链接到当前最长的主区块链上,形成最新的区块。该过程涉及数据区块、链式结构、时间戳、哈希函数、Merkle 树和非对称加密等技术要素。下面主要讲前五种。

（一）数据区块

如图 3.6 所示，每个数据区块一般包含区块头（Header）和区块体（Body）两部分。区块头封装了当前版本号（Version）、前一区块地址（Prey-block）、当前区块的目标哈希值（Bits）、当前区块 PoW 共识过程的解随机数（Nonce），Merkle 根（Merkle-root）以及时间戳（Times Tamp）等信息。比特币网络可以动态调整 PoW 共识过程的难度值，最先找到正确的解随机数 Nonce 并经过全体矿工验证的矿工将会获得当前区块的记账权。区块体则包括当前区块的交易数量以及经过验证的、区块创建过程中生成的所有交易记录，这些记录通过 Merkle 树的哈希过程生成唯一的 Merkle 根并记入区块头。

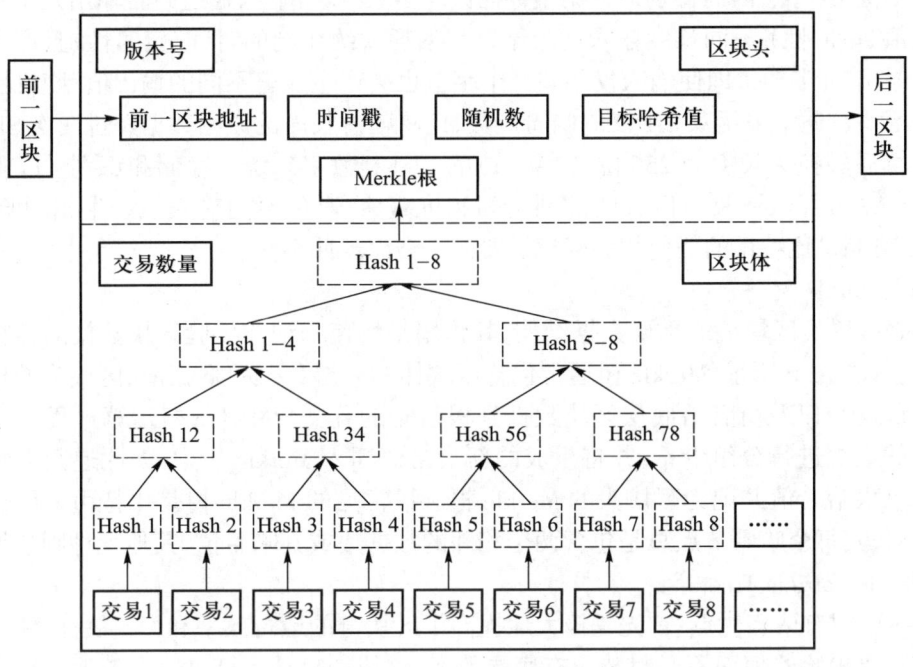

图 3.6　区块结构

（二）链式结构

链式结构就是将每一个保存了上一个区块哈希值的数据区块进行链接。取得记账权的矿工将当前区块链接到前一区块，形成最新的区块主链，各个区块依次环环相接，形成从创世区块到当前区块的一条最长主链，从而记录了区块链数据的完整历史，能够提供区块链数据的溯源和定位功能，任意数据都可以通过此链式结构顺藤摸瓜、追本溯源。需要说明的是，如果短时间内有两个矿工同时"挖出"两个新的区块加以链接的话，区块主链可能出现暂时的"分叉"现象，其解决方法是约定矿工总是选择延长累计工作量证明最大的区块链。因此，当主链分叉后，后续区块的矿工将通过计算和比较，将其区块链接到当前累计工作量证明最大的备选链上，形成更长的新主链，从而解决分叉问题。

（三）时间戳

区块链技术要求获得记账权的节点必须在当前数据区块头中加盖时间戳，表明区块数据的写入时间。因此,主链上各区块是按照时间顺序依次排列的。时间戳技术本身并不复杂,但其在区块链技术中的应用是具有重要意义的创新。时间戳可以作为区块数据的存在性证明(Proof of Existence),有助于形成不可篡改和不可伪造的区块链数据库,从而为区块链应用于公证、知识产权注册等时间敏感的领域奠定了基础。更为重要的是,时间戳为未来基于区块链的互联网和大数据增加了时间维度,使得通过区块数据和时间戳来重现历史成为可能。

(四)哈希函数

区块链通常并不直接保存原始数据或交易记录,而是保存其哈希函数值,即将原始数据编码为特定长度的由数字和字母组成的字符串后记入区块链。哈希函数也称散列函数,具有诸多优良特点,因而特别适合用于存储区块链数据。例如,通过哈希输出几乎不能反推输入值(单向性),不同长度输入的哈希过程消耗大约相同的时间(定时性)且产生固定长度的输出(定长性),即使输入仅相差一个字节也会产生显著不同的输出值(随机性)等。比特币区块链通常采用双 SHA256 哈希函数,即将任意长度的原始数据经过两次 SHA256 哈希运算后转换为长度为 256 位(32 字节)的二进制数字来统一存储和识别。除上述特点外,SHA256 算法还具有巨大的散列空间和抗碰撞(避免不同输入值产生相同哈希值)等特性,可满足比特币的任何相关标记需要而不会出现冲突。

(五)Merkle 树

Merkle 树是区块链的重要数据结构,其作用是快速归纳和校验区块数据的存在性和完整性。如图 3.6 所示,Merkle 树通常包含区块体的底层(交易)数据库、区块头的根哈希值(Merkle 根)以及所有沿底层区块数据到根哈希的分支。Merkle 树运算过程一般是将区块体的数据进行分组哈希,并将生成的新哈希值插入 Merkle 树中,如此递归直到只剩最后一个根哈希值并记为区块头的 Merkle 根。最常见的 Merkle 树是比特币采用的二叉 Merkle 树,其每个哈希节点总是包含两个相邻的数据块或其哈希值,其他变种则包括以太坊的 Merkle Patricia Tree 等。

Merkle 树有诸多优点:首先是极大地提高了区块链的运行效率和可扩展性,使得区块头只需包含根哈希值而不必封装所有底层数据,这使得哈希运算可以高效地运行在智能手机甚至物联网设备上。其次是 Merkle 树可支持"简化支付验证"协议,即在不运行完整区块链网络节点的情况下,也能够对(交易)数据进行检验。例如,为验证图 3.6 中交易 6,一个没有下载完整区块链数据的客户端可以通过向其他节点索要包括从交易 6 哈希值沿 Merkle 树上溯至区块头根哈希处的哈希序列(哈希节点 6,5,56,78,5—8,1—4)来快速确认交易的存在性和正确性。一般说来,在 N 个交易组成的区块体中确认任一交易的算法复杂度仅为 $\log_2 N$。这将极大地降低和缩短区块链运行所需的带宽和验证时间,并使得仅保存部分相关区块链数据的轻量级客户端成为可能。

二、网络层

网络层负责区块链节点之间的通信,主要包括区块链网络的组网方式和区块链节点之间的通信机制。在组网方式上,区块链采用对等网络(Peer-to-Peer Networking,P2P)的组网技术,具有去中心化的特性。不同的区块链节点分布在不同的物理位置,且所有节点的关系平等,不存在中心权威节点。目前规模最大的区块链网络是比特币,近一年可访问的比特币节点数量平均为 10 589 个,主要来自美国、德国、中国、法国等国家。

P2P 通信是区块链中一切活动的前提,根据结构关系可以将 P2P 系统细分为四种拓扑形式:

(1) 中心化拓扑。即存在一个中心节点保存了其他所有节点的索引信息,索引信息一般包括节点 IP 地址、端口、节点资源等。由于去中心的要求,目前区块链不会使用中心化拓扑的 P2P 网络。

(2) 全分布式非结构化拓扑。移除了中心节点,在 P2P 节点之间建立随机网络,就是在一个新加入节点和 P2P 网络中的某些节点间随机建立连接通道,从而形成一个随机的拓扑结构,比较典型的是 Gnutella。比特币也采用的是类似的网络结构,但是,比特币通常使用像 Torrent Tracker 的 IRC 通道来找到连接到节点的节点。

(3) 全分布式结构化拓扑,也称 DHT(Distributed Hash Table)网络。

(4) 半分布式拓扑。半分布式拓扑吸取了中心化结构和全分布式非结构化拓扑的优点,选择性能较高的节点作为超级节点,超级节点需要索引其他部分节点的信息,网络中流转的包首先在超级节点转发,然后才是超级节点传递给叶子节点,这样信息传播速度可以得到保证。

三、共识层

如何在分布式系统中高效地达成共识是分布式计算领域的重要研究课题。与社会系统中"民主"和"集中"的对立关系相似,决策权越分散的系统达成共识的效率越低,但系统稳定性和满意度越高;决策权越集中的系统越易达成共识,但同时越易出现专制和独裁。区块链技术的核心优势之一就是能够在决策权高度分散的去中心化系统中使得各节点高效地针对区块数据的有效性达成共识。早期的比特币区块链采用高度依赖节点算力的工作量证明(Proof of Work,PoW)机制来保证比特币网络分布式记账的一致性。随着区块链技术的发展和各种竞争币相继涌现,研究者提出多种不依赖算力而能够达成共识的机制,例如点点币首创的权益证明(Proof of Stake,PoS)共识和比特股首创的授权股份证明机制(Delegated Proof of Stake,DPOS)共识等。区块链共识层即封装了这些共识机制。

四、激励层

区块链共识过程通过汇聚大规模共识节点的算力资源来实现共享区块链账本的数据验证和记账工作,因而其本质上是一种共识节点间的任务众包过程。去中心化系统中的共识节点本身是自利的,最大化自身收益是其参与数据验证和记账的根本目标。因此,必须设计激励相容的合理众包机制,使得共识节点最大化自身收益的个体理性行为与保障去中心化区块链系统的安全和有效性的整体目标相吻合。区块链系统通过设计适度的经济激励机制并与共识过程相集成,从而汇聚大规模的节点参与并形成了对区块链历史的稳定共识。

以比特币为例,比特币 PoW 共识中的经济激励由新发行比特币奖励和交易流通过程中的手续费两部分组成,奖励给 PoW 共识过程中成功搜索到该区块的随机数并记录该区块的节点。因此,只有当各节点通过合作共同构建共享和可信的区块链历史记录,并维护比特币系统的有效性,其获得的比特币奖励和交易手续费才会有价值。比特币已经形成成熟的挖矿生态圈,大量配备专业矿机设备的矿工积极参与基于挖矿的 PoW 共识过程,其根本目的就是通过获取比特币奖励并转换为相应法币来实现盈利。

发行机制:比特币系统中每个区块发行比特币的数量是随着时间阶梯性递减的。创世区块起的每个区块将发行 50 个比特币奖励给该区块的记账者,此后每隔约 4 年(21 万个区块)每区块发行比特币的数量降低一半,以此类推,一直到比特币的数量稳定在上限 2 100 万为止。比特币交易过程中会产生手续费,目前默认手续费是万分之一个比特币,这部分费用也会记入区块并奖励给记账者。这两部分费用将会封装在每个区块的第一个交易(称为 Coin Base 交易)中。虽然现在每个区块的总手续费相对于新发行比特币来说规模很小(通常不会超过 1 个比特币),但随着未来比特币发行数量逐步减少甚至停止发行,手续费将逐渐成为节点共识和记账的主要动力。同时,手续费还可以防止大量微额交易对比特币网络发起的"粉尘"攻击,起到保障安全的作用。

分配机制:比特币系统中,大量的小算力节点通常会选择加入矿池,通过相互合作汇集算力来提高"挖"到新区块的概率,并共享该区块的比特币和手续费奖励。据 Bitcoin mining.com 统计,目前已经存在 13 种不同的分配机制。主流矿池通常采用 PPLNS(Pay Per Last N Shares)、PPS(Payper Share)和 PROP(PRO Portionately)等机制。矿池将各节点贡献的算力按比例划分成不同的股份(Share),矿池的出现是对比特币和区块链去中心化趋势的潜在威胁,如何设计合理的分配机制引导各节点合理地合作、避免出现因算力过度集中而导致的安全性问题是亟待解决的问题。

五、合约层

合约层封装区块链系统的各类脚本代码、算法以及由此生成的更为复杂的智能合约。如果说数据、网络和共识三个层次作为区块链底层虚拟机分别承担数据表示、数据传播和数据验证功能的话,合约层则是建立在区块链虚拟机之上的商业逻辑和算法,是实现区块链系统灵活编程和操作数据的基础。包括比特币在内的数字加密货币大多采用非图灵完备的简单脚本代码来编程控制交易过程,这也是智能合约的雏形。随着技术的发展,目前已经出现以太坊等图灵完备的可实现更为复杂和灵活的智能合约的脚本语言,使得区块链能够支持宏观金融和社会系统的诸多应用。

六、应用层

应用层包含了区块链的各种应用场景。各类为加密货币开发的电子钱包、以太坊上搭建的各类区块链应用以及基于 Fabric 开发的各类软件均属于应用层。应用层开设各类接口以方便用户使用,并且用户不必了解具体的区块链底层技术。随着区块链技术的发展,区块链的应用场景也越来越广泛,目前除了应用于金融领域。也开始扩展到娱乐、供应链管理、物联网、医疗、能源、公益和法律等领域。区块链技术将对人的信任改变为对机器的信任,使得任何人为干预不起作用,这种特点将会大大促进价值互联网在全球范围内的广泛应用。

第三节　区块链的核心技术

一般来说,区块链的核心技术主要有四个部分,分别是分布式存储技术、哈希加密技术、共识机制、智能合约。每个技术,在整个区块链系统里都有各自的作用。智能合约技术将在下一节单独讨论。四大核心技术应该是分布式存储、密码学、共识和智能合约,以下结构化非结构化和半结构化与区块链没有关系。

一、分布式存储技术

与目前常见的集中式存储技术不同,分布式存储技术并不是将数据存储在某个或多个特定的节点上,而是一种将数据分散存储到多个地方的数据存储技术,而且存储的数据可在多个参与者之间共享,且人人可以参与,并具有相同的权利,一起记录数据,主要起到了数据存储的功能。下面介绍结构化数据、非结构化数据、半结构化数据这三种数据如何分布式存储。

(一)结构化数据的存储及应用

结构化数据一般存储在 Oracle 或 MySQL 等关系型数据库中。当系统规模大到单一节点的数据库无法支撑时,一般有两种方法:垂直扩展与水平扩展。

1. 垂直扩展

垂直扩展比较好理解,简单来说就是按照功能切分数据库,将不同功能的数据存储在不同的数据库中,这样一个大数据库就被切分成多个小数据库,从而达到了数据库的扩展。一个架构设计良好的应用系统,其总体功能一般肯定是由很多个松耦合的功能模块所组成的,而每一个功能模块所需要的数据对应到数据库中就是一张或多张表。各个功能模块之间交互越少,越统一,系统的耦合度越低,这样的系统就越容易实现垂直切分。

2. 水平扩展

简单来说,可以将数据的水平扩展理解为按照数据行来切分,就是将表中的某些行切分到一个数据库中,而另外的某些行又切分到其他的数据库中。为了能够比较容易地判断各行数据切分到了哪个数据库中,切分总是需要按照某种特定的规则来进行,如按照某个数字字段的范围、某个时间类型字段的范围,或者某个字段的 Hash 值。

垂直扩展与水平扩展各有优缺点,一般一个大型系统会将水平扩展与垂直扩展结合使用。

(二)非结构化数据的存储及应用

相对于结构化数据而言,不方便用数据库二维逻辑表来表现的数据即称为非结构化数据,包括所有格式的办公文档、文本、图片、XML、HTML、各类报表、图像和音频/视频等。分布式文件系统是实现非结构化数据存储的主要技术。

(三)半结构化数据的存储及应用

半结构化数据就是介于完全结构化数据(如关系型数据库、面向对象数据库中的数据)和完全无结构的数据(如声音、图像文件等)之间的数据。半结构化数据模型具有一定的结构性,但较之传统的关系和面向对象的模型更为灵活。半结构化数据模型完全不基于传统数据库模式的严格概念,这些模型中的数据都是自描述的。

由于半结构化数据没有严格的 Schema 定义,所以不适合用传统的关系型数据库进行存储,适合存储这类数据的数据库被称作"NoSQL"数据库。NoSQL 被称作下一代的数据库,是具有非关系型、分布式、轻量级、支持水平扩展且一般不保证遵循 ACID 原则的数据储存系统。

二、哈希加密技术

哈希(也称散列)算法将任意长度的输入值映射为较短的固定长度的二进制值。例如 SHA256 算法就是将任意长度的输入映射为长度为 256 位的固定长度输出,这个二进制值称为哈希值(也称散列值)。数据的哈希值可以检验数据的完整性,一般用于快速查找和加密算法。

哈希加密技术以哈希加密算法为基础,是区块链系统安全的重要保障技术之一。哈希加密技术具有下述四个方面的特性,使其非常适用于区块链领域:

(1) 破解困难。对哈希加密后的信息进行逆向推算需要的时间是天文数量级,因此几乎不可能破解哈希加密信息。

(2) 加密或验证简单。给定要加密的信息与对应的哈希算法,能够在非常短的时间内对信息进行加密;或者给定加密后的信息,很容易验证其是否是某段信息的哈希加密结果。

(3) 信息敏感性。加密信息即使只进行了轻微的改变,则其经过哈希加密运算后得到的值也会发生根本的变化。

(4) 加密结果无冲突。不同的加密信息经过哈希算法运算后不可能产生相同的哈希值。

三、共识机制

(一)基本概念

区块链作为一种按时间顺序存储数据的数据结构,可支持不同的共识机制。共识机制是区块链技术的重要组件。共识机制主要是为了解决在去中心化的场景下如何让区块链中的分布式节点之间互相信任的问题,而且是保证区块链系统能够持续运行的关键。区块链共识机制满足两个性质:

(1) 一致性。所有诚实节点保存的区块链的前缀部分完全相同。

(2) 有效性。由某诚实节点发布的信息终将被其他所有诚实节点记录在自己的区块链中。

(二)评价标准

区块链上采用不同的共识机制,在满足一致性和有效性的同时会对系统整体性能产生不同影响。综合考虑各个共识机制的特点,从以下四个维度评价各共识机制的技术水平:

1. 安全性

即是否可以防止二次支付、自私挖矿等攻击,是否有良好的容错能力。以金融交易为驱动的区块链系统在实现一致性的过程中,最主要的安全问题就是如何防止和检测二次支付行为。自私挖矿通过采用适当的策略发布自己产生的区块,获得更高的相对收益,是一种威胁比特币系统安全性和公平性的攻击方法。

2. 扩展性

即是否支持网络节点扩展。扩展性是区块链设计要考虑的关键因素之一。根据对象不同,扩展性又分为系统成员数量的增加和待确认交易数量的增加两部分。扩展性主要考虑当系统成员数量、待确认交易数量增加时,随之带来的系统负载和网络通信量的变化,通常以网络吞吐量来衡量。

3. 性能效率

即从交易达成共识被记录在区块链中至被最终确认的时间延迟,也可以理解为系统每秒可处理确认的交易数量。与传统第三方交易平台不同,区块链技术通过共识机制达成一致,因此其性能效率问题一直是研究的关注点。比特币系统每秒最多处理 7 笔交易,远远无法互联网交易的业务量。

4. 资源消耗

即在达成共识的过程中,系统所要耗费的计算资源大小,包括 CPU、内存等。区块链上的共识机制借助计算资源或者网络通信资源达成共识。以比特币系统为例,基于工作量证明机制的共识需要消耗大量计算资源进行挖矿提供信任证明完成共识。

(三) 现有的共识机制

目前的共识机制主要有工作量证明机制、股权证明机制和拜占庭容错机制等。

1. 工作量证明机制

工作量证明(Proof of Work,PoW),也称工作证明。比特币系统利用 PoW 机制使系统各节点最终达成共识,进而得到最终区块。这里的工作是指找到一个合理的区块哈希值,它需要不断地进行大量的计算,计算时间取决于当前目标的难度和机器的运算速度。当一个节点找到这个值之后,就说明该节点确实经过了大量的计算,这就是工作量证明。由于验证只需对结果值进行一次哈希运算,因此 PoW 的验证效率很高。

PoW 共识机制是具有重要意义的创新,其近乎完美地整合了比特币系统的货币发行、交易支付和验证等功能,并通过算力竞争保障系统的安全性和去中心性。PoW 共识机制同时存在着显著的缺陷,其强大算力造成的资源浪费(如电力)历来为研究者所诟病,而且长达 10 分钟的交易确认时间使其相对不适合小额交易的商业应用。

2. 股权证明机制

相比 PoW 浪费大量的算力,股权证明(Proof of Stake,PoS)仅仅需要少量的计算就能维持区块链的正常运转。这种机制根据货币持有量和时间来分配相应的利息。最初引入 PoS 共识机制既是作为一种手段来对抗已知的比特币网络攻击,也是用于解决 PoW 过度浪费算力资源(能源)的替代方案。在 PoS 模式下,有一个名词叫币龄(Coin Days)。币龄是特定数量的币与其最后一次交易的时间长度的乘积,每次交易都会消耗掉特定数量的币龄。每个币每天产生 1 币龄。例如,某人在一笔交易中收到 10 个币后并持有 10 天,则获得 100 币龄。而后其花掉 5 个币后,则消耗掉 50 币龄。PoS 指的就是权益(数字货币)所有权的一种证明,PoS 确实可以替代 PoW 的功能,因为它也是不能够轻易伪造的。从哲学的角度来说,金钱也是过往工作的一种证明形式。

PoS 是用“拥有的币龄”的多少来证明节点是否有资格进行记账。其目的是尽可能地减少资源的消耗,而又能达成共识。该算法让具有最多币龄的"记账人"节点负责创建区块,且享有投票权。相比 PoW,PoS 最大的优点是缩短了共识达成的时间和减少了能源消耗,但也造成了拥有资源或币龄少的节点几乎永远不可能获得记账权和投票权。由此可见,PoS 共识过程仅依靠内部币龄和权益而不需要消耗外部算力和资源,从根本上解决了 PoW 共识算力浪费的问题,并且能够在一定程度上缩短达成共识的时间,因而比特币之后的许多竞争币均采用 PoS 共识机制。

DPoS 共识机制的基本思路类似于"董事会决策",即系统中每个股东节点可以将其持有的股份权益作为选票授予一个代表,获得票数最多且愿意成为代表的前 101 个节点将进入"董事会",按照既定的时间表轮流对交易进行打包结算并且签署(生产)一个新区块。每个区块被签署之前,必须先验证前一个区块已经被受信任的代表节点签署。"董事会"的授权代表节点可以从每笔交易的手续费中获得收入,同时要成为授权代表节点必须缴纳一定量的保证金,其金额相当于生产一个区块收入的 100 倍。授权代表节点必须对其他股东节点负责,如果其错过签署相对应的区块,股东将会收回选票从而将该节点"投出"董事会。因此,授权代表节点通常必须保证 99% 以上的在线时间以实现盈利目标。显然,与 PoW 共识机制必须信任最高算力节点和 PoS 共识机制必须信任最高权益节点不同的是,DPoS 共识机制中每个节点都能够自主决定其信任的授权节点且由这些节点轮流记账生成新区块,因而大幅减少了参与验证和记账的节点数量,可以实现快速共识验证。目前比特股(Bit Shares)等都采用了该机制。

3. 拜占庭容错机制

1999 年,Castro 等提出了 PBFT 算法,它可以在异步网络中不保证活(Liveness)的情况下解决拜占庭将军问题,并且该算法进入无限循环的概率非常低,解决了原始拜占庭容错算法效率不高的问题,将算法复杂度由指数级降到多项式级,使拜占庭容错算法在实际系统应用中变得可行。

PBFT 实现了一种拜占庭容错的分布式文件系统,该机制能够保证系统的活性和安全性,并且提供了很高的容错性。一般在该机制中的失效节点数只要小于系统节点总数的 1/3 就能保证系统的安全性和活性。这里的活性指的是系统中的节点发送消息后都会得到响应;安全性指的是复制副本以满足线性一致性。

除上述三种主流共识机制外,实际区块链应用中也衍生出了 PoW+PoS、行动证明(Proof of Activity)等多个变种机制。这些共识机制各有优劣势,比特币的 PoW 共识机制依靠其先发优势已经形成成熟的挖矿产业链,支持者众多,而 PoS 和 DPoS 等新兴机制则更为安全、环保和高效,从而使得共识机制的选择问题成为区块链系统研究者最不易达成共识的问题。

第四节　基于区块链的智能合约

一、什么是智能合约?

智能合约(Smart Contract)概念最早于 1994 年由美国计算机科学家尼克·萨博(Nick

Szabo)提出。智能合约是一段部署在区块链上的代码,一旦某个事件触发合约中的条款,代码就会自动执行。通俗来讲,智能合约是一份基于密码学这种高科技上面的数字化合同。举个简单的例子:假设甲向乙借了一大笔钱,虽然打了白纸黑字的借条,但是到期后,甲以各种理由拒绝还款,此时乙想要拿回借款只能起诉。智能合约就能解决这种问题,如果甲、乙双方在借款前把借款金额、还款时间、对方绑定银行卡信息等打包进合约中,到了约定还款日,借款会自动划到乙的账户里,即使甲不想还也没办法。

智能合约是区块链的核心构成要素(合约层)。智能合约具有自治、自足和去中心化等特征。自治表示合约一旦启动就会自动运行,而不需要签署方进行任何干预;自足则意味着合约能够通过提供服务或发行资产来获取资金,并在需要时使用这些资金;去中心化则意味着智能合约是由去中心化存储和验证的程序代码而非中心化实体来保障执行的合约,能在很大程度上保证合约的公平和公正性。

智能合约对于区块链技术来说具有重要的意义。一方面,智能合约是区块链的激活器,为静态的底层区块链数据赋予了灵活可编程的机制和算法,并为构建区块链 2.0 和 3.0 时代的可编程金融系统与社会系统奠定了基础;另一方面,智能合约的自动化和可编程特性使其可封装分布式区块链系统中各节点的复杂行为,成为区块链构成的虚拟世界中的软件代理机器人,这有助于促进区块链技术在各类分布式人工智能系统中的应用,使得基于区块链技术构建各类去中心化应用、去中心化自治组织、去中心化自治公司,甚至去中心化自治社会成为可能。

智能合约是区块链从虚拟货币、金融交易协议到通用工具发展的必然结果。目前几乎所有的区块链技术公司都已在其产品中支持智能合约产品,例如,以太坊基于虚拟机的智能合约平台、基于 Bitcoin 区块链的 RSK 平台、IBM 公司提出的企业级 HyperLeger Fabric 平台等,这些产品的推出极大丰富和扩展了智能合约技术的内涵和范围,为区块链技术在不同领域的现实应用奠定了基础,也代表了区块链未来发展的方向。

二、智能合约的运作机理

智能合约的运作机理如图 3.7 所示。将用户承诺、双方的权利和义务编写成电子化的机器语言,参与者分别用各自的私钥签名。签名后的智能合约传入区块链网络中。合约通过 P2P 的方式在区块链全网中扩散,验证节点会将收到的合约先保存到内存中,等待

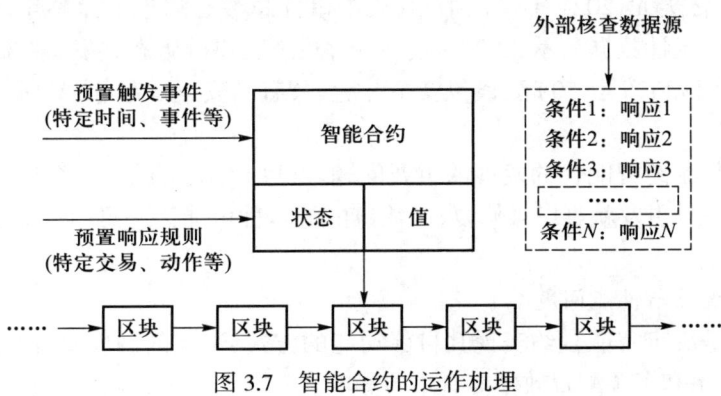

图 3.7　智能合约的运作机理

触发对该份合约的共识和处理。共识时间到了,验证节点会把最近一段时间内保存的所有合约打包成一个合约集合,并算出这个合约集合的哈希值,组装成区块结构,扩散到全网;其他验证节点收到后,将其与自己保存的合约集合对比校验,同时发送一份自己认可的合约集合给其他验证节点;通过多轮的发送和比较,所有验证节点最终在规定的时间内对最新的合约集合达成一致。

三、智能合约面临的挑战

（一）隐私问题:可信数据源隐私问题、合约数据隐私问题

区块链的匿名性并没有完全解决智能合约的隐私问题。区块链数据通常是完全公开透明的(尤其对于公有链),任何人都可以经由公开查询获取账户余额、交易信息和合约内容等。Meiklejohn 等曾利用比特币找零地址推算出部分大宗客户以及这些客户间的交易行为,Ron 等通过分析比特币交易图谱获取了某些用户行为的统计特征。某些合约在执行时需要向区块链系统请求查询外部可信数据源,这些请求操作通常是公开的,用户隐私也受到威胁。这些隐私问题可能导致攻击者对区块链或智能合约的去匿名攻击。

（二）法律问题

传统合约中法律条文和智能合约中技术规则间存在巨大的语言鸿沟,两者在转化时不可避免地存在翻译误差进而影响智能合约的法律效力。常见的智能合约法律问题包括:智能合约意思表示真实性不足;智能合约存在不可预见情形,即现阶段智能合约只能处理预定义代码,无法应对不可预料的情势变更或边缘案例;智能合约难以追责和事后救济。

（三）安全问题

对于智能合约这项新技术而言,其本身也存在一定的安全风险。目前智能合约已经发生过重大安全事件,黑客手法是利用漏洞入侵系统,进而对智能合约用户造成巨大损失。Bitfinex 在 2016 年 8 月 2 日凌晨发布公告,发现了安全漏洞。该漏洞导致 Bitfinex 全面停止交易,这将导致每位用户的账户平均损失 36%。2018 年 4 月 22 日,OKEx 暂停 BEC 交易和提现。因为 BEC 美蜜合约出现重大漏洞,攻击者可以通过代币合约的批量转账方法无限生成代币,BEC 价值瞬间归零。据不完全统计,2011 年至 2018 年 4 月 30 日,因各类区块链安全事件造成的损失达到 20 多亿美元。其中因为智能合约漏洞而引发的安全事件损失金额达 12.4 亿美元,占比达 6 成。数据显示,2020 年,DeFi 安全攻击事件 60 起,损失 2.5 亿美元,2021 年仅仅半年,攻击事件总数已逼近上年整年,而损失金额已超上年 3 倍多。统计数据显示,2021 年上半年,整个区块链生态共发生 78 起较为著名的安全事件,涉及 DeFi 安全 50 起、钱包安全 2 起、公有链安全 3 起、交易所安全 6 起、其他相关安全 17 起。

安全问题是制约智能合约发展的主要问题。已部署上链的智能合约不可逆转,其潜在的安全问题一旦引发就难以被修复;区块链的匿名性可能为恶意用户提供便利,进而引发安全问题。

（四）机制设计与性能问题

机制设计是决定智能合约实现其目标功能的方式,不同的制度安排和组织结构对交易费用、激励效果和资源配置效率等有重要影响。

性能问题是合约本身性能问题、区块链系统性能问题。待优化的合约机制设计和待优化的智能合约将增加合约执行成本,降低合约执行效率,区块链系统本身存在的吞吐量低、交易延迟、能耗过高、容量和带宽限制等性能问题也在一定程度上限制智能合约的性能。以区块链系统的吞吐量为例,智能合约按顺序串行执行,每秒可执行的合约数量非常有限且不能兼容流行的多个集群架构。

第五节　区块链在金融领域的应用场景

区块链意味着一个可信任社会的到来——由于区块链的记录不可篡改、真实可信,人们对区块链的信任可能超过对中心化公司的信任,形成"去信用中介化"的系统信任。从国内外实践来看,除了在虚拟货币已开展实际应用外,区块链技术在金融领域,仍以探索性实验为主。但该技术在简化结算过程、降低交易成本上的巨大潜力,让众多金融机构特别是商业银行为之侧目,并已开展了一系列探索和研究。2016 年 12 月 27 日,国务院首次将区块链作为战略性前沿技术纳入《"十三五"国家信息化规划》,区块链上升至前所未有的高度。区块链目前已经在数字货币、支付结算、票据与供应链金融、客户征信与反欺诈等金融领域进行试验和推广。

一、数字货币

区块链应用最成功的加密货币是比特币。比特币是一种基于分布式网络和数字签名技术以加密交易单形式存在的虚拟货币,其发行和交易验证基于比特币系统公认的数学算法和加密技术,不需要中央机构或第三方机构就能与法定货币进行双向兑换。比特币颠覆了传统货币的央行背书,通过共享账本实现了货币的流转流通,帮助人类第一次在没有任何中介机构参与的情况下,完成双方互信的转账行为,对世界货币体系产生了颠覆性的影响。

以比特币为代表的数字货币目前已在欧美国家获得相当程度的市场接受,不但商户处能用比特币购买商品,更是衍生出比特币的借记卡与 ATM 等应用产品。2015 年厄瓜多尔率先推出国家版数字货币,这不但能减少发行成本及增加便利性,还能让偏远地区无法拥有银行资源的民众通过数字化平台获得金融服务。突尼斯也根据区块链的技术发行国家版数字货币,除了让国民通过数字货币买卖商品,还能以此缴付水电费账单等,结合区块链分布式账本的概念,将交易记录记载于区块链中,方便管理。瑞典、澳大利亚及俄罗斯也在研讨发展数字货币的计划。

2016 年 1 月 20 日,中国人民银行专门就数字货币召开了专题研讨会,指出"发行数字货币既可以降低传统纸币发行、流通的高昂成本,又可以提升经济交易活动的便利性和透明度,减少洗钱、逃漏税等违法犯罪行为,提升央行对货币供给和货币流通的控制力,还有助于我国建设全新的金融基础设施,进一步完善我国支付体系,提升支付清算效率,推动经济提质增效升级"。可以肯定,无论是国际还是国内,加快基于区块链技术的数字货币的发行和流通,已成为普遍的共识,对重构全球未来货币金融体系无疑有着重要的意义。

二、跨境支付与结算

区块链的去中心化特征可以实现点到点快速且成本低廉的跨境支付,安全透明,不但可以全天候支付、实时到账、提现简便及没有隐性成本,也有助于降低跨境电商资金风险及满足跨境电商对支付清算服务的及时性、便捷性需求,大大提高资金利用率。成立于2012年的Ripple就是基于区块链技术提供跨境支付服务,它使用互联网时代的基础架构协议,让不同的支付体系进行交流,这就使银行无须通过代理银行可实现直接、即时的交易,降低总结算费用。Ripple表示,自己的技术能让银行在支付中减少33%的成本,数秒内即可完成交易。国内目前已经有民生银行、招商银行和平安集团等先后加入R3等国际区块链组织,参与标准的统一制定与合作。同时各大银行都在加强自身技术的研发与应用,在不同的领域进行积极尝试。目前,通过应用首创区块链直联跨境支付技术,招商银行实现了首单应用跨行支付,即南海控股有限公司通过永隆银行向其在香港地区的同名账户实现跨境支付,这在国内区块链金融应用领域具有里程碑意义。另外,2016年9月,微众银行联合华瑞银行开发的基于联盟型区块链技术的银行间联合贷款清算平台投入试运行,用于优化两家银行"微粒贷"联合贷款的结算、清算。作为国内银行业的首个区块链实际应用场景,这个清算平台使得两个真实的银行机构可以通过区块链进行数据交换验证,完成实时清算。2017年11月3日,招商银行西安高新科技支行通过招商银行总行自主研发的区块链直联跨境支付应用技术,成功完成一笔美元跨境支付业务。

三、数字票据与供应链金融

票据及供应链金融业务因人为介入过多,导致许多违规事件及操作风险,亟须实现票据价值传递和供应链金融业务的去中介化,同时要兼顾安全性和流动性。

票据是金融业基础性的信息载体,是维持各项金融业务运行的基本"血液"。随着以互联网为主要表现形式的信息技术快速发展,票据的电子化早已在行业内普遍应用,但基本还停留在传统纸质票据的无纸化阶段,必须依赖中心化的管理机构来确保虚拟票据的有效性和合法性。区块链技术的出现为传统票据的数字化提供了全新的思路,基于区块链技术的数字票据融合了区块链的技术特性和票据的属性,是一种更加安全、智能、高效、便捷的票据呈现形态。利用区块链技术的数字票据具有以下四个方面的特性:一是票据不需要中心化的机构实现票据价值的传递,票据传递的各方可以直接进行点对点的数据交换,传统的票据中介将会被替代;二是利用区块链不可篡改、全网公开的特性,确保了数字票据的真实性和可验证性;三是票据不需要中心服务器储存数据,既可以降低票据管理的成本,又可以防范传统票据管理系统所面临的各种风险;四是区块链所具有的可追溯性可以对票据的合理性和业务的吻合性进行核查,对防范各类金融风险有着极大的帮助。数字票据在金融领域的应用十分广泛,各类支付凭证、外汇、纸黄金等金融产品均可通过数字票据的形式得以体现,传统的票据管理模式将会产生革命性的变革。2017年1月3日,浙商银行基于区块链技术的移动数字汇票产品正式上线并完成首笔交易。基于区块链技术的移动数字汇票平台,提供在移动客户端签发、签收、转让、买卖、兑付移动数字汇票的功能,并在区块链平台实现公开、安全的记账。移动汇票通过采用区块链技术,将以数字资产的方式进行存储、交易,在区块链系统内流通,不会丢失、无法篡改,具有更强的安全性和不可抵赖性。

区块链技术在互联网供应链金融中的应用可以在金融活动和产业活动两个层面实现。金融层面的区块链应用主要是支付清算和数字票据,而在产业活动层面,区块链技术可以运用在权益证明和物流运作证明上。目前,供应链金融交易流程复杂,业务处理高度依赖人工,存在人工成本高、操作风险大、收益低的问题。供应链金融通过应用区块链技术可减少人工成本、提高安全度及实现端到端的透明化。区块链技术可以大幅减少人工干预,以智能合约将文书工作的程序数字化,这将大大提高供应链金融的效率,降低手工操作风险。对于分散在分布式账本上的共享合约信息,智能合约可以确保在预定的时间和条件达成后自动执行。

四、客户征信与反洗钱

目前,商业银行信贷业务的开展,无论是针对企业还是个人,最基础的考虑因素都是借款主体本身所具备的金融信用。商业银行将每个借款主体的信用信息及还款情况上传至央行的征信中心,需要查询时,在客户授权的前提下,再从央行征信中心下载信息以供参考。这其中存在信息不完整、数据更新不及时、效率较低、使用成本高等问题。利用区块链技术实现征信管理的去中心化是未来的趋势。区块链能自动记录各类金融活动的数据,并存储在区块链的每一个网络节点上,信息高度透明、不可篡改、使用便捷高效,当金融机构需要调取相关对象的征信数据时,不再需要通过传统的手段获得,并且所获得的数据的准确性、完整性和时效性等方面都将比过去有更大的提升。

反洗钱是一项长期艰巨的工作。据世界银行估算,全球范围内每年洗钱规模高达 2 万亿~3.5 万亿美元(占全球 GDP 的 3%~5%)。金融机构为落实日益严格的监管要求,不断投入大量人力、物力,开发和维护反洗钱系统。例如,在开户/建立业务关系环节,需要人工参与识别客户身份,有效保存客户身份资料和交易记录。在日常监测分析环节,由于反洗钱风险预警监测不能实现完全自动化,因此需要手工处理。此外,内控合规部门还要集中处理,审查分析大额和可疑交易。在报告环节,要及时向上级行政及监管部门报告大额交易和可疑交易(包括涉嫌恐怖融资的交易),协助监管机构的反洗钱调查,接受监督检查。金融领域洗钱行为的存在,主要原因在于金融机构之间的信息不对称,给不法分子提供了可乘之机。反洗钱一直是银行业的"老大难"问题,各国银行为之展开了各种探索,但至今收效甚微。据埃森哲统计,银行业每年反洗钱支出(含监管罚没)高达 180 亿美元。区块链技术的引入,将为抵制洗钱行为的发生提供可靠的技术支撑。利用区块链技术,各金融机构将各自管理和验证的客户信息进行数字化处理后,统一上传至区块链,可以实现数据之间的同步和比对,以便及时发现可疑的线索。与此同时,各金融机构为交易中的实体提供电子身份证明的私钥,并将用户地址与其电子身份证明信息实现一一对应,每笔交易的发生都需要经过该私钥和银行掌握的公钥进行验证,只有相互匹配才能达成交易,并通过用户地址进行,这就决定了区块链上数据的真实性和合法性。据高盛预测,区块链每年可节省反洗钱支出 25 亿美元,避免 5 亿~25 亿美元的监管处罚。

五、众筹项目管理

众筹指的是大众筹资,即当一个项目开发人员有了创造能力,却因为资金链不足,无法启动项目时,可以将该项目的具体信息发布到平台上进行筹资,也即寻找对该项目感兴趣并且有足够的资金支持的人。众筹的每个项目必须要设定明确的筹资目标和筹资天数,项目在设定的时间内筹集目标资金后进行开发,投资者会获得一定的报酬。若超过设定的天数,还未筹集到目标金额,则该项目视为筹资失败,已经获得的资金将会全部返还给投资者,该项目视为作废。

由于众筹的门槛较低,出现的问题也较多。第一,众筹作为金融业务中的一部分,必须满足金融机构业务的所有信用条件,需要给定完整可靠的方案账本。对于线上众筹项目,需要提供大量的可信资料以赢得公众的信任,确保发起方和支持者双方的利益保障。第二,针对传统的众筹平台并没有监管机构,导致容易产生问题纠纷,因此根据网络模型提供监督是建立众筹制度的关键问题。第三,众筹平台必定会与银行等金融实体机构实现对接,当平台项目的规模扩张,实体性问题(生产压力、缺乏创业指导、投资人不够专业等)接踵而至,大大影响了项目的成功率。

基于区块链的智能合约技术可以解决上述问题。区块链通过使用密码学方法来生成相关联的区块,每个区块都包含了交易的时间、具体信息、验证信息等,且不可篡改,提高了众筹业务的效率和可信度。并且,区块链将具有不同权限的节点放置在了不同的用户地址,用户实行参与或部分参与管理以及发布权威认证消息,实现了所有信息的可追溯性。由于区块链是一个分布式数据库,链上每一个小小的变化都将引起整个状态的改变,但是区块链技术能够快速找到并纠正它,保证了数据的真实性和可靠性,所以对于众筹问题需要用到的高可信度平台,使用区块链技术是非常有必要的。

六、智能财产:用智能合约来控制实体资产

智能财产,是智能合约程序按照设定的规则控制的财产。例如,为了防止一部车被偷窃,除非确定拥有者完成正确的"挑战响应协议",否则车是不会启动激活的。又比如,如果车是贷款买的,当拥有者无法偿还贷款时,智能合约将会自动启动扣押令,并将车钥匙的控制权交给银行。一旦拥有者还清贷款,智能合约就移除扣押令。

智能财产的概念后来被扩大了。由比特币区块链上的智能合约控制的财产,不管是实体的还是数字的,都叫智能财产。

本 章 总 结

目前,全球对区块链并没有一个行业公认的定义。已经达成逐步共识的是,区块链技术是一种分布式数据库技术。区块链技术具有"去中心化""信息不可篡改性""数据及操作的透明性"和"匿名性"特征。根据网络范围,区块链可以划分为公有链、私有链、联盟链。我国对于区块链技术一直持强支持态度。从2016年以来,国家出台了系列政策支持区块链技术的发展。区块链系统主要由数据层、网络层、共识层、激励层、合约层和应用层构成,它们相互独立但又不可分割。智能合约是区块链的核心构成要素(合约层)。智

能合约面临隐私问题、法律问题、安全问题等方面的挑战。

　　区块链目前已经在数字货币、跨境支付与结算、票据与供应链金融、客户征信与反欺诈、众筹项目管理和智能资产等金融领域进行了试验和推广。

　　未来区块链的发展前景十分光明。区块链在发展中还存在许多问题，例如拥堵问题、效率过低问题。区块链技术的发展需要各行各业的支持。人才储备需要深化，应用场景需要开发，监管需要到位，未来区块链将会成为颠覆产业的关键因素。

阅读材料

斯科特·斯托内塔

　　斯科特·斯托内塔（W.Scott Stornetta）是密码学和分布计算领域的知名人物。1991年，斯科特·斯托内塔与斯图尔特·哈伯（Stuart Haber）共同发表了一篇论文——《如何为数字文档添加时间戳》，这被许多人认为是区块链技术的第一个体现。论文中首次提到了区块链架构技术。该论文描述了一种称为"区块链"的数字体系结构系统，该系统利用"数字时间戳"进行商业交易。

　　区块链系统的概念后来被中本聪（Satoshi Nakamoto）用于开发出今天大行其道的比特币。

　　斯托内塔与哈伯被认为是区块链的共同发明者。斯托内塔花了数十年的时间为密码学和分布式计算领域提供有价值的研究和出版材料，并为几所大学就建立创业公司提供咨询。

　　他与哈伯共同撰写了密码学领域的一些重要文献。比特币区块链架构的几个基础就是基于斯托内塔的工作。中本聪所著比特币白皮书目录中的第三条、第四条和第五条就是对他在加密时间戳协议中工作的参考。

　　1994年，斯托内塔和哈伯共同创立了Bellcore的衍生公司，该公司专注于提供数字时间戳服务。今天，该公司（称为Surety）被认为是第一家商业区块链服务提供商，是最早利用他们研究论文中开发的链接时间戳机构（TSA）框架的企业。通过添加Merkle树，Surety能够提供强大的抗冲突哈希函数框架，从而最大程度地减少了与TSA相关的问题。Surety在密码学和分布式计算领域改变了游戏规则，提供了许多资源，这些资源被用于2009年建立比特币区块链。

　　2007年，斯托内塔离开Surety，以追求自己长期担任老师的热情。2009年以后，斯托内塔成为位于新泽西州Maplewood的一所公立学校的一名高中教师，在入门级"代数I"教数学，目的是帮助那些对理解数学有所挣扎的新生。他专门指导学生参加资优课程和高级选修课，以指导他们进行研究，还将他的研究经验转移到改进知识转移过程的开发方式中，专注于提高学生学习能力的研究，同时确保教师的工作量可管理。

　　斯托内塔在斯坦福大学获得物理学博士学位，现在担任澳大利亚投资公司First Digital Capital的首席科学家，负责区块链技术公司和ICO项目评估工作。

　　斯托内塔说："我们都希望有一个更美好的世界，但要实现这个目标，既需要理想的目标，又要有纪律地执行。所以，我选择不担任任何区块链委员会的职务。"

复习思考题

1. 什么是分布式账本技术和区块链技术？分布式账本技术与区块链技术有什么区别？

2. 阐述区块链技术的架构图及核心技术。

3. 什么是智能合约？智能合约与区块链之间有什么关系？

4. 试述区块链技术在金融领域中的应用。

第二部分

支付与结算篇

第四章　移动支付与跨境电子支付

电子支付是电子商务的关键环节,是电子商务得以顺利发展的基础,而移动支付和跨境电子支付是电子支付的两种重要方式。通过本章的学习,你将了解到电子支付的一般知识,移动支付的概念、类型、技术支撑、产业链、主要运营模式,近年来发展比较快的二维码支付、刷脸支付的基本原理及孰优孰劣问题。通过本章的学习,你还将了解到第三方跨境电子支付对于我国跨境电子商务将产生怎样的影响,以及第三方跨境电子支付的业务模式。

第一节　电子支付概述

一、电子支付的定义

支付(Payment)是付款人向收款人转移可以接受的货币债权。传统支付方式普遍使用的是现金、银行卡或银行票据(如汇票、本票和支票)结算,通常在银行柜台办理。传统支付方式不仅成本高、效率低,而且使用起来极不方便。

20世纪90年代,互联网技术迅速普及。互联网的使用在降低已有商业运行成本的同时也造就了一些新的商业机会,作为互联网应用最大热点之一的电子商务正是在这一阶段发展起来的。为适应这一市场潮流,电子支付应运而生。2005年10月,中国人民银行公布《电子支付指引(第一号)》,对电子支付做出如下定义:"电子支付是指单位、个人直接或授权他人通过电子终端发出支付指令,实现货币支付与资金转移的行为。"

二、电子支付的分类

《电子支付指引(第一号)》对电子支付进行了分类。电子支付的类型按电子支付指令发起方式分为网上支付、电话支付、移动支付、销售点终端交易、自动柜员机交易和其他电子支付。电子支付的传输渠道如图4.1所示。

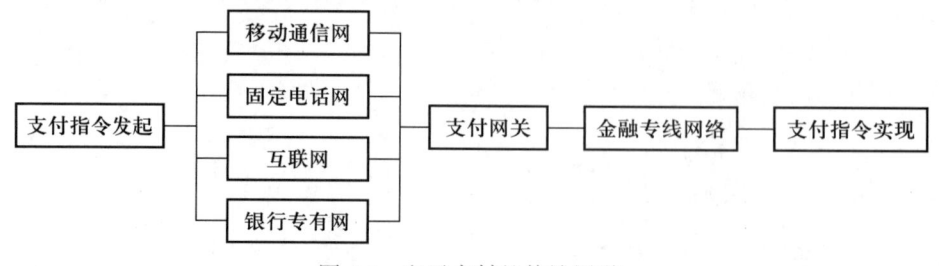

图4.1　电子支付的传输渠道

(一)网上支付

网上支付是指通过计算机等设备,依托互联网发起支付指令、转移货币资金的服务。

网上支付的目标是服务电子商务发展和为社会提供小额、快捷、便民小微支付服务。从事网上支付的主体为银行业金融机构和第三方支付机构。

按支付方式划分,网上支付分为网上银行直接支付、第三方辅助支付和第三方支付平台。

1. 网上银行直接支付

网上银行直接支付作为最早被接受的互联网支付方式,是由用户向网上银行发出申请,将银行里的资金直接划到商家名下的账户完成交易,这是将传统的"一手交钱一手交货"式的交易模式照搬至互联网上进行。早期的网络银行服务促进了电子商务的发展。随着电子商务市场不断发展,在网络零售业中普通用户更加倾向邀请具有公信力的第三方参与交易从而起到监督的作用。

在数额较大的 B2B 交易(企业与企业之间的电子商务交易)中,仍然普遍使用此种支付模式,主要原因是 B2B 交易最看重的是交易资金的安全,随着交易金额的增大,对于第三方机构信誉的要求也越来越高,且 B2B 支付要求有很高的资金收付速度,安全性和即时到账要求高。

2. 第三方辅助支付

第三方辅助支付方式除了用户、商户和银行外还会有第三方的参与,但是与第三方支付平台不同的是,在这种支付方式中,用户无须在第三方机构拥有独立的账户,第三方机构是为了使得双方交易更方便快捷而存在的。以超级网银为例,超级网银是 2009 年中国人民银行最新研发的标准化跨银行网上金融服务产品。超级网银通过统一的操作界面,查询管理多家商业银行开立的结算账户资金余额和交易明细,登录一个银行的界面可以完成所有银行网银登录,可直接向各家银行发送交易指令并完成汇款操作。超级网银还有强大的资金归集功能,可在母公司结算账户与子公司结算户之间建立上划下拨关系。通过构建"一点接入、多点对接"的系统架构,实现企业一站式网上跨银行财务管理,以方便企业金融理财操作。

3. 第三方支付平台

第三方支付平台是指与产品所在国家以及国外各大银行签约,并具备一定实力和信誉保障的第三方独立机构提供的交易支持平台。在通过第三方支付平台的交易中,买方选购商品后,使用第三方支付平台提供的账户进行货款支付,由第三方通知卖家货款到达、进行发货;买方检验物品后,通知付款给卖家,第三方再将款项转至卖家账户。因此买卖双方均须在第三方支付平台上拥有唯一识别标志,即账号。第三方机构与各个主要银行之间签订相关协议,使得第三方机构与银行可以进行某种形式的数据交换和相关信息确认,这样第三方机构就能实现在持卡人或消费者与各个银行,以及最终的收款人或者是商家之间建立一个支付的流程。第三方支付平台提供一系列的应用接口程序,将多种银行卡支付方式整合到一个界面上,负责交易结算中与银行的对接,使网上购物更加快捷、便利。消费者和商家不需要在不同的银行开设不同的账户,可以帮助消费者降低网上购物的成本,帮助商家降低运营成本。同时,还可以帮助银行节省网关开发费用,并为银行带来一定的潜在利润。此外,第三方支付平台能够对买卖双方的交易提供足够的安全保障。

（二）电话支付

电话支付是电子支付的一种线下实现形式,是指通过增加安全加密和刷卡功能,使普通电话机具变成金融终端。用户只需要有一部智能终端刷卡电话,该电话与 POS 终端设备相连接,相当于一个安放在家中的终端 POS 机具,通过"刷卡电话机"＋"银联卡",办理各种银行支付业务。

（三）移动支付

移动支付,英文通常为 Mobile Payment,是互联网技术和金融技术、通信技术结合的产物。移动支付有广义与狭义之分。广义上的移动支付是指用户使用具有移动通信能力的终端设备(主要指手机、掌上电脑、移动 POS 机等)对所消费的商品或服务进行账务支付的一种服务方式。狭义上的移动支付主要是指手机支付,是指用户在交易活动中用手机对商品和服务进行支付的服务方式。移动支付存在的基础是移动终端的普及和移动互联网的发展。

要实现移动支付,除了要有一部能联网的移动终端以外,还需要移动运营商提供网络服务、银行提供线上支付服务、有一个移动支付平台以及商户提供商品或服务。

（四）销售点终端交易

销售点终端是当今零售技术的一个常见部分,客户在结账时经常会看到。销售点终端基本上是一个电子收银机,从较旧的传统模式更新为包括电子／在线技术,以实现更多功能,包括信用卡处理。商户可以根据其预算和需求购买或租用销售点终端以及其他服务和设备。

（五）自动柜员机交易

自动柜员机,即 ATM,是指银行在不同地点设置一种小型机器,利用一张信用卡大小的胶卡上的磁带记录客户的基本户口资料(通常就是银行卡),让客户可以通过机器进行提款、存款、转账等银行柜台操作,大多数客户都把这种自助机器称为自动提款机。

中国银联 2015 年 6 月 8 日宣布,ATM 跨行转账业务已在全国所有银行开通,持卡人可在任意银行 ATM 上,用任何一张银联卡向其他银联卡跨行转账。

三、电子支付的一般模型

电子支付涉及电子支付的主要参与主体、电子支付工具、电子支付受理方式和电子支付服务功能。

（一）电子支付的主要参与主体

本质上来说,电子支付实现的就是资金转移,即通过电子方式将资金从一个账户转移到另一个账户,当然资金转移的交易指令确认和资金所有权交割确认尚未同步实现实时化。因此,电子支付的核心参与方就是付款账户所有人和收款账户所有人。

为收付双方提供这种电子支付服务的,应该均称为电子支付服务商。传统来说,中央银行和商业银行是最为主要的支付服务机构。近年来,随着网络信息通信技术快速发展和支付服务分工不断细化,越来越多的非金融机构,如阿里巴巴,开始进入支付服务市场。这些非金融机构借助互联网、智能手机等信息技术载体广泛参与支付业务,丰富了服务方式,拓展了银行业金融机构支付业务的广度和深度,有效缓解了因银行业金融机构网点不足等产生的排队等待、找零难等问题。在一些国家,一些大型的证券公司、投资基金和保险公司成为支付服务的重要提供者,这些公司为其客户或其自身进行大量的支付交易。此外,除自动清算所外,出现了其他一些专业的支付服务提供商,如专门的汇款公司(提供跨境支付服务的西联和 MoneyGram)、电子货币公司(提供智能卡服务的 Mondex 公司)和银行卡组织等。这些非金融机构被称为"第三方支付服务组织"。

因此,电子支付服务商包括商业银行类支付服务商、非银行金融机构的支付服务商以及非金融机构的支付服务商。总体来说,电子支付的主要参与方就是付款账户所有人、收款账户所有人和支付服务机构。

（二）电子支付工具

电子支付工具可以分为三大类:电子货币类,如电子现金、电子钱包等;电子信用卡类,包括智能卡、借记卡、电话卡等;电子支票类,如电子支票、电子汇款(EFT)、电子划款等。电子支付主要分为电子钱包、电子现金、电子支票和智能卡。

（三）电子支付受理方式

支付工具需要通过某种电子受理方式识别出支付工具,并将支付工具信息和支付交易请求指令加密发给支付服务机构的支付平台,支付平台再会同付款账户机构完成扣款授权和交易指令确认。因此,电子受理方式有两大关键功能点:一是能够识别出支付工具的信息;二是能够将支付指令通过网络加密上传至支付平台。常见的电子支付受理方式有 POS 机、手机刷卡器、互联网支付终端等有形受理终端,也有 IVR 语音、互联网页面和各类客户端软件等虚拟形式。

（四）电子支付服务功能

电子支付起源于消费支付,也就是银行卡行业定义的消费功能。消费交易是实现消费者资金向商家的转移,也是一种转账交易。在消费交易之外,电子支付的功能已经扩展到转账、预授权、代收付、缴费、还款等。转账交易的应用场景是只反映资金所有权转移,不体现商品或服务的交易。

综上,电子支付的一般模型可以概括为图 4.2。

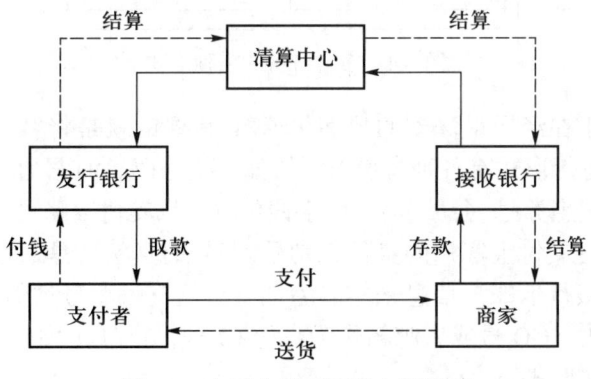

图 4.2 电子支付系统的一般模型

四、电子支付的客户身份建立与识别

电子支付的核心因素可以归纳为两点:一是建立客户身份,也就是建立支付工具;二是建立身份识别方式。客户身份可以精准称为付款账户外在形式,也就是支付工具;身份识别方式可以是密码、签名、数字证书、U-key、动态验证码等(见图4.3)。

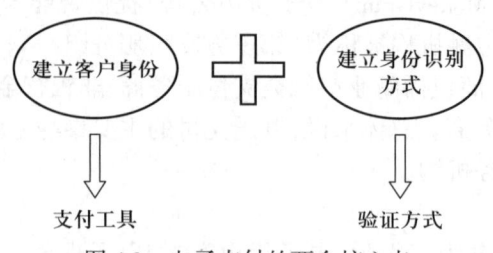

图4.3　电子支付的两个核心点

(一)建立客户身份

客户身份的一个基本特征是唯一性。总体来说,客户身份的外在形式有实体工具、虚拟形式和生物形式三类(见图4.4)。实体工具的有各类卡,如身份证、信用卡、借记卡、预付卡和会员卡等,卡信息载体的介质有磁条、芯片、条码等形式。身份证作为身份的最基本表现形式,尚未被用作支付工具。磁条或芯片的信用卡、借记卡就是对应银行的信用卡支付账户或者借记卡账户的载体,磁条或者芯片中记载了卡账号和有效期等信息。早期的预付卡账号就是纸质卡片上的一串数字或者数字加上条码。

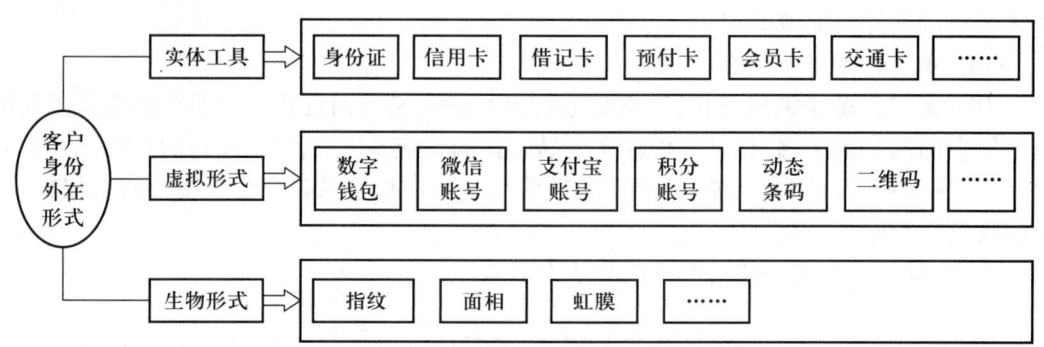

图4.4　客户身份的三种形式

电子支付行业正在经历最深刻的数字化革新,首要的就是将客户身份外在形式数字化。数字化的客户身份形式有各种身份ID号,如手机号码、QQ号、信用卡账号、借记卡账号、积分账号、电子优惠券号、会员卡号、数字钱包ID号、支付宝账号、微信支付账号、条码等。支付宝账号就是支付宝客户的身份识别号,账号的真实性是通过身份证实名验证或者关联银行的同名银行卡账户信息来实名验证。微信支付账号类似于支付宝账号,通过使用客户的手机号码、QQ号或者邮箱作为身份ID号,与客户的银行支付账户绑定,成为支付的客户身份外在形式。

条码即条形码,包括一维条形码和二维条形码。支付宝面向便利店推出的扫码支付就是将支付宝账号编码成为动态条码,而支付宝账号绑定了信用卡或者借记卡可以实现快捷支付,原本作为支付工具的信用卡或借记卡被封装到支付宝账号中,作为新的支付工具的支付宝账号再次被封装成条码,条码就是最终展现的支付工具,也是一种新的客户身份外在形式。

二维码也就是二维条形码，就是按一定规律在二维平面上分布的一组图形，可以用来存储信息，是数字化时代的信息存储载体。特别是在智能手机和移动互联网日益普及的情况下，具有非常广阔的应用前景，将成为数字化时代较好的身份信息载体。与一维码相比，二维码在水平和垂直方向都可以存储信息，并且可以存储汉字、数字和图片等信息。生物识别技术是通过计算机与光学、声学、生物传感器和生物统计学原理等高科技手段密切结合，利用人体固有的生理特性（如指纹、面相、虹膜等）和行为特征（如笔迹、声音、步态等）来进行个人身份的鉴定。指纹支付或者虹膜支付，是利用生物识别技术建立客户身份外在形式，并将指纹或虹膜信息与客户银行支付账户绑定实现支付功能。

（二）建立身份识别方式

一般来说，身份识别方式主要有口令、标记和签名。口令是应用最广的一种身份识别方式，暗号、密码、动态验证码都是口令。随着信息技术的发展，口令由静态形式发展为动态形式，出现了动态验证码，如手机短信验证码、U-key 动态密码。标记是一种个人持有物，它的作用类似于钥匙，用于启动电子设备。标记上记录着用于机器识别的个人信息，比如 U-key 或者数字证书就是标记。签名在英语国家是广泛应用于信用卡消费支付的识别方式。在电子支付服务中，身份识别方式表现为交易验证方式，主要有密码、签名、数字证书、U-key、动态验证码等。

美国 Square 公司创新的 Square Wallet 支付的验证方式则是照片和姓名。客户注册 Square Wallet 账户时需要上传类似于身份证件照和记录真实姓名，并可开通类似于支付宝的快捷支付。当客户走进一家商店或咖啡店，其名字和头像已经出现在收银员 iPad 屏幕上，客户只需要说出自己的名字就可以让收银员结账。收银员通过比较客户真人与 iPad 上照片再核对姓名，即可确认交易完成收款。

（三）电子支付的信息流和资金流

一个完整的电子支付是信息流和资金流的有机融合，信息流和资金流结合形成一个完整的电子支付服务，但二者并非同步实现。最理想的状况是可以准实时实现，但这需要央行支付系统、支付服务机构支付系统、商业银行支付系统具备非常强大的逐笔准实时清结算处理能力。这在纯技术层面基本上难以实现，但一些支付机构是在业务层面通过先行垫付资金给付款账户来实现的。

根据交易处理时效，可将信息流分成实时交易信息流、实时转非实时离线交易信息流、非实时交易信息流。实时交易信息流就是联机在线交易，POS 联机刷卡交易、互联网在线支付都是实时交易结果确认和实时扣款。实时转非实时离线交易，如交通卡支付交通费、电子现金 IC 卡小额快速支付。这些交易是实时从交通卡或电子现金 IC 卡中记录扣款信息并减少账户余额，但交易信息暂时存储在公交车读卡器内、地铁闸机读卡器内或者 POS 机内，读卡器终端定期将脱机交易明细文件送发卡机构完成发卡机构对应账户的扣款。

资金流方面，根据资金从付款账户实时扣款记账到收款账户资金入账的周期长短，可以将电子支付分成实时到账、T+0 到账、T+1 到账、T+N 到账交易。到账时效的长短也是支付机构市场竞争的重要方面，如果收款方的资金周转频率较高，则更短时效到账将更有吸引力。

第二节　移 动 支 付

一、移动支付的特点

移动支付属于电子支付方式的一种,因而具有电子支付的特征,但因其与移动通信技术、无线射频技术、互联网技术相互融合,又具有自己的特征。

可移动性是移动支付区别于其他支付方式的最明显的特点。随身携带的移动性,消除了距离和地域的限制,结合了先进的移动通信技术的移动性,随时随地获取所需要的服务、应用、信息和娱乐。除了用户睡眠时间,移动设备一般伴随在用户身边,其使用时间远多于计算机端。用户只要申请了移动支付功能,便可足不出户随时随地完成整个支付与结算过程。交易时间成本低,减少了往返银行的交通时间和支付处理时间。

集成性是移动支付的又一特点。以手机为载体,通过与终端读写器近距离识别进行的信息交互,运营商可以将移动通信卡、公交卡、地铁卡、银行卡等各类信息整合到以手机为平台的载体中进行集成管理,并搭建与之配套的网络体系,从而为用户提供十分方便的支付以及身份认证渠道。

二、我国移动支付发展历程

（一）2002—2004 年:我国移动支付市场的萌芽阶段

国外移动支付快速发展给中国市场展示了该服务的美好前景。我国的移动运营商尝试性地推出了一些移动支付服务,如彩票的投注、自动售货机的零售商品的购买、E-mail服务费的代收等。但是,由于刚刚开始涉及移动支付业务,这个时期我国的移动支付市场还处在一个业务导入阶段。

（二）2004—2007 年:移动支付市场的快速发展阶段

国外移动支付技术不断改进,进一步提高了该服务的安全性和便捷性。同时,国内的物理基础(移动通信网络及其他相关技术)也在不断改善,越来越多的银行和移动运营商合作,在更多地区、更多领域开展该服务。互联网用户和移动用户的普及率提高、网上支付以及移动增值业务的快速发展,为该服务奠定了良好的产业环境。

（三）2007—2009 年:移动支付的商业模式探索阶段

在此时间段,产业主导者不清晰,金融机构和移动运营商议价能力相当有限,产业实际投入力度比较低;用户体验较差,因为国内信用体系和安全保障问题并未得到实质性解决,用户通过移动支付购买的物品和服务并不丰富,并没有带来真正的便捷。尽管如此,但由于电子商务的普及以及人们对于消费支付新的需求,这个时期移动支付市场的规模增长还是十分惊人的。

（四）2009 年以后:移动支付服务的稳定发展阶段

在日益激烈的竞争压力下,移动运营商和金融机构为了增强业务吸引力,纷纷拓展更广泛的服务内容和支付通道。3G 网络覆盖区域的扩大和网络优化的持续,移动支付服务内容的不断丰富,加之以不断改善的硬件环境,用户体验不断提升,越来越多的用户开始使用该服务。同时,早期进入该市场的第三方支付平台和 SP 的成功吸引了越来越多的参与者。监管政策的完善、商业模式的创新有效地平衡了价值链上各环节的利益,促使价值链的良性发展。

三、移动支付分类

根据移动支付的距离远近,移动支付分为近场移动支付、远场移动支付以及连接线上与线下的 O2O 移动支付模式。远场移动支付主要有网上购物支付、各种缴费等;近场移动支付主要用于交通支付、超市购物等;O2O 移动支付模式则是介于近场移动支付与远场移动支付之间的一种移动支付模式,既包括了远场移动支付(如网上团购),也包括了近场移动支付(如自动售货机购物),主要目的在于通过支付实现线上与线下的闭环,典型代表为扫描支付。

另外,根据移动支付的提供主体,可以分为银行主导的移动支付(如 M-Pesa、翼支付)和第三方支付公司主导的移动支付,如支付宝的"碰碰刷"、微信支付。这里重点讨论按移动支付的距离远近分类的移动支付模式。

(一) 近场移动支付

近场移动支付是指消费者在购买商品或服务时,即时通过手机向商家进行支付的一种支付方式。支付的处理在现场进行,使用手机射频(NFC)、红外、蓝牙等通道,实现与自动售货机以及 POS 机的本地通信,如用手机刷卡的方式乘车、买东西等。

近场移动支付主要基于如下技术:一是 LBS 技术,指基于位置的服务,是由移动网络和卫星定位系统(GPS)结合在一起提供的一种增值业务。利用移动网络与移动终端的配合,来获取移动终端用户的位置信息。二是 NFC 技术,指近场通信。三是 RFID 技术,指射频识别技术,如翼支付的 RFID-UIM 卡,它是一种具有无线射频功能的手机卡。

近场移动支付大部分情况可以离线交易,不需要联网。典型代表如 NFC 移动支付(谷歌钱包)。如果是基于 LBS 技术的近场支付,则需要网络来配合,典型代表如支付宝的"碰碰刷",用户双方同时"摇一摇"手机,就能找到对方账号并进行快速支付,不再需要手动输入对方支付宝账号。当然"碰碰刷"也可以通过 NFC 技术"滴"一下,即可找到对方,前提需要双方手机都具有 NFC 功能。

此外,近场移动支付还有红外线、蓝牙等技术。但蓝牙和红外线普及程度不及 NFC。这是因为:一是蓝牙和红外线支付在手机没电的情况下,无法进行,而 NFC 支付则依然可以完成。二是蓝牙建立连接时间较长,红外线则对视距要求比较苛刻,而 NFC 支付建立连接则方便快捷。三是 NFC 相较于 RFID 技术,具有距离近、带宽高、能耗低等特点,同时 NFC 技术增加了点对点通信功能,通信的双方设备是对等的,而 RFID 通信的双方设备是主从关系。

近场移动支付(联机消费)交易流程如图 4.5 所示。

(1) 用户在商户店内选购商品或服务。

(2) 用户到商户收银台结账。

(3) 商户在现场受理终端(POS)上输入消费金额,通过近场通信技术向移动终端/智能卡发起账户信息读取请求。

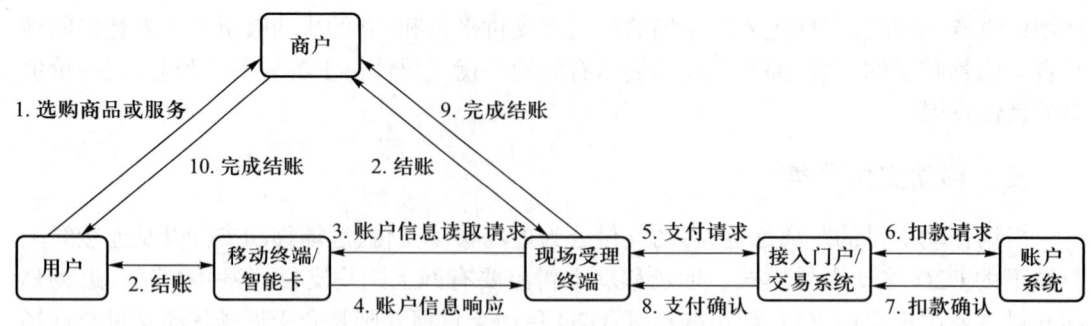

图 4.5　近场移动支付(联机消费)交易流程

（4）移动终端／智能卡将账户信息发送给现场受理终端。

（5）现场受理终端发送支付请求指令给交易系统。

（6）交易系统发送账户扣款请求给账户系统。

（7）账户系统收到扣款请求后,进行用户账户鉴权,返回扣款确认信息。

（8）交易系统返回支付确认信息给现场受理终端。

（9）完成结账过程。

近场移动支付(脱机消费)交易流程如图 4.6 所示。

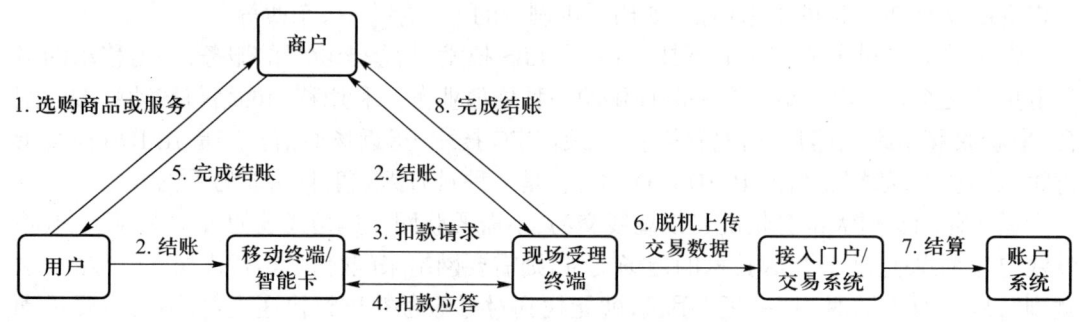

图 4.6　近场移动支付(脱机消费)交易流程

（1）用户在商户店内选购商品或服务。

（2）用户到商户收银台结账。

（3）商户在现场脱机受理终端(POS)上输入消费金额,通过近场通信技术向移动终端／智能卡发起账户扣款请求。

（4）移动终端／智能卡收到扣款请求后,进行扣款的鉴权,通过后直接在其离线钱包中扣款,并返回扣款应答给受理终端。

（5）用户完成支付过程。

（6）脱机现场受理终端定时上传交易数据,第三方支付机构每日与特约商户对账。

（7）第三方支付机构的结算部门按照商户的结算周期,根据系统的结算数据,向银行发起付款请求。

（8）完成结账。

（二）O2O 移动支付

O2O（On-line to Off-line）移动支付是连接线上与线下进行的移动支付,典型代表如二维码扫描支付、基于 LBS 技术的移动支付。看见心仪的商品,扫一扫二维码,用手机完成支付后即可取走商品,这就是二维码扫描支付,完全自主化。二维码扫描支付可以实现近场移动支付（自动售货机购物等）,也可以实现远场移动支付（团购等）。目前二维码扫描支付是连接线上与线下的主要纽带。

O2O 移动支付也可以手机刷卡器来完成,手机刷卡器是通过手机音频口与手机连接的移动配件（能够识别不同的 IC 卡）。这种终端不仅可以实现远场刷卡,也可以完成近场移动支付。

此外,Facebook 推出的 Autofill 的移动支付信息自动输入功能,使线上与线下的"互动"变得更加便捷。其运作原理如下:如果用户在 Facebook 上使用信用卡购买,那么用户的信用卡信息将会被记录,用户在使用 Facebook 账户购物时,将会自动导入其信用卡信息,使购物更加方便快捷。

（三）远场移动支付

目前大多数移动支付表现为远场移动支付,远场移动支付是指通过发送支付指令（如网银、电话银行、手机支付等）或借助支付工具（如通过邮寄、汇款）进行的支付方式。典型代表如微信支付、手机银行支付、短信支付、语音支付以及支付宝支付。远场移动支付可以通过如下几种模式来实现:一是客户端模式;二是内嵌插件支付模式;三是手机刷卡器模式。

需要说明的是,上述三种分类方法没有严格的界限,有些支付方式既可以实现近场移动支付,也可以实现远场移动支付,也可以实现 O2O 移动支付。上述三种移动支付模式的密切组合,可以实现近场近付、近场远付、远场远付。

目前移动支付的主要问题是标准不统一。比如国内三大运营商建立了各自的移动支付可信服务平台（Trusted Service Manager,TSM）,提供不同行业的支付应用（如金融、公交）;中国银联与部分商业银行也建设了 TSM,向合作的运营商提供金融支付应用。

远场移动支付交易流程如图 4.7 所示。

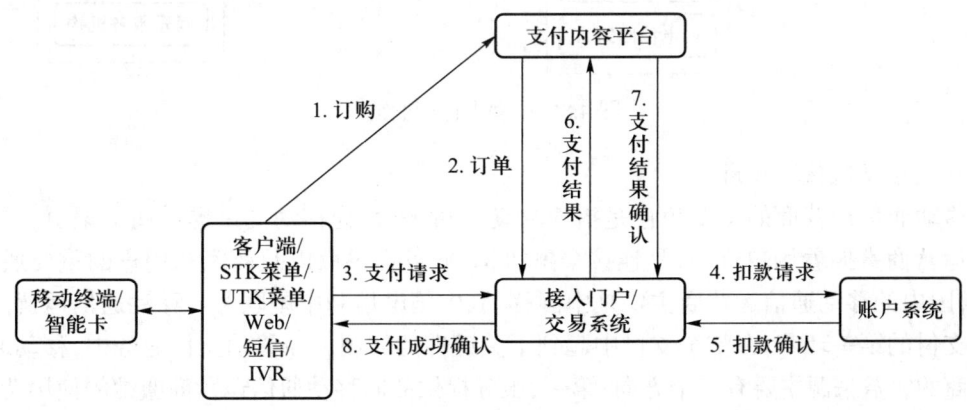

图 4.7　远场移动支付交易流程

（1）用户通过移动终端的客户端在支付内容平台订购商品或服务。

（2）支付内容平台向移动支付交易系统提交订单。

（3）用户通过移动终端向移动交易系统发起支付请求。

（4）移动支付交易系统接收用户支付请求，检查用户的订单信息，向账户系统发起扣款请求。

（5）账户系统接收扣款请求并对用户账户信息进行鉴权，鉴权通过后完成转账付款并发送扣款确认信息给支付交易系统。

（6）支付交易系统将支付结果通知支付内容平台。

（7）支付内容平台向支付交易系统返回支付结果确认的应答。

（8）支付交易系统为支付客户端返回支付成功确认，完成交易流程。

四、移动支付产业链

产业链就是由几个具有互补性的企业联合起来向客户提供服务的商业模式。移动支付业务的发展涉及不同的政府主管部门和不同的产业群体，其产业链的构成也较为复杂。移动支付产业链由移动通信运营商、移动支付设备制造商、SIM卡供应商、手机供应商、移动支付服务提供商（或移动支付平台运营商）、系统集成商、商业机构、内容提供商、银行和信用卡组织等金融机构以及客户等构成。这些成员紧密合作、优势互补，形成了利益共享、风险共担的链条关系。显然，只有建立并不断完善产业链，移动支付业务才能获得健康的发展，产业链上的各个环节才能在合作中实现共赢。如图4.8所示。

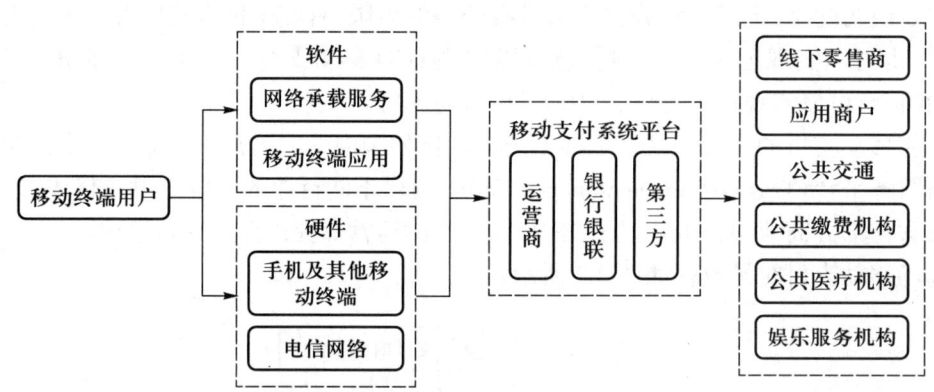

图 4.8　移动支付产业链

（一）移动通信运营商

移动通信运营商的主要角色是搭建移动支付平台，为移动支付提供通信渠道。移动通信运营商掌握着用户资源，是连接金融机构、服务提供商以及商家和用户的重要通道。目前，国内的移动通信运营商主要是中国移动、中国电信和中国联通。移动通信运营商是移动支付的第一环节，在整个支付中起到了关键性的作用。在移动支付业务中，移动通信运营商的收益来源主要有三个方向：第一，服务提供商向移动通信运营商缴纳的使用费用；第二，用户使用SMS、WAP方式进行移动支付时，运营商对数据流量进行收费；第三，移动支付业务可以带动用户产生更多的数据业务需求,从而进一步加大增值业务的使用量。

（二）金融机构

在移动支付产业链中,银行不可避免地占据领导地位。在结算方面,用户还是更加依赖于银行,而不是移动通信运营商,同时,银行拥有交易清算的经验和强大的数据支撑平台。而银行独自开展移动支付业务也有一定的困难,并且会引起产业链中参与方的不满。因此,银行同其他参与方如何合作并建立合理的利益分配机制将是影响移动支付产业链的关键。

（三）移动支付设备提供商

移动支付设备提供商在移动支付整个产业链中基本上处于下游。随着移动支付业务内容和实现方式不断进步,对支持移动支付的新系统设备、终端、应用软件等的需求也不断增加。而移动支付又是一种技术驱动型的产业,因此,硬件设备制造商和软件开发商将成为移动支付的积极推动者。

设备制造商为移动通信运营商提供移动通信系统,为用户提供支持移动支付的终端设备,并且同时提供移动支付业务的解决方案。随着移动支付业务的发展,越来越多的设备制造商将和移动通信运营商结成伙伴关系,生产定制设备和终端。

（四）移动支付服务提供商

在移动支付应用中,需要构建由支付网关、客户钱包、商家账号和结算系统等组成的移动支付服务系统。它需要提供两方面的接口:一是与移动通信网络挂靠的终端设备识别与管理;二是同银行等挂靠的业务接口与管理。这些功能需要由移动支付服务平台来提供。第三方移动支付服务提供商在移动支付产业发展的进程中具有非常重要的作用。移动支付服务提供商可以整合产业链的资源,在移动通信运营商和银行之间建立桥梁,并最终向商家和消费用户提供移动支付服务。

（五）商家

商家是移动支付产业链中比较微妙的一环。商家是与用户发生交易的主体,无论是移动通信运营商还是银行都无法绕开商家独自建立产业链。商家是多种多样的,可以是商场、超市,也可以是网站、电影院等。商家的主要作用在于通过部署便捷的移动支付终端,减少支付的中间环节,提高用户满意度,从而扩大移动支付的使用范围。

（六）用户

用户是移动支付服务的最终使用者,他们的使用习惯和接受程度是决定移动支付产业发展的重要因素。从业务使用的角度看,我国目前移动支付业务中使用次数最多的业务是小额支付,但是同银行卡绑定的相关业务在未来几年具有相当的增长潜力。因此,移动支付的提供者需要把握用户的需求,在终端上提供方便的互动操作界面,在扩大小额支付业务的同时,在系统设计上提供开放的接口,从而为移动金融增值服务提供方便的集成功能。

五、移动支付系统架构

移动支付涉及移动通信、互联网、电子商务以及金融行业等,具有明显的跨行业的技术特点。在业务发展初期,不同的行业推出各种解决方案,系统架构和账户体系也有所不同,本章在充分研究目前业界流行的体系架构的基础上,归纳出适合业务发展的移动支付系统架构和账户体系架构。

移动支付从本质上讲就是买方为了获取卖方的某种商品或者服务,通过电子化的渠道,将买方的资金安全地转移给卖方的商业行为。移动支付系统的核心是账户间资金的安全转移,因此,移动支付系统架构应该围绕账户体系,结合移动支付的基本特点进行构建,如图 4.9 所示。

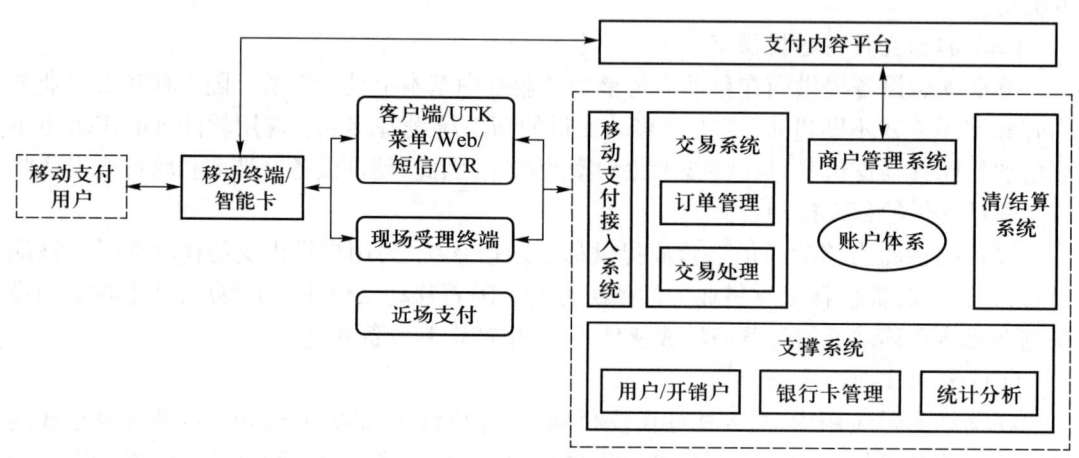

图 4.9　移动支付系统架构

移动支付系统架构以账户体系为核心,由移动终端 / 智能卡、远程支付的客户端 /UTK菜单 / 短信 /IVR、近场支付的现场受理终端、移动支付接入系统、交易系统、账户体系、清 /结算系统、支付内容平台、商户管理系统、支撑系统等部分组成。

（一）移动终端 / 智能卡

移动终端 / 智能卡特指移动支付用户持有的设备,主要包括手机、PDA、移动 PC、RFID 智能卡等设备,用户使用移动终端 / 智能卡完成支付业务。移动支付与其他支付方式的不同之处在于生成及获取支付信息的源头是移动终端。

（二）客户端 /UTK 菜单 /Web/ 短信 /IVR

在远程支付中,用户通过手机上的支付客户端、智能卡上的 UTK 菜单、短信、IVR 等方式实现商品选购、订单支付等功能。

（三）现场受理终端

在近场支付模式下,用户在商户的经营场所(超市、商场等)内选定商品后,或者在乘坐公交、观看电影时,持带有 RFID 功能的移动终端 / 智能卡,通过现场受理终端刷卡,完成支付和认证功能。

（四）移动支付接入系统

用户通过移动终端或者智能卡接入移动支付平台的统一入口,完成支付环节的处理。移动支付接入系统作为用户设备和平台的一道安全屏障,保障了移动支付平台和账户资金的安全。移动支付接入系统主要包括近场支付的 POSP 接入平台,远程支付的 Web 门户服务器、短信接入服务器、IVR 语音接入服务器。

（五）支付内容平台

支付内容平台是在支付过程中提供内容或服务的系统,不局限于无线通信渠道,例如用户通过 PC、互联网渠道也可以使用支付内容平台的服务。提供支付内容平台的机构可以是商城、B2C 商户、专营的第三方公司、校企服务公司、便民服务公司、公交公司等。

（六）商户管理系统

商户管理系统是支付内容提供商接入移动支付平台的统一入口,也是商户访问支付平台的统一门户,通过该门户,商户可以完成管理账户、查询交易订单、申请支付接入等功能。

（七）交易系统

交易系统是完成支付交易流程的基本事务处理系统,通过接收支付接入系统的支付请求,完成订单处理和账户资金的流转等功能。

（八）清/结算系统

清/结算系统主要完成交易订单的对账和资金清/结算功能。其中,对账包括与商户应用系统的对账、与金融机构的对账等。结算管理模块根据指定的分成方案和结算规则对交易日志进行结算,产生相应的结算数据。结算数据包括与商户的结算数据、与银行结算的数据。根据这些结算数据,运营商完成与各个部分之间的资金划拨。

（九）支撑系统

支撑系统主要包括用户的开/销户管理、RFID 智能卡制卡/发卡、业务统计等功能。

六、移动支付的主要运营模式

（一）以移动通信运营商为主体的运营模式

该模式的价值链以移动通信运营商为核心来管理手机支付价值链上游和下游企业的协调发展。用户用于支付自己消费的产品或服务的资金主要是从手机费用中扣取,一般金额比较小。具体的商业模式框架如图 4.10 所示。

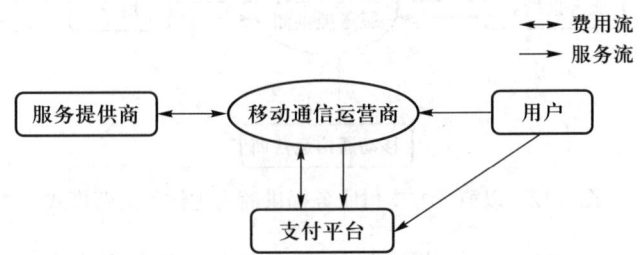

图 4.10　以移动通信运营商为主体的运营模式

模式特点:银行不参与支付活动,用户直接与移动通信运营商接触;技术成本比较低;移动通信运营商需要承担金融机构的责任和风险。

（二）以银行为主体的运营模式

该模式以银行推出的业务为核心来推动产业价值链的发展,移动通信运营商处于价值链的下游,以信息服务商的身份出现,不参与支付活动。在该模式下,手机用户可以直接登录所在的银行账户进行交易。但用户必须支付三方面的费用:由移动通信运营商收取的数据流费用;由银行收取的数据费用;由银行、移动通信运营商、支付平台共同平分的服务费用。目前,商业银行已开展了手机支付业务,用户可以利用手机登录办理查询、转账以及缴费业务。具体的商业模式框架如图 4.11 所示。

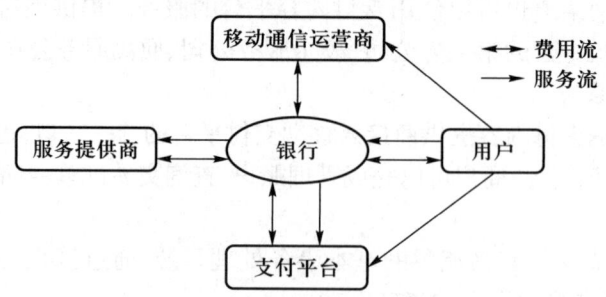

图 4.11　以银行为主体的运营模式

模式特点:各银行只能为自己的顾客办理业务,对跨行的客户不受理支付业务;移动服务商为服务提供商,只提供信息的传递,不参与资金的流动;一旦用户转换到其他银行或者改变手机终端,都需要支付较大的转换成本。

（三）以第三方支付服务提供商为主体的运营模式

在该模式中,第三方支付服务提供商作为单独的经济实体处于产业链的核心环节,移动通信运营商和银行只是作为合作伙伴存在。第三方支付服务提供商的收益主要来自两个部分:一是向运营商、银行和商户收取设备和技术的使用费;二是与移动通信运营商以及银行就用户业务使用费进行分成。具体的商业模式框架如图 4.12 所示。

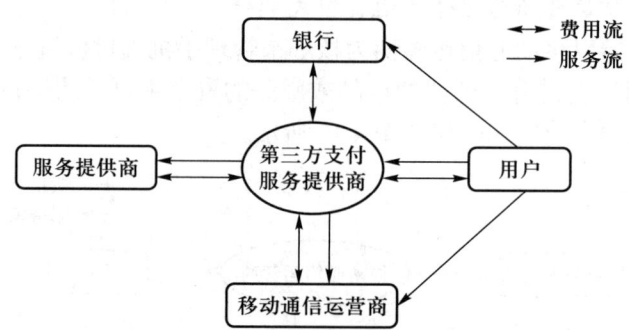

图 4.12　以第三方支付服务提供商为主体的运营模式

模式特点:产业价值链的结构比较灵活,第三方支付服务提供商可以与不同的银行成为战略伙伴,该模式下的顾客可以从属于不同的银行,且银行之间是互联的;用户与银行之间的服务变得很简单,且价值链上的企业之间责、权、利明确。但该模式对第三方支付服务提供商的资金运转能力、市场管制能力、客户管理能力等要求比较高,否则整个价值链有可能处于瘫痪状态。

（四）银行与移动通信运营商合作的运营模式

该产业价值链的核心是银行和移动通信运营商,它们共同参与用户资金支付活动。在该模式的运行下,银行和移动通信运营商各自发挥自己的优势来保证移动支付技术的安全和信用管理,使交易能够顺利、正常地进行。具体的商业模式框架如图 4.13 所示。

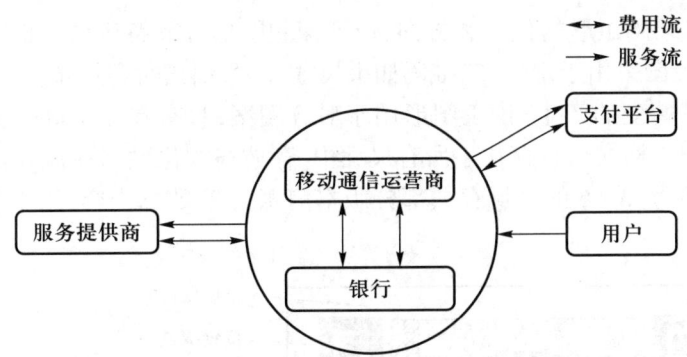

图 4.13　银行与移动通信运营商合作的运营模式

　　模式特点:移动通信运营商和银行可以用更多的时间和精力来研发自己的核心技术,通过优劣互补来增强产业价值链的竞争力,带动上游和下游企业健康运营;在信息安全、产品开发和资源共享方面更加紧密;与移动通信运营商结成战略联盟的银行可以是多个不同的银行机构。

七、二维码支付

(一) 二维码与二维码基础知识

1. 什么是二维码

二维码是相对于一维码来说的,比如以前的条形码就是一维码。二维码由日本工程师原昌宏于 1994 年发明,当初主要是为了解决制造业和物流业的产品管理问题,因为二维码比条形码具有更大的信息量和抗污损性能等。

二维条码 / 二维码(2–Dimensional Bar Code)是用某种特定的几何图形按一定规律在平面(二维方向上)分布的黑白相间的图形记录数据符号信息的。在代码编制上巧妙地利用构成计算机内部逻辑基础的“0”“1”比特流的概念,使用若干个与二进制相对应的几何形体来表示文字数值信息,通过图像输入设备或光电扫描设备自动识读以实现信息自动处理。

在许多种类的二维条码中,常用的码制有 Data Matrix、MaxiCode、Aztec、QR Code、Vericode、PDF417、Ultracode、Code 49、Code 16K 等。其中,QR(Quick Response)Code 是被广泛使用的一种二维码,我们平时所说的二维码就是 QR Code,它比传统的 Bar Code(条形码)能存更多的信息,也能表示更多的数据类型。

2. QR 码的结构

QR Code 本质上是个密码算法。首先,二维码存在 40 种尺寸,尺寸又被命名为 Version。Version 1 是 21×21 的矩阵,Version2 是 25×25 的矩阵,Version3 是 29×29 的矩阵。每增加一个 Version,尺寸都会增加 4,公式是:(Version 值 -1)$\times 4+21$。

Version 的最大值是 40,故尺寸最大值是(40–1)$\times 4+21=177$,即 177×177 的矩阵。

二维码结构如图 4.14 所示。

二维码的各部分都有自己的作用,基本上可被分为定位图案、功能数据和数据内容三部分。① 定位图案。位置探测图形用于标记二维码矩形的大小,用三个定位图案即可标识并确定一个二维码矩形的位置和方向;位置探测图形分隔符用白边框将定位图案与其他区域区分;定位图案用于定位,二维码如果尺寸过大,扫描时容易畸变,定位图形的作用就是防止扫描时畸变的产生;校正图形用于对齐图案,只有在 Version2 及其以上才会需要。② 功能数据。格式信息存在于所有尺寸中,存放格式化数据;版本信息用于 Version7以上,需要预留两块 3×6 的区域存放部分版本信息。③ 数据内容,用于剩余部分存储数据内容。

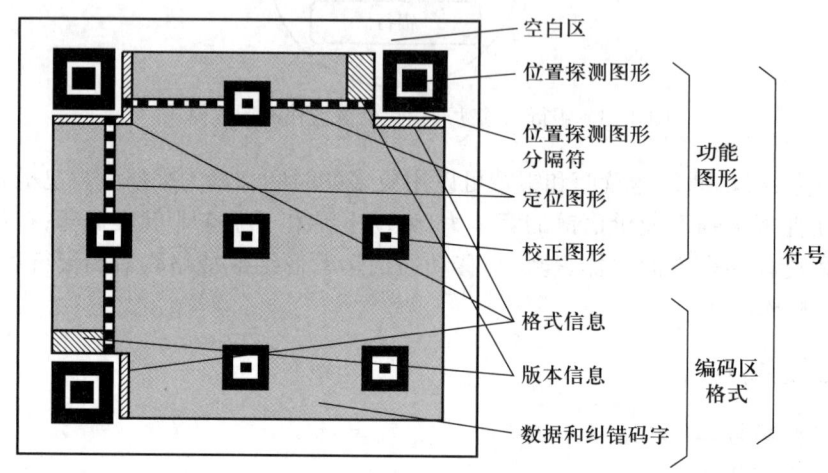

图 4.14　二维码结构图

3. QR 码的特点

一是存储大容量信息。传统的条形码只能处理 20 位左右的信息量,与此相比,QR码可处理条形码的几十倍到几百倍的信息量。另外,QR 码还可以支持所有类型的数据。如数字、英文字母、日文字母、汉字、符号、二进制、控制码等。一个 QR 码最多可以处理7 089 字(仅用数字时)的巨大信息量。

二是可以在小空间内打印。QR 码使用纵向和横向两个方向处理数据,如果是相同的信息量,QR 码所占空间为条形码的 1/10 左右。它还支持 Micro QR 码,可以在更小空间内处理数据。

三是能够有效表现各种字母。QR 码是日本国产的二维码,因此非常适合处理日文字母和汉字。QR 码字集规格定义是按照日本标准“JIS 第一级和第二级的汉字”制定的,因此在日语处理方面,每一个全角字母和汉字都用 13 比特的数据处理,效率较高,与其他二维码相比,可以多存储 20% 以上的信息。

四是对变脏和破损的适应能力强。QR 码具备“纠错功能”,即使部分编码变脏或破损,也可以恢复数据。数据恢复以码字(组成内部数据的单位。在 QR 码的情况下,每 8 比特代表 1 码字)为单位,最多可以纠错约 30%(根据变脏和破损程度不同,也存在无法恢复的情况)。

五是可以从任意方向读取。QR 码从 360 度任一方向均可快速读取。其奥秘就在于QR 码中的三处定位图案(见图 4.15),可以帮助 QR 码不受背景样式的影响,实现快速稳定的读取。

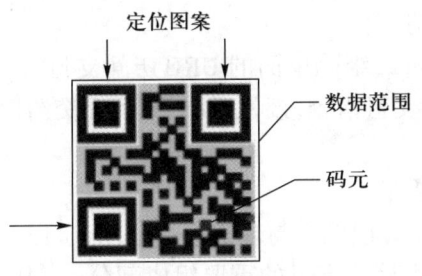

图 4.15　二维码定位

六是支持数据合并功能。QR 码可以将数据分割为多个编码,最多支持 16 个 QR 码。使用这一功能,还可在狭长区域内打印 QR 码。另外,也可以把多个分割编码合并为单个数据。

（二）二维码支付的定义及分类

1. 二维码支付的定义

二维码支付是一种基于账户体系搭建起来的新一代无线支付方案。在该支付方案下,商家将商品价格与账户等交易信息制作成二维码,顾客在移动设备上用相应的扫码软件扫描二维码,迅速识别其中的商品信息及支付信息,此时顾客便可以在网络环境下完成移动支付。

2. 二维码支付的分类

二维码支付可以分成两大类:一种是商品二维码。该种类二维码一般会出现在对支付内容的平台访问中。另一种是支付二维码。这种二维码出现在支付客户端 App 向支付接入系统支付指令生成环节中。支付二维码和商品二维码的区别在于,商品二维码只保存了指向商品销售地址的 ERL,和支付接入系统不发生联系。

（三）二维码支付系统架构

二维码支付系统架构如图 4.16 所示。二维码支付与传统的移动支付的区别有两点。

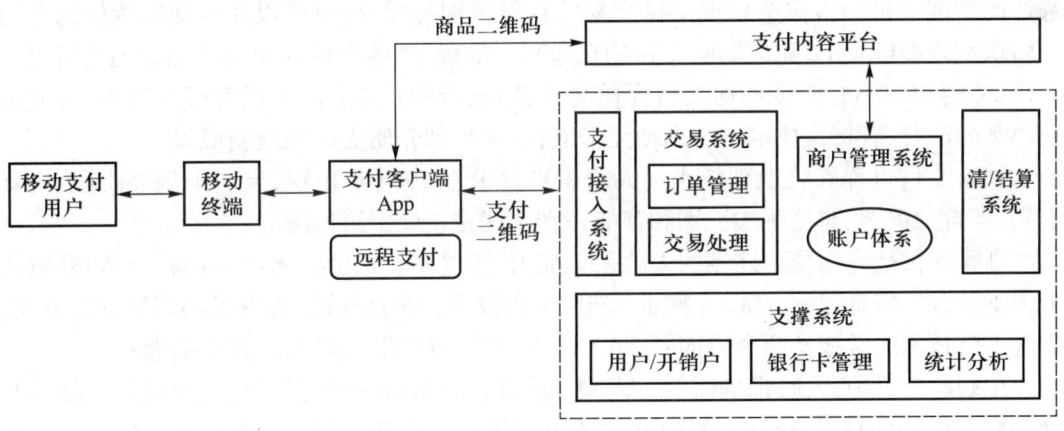

图 4.16　二维码支付系统架构

1. 支付客户端 App 接入

这里说的支付客户端 App 就是指在移动终端上的应用、识别、扫描二维码和完成付款的功能。其实移动终端不能算是移动支付的第一参与者,它的作用是为支付客户端提供安装载体。

2. 对支付系统的访问方式

二维码支付其实是解析二维码里面的 URL 访问支付,以此来接入系统,生成电子支付凭证,在支付客户端产生支付指令,接入系统,最后提交给后端的交易系统、清算系统和结算系统。

（四）二维码支付前景展望

二维码支付的本质是在虚拟世界与现实生活之间进行互动的行为。由于便捷和低成本,如今,二维码支付已成为移动支付的重要组成部分,并由第三方支付机构主导。2021年 2 月 3 日,中国互联网络信息中心（CNNIC）发布的第 47 次《中国互联网络发展状况统计报告》的数据显示,截至 2020 年 12 月,我国手机网民规模为 9.86 亿,网民中使用手机上网的比例为 99.7%。二维码支付在助力第三方移动支付中的远程支付方面有着举足轻重的作用。二维码支付的应用推动了线上线下支付的融合,深化了支付对商业生活场景的渗透,增强了支付手段的灵活性和多样性。

我国二维码开发和市场应用比较晚,底层核心技术缺失,存在较大的知识产权风险和信息安全隐患。有关安全标准在刚出台的现阶段还无法迅速得以实施应用。曾经出现的植入恶意木马等资金风险还有待规整;用户在支付时缺乏正确判断资金去向的依据、篡改支付命令等问题给二维码支付带来安全隐患。

八、刷脸支付

（一）刷脸支付的定义

继条码支付成为中国人主要的小额非现金支付方式之后,支付宝蜻蜓、微信青蛙以及人行牵头银联和各商业银行推进落地的刷脸支付系统陆续开始推向市场。刷脸支付（Face-Recognition）已经走入我们的生活。人们既可以使用各种移动支付 App,将脸对准普通的智能手机的摄像头完成支付交易的身份识别与授权,也可以在自动售货机的专用人脸识别终端机具上,完成刷脸支付的全过程。的确,刷脸支付的便利性比条码支付更进一步,使得用户不必携带任何支付介质与工具（银行卡）,甚至连手机都可以略去,就能进行小额的消费支付,是技术进步推动无卡支付、无物理介质支付的最新成果。

刷脸支付也称人脸识别技术。人脸识别技术于 1964 年出现,有四个发展阶段:机器识别、半自动识别、非接触式识别和智能识别。现在正处于第四阶段。

刷脸支付是利用受理终端的人脸采集能力,通过人脸识别技术（1：1 or 1：N）获取持卡人支付账户信息,结合 Token 技术、PIN 加密技术、大数据分析等形成的新型支付方式。刷脸支付技术通常涉及两个方面:一是人脸支付受理终端;二是人脸支付受理平台。

在刷脸支付中,人脸识别需要对人脸的特征进行准确识别,然后将生物统计学技术与计算机图像处理技术进行有效结合,再通过图像技术处理来提取视频中人脸的特征。在此基础上,利用生物统计学技术构建数学模型,即可获得人脸形态的模板。将该模板与消费者的面部特征进行比较分析,可获得二者之间的相似值,即可判断二者是否为一人。

（二）刷脸支付与二维码支付比较

1. 支付的便利性

从支付步骤来看,二维码支付对手机的依赖度会更高一些,由于支付过程中很有可能出现手机卡顿或手机上不了网的情况,而刷脸支付并没有这方面的顾虑,只需人脸识别系统即可。因此,从这一点看,刷脸支付会更方便快捷一些。

2. 安全系数

传统的二维码支付存在很大的安全隐患,静态二维码容易被入侵或是植入各种病毒木马。另外,二维码支付需要输入支付密码或是验证指纹,账户密码容易被熟人窃取。而刷脸支付选用的是国内领先的 3D 人脸识别系统技术,结合硬件和手机软件多重检测,能够 99.99% 地判断真实客户,在一定程度上比二维码支付的安全系数更高。

3. 广泛度

刷脸支付和二维码支付在线下支付款场景使用广泛度上谁强? 这个问题的答案显然是二维码支付。艾瑞咨询数据显示,我国二维码支付交易规模从 2018 年 Q1 的 3.5 万亿元增至 2019 年 Q4 的近 10 万亿元。2020 年 Q3 二维码支付规模突破 10 万亿元,创历史新高。而刷脸支付现阶段虽然在麦当劳、商场超市、大药房等线下零售业场景出现,不过仍然处于完善发展的阶段。

(三) 刷脸支付的运作原理

刷脸支付是运用人脸识别技术作为支付活动的交易阶段的身份识别(ID)与支付授权的方法,去验证支付工具与支付指令的真实性、唯一性与不可撤销性。相较于条码支付,刷脸支付的最大特征:一是彻底将支付工具数字化,被认为是无卡支付的终极阶段,使得用户完全不必携带任何物理设备就能完成支付交易的发起、授权与验证。二是将原有的支付交易流程压缩,特别是将支付的发起、授权(与验证)这一传统支付方式所要求的贯序流程压缩为一次动作,比如客户主动将面部呈现在摄像头前面即被视为客户主动出示支付工具并向支付服务商进行支付授权的意思表示。当然,如果将客户的面部特征还作为支付密码的话,支付的发起、授权与验证则被"三合一",这必然是一种具有争议的支付"创新"。由此可见,刷脸支付和条码支付创新一样,只是提高了支付的交易阶段的效率,并没有改变交易阶段之后的支付流程与运作原理,因此刷脸支付并没有改变支付业务的本质特征。

但是,相较于技术准入门槛很低的条码支付,刷脸支付的技术含量确实非常高。刷脸支付的关键技术是人脸识别技术,而该技术是靠一系列算法去分析被数字摄影设备获取的人脸特征,将特征数字化、唯一化,与人脸形成一一对应关系。一般来说,这些属于高度私密的个人隐私数据被存放于高度安全的身份数据库。进一步,人脸识别技术的一个关键技术是"活体检测",即通过硬件与软件技术检验被分析的人脸是否属于活体人脸。最简单的是要求用户轻微左右或上下摇动头部,抑或使用专业技术,如 3D 结构光/TOF、近红外活体检测技术等。很明显,之所以活体检测如此关键,是为了防范有人使用一张照片,或者 3D 打印的人脸面具去欺骗人脸识别系统。由此可知,人脸识别技术的可靠性,特别是活体检测技术的可靠性对于刷脸支付的安全性有着决定性的作用。试想,当犯罪分子拿着被害人的人脸面具就能轻易转走被害人账户里的钱财,没人会冒险使用刷脸支付。

(四) 刷脸支付的现状与风险表征

人脸识别技术是西方首创,刷脸支付则是芬兰 Uquil 公司在 2013 年首创。目前主要是智能手机厂商使用人脸识别技术,比如苹果手机等,人脸识别并未大规模用于公共生活方面,更不用谈金融支付领域。在中国,人脸识别的运用日益普遍,从公共安全到学校门禁系统,再到车船交通,人脸识别几乎无处不在,这样大规模的采纳与技术设施普及,为刷脸支付的商业落地创造了独一无二的条件与基础。

在我国,刷脸支付的商业应用场景主要分为线上与线下。所谓线上场景,主要是指将人脸识别活动应用于开放网络环境,通过普通的移动终端(如智能手机)进行人脸信息采集与验证。比如通过手机完成基于人脸识别的支付转账、特定金融业务开通等。2020年1月,中国支付清算协会正式发布《人脸识别线下支付行业自律公约(试行)》(以下简称《公约》),主要针对线下特约商户通过专用受理终端采用人脸识别技术为用户提供的支付服务进行了一系列自律管理。《公约》试行的线下场景是指在专用终端(具有安全芯片、加密模块)以及专门的活体检测设备上完成人脸识别,并在充分考虑了具体场景与业务流程的风险点加以制度防范后的消费支付业务、金融业务等。常见的是在封闭环境下使用人脸识别ATM机具进行现金存取业务,或者在加载了专业人脸识别终端设备的自动售货机上的小额商品消费支付。

根据刷脸支付的场景划分,其风险表征既有共同性,也有特殊性。共同性是,刷脸支付在提升支付服务便捷性的同时,也存在一些共性风险。一是信息泄露风险。人脸特征具有唯一性与不可再生性(Unrecyclable),与人类生命相伴而生,不法分子可通过远程、非接触方式,在商场、旅馆、饭店、街道等公共场所非法批量获取用户人脸信息,导致基于人脸特征的身份认证系统被轻易绕过,危害程度较大。另外,人脸特征数据失窃或被盗用,因其不可再生性,将产生"我证明是我"的伦理难题。二是假体攻击风险。人脸识别技术难以判断识别对象是否为真实活体,不法分子通过照片、视频、高仿面具等手段,仿冒用户人脸进行2D或3D攻击,且随着人工智能、大数据等技术不断发展演进,新型攻击手段不断出现,对用户资金安全造成严重威胁。三是算法漏洞风险。目前,活体检测、人脸识别算法仍在快速迭代,识别通过率、误识率等关键指标相互关联、难以同时兼顾,且随光照、遮挡等外界环境因素干扰较大,可能存在隐藏的未知漏洞,一旦被不法分子发现并加以利用,易导致活体检测或人脸识别失效,造成系统风险。四是非授权支付风险。如前所述,刷脸支付将三个贯序流程压缩为一个人脸扫描的动作,那么对于非授权支付应该如何重新界定?比如隔空盗刷问题,即通过远程、非接触方式,在用户本人毫无察觉的情况下"无声无息"地获取用户的人脸信息,且手机号码作为用户社交工具也极易被获取,"隔空盗刷"现象就极易出现。问题在于,即使采用基于保护消费者权益的救济原则,要求支付服务提供商举证"盗刷"业务属于用户主动授权行为,也会在用户侧产生严重的道德风险。进一步,与条码支付通过区分主动扫码与被动扫码两种方式解决非授权支付风险不同,人脸扫描是无法区分主动扫脸与被动扫脸的,因此,刷脸支付或者说未来的无感支付(Frictionless Payment)可能不再有清晰的支付交易阶段的逐一与贯序流程,特别是在分工日益细化的第三方、第四方支付行业,这将带来较为严重的法律合规风险。

《公约》之所以试行线下支付场景,是因为相较于线下场景,线上场景的风险特殊性在于开放的网络环境与没有得到硬件加固的普通终端,这会加剧信息泄露风险、假体攻击风险与非授权支付风险(更加难以举证用户授权的主动性与真实性),或者形成多种风险的叠加效应,因而,在现阶段,线上场景不应该被鼓励发展,至少要采用可信执行环境(TEE)、安全单元(SE)等技术加强风险防控,才能审慎开展线上场景的刷脸支付业务。对于线下场景,尤为突出的风险点是免密。由于线下场景多发生在商场、旅馆、饭店、街道等各种公共场所,过度的便捷不仅给不法分子带来可乘之机,同时免密也会造成将用户人脸作为支付授权验证的唯一方式,一旦人脸特征数据丢失、被盗用,会使得用户在缺乏第三方权威认证的情况下无法通过密码重置的方式找回自己的账户与账户里的财产,这无疑会形成严重的系统性风险。

九、手机银行与微信银行

(一) 手机银行

1. 手机银行的定义

世界上最早实现商业性运作的手机银行项目诞生于捷克。1998 年 5 月,该国银行 Expandia Bank 与移动通信运营商 Radio Mobile 公司在首都布拉格地区联合推出了一项新的银行业务,就是手机银行业务。手机银行业务一经推出,就以便捷、高效、低运营成本等竞争优势赢得了银行、通信运营商和用户的青睐,首先在银行信息化水平最高的欧美国家推广开来,紧接着是亚洲的日本和韩国,非洲、印度和中国等新兴市场迅速跟进,也取得了不俗的成绩。

手机银行又称移动银行,是利用移动通信网络及终端(一般情况下是指手机)办理相关银行业务的简称。它将货币电子化与移动通信服务结合起来,不仅可以使人们在任何时间、任何地点处理多种金融业务,而且能使银行以高效、便利而又较为安全的方式为客户提供传统和创新的业务,极大地丰富了银行服务的内涵,是银行信息化的重要渠道。而移动终端尤其是手机所独具的贴身特性,使得手机银行业务被客户亲切地称为“将银行装入口袋”,正是这一巨大优势使之成为继实体网点、ATM、网上银行之后银行开展业务的又一强大平台,成为各大银行激烈竞争的新战场。

2. 国际手机银行业务的发展

世界上最早实现商业性运作的手机银行项目的捷克,于 1998 年 5 月 1 日推出手机银行业务后即吸引了 4 000 多个银行客户,捷克的手机银行系统已由最初支持一项银行业务发展为目前可为客户提供包括账户资料和安全支付在内功能完备的移动金融服务系统。

美国花旗银行与法国 Gemplus 公司、美国 MI 公司于 1999 年 1 月携手推出了手机银行,客户可以用 GSM 手机银行了解账户余额和支付信息,并利用短信息服务向银行发送文本信息执行交易,客户还可以从花旗银行下载个人化菜单,阅读来自银行的通知和查询金融信息。如今,在银行、移动设备提供商、移动服务运营商的联合推动下,美国的手机银行服务日渐成熟。

凭借移动通信和金融服务产业的领先优势,欧洲国家手机银行业务起步早、增长快。以金融业高度发达的英国为例,一项来自世界著名商业情报公司 Datamonitor 的研究报告表明,英国手机银行市场发展迅猛。2000 年英国手机银行用户仅为 5 万人,到了 2005 年这一数据达 620 万人,增长了 123 倍,年复合增长率达到 9.03%。如今,手机银行已经作为电子商务的重要支付手段而被欧洲许多国家广泛使用,并成为欧洲银行业新的利润增长点而备受重视。Datamonitor 调查表明,如今欧洲 30% 的手机用户都对手机银行业务有兴趣,因此,可以预见欧洲手机银行业务仍然具有巨大的增长空间。

在亚洲,电子技术水平较高的日本、韩国先后推出了手机银行业务。尤为值得关注的是,韩国的手机银行业务取得了突飞猛进的发展,令人刮目相看。2002 年,韩国手机银行用户只有 100 万人,2015 年 9 月韩国央行的报告表明,这一数据达到 7 188 万人。韩国银行表示,鉴于韩国大约有 5 100 万人,这些账户的户主可能是同一个客户。目前,韩国所有的零售银行都能提供手机银行业务。在日常消费中,韩国人也已经大量采用手机银行支付方式完成交易,从而极大地便利了居民生活。

1999 年,中国移动与中国银行、中国工商银行、招商银行合作在北京等 17 个省市率先开通了手机银行业务。随着近几年开通手机银行各种条件的成熟,国内各大银行均把手机银行业务作为业务扩张和潜在收益的目标之一,从而使手机银行业务得到了较大的发展。

中国是世界上手机用户数量最多、增长最快的国家之一。工信部数据显示,截至 2020 年 12 月底,我国手机上网用户数规模达 12.89 亿户,对移动电话用户的渗透率为 80.8%,居世界首位。可以预见,伴随着我国移动市场的扩大和电子商务的发展,中国的手机银行业务将拥有广阔的市场前景。

3. 手机银行处理模式

目前世界上绝大多数手机银行系统采用的是短信接入方式(Short Message Service,SMS)。这种接入方式是银行通过手机中经过 STK 技术处理的 SIM 卡,利用 GSM/GPRS/CDMA 移动通信网络短信息平台为客户提供金融服务的一种方式。SIM(Subscriber Identity Module)卡,也称智能卡、用户身份识别卡。数字移动电话机用户在"入网"时会得到一张 SIM 卡,移动电话机与 SIM 卡共同构成移动通信终端设备。SIM 卡中有一微型电路芯片,存储了移动电话客户信息、加密密钥等内容,可供移动通信网络对客户身份进行鉴别,并对客户通话的语音信息进行加密。SIM 卡的使用完全防止了并机和通话被窃听行为,使客户的正常通信得到了可靠的保障。STK(SIM Tool Kit),即 SIM 卡智能工具包。和普通的 SIM 卡相比,首先,STK 具有较大的存储量,这就使得它可以存储更多信息。其次,STK 内含一个微型处理器(CPU),具有一定的数据处理运算能力。最后,SIM 卡和 STK 在工作方式上不同。SIM 卡在手机中只作为用户身份识别,其被动接收手机发出的指令,并向手机返回处理的结果,我们把这种处理方式称为被动模式。而 STK 配备 STK 软件,客户通过手机操作智能菜单,并依托移动无线网络,以短信息为传输手段,将客户要求办理的转账支付业务或金融信息查询业务等传递给银行,银行再将客户的业务处理结果和金融信息查询结果实时传递给客户,实现手机银行功能,这种处理方式称为主动模式。

手机银行的 SMS 接入工作模式建立在 STK 技术之上,手机银行与客户之间通过短信进行信息交流。手机银行的处理模式一般是:商业银行建立一个手机银行交易中心,由该中心接受、审核手机银行客户的交易请求,然后将交易请求转发给银行业务主机,银行业务主机完成交易处理后,将结果返回给手机银行交易中心,手机银行交易中心对交易结果进行再处理并将相应的信息传给客户。

手机银行交易中心与客户间的信息交流一般通过与第三方(移动公司)合作来完成,手机与移动公司的短信中心通过 GSM、GPRS 和 CDMA(2G)网络连接,而移动短信中心与商业银行的手机银行交易中心之间的通信可以通过短信网关(Internet Short Message Gateway,ISMG)来实现。短信网关是处于移动公司的短信中心(Short Message Service Center,SMSC)和手机银行交易中心之间的设备,它为这两个实体的数据交换提供安全、快捷的通道。短信中心一般使用短信点对点协议(Short Message Peer to Peer,SMPP)与银行支付系统的短信网关通信,然后由短信网关连接到手机银行交易中心。

(二) 微信银行

微信银行是手机银行的延伸,是通过微信端口接入手机银行模式的一种新兴银行业务,也是继网上银行、电话银行、手机银行之后的新的金融业务服务方式。其具体运作机制是商业银行首先在微信公众平台上注册微信公众账号,用户扫描银行二维码或搜索指定微信公众号添加关注,就可以通过该账号会话界面自定义菜单选择功能和智能客服功能或人工回复信息等方式享受便捷的金融服务。

2013 年 7 月 2 日,招商银行宣布升级微信平台,推出了全新概念的首家"微信银行",不仅可以实现对借记卡(一卡通)进行账户查询、转账汇款、选购理财产品、生活缴费等操作,还可以实现信用卡账单查询、快速还款、账单分期、积分查询等操作。用户更可以在微信上享受招行网点查询及预约、办卡申请、贷款申请、手机充值、手机银行下载等多种便捷服务。近年来,微信银行获得了快速发展。微信银行具有以下优点:

1. 微信银行可提供多样化的服务

目前微信银行不仅提供查询类的服务,如借记卡账户余额、交易明细、开户行查询,信用卡额度、账单、积分、分期查询,理财账户查询等服务,还提供信用卡还款、转账汇款、办卡 / 贷款申请、理财产品选购、预约办理、网点查询及预约、生活缴费、手机充值等多样化、全方位的优质金融服务和生活服务。如民生银行微信银行提供定活互转、零存整取、通知存款等储蓄服务。银率网发布的《2014 年度 360° 银行评测报告》显示,微信银行用户中86.7% 的用户选择了使用信息查询服务,这是使用率最高的服务。甚至有部分银行的微信银行提供了便捷的生活服务,如建行微信银行提供生活缴费、购买电影票 / 机票服务等,用户体验性较好。

2. 服务方式方便、快捷,无须单独安装客户端

一个微信号可以操作多家银行账户,与使用手机银行客户端需要安装多个软件有明显不同。客户可以充分利用碎片化时间自助查询账户余额、交易明细、积分等,随时掌握账户动态;可查询周边网点,办理预约排号、ATM 无卡取款、大额取款预约等诸多金融服务。用户在办理业务时如有疑惑可通过智能、人工方式,进行在线咨询,随时随地就能享受金融服务,突破了时间和空间限制,大大提高了办理效率,与手机银行和网点相比既便利又快捷。

3. 服务模式不断创新

微信银行的服务模式趋向个性化,同业间差异渐渐凸显。为了提高竞争力,各商业银行不断加强自主创新能力,逐步创新差异化服务。如中国银行微信银行提供签证办理服务,可办理部分国家签证;招商银行微信银行推出无卡取款服务,通过微信预约即可享受ATM 无卡取款;中国工商银行微信银行提供 7×24 小时人工咨询服务,客户可实时与银行客服沟通。有些银行的微信银行提供账户变动提醒服务,如用户刷卡消费时,微信客服会及时发送免费账户变动提醒通知,而电子银行服务一般通过短信、电子邮件、呼叫中心实现和客户的互动,成本高、实时性差、体验弱。微信银行提升了银行和客户交互的渠道体验空间。微信银行还提供网点导航及各种在线预约服务,实现了线上与线下银行网点的联动,而银行与阿里合作的直销银行模式,则完全撇开了银行的物理网点。

第三节　第三方跨境电子支付

一、跨境电子支付的定义

跨境电子支付是跨境电子商务交易活动必不可少的组成部分。跨境电子支付是指借助一定的结算工具和支付系统,对两个或两个以上的国家和地区之间因国际贸易、国际投融资、跨境旅游以及其他活动所发生的国际债权债务进行清算,实现资金跨国或跨地区转移的行为。提供跨境电子支付的机构包括银行和非银行机构,非银行机构主要就是指第三方支付机构。

第三方跨境电子支付是指国内第三方支付机构获得国家外汇局颁发的跨境电子支付业务牌照,提供交易支持平台,集中为跨境电子商务交易双方办理跨境收付汇和结售汇业务。从事第三方跨境电子支付的第三方支付机构主要有:专业第三方支付企业从事跨境支付业务,如 PayPal、支付宝、财付通、Yandex Dengi、Qiwi Wallet 等;专业信用卡机构涉足跨境支付业务,如 VISA 信用卡、万事达信用卡、美国运通卡;社交媒体新增跨境支付,如微信支付、QQ 钱包、Facebook 与 Twitter 的跨境支付业务;手机企业开发跨境支付业务,如苹果的 Apple Pay、三星的 Samsung Pay、小米支付等;电商平台辐射跨境支付业务,如 Amazon Wallet、京东钱包、Snapdeal 等;互联网企业从事跨境支付业务,如 Google Wallet、网易宝等;物流企业附带货到付款业务,如国际快递企业、中国国内快递公司等。

跨境电子支付的核心要素即支付的"跨境性"。与境内支付不同的是,跨境支付付款方所支付的币种可能与收款方要求的币种不一致。如中国消费者在网上购买国外商家产品或国外消费者购买中国商家产品时,由于币种不一样,就需要通过一定的结算工具和支付系统实现两个国家或地区之间的货币转换,最终完成交易。

二、第三方跨境电子支付发展现状

2007 年,国家外汇管理局正式批复支付宝公司成为国内首家开展境外收单业务的支付企业,为境内个人购买境外合作商户网站以外币计价的商品提供购汇服务。2013 年,国务院出台的《关于实施支持跨境电子商务零售出口有关政策意见的通知》明确提出"鼓励银行机构与支付机构为跨境电子商务提供支付服务",旨在解决与完善包括电子支付、清算、结算体系在内的支付服务配套环节中比较薄弱的问题。2013 年,国家外汇管理局首次在上海、北京、重庆等 5 个城市开展支付机构跨境电子商务外汇支付业务试点,参与试点的支付机构包括支付宝、财付通、银联、汇付天下、通融通等 17 家第三方支付平台,集中为电子商务客户办理跨境收付汇和结售汇业务,国内第三方支付平台开始广泛介入跨境电子商务的交易活动。2015 年又将试点范围扩大到全国。到 2017 年年底,全国共有 30 家支付机构获得了国家外汇管理局核准的跨境外汇支付资格。2019 年 4 月,国家外汇管理局发布了《支付机构外汇业务管理办法》(13 号文),自此跨境支付业务资质由试点迈入许可经营,业务资质合法和持牌经营成为行业重点,拥有正规持牌认证经营的支付企业将成为跨境卖家的首要选择。国内的支付机构通过与国际知名电商平台、航空公司、酒店、软件服务商、留学服务机构等商户合作,积极拓展跨境外汇业务。

按照原支付政策，在跨境电子支付过程当中，第三方支付平台企业提供的外贸支付结算业务主要还是在香港地区使用美元进行结算，而后客户再通过其他渠道将资金转入内地。在外管局的跨境电子支付业务开辟之后，第三方支付平台企业可以直接在境内给客户进行结汇活动。

相较于商业银行较高的费率和专业汇款公司有限覆盖网点，第三方支付平台能同时满足用户对跨境汇款便捷性和低费率的需求，且安全性比较高，特别适合小额频繁的跨境支付需求，因此受到越来越多网民的青睐。第三方支付机构跨境支付业务是在近几年快速发展起来的。目前，第三方支付机构跨境支付业务范围逐渐扩大，流程逐渐优化。

跨境第三方支付平台的开放为留学教育、航空机票服务、酒店住宿等客户需求提供了更为便捷有效的服务，国内第三方支付平台企业因此可以提供更多的服务，为其业务开辟了更大的发展空间。同时，也使人民币跨境结算活动的领域、范畴得到进一步扩大。

随着监管层在 2013 年对国内第三方支付机构放开，以支付宝为代表的支付机构开始发展跨境购物、汇款以及境外移动支付，国内第三方支付机构的跨境互联网支付交易规模迅速增长。中国支付清算协会公布的数据显示，2013—2017 年复合增长率达到 127.5%。2018 年国内第三方支付机构的跨境互联网支付交易规模超过 4 900 亿元，比 2017 年增长了 55%。2020 年，国内第三方支付机构的跨境互联网支付交易规模为 5 473 亿元。

第三方支付的统计数据显示，目前全球跨境电商结算业务中，40%是用人民币结算，其跨境支付范围包括货物贸易、旅游服务、酒店住宿、航空机票、留学教育、国际展览、通信服务、国际运输以及软件服务等。

三、第三方跨境电子支付对跨境电商发展的影响

(一) 提高支付结算效率

支付工具是所有互联网交易和服务的底层基础建设，也是所有互联网交易和服务最终变现的方式。第三方支付机构是具备一定实力且由中国人民银行授权的非金融机构，通过与各大银行签约的方式，为电子商务企业及消费者提供网络支付结算服务。支付结算环节是市场主体分散的交易，用户对支付结算的效率体验要求较高。第三方支付机构不直接从事电子商务经营活动，而是提供一系列的应用接口程序，将多种银行卡支付方式整合到一个界面。在支付环节，第三方支付通过支付方式的多样化、支付场景的丰富化、支付到账时效的优化来提高支付效率。在结算环节，负责交易结算中与买方、卖方的开户银行对接，使卖方能体验到相比传统金融更高效的结算服务。国外学者通过对全球知名支付工具 PayPal 的研究发现，在线支付系统的效率是欧盟跨境在线贸易的重要驱动力。高效、灵活的跨境支付工具市场份额每增 1% 将使得跨境电子商务交易额增长 7%。第三方支付的便利交易支付结算对于促进电子商务乃至跨境电子商务的发展具有重要作用。

(二) 降低交易成本

一方面，第三方支付机构服务于跨境电商企业及产业链相关企业，满足了服务企业多样化的需求。例如，第三方机构会在合作的商业银行都开立对应的存款结算户，并存有一定量的"备付金"，以备用户提现之用。当用户申请提现的时候，第三方支付机构就从该用户开户银行的结算账户中将资金转入用户存款账户，这个过程属于同行交易，可以做到实

时且免手续费,直接降低了货币转移成本,促使了社会资金高效率周转,并在一定程度上减少了企业在途资金占用,节约了社会资源。另一方面,第三方支付机构促使银行、商家等参与各方各司其职,专注于自己的主业。这种支付领域的专业化分工可以使各参与方的业务创新不断涌现,客户体验不断改善,业务规模不断扩大,改变了金融服务方式乃至社会公众的生活方式,这也对支付市场的资源配置、服务主体和产品服务等产生了深刻影响,促进了电子商务的快速发展,成为当前我国支付行业发展的一大亮点和热点。

(三)起到信用验证和交易担保的作用

在非面对面交易中,买方在电商平台选购商品后,向第三方支付机构发出支付授权指令,第三方支付机构将买家账户中相应的资金转移到机构的账户中保管,并通知卖家货款到账、要求发货;当买方收到货物,并检验商品进行确认后,就可以通知第三方支付机构将货款支付给卖家,第三方支付机构再将款项转至卖家账户上。第三方支付模式使商家看不到客户的银行卡信息,同时又避免了银行卡信息在网络多次公开传输而导致的银行卡信息被窃事件。第三方支付机构在一定程度上解决了 B2B,特别是 B2C、C2C 发展过程中的信用担保问题,这种消费信用支撑功能也会在一定程度上促进跨境电商消费。此外,2015 年 1 月,中国人民银行印发了《关于做好个人征信业务准备工作的通知》,要求芝麻信用管理有限公司、腾讯征信有限公司、深圳前海征信中心股份有限公司、拉卡拉信用管理有限公司等 8 家公司做好个人征信业务的准备工作。第三方支付机构积累了每个个人客户和企业客户的交易信息,通过对信息的分析,以机构自身建立的信用体系对客户进行评价,从而确定客户的信誉值,为客户建立信誉档案,也有利于促进社会诚信建设。

(四)改善跨境电商企业的经营水平

支付机构积累了大量的关于消费者及企业交易的数据,具有体量大、覆盖全、质量高的特点。一方面,通过对支付大数据深度挖掘、科学分析,能有效捕获用户深层次需求,可以衍生出多种商业模式,例如基于支付技术演化出的互联网理财等众多金融模式,市场规模巨大。另一方面,第三方支付机构的跨境支付业务能为跨境电商企业提供获取会员资源的免费入口,使跨境电商企业在获取会员的过程中简化了流程,节省了大量人力,降低了费用;通过支付工具建立起来的渠道可以向消费者传递营销信息,增强商家与消费者的黏性,也能大幅降低商家的营销成本。另外,支付机构可以为跨境电商企业精准营销提供支持,通过对支付机构大量的消费支付数据分析,可以深度了解消费者的消费行为、消费习惯、消费场景和模式,这些信息为跨境电商企业品牌推广、精准营销、客户服务等提供决策依据,便于跨境电商企业为客户制定个性化的电商解决方案。

四、我国第三方支付机构跨境电子支付业务模式

(一)主要业务模式

非银行支付机构在跨境支付业务中的主要业务模式有两类:一类是跨境人民币业务;另一类是跨境外币业务。前者是支付机构依托商业银行,由商业银行向当地的外汇管理局提出申请,业务领域主要集中在"一带一路"沿线国家,这些国家对人民币的接受程度较高,业务上受中国人民银行各分支机构跨境办属地管理。后者由支付机构独立向注册

地国家外汇管理局分支局申请牌照,从模式上来看,也是"收取客户人民币、代理客户购汇、向境外商家结算外币"。与前者的区别在于,依托的消费或者贸易场景不同,业务上受国家外汇管理局分支局属地管理。

（二）代表性业务模式

1. 支付机构跨境购物付汇模式

境内的消费者在境外商家购物时,通过支付机构平台,直接支付人民币购买商家外汇标价的商品,支付机构代客户通过境内的合作银行购买外汇并向境外的商家支付。具体业务流程如图 4.17 所示。

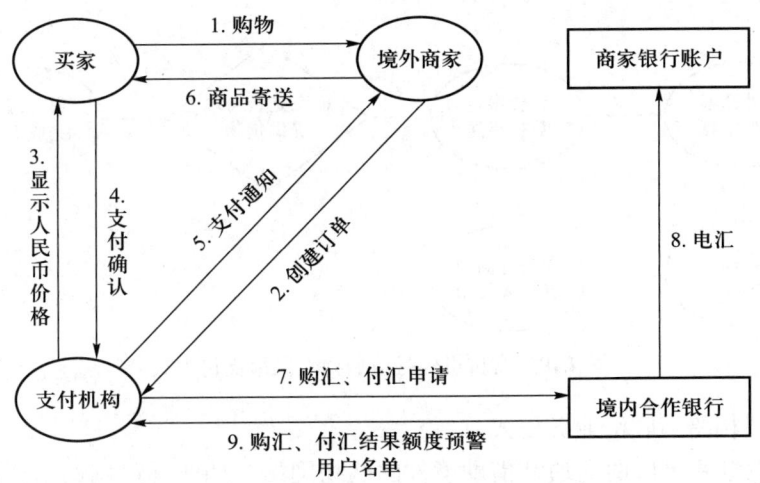

图 4.17　支付机构跨境购物付汇模式

2. 支付机构出国留学外币支付模式

随着国民收入水平的提升,大量居民选择让子女在国外接受教育,支付机构依托出国留学市场开展了留学缴费业务,客户通过登录国外留学中介的网站,提交缴费申请,支付学费的人民币对价后,由支付机构通过境内合作银行代理购买外汇并向境外机构缴纳学费。具体业务流程如图 4.18 所示。

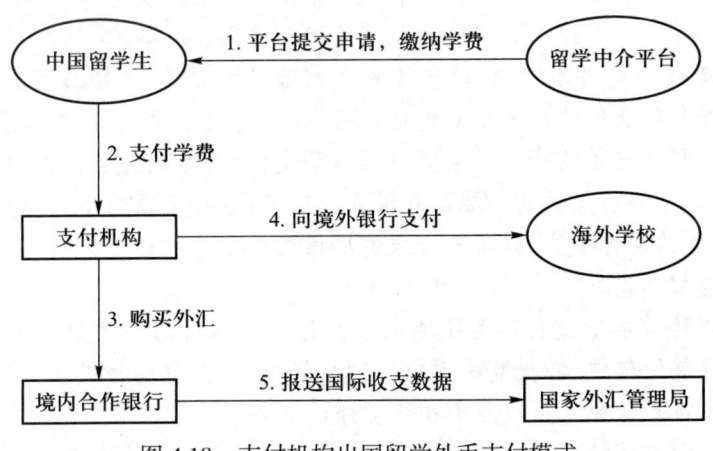

图 4.18　支付机构出国留学外币支付模式

3. 支付机构跨境购物人民币支付模式

目前,支付机构开展跨境人民币业务主要是通过与银行合作的方式来开展,并且由商业银行向当地的跨境办提报申请材料。具体业务流程如图 4.19 所示。

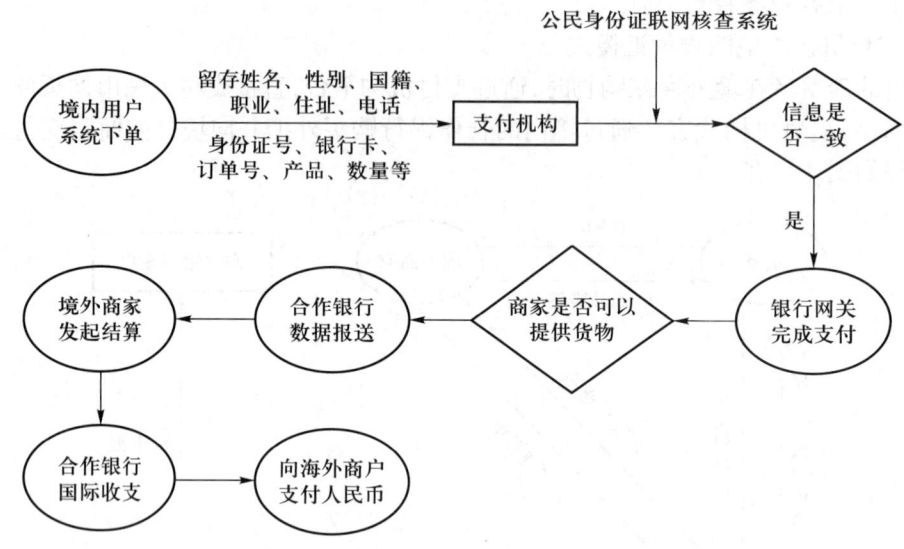

图 4.19　支付机构跨境购物人民币支付模式

4. 支付机构跨境收汇业务模式

国内跨境电商出口商品通常借助境外的购物网站。如亚马逊网站出售商品,货款结算分为三个环节:一是货款进入买家的海外账户,该环节主要由境外支付机构提供;二是清算回国,即将海外账户的外币换算成人民币收回国内;三是境内资金的分发。国内支付机构做的是第三个环节的工作。

本 章 总 结

按照电子支付指令发起方式,电子支付主要分为网上支付、电话支付、移动支付、销售点终端交易、自动柜员机交易。电子支付的主要工具为电子钱包、电子现金、电子支票和智能卡。

根据移动支付的距离远近,移动支付分为近场移动支付、远场移动支付和 O2O 移动支付模式。支撑移动支付的技术主要包括短信息、红外线技术、自动语音服务以及非接触式芯片技术等。移动支付的产业链主要包括移动支付运营商、金融机构、移动支付设备提供商、商家和用户。移动支付的主要运营模式有四种:以移动通信运营商为主体的运营模式、以银行为主体的运营模式、以第三方服务提供商为主体的运营模式和银行与移动通信运营商合作的运营模式。

我国第三方跨境电子支付作为跨境电子商务交易活动必不可少的组成部分,近年来在政策红利下发展比较快,在提高跨境电商的结算效率、降低交易成本等方面发挥着重要作用。主要模式包括跨境人民币业务和跨境外币业务。

随着我国移动通信技术不断完善,移动支付的发展进入了快车道,并成为互联网发展的重要方向与大势所趋。但是,移动支付安全性问题,需要每个用户养成良好的支付习惯,同时需要强化监管。

阅读材料

在线支付系统 PayPal

　　PayPal 于 1998 年 12 月建立,是一个总部在美国加利福尼亚州圣何塞市的专注于移动支付领域的在线支付服务商。PayPal 致力于提供普惠金融服务,通过技术创新与战略合作相结合,为资金管理和移动创造更好的方式,给转账、付款或收款提供灵活选择,帮助个人及企业参与全球经济。PayPal 集国际流行的信用卡、借记卡、电子支票等支付方式于一身,是备受全球亿万用户追捧的国际贸易支付工具,即时支付,即时到账,全中文操作界面,能通过中国的本地银行轻松提现,帮助买卖双方解决各种交易过程中的支付难题。PayPal 是名副其实的全球化支付平台,服务范围超过 200 个市场,支持的币种超过 100 个。在跨国交易中,将近 70% 的在线跨境买家更喜欢用 PayPal 支付海外购物款项。2002 年 10 月,PayPal 被当时全球最大的网商公司 eBay 以 15 亿美元全资收购。

　　截至 2018 年第三季度,PayPal 在全球范围内拥有超过 2.54 亿活跃用户以及 1 900 万签约商户,可以在全球范围内开展电子商务和实体贸易。2019 年 10 月 1 日,美国数字支付平台 PayPal Holdings Inc. 已经获得中国人民银行的批准,能够购买国内支付公司的控股权,PayPal 成为首家进入中国支付服务市场的外资机构。2019 年 10 月 1 日,PayPal(PYPL.US)收购国付宝 70% 股权,正式进入中国支付市场。

　　2019 年 7 月,全球上市互联网 30 强榜单发布,PayPal 排第 8 位;2019 年,入选"2019 福布斯全球数字经济 100 强",排第 33 位;2019 年 10 月,入选 Interbrand 发布的全球品牌百强榜,排第 72 位;2019 年 10 月,入选《财富》杂志"2019 未来 50 强榜单",排第 24 位;2020 年 1 月,2020 年全球最具价值 500 大品牌榜发布,PayPal 排第 115 位;2020 年 5 月 13 日,PayPal 入选 2020 福布斯全球企业 2 000 强榜,排第 249 位;2020 年 7 月 28 日,PayPal 入选福布斯 2020 全球品牌价值 100 强,排第 67 位。

　　2021 年 3 月 8 日,在线支付平台 PayPal 宣布,将收购数字加密货币安全存储技术公司 Curv,以加快和扩大其加密货币和数字资产的计划。

一、文化理念

1. 人才管理

　　公司创始人彼得·泰尔认为,"找到对的人,延续文化,永远是一家公司的核心能力"。PayPal 公司喜欢招聘与自己类似的人。他们从来没有聘请专业的招聘或猎头公司去招聘员工,而是采取一种病毒式的招聘模式,利用员工人脉网络进行招聘。因此他们吸收的成员都和创始人一样具备创业的激情和智慧。

　　公司不雇用从大公司跳槽的人。在他们看来,在大公司工作过的人,通常喜欢按已养成的固有模式做事,也习惯找借口推说尝试新事物而不能正常工作。他们跑来跑去很可能只是为了获得利益和职位,你不能确定他到底能学到多少东西。

公司坚持留用有远见的创始人而不是去聘请"专业"经理人以及充分利用大公司的平台为自己的产品进行营销。

PayPal与谷歌的最大不同在于,谷歌希望招聘博士,而PayPal则希望招聘那些放弃博士学位的人。这是两种完全不同的气质。公司能够发现那些有非凡能力的年轻人(管理层中年龄中数是30),公司组建了一个非凡的创业团队。

2. 极度专注

创始人Peter Thiel要求公司每个人肩负一个且只有一个高优先的任务。除了这个优先任务之外,他拒绝和你讨论几乎任何其他事情。甚至在PayPal公司2001年的年度评估表格里也要求每个员工明确说出他们每人对公司唯一的最大的贡献是什么。

公司从来不信奉什么创业禁忌,而是把试错当作积累经验的过程。在公司看来,出错越多,也就越可能接近成功。

3. 推崇个人成就

PayPal公司几乎每个创新都是由一个人的灵感产生的(而这个人通常是最终推动从灵感到实施的那个人)。此后,他会争取他人支持,接受并实施他的新想法。由此,首席运营官David推行的是一个"反会议"(Anti-meeting)"的文化,为PayPal建立了"不开无必要之会"的政策。在David看来,任何会议如果超出3个人都会被怀疑是否缺乏效率,如果他判断是,那么这样的会议就会立刻被纠正。David自己变身为一个"会议警察"。任何时候,他走过任何一间会议室,都可能走进去听三分钟,如果他认为这三分钟没有意义,他会立刻解散会议。这种机制保证了更多"干活的人"、更少指手画脚的"领导"。

在David看来,"在一家公司里,你能管多少人体现不了你的威望,没有几个人能阻止你做自己想做的事儿才能体现"。公司创始人泰尔进一步指出,"在机构失调的组织内,往往是为了职位晋升而工作,而不是工作本身"。

公司2002年的年度评估表格专门纳入了一类指标,来评价员工在"避免占用他人时间,比如安排没有必要参加的会"方面的表现。在这种企业文化的影响下,PayPal的管理者数量大为削减。

4. 拒绝接受限制,不论外部还是内部

公司期望每个员工用超乎寻常的行动力和活力去完成任务和目标。通俗地来讲,公司的期望是:每个人"每天来上班的时候,都准备好了为实现梦想不惜跨越一切障碍,不惜时刻准备着被解雇"。

PayPal的一位员工Jeremy Stoppelman曾发出一封邮件给全公司,批评公司管理并做好了被解雇的准备。恰恰相反,他不但没被解雇,反而被晋升了。Peter从不接受"No"这样的回答:如果你解决不了这个问题,很快就会有其他人被指派去解决这个问题。

5. 自我驱动的问题解决者

PayPal喜欢聘用(并提升、鼓励)聪明的、善于自我驱动的问题解决者,而不是某个领域专家。明星员工中很少此前有支付方面的经验,很多最优秀的员工只有很少甚至没有任何做互联网产品的经验。比如,PayPal从事欺诈分析的团队中,最牛的人大部分从未做任何和欺诈检测相关的事情。

总的来说,PayPal 的企业文化不是反政府,而是反主流思想。

二、主要优势

1. 风控系统

PayPal 通过提供安全解决方案,降低主要支付类型和支付渠道(包括线上、线下或手机支付)的欺诈风险,通过对行业技术的改革创新和积极投资,始终致力于先于欺诈活动实施保护。

(1) 全面信息保护。账户安全是首要任务。将反欺诈技术与全天候账户监控相结合,确保账户的安全。使用 PayPal 付款时,个人和财务信息将经过安全加密,确保资金和信息的安全。

(2) 实时欺诈防护。做好防护工作,为防患于未然,收到的每一笔交易都受到监控。欺诈风险模型和分析工具还可以根据不同业务需求量身定制。

2. 客户范围广,用户支持率高

(1) 安全保障高。完善的安全保障体系、丰富的防欺诈经验,避免了不少欺诈行为,实现了业界最低风险损失率(仅 0.27%),不到使用传统交易方式的 1/6。所以很多买家都愿意使用 PayPal 来付款。

(2) 全球合作伙伴广。PayPal 服务范围超过 200 个市场,支持的币种超过 100 个。在中国,PayPal 与 Wish、速卖通、中国银联等达成合作伙伴关系。目前全世界有超过 2 亿的 PayPal 的账户用户,这无疑是一个巨大的消费群体。同时使用 PayPal 能增强买家对商家的信任感,也间接增加了客户的转化率。

在跨国交易中,将近 70% 的在线跨境买家更喜欢用 PayPal 支付海外购物款项。使用 PayPal 可以轻松拓展海外市场,因其覆盖国外 85% 的买家。

(3) 资金周转快。PayPal 独有的即时支付、即时到账的特点,让商家能够实时收到海外客户发送的款项,这也很大程度地解决了商家的资金周转问题。同时最短仅需 3 天,即可将账户内款项转账至用户国内的银行账户,能及时高效地帮助用户开拓海外市场。

复习思考题

1. 试比较刷脸支付与扫码支付的特点。
2. 简述移动支付的主要业务模式及特点。
3. 简述我国第三方支付机构跨境电子支付业务模式。
4. 简述电子支付的分类。

第五章 数 字 货 币

数字货币是数字经济时代货币形态演变的产物。2009 年,比特币的出现对已有的货币体系提出了一个巨大挑战。2019 年 6 月,Facebook 主导的加密货币 Libra 横空出世,宣称要建立一套简单的全球货币和金融基础设施,数字货币的概念引起市场广泛关注。通过本章的学习,你将了解到什么是数字货币,数字货币与虚拟货币、电子货币有什么区别;你将对私人数字货币与法定数字货币有比较清晰的理解,并对我国央行数字货币定位、央行数字货币的特点、央行发行数字货币的影响等有比较清晰的认识。

第一节 数字货币概述

一、数字货币的起源

数字货币的产生与发展是以新技术的应用为前提条件的。计算机技术、网络技术的快速发展,为数字货币的产生提供了核心保证。网络时代的到来,更是刺激了支付工具的创新,消费者对支付的便捷性、安全性要求的不断提高也是数字货币产生、发展的原动力。

需要指出的是,在比特币出现之前,数字货币经历了多次失败的尝试。2008 年,一个叫作中本聪的人在密码学论坛上发表了一篇文章——《比特币:一种点对点的电子现金系统》,随后比特币(Bitcoin)诞生。和法币相比,比特币没有一个集中的发行方,而是由网络节点的计算生成,由计算机生成的一串串复杂代码组成。任何人都可以挖掘、购买、出售比特币,并且是匿名交易,不可篡改。2009 年 1 月 3 日,比特币正式上线,吸引了许多技术爱好者加入比特币系统的开发和维护工作,比特币的应用也越来越广。比特币的出现使数字货币从理论研究进入实践阶段。2014 年,关于比特币的研究报告大量出现,比特币受到密码学和经济学领域的专家学者关注,相继产生了许多关于比特币的研讨会议。比特币被认为是最成功的数字货币之一。

支撑比特币运行的区块链技术,由于具有去中心化、防篡改等特点,也在金融、教育、物联网等领域有所应用。在比特币热潮之下,涌现出一系列私人数字货币。随着全球数字货币市场的规模和市值越来越大,私人(非法定)数字货币的种类愈发增多,数字货币已成为区块链技术在金融领域的重要应用之一,引起了世界各主要国家货币当局的高度关注,尤其是如何监管非法定数字货币以应对风险挑战和如何积极探索推出法定主权数字货币。除投资、投机需求外,加密数字货币已在日本、英国和委内瑞拉等部分国家被不同程度地用于经济生活支付领域。

2015 年,英国央行首次提出中央银行数字货币(Central Bank Issued Digital Currency)的理念,并联合伦敦大学的研究人员合作研究了 RSCoin。2014 年,我国央行成立专门的研究团队,对数字货币的关键技术、发行流通环境等进行研究,走出了央行数字货币研发的第一步。2017 年我国央行成立了数字货币研究所,旨在推行我国的法定数字货币。直到 2019 年 6 月 8 日,Facebook 发布《Libra 白皮书》,力图建立一套简单的、无国界的货币和为数十亿人服务的金融基础设施。许多国家不甘落后,均加快了数字货币的相关研究和布局,特别是中国央行已经开启了数字货币落地和试点工作。由于数字货币跟未来全球各国的货币主权和金融安全息息相关,全球数字货币的竞赛似乎一触即发。

二、电子货币与数字货币

(一)电子货币的概念

在现代金融体系中,货币与支付紧密联系。支付工具是货币完成支付功能时的载体与介质,支付要素通常包括渠道、参与方、支付指令及结算账户。当支付业务由计算机处理时,其介质往往被称为"电子货币"。根据巴塞尔银行监管委员会的定义,电子货币是指通过硬件设备或者计算机网络完成支付的储存价值或预先支付机制,也就是依靠电子设备网络实现储存和支付功能的货币。按照巴塞尔银行监管委员会对电子货币的定义,我们生活中类似于 Q 币这样的虚拟货币和后文将探讨的我国央行数字货币(DC/EP)也应该包含在广义的电子货币的范畴中。而生活中我们经常提及的电子货币,含义比前文的定义范畴要小得多,属于狭义的电子货币,一般指的是国家银行系统支持的法定货币的电子化形式,与我们日常生活用的现金以及存在银行的存款具有同样的法律效力。具体来说,我们日常所使用的信用卡、储蓄卡以及第三方支付账户余额,比如支付宝、微信账户上的数据,都属于我们所说的电子货币。不难看出,就狭义的电子货币而言,其具有完整的价值尺度和流通手段职能,我们可以用它衡量价值尺度,也可以用它购买想要的商品或服务。它的本质是法定货币的电子化。

(二)数字货币的概念

最早的数字货币理论由密码学家 David Chaum 于 1982 年提出,这种名为 E-Cash 的电子货币系统基于传统的"银行 – 个人 – 商家"三方模式,具备匿名性、不可追踪性。2008 年,中本聪在《比特币:一种点对点的电子现金系统》一文中提出比特币(BTC)及相关概念。2009 年 1 月,第一枚比特币诞生。

目前,理论界对数字货币尚未形成专门的学术定义,但对数字货币基本形成三种认识:一是数字货币等同于电子货币;二是数字货币是电子货币的一种;三是数字货币是一种独立的支付工具。

根据学术界对数字货币的三种共识,我们将数字货币定义为一切以数字形式存在的货币。比如游戏中的金币、腾讯的 Q 币、Bitcoin,以及后面要讨论的央行数字货币 DC/EP,这些都是数字货币。

现在公众使用的支付宝、微信支付不能称作数字货币。因为,支付宝或微信交易的金额,本质上还是银行账户上的纸币,不过是电子形态,手机上显示的"100 元"也必然对应着银行账户里真实的 100 元。日常居民使用的支付宝、微信支付以及银行卡刷卡等只是网上支付而并非数字货币。

三、数字货币的特点

数字货币具有交易成本低、高度匿名信、支付便捷等特点。

（一）交易成本低

与传统的银行转账、汇款等方式相比，数字货币交易不需要向第三方支付费用，其交易成本更低，特别是相较于向支付服务供应商提供高额手续费的跨境支付。

（二）高度匿名性

不同于以法定货币为基础的电子交易时身份的验证，数字货币具有较强的匿名性特征。一是数字货币交易可以在购买初期就实现匿名，用户仅需提供资金或通过信用卡就可以购买数字货币，交易过程中较少涉及用户的身份信息。二是数字货币的匿名性还在于其有不同于传统电子交易的替代支付方式，使得整个交易过程中外人无法辨认用户身份信息。如在 Ukash 支付平台，用户申请时不需拥有银行卡或账户，也不需要注册和提供任何个人信息，即可将现金兑换成 19 位编码的代金券，在所有支持 Ukash 支付系统的国际网站上均可以使用，较好地实现了数字货币交易过程的匿名性。

（三）支付便捷

数字货币不受时间和空间的限制，能够快捷方便且低成本地实现境内外资金的快速转移，整个支付过程更加便捷有效。以货币跨境转汇为例，传统货币境外转汇需要通过银行机构办理，手续较为复杂，同时，完成整个资金转移过程耗时较长，一般为 1~8 个工作日，并且需要支付较高的手续费；数字货币则能实现境外转汇的低成本便捷化服务，如通过 PayPal 办理境外转汇业务时，可以在接受支付命令后即时将转汇金额记入收款人的 PayPal 账户，实现业务交易的即时性。

由于数字货币具备以上种种优点，因而受到了世界各国市场的广泛欢迎。Coin Map 数据显示，2019 年全球已经有 15 355 个商家接受比特币。其中，土耳其、阿根廷等经济不稳定的国家，其商家接受度较高；其次为北美、欧盟等发达国家和地区。同时，数字货币的使用场景愈加丰富，使其用户接受度不断增加。目前，数字货币的使用已经覆盖至购物消费、工资支付、跨境支付、交通出行、旅游外出、外卖结算等各类场景（见表 5.1），不断拓展的落地场景也带来了更加广泛的消费人群。总体而言，虽然就总人口而言，数字货币的使用人群仍占小部分，但是其使用人数在不断增长，目前全球范围内已有 10 个国家的使用率超过 10%。

表 5.1　数字货币的使用场景

使用场景	基本情况
购物消费	2019 年 7 月，澳大利亚连锁超市品牌 IGA 的 1 400 多家门店陆续接受比特币和其他数字货币支付；2019 年 4 月，加密支付处理初创公司 Moon 宣布，只要通过其浏览器扩展应用，所有支持闪电网络的钱包都可以在亚马逊网站上直接花费比特币等数字货币
工资支付	2019 年 8 月，新西兰税务局在其发布的所得税法中指出，员工可以通过数字货币领取工资。日本互联网巨头 GMO 集团允许其旗下超 4 700 名员工自 2020 年 3 月份开始通过薪资系统领取部分比特币工资
跨境支付	2019 年 8 月，拉丁美洲领先的银行技术提供商 Bantotal 正与加密货币交易所 Bitex 合作，将帮助 60 家拉丁美洲银行使用比特币进行跨境支付。比特币支付让阿根廷和巴拉圭之间的出口支付时间从一个月缩短到一个小时

续表

使用场景	基本情况
交通出行	2019年2月6日起,阿根廷37个城市的居民可以使用比特币支付公共交通费用。2019年7月,欧洲第三大航空公司挪威航空公司宣布将推出比特币兑换服务,除了进行比特币交易,该公司的客户还可以使用比特币购买机票。2019年7月,巴西塞阿拉州首府福塔莱萨市的公共交通系统用户可以使用比特币购买车票。2020年7月,中国人民银行数字货币研究所与滴滴出行正式达成战略合作协议,共同研究探索数字人民币在智慧出行领域的场景创新和应用
旅游外出	英国最大的旅游管理公司Corporate Traveler接受比特币付款,美国旅游公司Expedia通过Coinbase公司接受比特币预订酒店和航班。2018年3月,德国国家旅游局宣布将比特币和其他数字货币作为其服务的支付。同年8月,澳大利亚昆士兰州给Travel by Bit数字货币支付平台发出许可,以此推动当地旅游业的发展
外卖结算	2019年1月,德国最大的在线食品配送平台利费兰多德已经扩展到超过1.3万家餐厅,并接受比特币付款。该公司表示,使用比特币付款不收取任何手续费用,而使用PayPal和信用卡支付费用则需要额外支付6%

四、数字货币分类

(一) 根据数字货币所依托的电子支付系统进行分类

数字货币主要源自电子货币和虚拟货币,是电子支付系统的产物。根据数字货币所依托的电子支付系统,人们先后提出了电子货币(Electronic Money)、虚拟货币(Virtual Currency)、加密数字货币(Crypto Currency)。欧央行则将数字货币分为三类:一是以虚拟货币为代表的不受监管的数字货币,二是以电子货币为代表的受监管的数字货币,三是加密数字货币。

1. 以虚拟货币为代表的不受监管的数字货币

20世纪80年代,随着网络社区的兴起,市场上出现了用于社区内各种虚拟商品交易的虚拟货币,如网络积分、游戏币、社交网站发行的各类"代币"(如Q币)。虚拟货币由私人部门发行。欧洲央行2012年10月发布的《虚拟货币体系报告》将虚拟货币定义为:一种未加监管的数字货币,由其开发者发行和控制,被某一特定虚拟社区成员使用并接受的数字货币。2014年6月,金融行动特别工作组发布了《关于虚拟货币关键定义及潜在的反洗钱/反恐怖融资风险的报告》。该报告将虚拟货币定义为:"一种价值的数据表现形式,能通过数据交易并发挥交易媒介、记账单位及价值储存的功能,但现有的数字货币并不是任何国家和地区的法定货币,没有任何当局为它提供担保。"简单来说,虚拟货币由特定主体(非政府)发行,被特定成员接受和使用,货币价值、用处、管理和控制均由发行主体控制。目前我国的腾讯Q币、新浪的U币、百度的百度币等都是虚拟货币。

2. 以电子货币为代表的受监管的数字货币

通俗来讲,电子货币即指通过电子化方式支付的货币,本质上是法定货币的电子化和网络化,受中央银行监管。因此,电子货币是与银行账户相关联的记账式货币,如卡基支付、移动支付,通常是指电子交易的当事人包括消费者、企业、金融机构使用数字化的支付手段,通过网络向另一方进行货币支付或者资金流转的过程。它一方面包含了中央银行发行的 CB 储备金和结算账户,另一方面囊括了银行部门的存款货币及其衍生出来的银行卡、网银、第三方支付工具。后者常有中央银行信用的隐含担保或存款保险制度的价值保障,因此具有广泛的流通范围,是社会支付体系的关键组成,中央银行也将它们纳入社会货币统计量,即 M1 和 M2。

3. 加密数字货币

加密数字货币(又译密码货币、密码学货币)是一种使用密码学原理来确保交易安全及控制交易单位创造的交易媒介,这就是它名字的由来。加密数字货币是依靠计算机运算的一组方程式开源代码,通过计算机的显卡、CPU 大量的运算处理产生,并使用密码学的设计来确保货币流通各个环节的安全性。加密数字货币的鼻祖是比特币。比特币是根据中本聪的思路设计发布的开源软件以及建构其上的 P2P 网络,是一种 P2P 形式的去中心化的加密数字货币。之后加密数字货币一词多指此类设计。自此之后,数种类似的加密数字货币被创造,它们通常被称作代币(Altcoins)。

加密数字货币的"加密"是相对于"非加密"而言。非加密数字货币就是中心化的数字货币,发行数量由发行主体决定,有一组人和一个监控网络交易的计算机网络,交易受到中心化机构的监管,钱包地址和交易信息不对外公布等,公司或者国家发行的数字货币或虚拟货币就属此类。而加密数字货币采用的是分布式记账系统,共识机制由社区内大部分用户制定,对使用者有很好的隐私保护,但交易信息是完全公开透明的,且交易规则不会被某个机构或个人擅自更改,受到所有成员的监督。

电子货币、虚拟货币和加密数字货币的区别如表 5.2 所示。

表 5.2　电子货币、虚拟货币和加密数字货币的区别

主要特征	电子货币	虚拟货币	加密货币
发行主体	金融机构	企业	分布式账本上的节点,可能是个人或企业
流通范围	通常是整个市场	小部分人群	小部分人群
与法币的关系	法币的电子化	非法币的电子化	非法币的电子化
流通方向	双向流通	单向流通	双向流通
信用保障	政府信用	企业信用	个人信用或企业信用
安全性	较高	较低	较低
交易方式	二维码、账号、磁条	账户	点对点支付
代表货币	银行卡、支付宝、微信等	Q 币、游戏币、积分等	比特币、莱特币等

(二) 根据数字货币的发行主体进行分类

根据发行主体划分,数字货币可以分为私人数字货币和法定数字货币两类。

1. 私人数字货币

私人数字货币起源于 2008 年中本聪发明的比特币。私人数字货币是指以非国家为发行主体的数字货币,例如以企业信用背书发行的加密数字货币和无发行主体的去中心化加密数字货币等。除了比特币外,瑞波币、Facebook 推出的 Libra 都属于私人数字货币。近年来,全球私人数字货币市场规模呈现指数级别的增长。根据 Cryptocurrency 网站数据,截止到 2020 年 5 月 27 日,全球私人数字货币共计 5 516 种,私人数字货币总市值达 2 万亿美元,其中,比特币市值达 1 万亿美元。除了比特币外,其他代表性的私人数字货币有以太坊、瑞波币、比特币现金、恒星币、莱特币、泰达币、达世币和狗狗币。

由于私人数字货币缺乏相应的监管,存在较大的风险,我国明确将其定性为虚拟商品,不具备法定货币的法律地位,同时规定任何组织和个人不得从事代币发行融资活动。目前,市场上流通的数字货币中大部分为私人数字货币。

2. 法定数字货币

法定数字货币通常被称为央行数字货币,是由主权货币当局统一发行、以代表具体金额的加密数字串为表现形式的、由国家信用支撑的法定货币,可以完全代替传统的纸币和电子货币。如委内瑞拉发行的"石油币"、我国央行发行的数字货币(DC/EP)。

法定数字货币的本质是一段加密数字,是纸币的替代。国际清算银行在关于中央银行数字货币(CBDC)的报告中,将法定数字货币定义为中央银行货币的数字形式。法定数字货币与区块链并没有直接的关系,存在多种技术路线,区块链只是其中一种。法定数字货币可以基于区块链发行,也可以基于传统中央银行集中式账户体系发行。

3. 私人数字货币与法定数字货币比较

在内在价值上,法定数字货币以国家信用背书,必须由央行来发行,所以它本身具备计价手段、交易媒介等货币属性,内在价值具有稳定性。私人数字货币则无信用背书,没有集中的发行方,任何人都可以参与制造,不具有法偿性和强制性等货币属性,可以看作虚拟货币,本质上是数字资产。私人数字货币价值目前缺乏普遍认可,主要由于其未锚定任何资产,价格极易波动,目前私人数字货币的发行模式一般采用 ICO(首次发行代币),即通过发行加密代币来融资,以支撑项目的发展。

在使用范围上,法定数字货币天然具有法偿地位,在具备流通环境条件下任何人、任何机构不得拒收;而私人数字货币不具法偿性与普偿性。

在价值尺度上,国家信用保证了法定数字货币计价稳定;私人数字货币计价不稳,公信力不强。

在发行动机上,私人数字货币往往追求社会接受度最大化或利润最大化,形成一定垄断后可能给社会带来负面性和潜在风险或损失;法定数字货币代表国家信用及社会整体利益,能维持本经济体范围内整体利益最大化。

在功能上,法定数字货币除基础三大功能外,承载了更多的货币政策传导、测量、调节等功能;私人数字货币专注于私人支付媒介作用,不考虑用于调节经济的国家功能。

在业务架构上,法定数字货币具有中心化特征;私人数字货币则采用以加密算法为核心的区块链技术,使用较大代价来处理双花、交易确认等问题,无中心化机制保障,没有运行责任兜底机构。如表 5.3 所示。

表 5.3　私人数字货币与法定数字货币比较

比较内容	私人数字货币	法定数字货币
内在价值	无信用背书	国家信用背书
使用范围	不具法偿性与普偿性	法偿性
价值尺度	公信力不强,计价不稳定	计价稳定
发行动机	私人利润最大化	整体利益最大化
功能	私人支付媒介	更多功能
业务架构	去中心化	中心化

五、虚拟货币

（一）虚拟货币的分类

1. 按发行方式进行分类

按发行方式进行分类,虚拟货币大致可以分为三类:游戏代币、门户网站的专用货币和互联网上的虚拟货币。

（1）游戏代币。2009 年中国政府首次官方定义了网络游戏虚拟货币。游戏代币是指由网络游戏运营企业发行,游戏用户使用法定货币按一定比例直接或间接购买,存在于游戏程序之外,以电磁记录方式存储于网络游戏运营企业提供的服务器内,并以特定数字单位表现的一种虚拟兑换工具,表现为网络游戏的预付充值卡、预付金额或点数等形式。游戏代币的货币单位五花八门,取决于游戏本身,不同的游戏其游戏代币都不通用。游戏代币只是存在于游戏世界中的虚拟的游戏数据,仅限于在游戏中交易。与现实货币不同,游戏代币不能兑换为现钞也不能公开拍卖。

（2）门户网站的专用货币。即各类门户网站或者即时通信工具服务商发行的专用货币,用于购买本网站内的服务,使用最广泛的当属腾讯公司的 Q 币。腾讯 Q 币可以通过购买 QQ 卡、电话充值、银行卡充值、网络充值、手机充值卡等方式获得。腾讯 Q 币可用来购买会员资格、QQ 秀等增值服务。

（3）互联网上的虚拟货币。如比特币（BTC）、莱特币（LTC）等。比特币是一种由开源的 P2P 软件产生的电子货币,是一种网络虚拟货币。主要用于互联网金融投资,也可以作为新式货币直接于生活中使用。

2. 按照赋值方式和币值稳定性的差异进行分类

按照赋值方式和币值稳定性的差异,可将虚拟货币分为两类。

一是基于区块链技术产生和使用的虚拟货币,也称加密货币,其代表是比特币。以比特币为代表的第一代虚拟货币的发行主要基于算法,既无内在价值又无官方信用支撑,存在币值不稳定、支付应用环境受限等弊端。

二是稳定币,是虚拟货币的第二代产物。稳定币试图克服第一代虚拟货币的缺陷,提出以美元、日元、欧元等主要发达经济体的法定货币作为储备资产,按照与储备资产的固定比例发行稳定币,可能在一定程度上保证币值的稳定性。

（二）虚拟货币的法律性质

虚拟货币是一种特定的虚拟商品。根据中国人民银行等部门发布的通知、公告，虚拟货币不是货币当局发行的，不具有法偿性和强制性等货币属性，且不是真正意义上的货币，不具有与货币等同的法律地位，不能且不应作为货币在市场上流通使用，公民投资和交易虚拟货币不受法律保护。

虚拟货币只是数字货币的一种，但不能算通用数字货币。因为它没有在国家机器的支持下发行，而只能在特定的小环境下使用。

根据我国现行规定，公众用法币购买的网络虚拟货币只能在某些特定平台内流通，不可跨平台使用。此外，虚拟货币只能单向流通，不可用网络游戏虚拟货币兑换人民币，也就是说虚拟货币不可赎回（2009 年 6 月以前腾讯的 Q 币等虚拟货币可以兑换人民币，2009 年之后国家文化部和商务部联合发布通知，上述虚拟货币仅能够在特定平台上流通，不可兑换人民币，不可赎回）。

2021 年 5 月 18 日，中国互联网金融协会、中国银行业协会、中国支付清算协会联合发布《关于防范虚拟货币交易炒作风险的公告》。公告明确表示，有关机构不得开展与虚拟货币相关的业务，同时提醒消费者要提高风险防范意识，谨防财产和权益损失。

第二节　加密数字货币

一、正确认识加密数字货币

（一）货币层次划分

按照国际货币基金组织对货币层次的划分，货币分为五类：

第一类是央行货币。比如现金和央行数字货币。央行数字货币包括 M0、M1 和 M2。

第二类是银行货币。比如商业银行存款。

第三类是 E-money，又称电子现金。主要包括支付领域的新型货币形式，由企业信用背书，比如支付宝、微信支付等，USDC 等稳定币也属于这个类型。通常来说，微信和支付宝相当于支付中的钱包，作为钱包，微信和支付宝里的"钱"是需要充值的，充值的来源是消费者所绑定商业银行账户里的存款货币，所以这些"钱"本质上对应的还是传统的实体货币。

第四类是加密数字货币。一般由非金融机构发行，在自有账户体系中计价。最著名的就是比特币。

最后一类是 I-money。其和 E-money 类似，唯一区别在于该类数字货币有资产储备，与权益类投资品相似，往往是黄金、一揽子货币、股票投资组合这些浮动资产，对应价值不固定，价值是基于市场价格波动的。2019 年，Facebook 加密数字货币 Libra 的诞生，标志着数字货币新时代的开启。值得一提的是，Libra 就是最典型的 I-money，是银行存款和短期政府债券的资产组合。

（二）加密数字货币的本质

加密数字货币本质上是一套"代币 + 簿记系统"，其中簿记系统就是区块链（或称分布式账本),运行在区块链上的代币(Token)就是加密数字货币。代币仅仅是区块链簿记系统中的一串数码,其本身没有任何内在价值,只有赋予其一定价值,才能与现实世界中的价值体系相联系。

根据赋值方式不同,代币可以分为两类:一是区块链原生代币(Native Token)或称内置代币(Built-in Token),是指附着于区块链系统并在该系统内产生和使用的代币;二是在区块链上发行并用以代表某种外部资产的资产支持代币(Asset-backed Token)。目前市场上的加密数字货币基本上都是内置代币。例如,比特币是比特币区块链系统的代币,瑞波币(XRP)是瑞波网络系统(Ripple)使用的代币,以太币是以太坊系统(Ethereum)中的代币。在这些系统中,代币起着避免垃圾交易、激励系统正常运行等作用。

(三)加密数字货币与货币没有必然联系

加密数字货币由于包含"货币"字样且具有部分货币职能,容易使人产生错觉,以为加密数字货币就是某种创新形式的货币。还有一些人把加密数字货币与哈耶克在《货币的非国家化》中提出的设想以及2008年国际金融危机联系在一起,认为加密数字货币有可能克服主权货币的不足,成为未来货币。但实际上,货币是一种债务(央行或商业银行负债),而加密数字货币不构成任何个人、任何机构的债务责任,也没有得到任何权威机构的支持,这是加密数字货币不能成为货币的根本原因所在。从目前国际上几个主要的加密数字货币来看,其发行者的治理结构、运营透明度、信息披露、数字钱包以及交易所的安全性等方面都存在极高的风险。此外,市场价格大幅波动被一些人看成加密数字货币通向普通货币之路的最大障碍。加密数字货币的市场价格大幅波动,无法担当起支付手段和价值储藏手段职能,更难以发挥调控宏观经济的作用。

(四)加密数字货币的发展历程

从加密数字货币诞生到今天,已经历过数次优化,其目的主要是强化加密数字货币的货币属性。加密数字货币的发展大致可分为三个阶段,如图5.1所示。

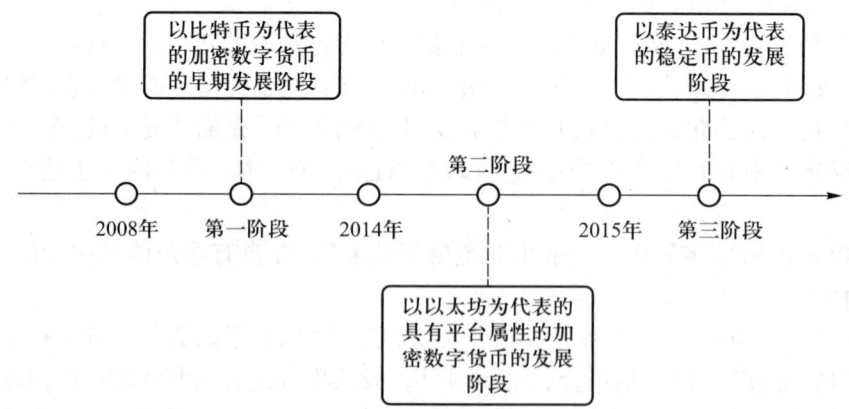

图5.1 加密数字货币发展的三个阶段

1. 第一阶段:以比特币的早期发展为代表,时间为2009—2014年

在这一阶段,加密数字货币以区块链作为数据结构。以比特币为例,比特币的发行基于工作量证明(Proof of Work,PoW)机制,挖掘新区块的概率等同于该节点的算力占比,这

种机制也存在一定的问题,如高确认时间、高交易手续费和低流动性等,这些问题导致比特币无法像货币一样流通。但由于比特币诞生早、总量有限及具有稀缺性,比特币价格居高不下,这些导致比特币具有避险资产属性,因此比特币也被称为"数字黄金"。第一阶段的加密数字货币有一定的保值属性。

2. 第二阶段:2014 年诞生的以以太坊为代表的加密数字货币

以太坊同样使用了区块链技术。但是与比特币相比,以太坊具有平台属性,这使其可以作为应用平台的代币。以太坊的挖掘基于 Proof of Stake(PoS)机制。在这种共识算法中,矿工持有的股份决定了挖掘新区块的概率,因此以太坊的数据处理速度相较于比特币更快。但这类加密数字货币币值波动仍然很大,且大规模应用并没有落地。

3. 第三阶段:诞生了以泰达币为代表、一大类币值稳定的加密数字货币

2015 年,美国泰达公司推出首个稳定币——泰达币(USDT),首次尝试解决虚拟货币币值不稳定的问题。泰达币是最典型的稳定币,按照 1∶1 的比例锚定美元来维持其币值稳定。泰达公司的做法是将一定量的美元资产抵押到存管机构,对外发行同等价值的泰达币。截至 2021 年 7 月底,已发行超过 600 亿美元市值的泰达币。因泰达币与美元价值绑定,其币值稳定的优势满足了虚拟货币投资者对避险资产的需求,也成为犯罪分子洗钱的首选。

目前主要有三类稳定币:法定货币抵押的稳定币、加密数字货币抵押的稳定币、无抵押/算法式的稳定币。2019 年是稳定币发展最快的一年,是稳定币生态系统的一个转折点,稳定币全球范围内的接受度在这一年大幅增加。

二、加密数字货币的加密算法

(一) 加密数字货币底层技术:区块链

加密数字货币的主流技术是区块链技术。我们平常在互联网传输的信息是可以更改的,而区块链技术传输的数据则号称不可更改,因为只要一个区块的数据发生变化,这个区块的哈希值就会发生变化,那么由于上下区块相连,上一个区块的变化意味着下一个区块的输入发生变化,于是下一个区块的哈希值也会发生变化。这就像人类的基因链,没法更改。所以说,区块链记录的是高价值的不可修改的数据,与我们平常所有的数据库存储理念完全不同。

(二) 加密算法简介

加密算法一般分为对称加密和非对称加密。对称加密,顾名思义指的就是加密和解密使用同一个密钥。对称加密只有一个密钥。常见的对称加密算法有 DES、AES、3DES 等。非对称加密技术是由美国学者 Dime 和 Henman 于 1976 年为解决信息公开传送和密钥管理问题而提出的一种新的密钥交换协议,允许在不安全的媒体上的通信双方交换信息,安全地达成一致的密钥,这就是"公开密钥系统"。与对称加密算法不同,非对称加密算法需要两个密钥:公开密钥(Public Key)和私有密钥(Private Key)。公开密钥与私有密钥是一对,如果用公开密钥对数据进行加密,只有用对应的私有密钥才能解密;如果用私有密钥对数据进行加密,那么只有用对应的公开密钥才能解密。因为加密和解密使用的是两个不同的密钥,所以这种算法叫作非对称加密算法。非对称加密算法的保密性比较好,它消除了最终用户交换密钥的需要,但加密和解密花费时间长、速度慢。常见的非对称加密算法有

RSA（加密，数字签名）、DSA（数字签名）等。

加密数字货币是基于非对称加密算法创建的数字货币。与我们认知的中心化银行系统不同，大部分加密数字货币采用非中心化的形式，理论上它不会受到政府部门干涉、管控的影响。加密数字货币的"加密"是相对于"非加密"而言的。非加密数字货币就是中心化的数字货币，发行数量由发行主体决定，有一组人和一个监控网络交易的计算机网络，交易受到中心化机构的监管，钱包地址和交易信息不对外公布等，公司或者国家发行的数字货币或虚拟货币就属此类。而加密数字货币采用分布式记账系统，共识机制由社区内大部分用户制定，对使用者有很好的隐私保护，但交易信息是完全公开透明的，且交易规则不会被某个机构或个人擅自更改，受到所有成员的监督。

（三）非对称加密的工作原理

非对称加密工作原理如下：

（1）用户 A 向用户 B 发送信息，用户 A 和用户 B 都要产生一对用于加密和解密的公钥和私钥；

（2）用户 A 的私钥保密，用户 A 的公钥告诉用户 B，用户 B 的私钥保密，用户 B 的公钥告诉用户 A；

（3）用户 A 要给用户 B 发送信息时，用用户 B 的公钥加密信息，因为用户 A 知道用户 B 的公钥；

（4）用户 A 将这个消息发给用户 B（已经用用户 B 的公钥加密消息）；

（5）用户 B 收到这个消息后，用自己的私钥解密用户 A 的消息，其他所有收到这个密文的人都无法解密，因为只有用户 B 才拥有私钥。

用户 B 的公钥可以被所有人获取，如果用户需要，那么就获取到用户 B 的公钥，然后用这个公钥对数据进行加密，然后在网络中传输这个用公钥加密后的密文，这个密文只有用户 B 的私钥才能解密。即使密文被其他恶意用户截取，他们没有用户 B 的私钥是没办法解密的。非对称加密原理如图 5.2 所示。

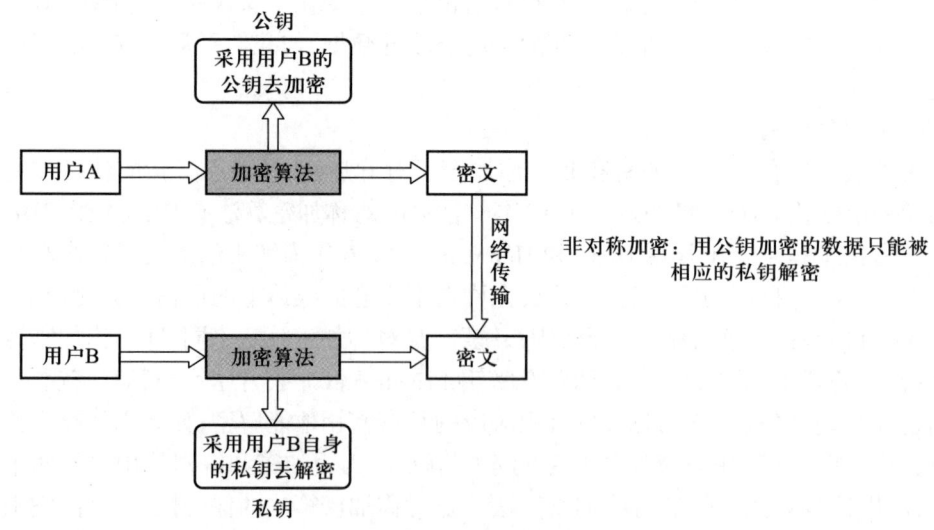

图 5.2 非对称加密原理

（四）加密数字货币的基础技术体系

货币的核心基础是信任。这里有基于实物如黄金的信任,更多是基于国家背书的信任。只有保证了货币的价值稳定和价值存储能力,才能使货币获得人们的信任。

在虚拟和数字时代,除了解决信任问题外,网络安全是数字货币的另外一个关键因素。比特币之前的任何货币,无论是物理实体黄金还是电子化的法币,都不存在网络安全的问题,但黑客攻击和破解、技术垄断这些不稳定安全因素却极大制约着数字货币的发展。数字货币对金融安全提出了更高的要求:一方面,数字货币去中心化的特性淡化了中心化管理和机构监管,出了问题不容易刹车和纠正(如 the DAO 事件的处理);另一方面,区块链和数字货币这类创新金融体系尚未经历过多少风雨,在应对大数据冲击、黑客破坏、网络攻击等方面略显力不从心。

加密数字货币的目标就是要建立一个去中心化的自动运行的经济系统,其应具备可流通性、可存储性、可离线交易性、可控匿名性、不可伪造性、不可重复交易性、不可抵赖性七个特性。而加密数字货币的技术基础区块链,具有不可篡改性,所有的账本都是公开透明和可追溯的,基本解决了数字货币流通中的这些技术问题。但对于数字货币的真正落地和运行,对信任和网络安全这两个最关键的核心因素有着更高的要求。这两个因素具体到加密数字货币的技术基础体系中,就是支撑这个系统的数字货币发行和维护网络安全的机制。机制有多种,如 PoW、PoS、DPoS 等,各有利弊。PoW 有高耗能和 51% 被攻击的风险,而 PoS 和预挖矿的方式会导致大量的币保留在创始人和少数人手中,信用基础不够牢固,流动性不确定,因此往往会采取综合的机制。目前很多研究认为,"工作量证明机制 PoW+ 权益证明机制 PoS/DPoS"的币,才是最完美的。采用哪种机制策略,将很大程度决定着数字货币发展的前景空间。以下是主流加密数字货币的技术体系:

(1) 比特币。比特币技术,其是加密数字货币的鼻祖,共识算法为 PoW,工作量证明算法中使用 SHA-256 加密算法,发行方式为挖矿,矿机支持,总量恒定 2 100 万个,区块生成时间 10 分钟,开发语言 C++。

(2) 莱特币。比特币技术,属于改进型区块链算法技术,符号为 LTC,共识算法为 PoW,工作量证明算法中使用 Scrypt 加密算法,发行方式也是挖矿,矿机支持,总量恒定 8 400 万个,区块生成时间 2.5 分钟,开发语言 C++。

(3) 以太币。以太坊技术,符号为 ETC/ETH,共识算法为 PoW,使用的工作量证明算法叫 Ethash(Dagger-Hashimoto 算法的改良版本),发行方式为挖矿,矿机支持。以太币(ETH)作为推动以太坊平台上分布式应用的加密燃料,将会通过挖矿的形式每年以不变的数量发行。每年发行的数量是预售以太币总量的 0.3 倍,通胀率每年递减,最新 ETH 区块生成时间 16 秒,开发语言 GO。

(4) 瑞波币。瑞波技术,符号为 XRP,共识算法为瑞波自有共识机制,采用 OpenCoin(现在的 Ripple Labs)原创算法,货币总量为 1 000 亿个,预挖矿方式发布,一半是创始人拥有,一部分批发给交易网关,小部分逐步发放公众,让他们来推动 Ripple 项目,开发语言 C++。瑞波币是世界上第一个开放的支付网络,通过这个支付网络可以转账任意一种货币,简便易行、快捷,交易确认在几秒以内完成。值得一提的是,瑞波币的另外一个分支恒星币(XLM),由作为 Ripple 创始人之一的 Jed 创建。恒星币是基于 Ripple 代码修改创建的恒星支付网络中的基础数字货币,总量为 1 000 亿个,每年增加 1%。恒星支付网络以恒星币为基础货币,用户能够通过其转账任意一种货币,跟瑞波币的主要区别是它的目标针对全体大众用户,目前处于技术完善阶段。

(5) 点点币。比特币技术,符号为 PPCoin,简称 PPC,名字取自 P2P 货币的意思,即点对点货币。PPC 的研发团队和质数币 XPM 的研发团队为同一团队,技术实力强劲,为业界公认。采矿方式混合了 PoW 工作量证明及 PoS 权益证明方式,矿机支持,区块生成时间为 600 秒,PPC 采用 SHA-256 算法,在 BTC 的基础上进行了改良和优化。PPC 最大的贡献在于它原创了 PoS 利息体系,防止通货紧缩,货币总量无上限,通胀每年 1%,开发语言 C++。

(6) 元宝币。太一科技开发,符号为 YBC。元宝币最初算法源自当时较为创新的数字货币雅币(YAC),雅币的算法又是在点点币(PPC)的基础上进行的修改,老元宝采用的是基于 Scrypt-Jane 的 PoW 算法。到第二代,元宝币调整了 POS 利息递归机制,第三代元宝币创新发明了 VPoW 机制,新元宝将彻底停止 PoW 挖矿,而采用纯 PoS 方式来维持网络,币的分发将采用 VPoW 的方式进行。VPoW 分发机制又被称为虚拟工作量证明机制,具体是指利用其他币的 PoW 挖矿算力来为元宝币提供类似 PoW 的公平数字货币发行机制。通过应用 VPoW 分发机制和"八宝池"配股计划,增加了市场上的元宝币买盘,元宝币在市场上保持了更加充足的流动性,维护了币价,完成了公平的分发,能够促进元宝币应用的平稳发展。采用主节点分发机制(主节点分发利息),可以促进节点网络健壮、高可用性。货币总量 300 万个,区块生成时间 60 秒,开发语言 C++。

(7) 达世币。达世币是一款支持即时交易、以保护用户隐私为目的的数字货币,采用比特币技术分支。达世币符号是 Dash,是一种为匿名而生的币。它通过匿名技术,使得交易无法被追踪查询。无预挖,基于 11 种加密算法(Blake、BMW、Groestl、JH、Keccak、Skein、Luffa、Cubehash、Shavite、Simd、Echo)。它的区块奖励也和大多数山寨币不一样,由公式自动确定。采用类似于 PoW+PoS 的混合挖矿方式,Masternodes 获得 10% 的挖矿奖励。首次引入暗重力波(DGW)难度调整算法保护区块网络。总量约 2 200 万枚,区块生成时间 2.5 分钟,开发语言 C++。

三、加密数字货币的发展现状

目前,市面上的加密数字货币达 4 000 多种。根据 CoinGecko 及 CoinMarketCap 于 2021 年 4 月 6 日的数据统计,加密数字货币总市值已突破 2 万亿美元。2021 年 1 月至 3 月的近三个月时间内,加密数字货币总市值翻了 1 倍。加密数字货币中有 10 个币种的市值已经占到总市值的 91%,仅比特币就占到总市值的近 7 成,而全世界超过 4 成的比特币又集中在 0.01% 的地址。

2021 年 4 月 14 日,美国最大的加密数字货币交易平台"Coinbase"(比特币基地)公司在纳斯达克上市,被认为是加密数字货币里程碑式的事件。

比特币之后,加密数字货币的发展演变沿着两个方向前行:一个方向是以比特币为代表的私人数字货币,依托于互联网平台,具有匿名性、低成本、去中心化、跨区域、高扩散率以及高波动性的特征,总量不断创下新高。与此相对的另一方向则是法定数字货币。私人加密数字货币的快速发展,促使中央银行严肃考虑其对支付体系、经济运行乃至金融稳定的冲击,各国中央银行和货币联盟都着手研究中心化或者半中心化的法定数字货币。

加密数字货币目前有三种主要场景:第一种就是数字货币,用作流通和结算;第二种是为了在各自网络中支付特定的操作,在交易和使用相关区块链资源过程燃烧的燃料(Gas),用户只是使用其计算能力来接收它,以便验证交易并促进它的发展;第三种是作为产品或社区运营的激励机制和运营工具,也就是代币或虚拟货币的角色。

四、加密数字货币风险与监管

(一) 加密数字货币的风险

目前,全球加密数字货币市场仍然是一个乱象丛生、缺乏严格监管的高风险市场。其风险主要体现在以下几个方面。

1. 信用风险

初始币发行(Initial Coin Offering,ICO)是一种模仿首次公开募股(Initial Public Offering,IPO)的网络公开融资行为。ICO 已经成为区块链项目非常重要的融资手段。在该过程中,企业、开发商或其他发起人通过发行代币筹集项目资金,以换取比特币或法币,从而达到筹集资金的目的。代币发行者可以是跨国的初创公司、项目团队、网络社区或一群临时组合的自然人,投资者对发行者信用情况和相关项目知之甚少。在巨大的利益诱惑下,这为蓄意诈骗的犯罪分子提供了可乘之机。事实上,许多 ICO 项目的募资公司只是想利用人们对虚拟货币生态的新鲜感和兴奋感,并抓住目前这类市场缺乏可强制执行的监管保护措施的漏洞实行诈骗。一旦融到资金后,那些承诺要推行的区块链研发计划根本不会落地。有些所谓的"XX 币"可能仅仅是一种普通的借据甚至骗局,与区块链技术应用或创新项目毫无关系。这类虚假宣传、做庄、价格操纵、内幕交易等不法行为,存在较大的信用风险。

2. 市场与操作风险

代币或加密数字货币价格波动大,投资者面临较大的市场风险。这里,以比特币为例,2010 年一个比特币价格不足 14 美分,2013 年飙升至 1 242 美元,增长 8 870 倍,2015 年回落至 66 美元。经过一定的调整和震荡后,2017 年又迎来一轮暴涨暴跌,2021 年第一季度价格甚至突破了 6 万美元。在比特币价格波动的影响和带动下,其他主流虚拟货币价格均出现过暴涨暴跌的情况,甚至一些货币在经历了过山车式的波动后,直接退出市场。

目前的虚拟货币二级交易市场,投机炒作气氛十分浓厚。由于没有监管,股票二级市场上的那些投机炒作手法,在虚拟货币交易市场上变本加厉,杠杆投资、场外配资等形式的存在,使得市场风险急剧扩大。同时,由于市场机制不完善以及虚拟货币持有量相对集中——大约 40% 的比特币由 1 000 个人持有,再加上虚拟货币交易所缺乏证券交易所那样的信息披露制度,虚拟货币市场极易被操纵,所谓的"割韭菜"现象时常发生。

3. 法律与监管合规风险

比特币等加密数字货币以及形形色色的代币,存在较多法律盲区,在监管合规方面也存在较大不确定性。同时,由于加密数字货币可以用于匿名进行贩毒、洗钱等非法交易,代币如果涉足其中,风险不言而喻。此外,不同国家的监管严厉程度不同且缺乏明确的市场交易规则。

加密数字货币本身具有较大的技术创新性,又由于其市场规模有限、早期涉众不多,各国监管当局基本采取相对宽松的态度。总体而言,加密数字货币市场尚未像主流金融市场一样实施严格监管;作为一个全球性市场,更没有形成一个全球协调一致的监管规则。随着加密数字货币投资不断升温,欺诈、洗钱、黑客攻击等风险事件时有发生。特别是,随着加密数字货币市场与正规金融市场联系通道打开后,其市场波动有可能对主流金融市场产生扰动甚至出现黑天鹅事件,加密数字货币市场逐渐引起各国监管当局的重视。

(二)加密数字货币的监管

近年来,以比特币和以太坊为主要代表的数字货币快速发展,带来了世界范围内支付方式的变革,也带来了金融乱象和社会稳定风险,引起了社会各界和监管部门对数字货币发展前景和监管模式的关注。数字货币的出现是对传统货币金融体系的挑战,如何对数字货币实施有效监管,保障各参与方的权益,都是各国政府与监管部门需要思考解决的问题。

国际金融机构始终对数字货币保持密切的关注。在数字货币的支付功能以及数字货币是否具有货币属性方面,国际清算银行已多次发布指导意见和建议。2015年11月,国际清算银行发布《数字货币》Digital Currencies 报告,详细介绍了数字货币作为零售支付手段的影响等内容;2018年3月,国际清算银行发布报告《中央银行数字货币对支付、货币政策和金融稳定的影响》,对中央银行数字货币的发行进行了分析。2017年6月,国际货币基金组织(IMF)发布了关于金融科技行业发展的报告 Fintech and Financial Services:Initial Considerations,针对如何有效监管分布式账本技术(DLT)及以其为基础的数字货币提出了建议。2018年,经济合作与发展组织(OECD)和20国集团(G20)共同发布中期报告《数字化带来的税收挑战》,提出要对加密数字货币和区块链技术形成的数字资产交易信息进行监管。

除了国际金融组织,各国监管部门也正在关注并积极研究数字货币监管。由于各国金融环境不同,各国对于数字货币的监管态度不尽相同。

1. 美国对于加密数字货币的监管

在美国联邦层面,对加密数字货币进行监管的机构较多,主要包括:美国商品期货交易委员会、美国财政部下属的金融执法网络、美国司法部、证券交易委员会、联邦贸易委员会、国家税务局、美国消费者金融保护局、货币监理署。其中表现活跃、起关键作用的主要是美国商品期货交易委员会和证券交易委员会。总体来看,美国承认加密数字货币的法律地位。2013年11月,美国联邦政府为比特币举行了听证会,确认比特币是一种合法的金融工具。2015年9月,美国商品期货交易委员会发表声明,将比特币和其他加密数字货币作为"大宗商品"进行监管。2018年11月8日,美国证券交易委员会对没有注册或者申请豁免而从事"证券"交易业务的虚拟货币交易平台首次执法。根据美国证券法,提供证券类数字资产交易的交易平台,需按照联邦证券法的规定作为"交易所"运营,而且该平台有两个选择:在证券交易委员会注册为全国证券交易所并持牌运营,或者向证券交易委员会寻求豁免。2019年4月3日,美国证券交易委员会金融科技中心发布《加密数字货币指引》,明确判断发行、销售加密数字货币、代币是否构成"证券"中的"投资合同"

标准。《加密数字货币指引》从定义"投资合同"的经典案例 SEC v. W.J.Howey Co. 开始,分析了三要素:① 投资人是否有货币投资;② 投资人是否投资于共同企业;③ 投资人是否合理地期望从他人的努力中获得利润。《加密数字货币指引》是美国证券交易委员会近年来在不断深化对加密数字货币理解和认识的基础上形成的阶段性成果。2019 年年底美国国会一共提出了 21 个与区块链和加密数字货币有关的法案草案,这些草案列入了 2020 年的国会议程。

美国各州对数字货币的态度各有不同。纽约州对数字货币交易所实行严格管控,目前只有少部分交易所获得了授权许可。华盛顿州于 2017 年 4 月颁布 5031 法案,该法案规定华盛顿州所有货币交易所,包括虚拟货币运营商,都必须申请牌照才可运营,目前许多在华盛顿州开展业务的交易所已获得了相关牌照。其他州也都在美国证监会的要求下,积极采取措施,对数字货币交易实施牌照化管理。

2. 日本对于加密数字货币的监管

作为加密数字货币的创始国及交易大国,日本的加密数字货币市场自 2009 年比特币诞生之后就一直处于野蛮扩张状态。在这样的发展态势下,加密数字货币本身存在的不稳定性问题就暴露无遗。2014 年 2 月 28 日,日本最大加密数字货币交易中心 Mt.Gox 发生巨额比特币被盗事件,被盗加密数字货币总市值接近 5 亿美元,市场一片哗然。因此,日本金融监管当局开始寻求对加密数字货币进行监管。2015 年 6 月 8 日,G7 成员国就对加密数字货币及其他新型支付手段进行规制达成意见。在这样的背景下,日本于 2016 年开始对加密数字货币进行规制。

日本是第一个将数字货币交易纳入法律法规体系的国家。经历了数次大规模加密数字货币安全事件之后,日本监管当局于 2016 年开始通过修订《资金结算法》《支付服务法》《金融工具交易法》《金融工具销售法》等法律,对加密数字货币机构设置、经营行为、货币发行等实行周密监管。日本监管当局承认数字货币作为支付手段的合法性,但是,所有在日本境内运营的交易所必须获得财政部与 FSA 的牌照授权,此外还明确了加密数字货币交换业的业务范围、加密数字货币交易机构的准入机制、加密数字货币交易机构的行为规范。

3. 韩国对于加密数字货币的监管

韩国是全球加密数字货币交易最活跃的国家。根据行业网站 Crypto Compare 的数据,韩国比特币交易占全球交易量约 12%。因此,韩国政府也已开始全面加强加密数字货币交易监管。2017 年 9 月 29 日,在中国叫停 ICO 后,韩国金融服务委员会(FSC)表示将禁止所有形式的代币融资。2017 年 12 月 13 日,韩国企划财政部宣布,针对韩国境内流行的虚拟货币交易出台监管措施,韩国将全面禁止未成年人及非居住外国人开设数字货币账户,并将数字货币投资收入纳入韩国的税收体系范围;金融机构不允许持有、买入、担保、投资虚拟货币;明确只有满足条件的交易所才能交易数字货币,严禁其他交易平台从事虚拟货币交易。韩国政府发布数字货币官方声明称,韩国政府将继续打击匿名数字货币交易账户,并将联合当地执法机关和金融机构进行调查,惩罚市场操纵、洗钱和欺诈交易等行为。韩国金融情报部门和金融监督部门还对六大本地银行(友利银行、国民银行、新韩银行、农协银行、韩国兴业银行和韩国开发银行)提供给加密数字货币交易所的相关账户进行反洗钱检查。

2021 年 3 月 25 日起,韩国政府出台的《报告和使用特定金融交易信息法案》正式生效,这意味着将对加密数字货币实施更加严格的监管。其中,韩国从事加密数字货币交易、存储以及管理的企业必须在韩国金融情报局注册,并在银行获得虚拟货币用户的实名账户信息。目前,韩国只有前四大加密交易平台 Bithumb、Coinone、Upbit 和 Korbit 与韩国的相关银行达成合作,但其他约 100 家规模相对较小的交易平台很难达到要求。

2021 年 6 月,韩国国家税务局宣布,从 2022 年开始,在外国加密数字货币交易所拥有账户的韩国居民可能出于税收目的,必须报告其持有的资产,如果韩国公民在海外虚拟资产业务中的账户余额在每个月底超过 5 亿韩元或 447 900 美元,则将被要求纳税。

4. 我国对于加密数字货币的监管

目前我国对加密数字货币监管主要有三个规范性文件:《关于防范比特币风险的通知》《关于防范代币发行融资风险的公告》和《关于防范以"虚拟货币""区块链"名义进行非法集资的风险提示》。

2013 年 12 月 3 日实施的《中国人民银行、工业和信息化部、中国银行业监督管理委员会、中国证券监督管理委员会、中国保险监督管理委员会关于防范比特币风险的通知》(银发〔2013〕289 号),明确禁止金融机构和第三方支付机构参与比特币交易活动。通知明确指出,比特币是一种特定的加密数字商品,不具有与货币等同的法律地位,不能且不应作为货币在市场上流通使用。要求"各金融机构和支付机构不得以比特币为产品或服务定价,不得买卖或作为中央对手买卖比特币,不得承保与比特币相关的保险业务或将比特币纳入保险责任范围,不得直接或间接为客户提供其他与比特币相关的服务"。相关的服务包括:结算、法币兑换、托管、抵押、发行金融产品,以及将比特币作为信托、基金的投资标的等。

2017 年,我国对集中数字货币交易活动进行了整治。2017 年 9 月 4 日,《中国人民银行　中央网信办　工业和信息化部　工商总局　银监会　证监会　保监会关于防范代币发行融资风险的公告》(以下简称《公告》)发布。《公告》指出,代币发行融资本质上是一种未经批准非法公开融资的行为,要求各类代币发行融资活动立即停止,同时,对已完成代币发行融资的组织和个人做出清退等安排。叫停 ICO 后,2017 年 9 月 8 日监管机构对虚拟货币交易所进行集中整治。

2018 年 8 月 24 日,银保监会、中央网信办、公安部、人民银行、市场监管总局发布《关于防范以"虚拟货币""区块链"名义进行非法集资的风险提示》,列举了包括 IFO、IEO、IMO 等新型加密数字货币融资风险的信息。全面禁止使用人民币进行比特币等加密数字货币的交易,关闭国内所有数字货币交易平台。

2021 年 5 月 21 日,国务院金融稳定发展委员会召开第 51 次会议,会议特别强调严厉打击比特币挖矿和交易行为,坚决防范个体风险向社会领域传递。这也是国务院层面首次对于比特币挖矿与交易明确提出打击要求。2021 年 6 月 21 日,中国人民银行发布消息称,人民银行有关部门就银行和支付机构为虚拟货币交易炒作提供服务问题,约谈了工商银行、农业银行、建设银行、邮储银行、兴业银行和支付宝(中国)网络技术有限公司等部分银行和支付机构,要求各银行和支付机构切实履行客户身份识别义务,不得为相关活动提供账户开立、登记、交易、清算、结算等产品或服务。

综上,各国对加密数字货币的监管立场和法律政策呈现出诸多差异,显示出当前全球对加密数字货币这种新生货币形态认知的难度。但从各国采取的监管手段来看,一个共识是加密数字货币绝不应该成为洗钱、贩毒、偷逃税、诈骗等行为的工具,而我国的监管则更进一步,从资金流入端和上游挖矿产业入手,禁止各类人群参与加密数字货币的交易,尤其是中小散户。

第三节　法定数字货币

一、法定数字货币的性质

法定数字货币,也称央行数字货币,是由国家信用背书,由央行发行的数字化形态的法定货币。央行数字货币是一种新型的货币形式,是由中央银行以数字方式发行的、有法定支付能力的货币。国际货币基金组织(IMF)把央行数字货币称作 CBDC,英文全称是"Central Bank Digital Currency"。央行数字货币(CBDC)不会有物理形式的实体,但它会像现金一样充分地接触到国家的每个居民和组织,包括潜在的海外个人和企业。同时,央行数字货币可以让点对点支付中(比如个人之间、个人和企业之间、企业和企业之间)任意金额的支付都变得更加容易(现金需要面对面才可以实现)。

法定数字货币与纸钞、硬币这些法定实体货币都是由中央银行直接承担货币信用责任的货币。它们都由中央银行的信用进行直接担保。但是,法定数字货币与法定实体货币的存在形式是有明显区别的,法定实体货币以实物形态直接为使用者所持有,其交易直接在用户之间完成,无须第三方的参与。但数字货币用户则必须拥有账户才能获得合法的数字货币,并通过数字货币账户或货币存储设备之间的转移来实现其交易媒介的流通作用法定数字货币和法定实体货币是相同的,二者都是法币的不同表现形态,具有同等的地位与功能。

根据《中华人民共和国中国人民银行法》第 16 条和第 18 条的相关规定,我国的法定货币是由央行统一印制和发行的人民币。CBDC 是中央银行以国家信用为担保负债发行的数字化支付和结算工具,履行的是一国法定货币的各项职能。而我国发行 DC/EP 的主要目的是实现对现金 M0 的数字化替代。因此,DC/EP 未来会是我国法定货币的新形式,与人民币一样具有法偿性。

二、法定数字货币与纸币、电子货币的比较

法定数字货币的出现,将与现行货币形态即纸币和电子货币形成竞争关系。

(一)交易特点比较

法定数字货币与纸币、电子货币的共同点在于,三者都是中央银行发行的主权信用货币,且名义价值相同。三者的不同点体现在形态、交易方式、结算方式三方面。

在形态上,纸币是具有实体形态的货币,电子货币和央行数字货币无实体形态,是存储于网络或其他存储介质的数据。

在交易方式上,纸币和法定数字货币都可以实现无第三方参与的点对点实时交易,纸币由于受实体形态的限制,要求交易双方面对面交易,而法定数字货币可以在技术上实现交易双方点对点交易,而无须交易双方碰面。电子货币的交易方式需要第三方作为支付中介(金融机构或第三方支付企业)参与,无法实现交易双方的直接交易。

在结算方式上,纸币和法定数字货币由于支持点对点交易,可以实现支付与结算同步进行,而电子货币由于需要通过支付中介,无法实现支付与结算同步进行。

纸币、电子货币与法定数字货币的区别如表 5.4 所示。

表 5.4　纸币、电子货币与法定数字货币的交易特点比较

比较内容	纸币	电子货币	法定数字货币
形态	实体	无实体	无实体
交易方式	点对点	需要第三方参与	点对点
结算方式	实时	滞后	实时

（二）竞争分析

一旦市场上出现两种或以上名义价值相同,但实际使用中体现出不同价值的货币,将在货币间形成竞争关系。央行数字货币一旦投入使用,将与目前市场中流通的纸币和电子货币形成竞争关系。

假设在现行货币体系中加入法定数字货币,与纸币、电子货币并行流通。相对于纸币来讲,法定数字货币在具备了纸币点对点交易和实时结算的特点的同时,由于技术优势实现了更加方便快捷、安全、低成本的交易过程。法定数字货币在交易媒介功能表现上优于纸币,对于使用者来讲,法定数字货币在交易中的使用偏好将大于现金,持币人将选择更多地持有法定数字货币而放弃纸币使用,纸币将逐渐退出流通领域。

相对于电子货币来说,假设法定数字货币和电子货币在用户使用体验上无差异,但是法定数字货币的优势在于安全性更高,市场上法定数字货币的接受意愿将高于电子货币,那么尽管法定数字货币与电子货币的名义价值相等,法定数字货币在社会公众认可度更高。在这种情况下,金银复本位制下的"格雷欣法则"在信用货币体系下可能呈现逆反现象,即用户更愿意持有和使用法定数字货币,导致电子货币将逐渐退出流通。

然而,法定数字货币对纸币和电子货币的替代效应不是必然发生的,产生上述分析结果的前提是法定数字货币技术在应用中能真正实现超越纸币和电子货币的安全性、便捷性、低成本等优势。如果法定数字货币技术无法实现上述优势,那么很难将目前已经存在使用依赖的电子货币、纸币用户转移至法定数字货币,法定数字货币的应用也就失去了意义。

三、各国政府对法定数字货币的探索

根据国际清算银行(BIS)2020 年 1 月公布的报告,目前世界各国的央行正在开展大量有关 CBDC 的工作。全球共有 66 个国家对国际清算银行 2019 年开展的关于 CBDC 的调查做出答复,其中约有 80% 的央行已经参与 CBDC 有关工作。2020 年 1 月 21 日,国际清

算银行(BIS)、加拿大央行、英国央行、日本央行、欧央行、瑞典央行和瑞士央行联合发布消息称,将成立央行小组,开展 CBDC 应用案例研发,并且分享经验。

（一）委内瑞拉

委内瑞拉是第一个发行法定数字货币的国家,于 2018 年 2 月发布了一种名为"石油币"的数字货币,以该国盛产的石油作为货币锚支撑币值。

众所周知,委内瑞拉通货膨胀的危机由来已久,委内瑞拉本币地位低下,购买力极低。为了解决国内严重的经济危机,2018 年 11 月 5 日,由委内瑞拉政府研究的加密数字货币"石油币"公开向普通大众出售,并允许在国际上主要的虚拟货币平台交易和流通。每个"石油币"都有委内瑞拉的 1 桶原油作为实物抵押。"石油币"是全球第一个由主权国家发行并以自然资源作为支撑的加密数字货币,且可以被用来进行国际支付。委内瑞拉政府希望通过发行"石油币",来稳定国内物价水平,解决政府的债务危机。

"石油币"发行量有限。根据委内瑞拉政府 2018 年 1 月 31 日发布的《石油币白皮书》,"石油币"的总发行量为 1 亿个,发行参考价格为 60 美元,发行基础是 50 亿桶石油。定向预售 3 840 万个,公开发行 4 400 万个,剩余 1 760 万个"石油币"将由委内瑞拉政府设立的加密数字货币管理机构持有。

"石油币"由政府管理。与比特币不同,"石油币"无须通过消耗电力和计算机算力挖矿获得,而是预先创建并由委内瑞拉政府发行和直接出售,发行总量受政府控制,最终解释权也归委内瑞拉政府所有。"石油币"不能直接兑换石油,但可作为个人或机构缴纳税费和购买公共服务的支付方式。同时,"石油币"的发售不能以玻利瓦尔(委内瑞拉本国法定货币)支付,只能以美元或欧元支付。"石油币"与玻利瓦尔的汇率由官方授权的虚拟货币交易所每日公布。

为了对抗本国货币的通货膨胀,委内瑞拉用"石油币"进行国际支付,这也是新型的国际融资方式。委内瑞拉发行的"石油币",持有者不仅能够购买日用百货,也可以在委内瑞拉政府设立的交易平台上交易兑换。委内瑞拉政府希望未来可以在国际支付结算中使用"石油币"。但鉴于其经济发展存在的问题,外界普遍不看好该数字货币的前景。

（二）加拿大

2016 年 6 月,加拿大中央银行启动了基于分布式账本技术(DLT)的名为"Jasper"的法定数字货币项目实验。加拿大支付协会(Payments Canada)、金融区块链联盟 R3 以及一些已经成为 R3 会员的加拿大 6 家商业银行也参与了该项目。加拿大目前使用大额支付系统(Large Value Transfer System,LVTS)作为批发支付系统,虽然此支付系统避免了传统大额结算系统使用支票进行结算等诸多弊端,但在进行银行间批发交易时,依然需要提供全额或部分抵押。Jasper 的首要目标是建立加拿大法定数字货币所使用的结算资产系统,主要研究中央银行以及金融机构如何在分布式账本上完成银行间支付。同时,该项目也考虑了基于不同 DLT 大额支付系统中使用某些现代支付技术(比如交易排队)来降低对抵押品的要求,从而提高银行间支付结算效率和金融系统运行效率。

该项目的目的是以法定数字货币为交易货币,探索使用分布式账本技术进行大额支付、清算、结算的可行性,使用分布式账本技术这一数字货币的技术核心来构建和实验银行同业支付系统,通过建立一个局部模拟系统,对使用法定数字货币进行银行间业务、日常运营以及相关技术和潜在风险方面进行测试。

（三）新加坡

新加坡属于较早开展央行数字货币系统研究的金融监管机构。2016 年 11 月，新加坡金融管理局（Monetary Authority of Singapore, MAS）联合新加坡交易所、10 家商业银行、8 家技术公司和 6 家学术机构，共同发起"Ubin"项目，旨在寻求在分布式账本上推出新加坡法定数字货币（SGD-on-Ledger，以下简称 SGD-L），探索分布式账本技术在清算结算中的实际应用，进行银行间的法定数字货币支付清算方案的试验。该项目在架构、代码等方面借鉴了加拿大"Jasper"项目。新加坡金融管理局希望借助"Ubin"项目，使新加坡成为基于分布式账本技术发行法定数字货币的先行者和领导者。该项目关注于将分布式账本技术应用于银行间市场，试图开发出一套成本更低、安全性更高且更高效的基于法定数字货币的金融系统，来取代现有的系统，以降低跨境支付和证券结算的风险和成本，提高新加坡金融系统的效率。

（四）美国

美国数字美元项目（Digital Dollar Project）是非营利组织数字美元基金会（Digital Dollar Foundation）与全球咨询公司埃森哲 Accenture 之间的合作项目，旨在促进对中央银行数字货币（CBDC）或"数字美元"的探索。该项目的目的是鼓励就代币化美元的潜在优势进行研究和公开讨论，召集私营部门的思想领袖和行动者，提出可能的模型来支持公共部门考虑 CBDC 的开发、测试和采用。

2020 年 5 月 29 日，数字美元项目发布了第一份白皮书《美国数字计划白皮书》（以下简称《白皮书》）。《白皮书》长达 30 页，详细介绍央行数字货币的潜在应用及其未来推动数字美元发展的工作。《白皮书》为创建美国中央银行数字货币（CBDC）提出框架，第一次明确了数字美元的推进计划，详细介绍了对令牌化版本的美元的需求以及构建此系统的一些潜在途径。据《白皮书》介绍，数字美元可以帮助美国保持美元作为世界储备货币的地位，同时为更多的个人和实体提供服务，而不是局限于目前的金融体系。2020 年 10 月 12 日，数字美元项目发布了《探索美国中央银行数字货币的试点计划提议》报告，该报告列出了 9 个"试点"方案，以阐明美国 CBDC（数字美元）如何解决不同利益相关者所面临的一些共同挑战，包括消费者、企业、金融机构和金融科技公司。该试点计划提议是过去 10 个月中讨论、研究和活动的结果，CBDC 的进程已从"如果"过渡到"如何"和"何时"。2021 年 5 月 3 日，数字美元项目表示，将在未来 12 个月内启动 5 个试点项目，以测试美联储数字货币的潜在用途。

（五）我国央行在数字货币领域的探索

我国央行在数字货币方面的研究最早可追溯到 2014 年。如果说，2014 年原央行行长周小川提出进行法定数字货币研发是这一切的开端，那么 2017 年央行成立数字货币研究所则是这个故事的转折。这些年来，中国人民银行以数字货币研究院为核心，联合数家商业银行，从数字货币方案原型、数字票据等多维度研究央行数字货币的可行性。2019 年 8 月 2 日，央行召开 2019 年下半年工作电视会议，明确指出下半年要加快推进我国法定数字货币（DC/EP）的研发步伐，并及时跟踪国内外虚拟货币发展趋势。2020 年 4 月，数字人民币的首个应用场景在苏州落地，以交通补贴的形式发放给苏州相城区各区级机关、事业单位和直属企业员工。并且自2020年10月深圳罗湖首次开展数字人民币红包试点后，央行已在苏州、北京、成都以及深圳福田、龙华区多地，累计派发红包达1.5亿元。2020年11月，数字人民币再次新增上海、长沙、海南、青岛、大连、西安六地试点，加速提升试点的地域广度与试验深度。其中，海南作为自由贸易港，具有金融开放与资金自由流动的独特优势，试点或将拓宽至跨境贸易的场景测试。2021年4月，中国人民银行介绍，央行数字货币主要用于小额零售支付。当前，数字人民币正在加速发展，并在时间和空间多维度加速服务于数字中国的建设。如图5.3所示。

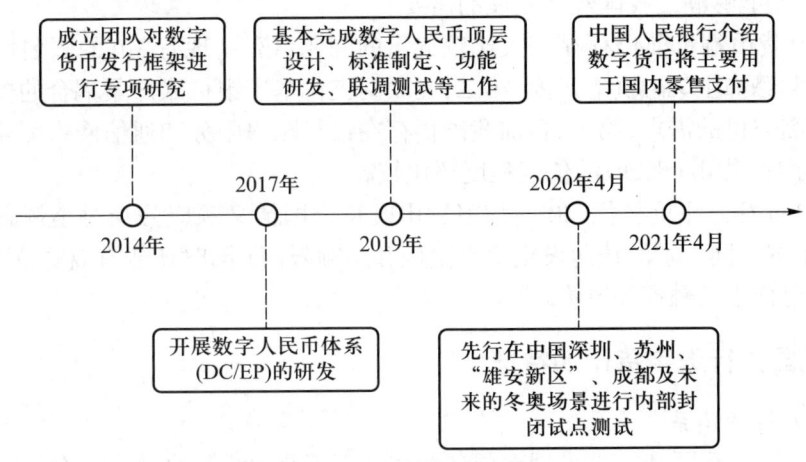

图5.3　数字人民货币大事记

第四节　我国央行数字货币

一、我国央行数字货币的定位

流通中的货币，比如纸币和硬币是看得见、摸得着的。央行数字货币的功能和纸钞完全一样，只不过它的形态是数字化的，是具有价值特征的数字支付工具。所谓价值特征，就是指DC/EP不需要账户就能实现价值转移。这点和纸钞一样，人们用纸钞进行支付的时候，是不需要账户的，而微信和支付宝转账还需要绑定银行账户。

我国央行数字货币的全称是"数字货币电子支付"，对应的英文缩写是DC/EP。其中DC是Digital Currency（数字货币）的缩写，EP是Electronic Payment（电子支付）的缩写。这一称呼相较于对所有央行数字货币的泛指——CBDC（Central Bank Digital Currency）来说，更聚焦于支付。这在某种程度上意味着央行数字货币的主要用途在于货币三大基础职能中的"支付手段"，而非"价值储藏"与"价值尺度"。

我国央行数字货币（DC/EP）定位为数字现金（M0）。根据《中国人民银行货币供应量统计和公布暂行办法》（1994年），我国将货币定义为"承担流通和支付手段的金融工具"，并将公布的货币供应量划分为3个层次，即M0、M1和M2。M0指的是流通中的现金，即银行体系以外各个单位的库存现金和居民的手持现金之和。我们每个人在银行的存取款都会影响市场上 M0 的增减。M1 是狭义货币（M1=M0+ 企业在银行的活期存款）。M2 是广义货币（M2=M1+ 准货币），这里的准货币包括定期存款、居民储蓄存款、其他存款、证券公司客户保证金、住房公积金中心存款、非存款类金融机构在存款类金融机构的存款等。M1 反映市场中的现实购买力，而 M2 同时反映现实和潜在购买力。如果 M1 增速较快，则消费和终端市场活跃；如果 M2 增速较快，则投资和中间市场活跃。

目前，M1 和 M2 货币在中国已经基本实现了电子化和数字化，随着支持 M1 和 M2 流转的银行间支付清算系统、商业银行行内系统以及非银行支付机构的各类网络支付手段日益高效，已经能够满足我国经济发展的需要。

但在 M0 货币端目前仍存在三大比较突出的问题：第一，现有 M0 的匿名性使其存在被用于洗钱和恐怖主义融资等风险；第二，互联网支付基于银行账户紧耦合的模式无法满足公众对匿名支付的需求；第三，目前我国仍存在银行账户服务和通信网络覆盖不佳的地区，老百姓对 M0 货币（现钞）的依赖程度还比较高。

因此，央行发行注重替代 M0 的数字货币既符合国情又顺应公众对小额高频支付业务的需求（根据不同级别的钱包设定交易限额和余额限额），同时还能有效防范 M0 货币被用于洗钱和恐怖主义融资等风险。

二、我国央行数字货币的特征

（一）双层运营体系

DC/EP 的一个重要特征是采用双层运营体系而不是由央行直接对公众发行数字货币的单层运营体系。在双层运营体系下，第一层是中国人民银行对商业银行，第二层是商业银行或商业机构对老百姓。也就是说，我国央行数字货币的发行方式是，由中国人民银行将央行数字货币兑换给商业银行或其他商业运营机构，再由这些机构向公众投放。商业银行直接面向社会公众提供 DC/EP 的存取流通服务，与中国人民银行一起维护数字货币的正常运行。这里，央行数字货币和纸币是 1∶1 兑换的，商业银行或者公众要想获得央行数字货币，必须拿已有的货币来换，因此央行数字货币的发放并不增加货币总量，不会引起通胀。

如果央行采取"单层运营体系"，也就是由央行直接把数字货币兑换给公众。人们要兑换数字货币，会把存放在商业银行的钱取出来，再去央行兑换为央行的数字货币。此时，央行数字货币与商业银行存款货币将形成竞争关系，会对商业银行存款产生挤出效应，可能出现"存款搬家"，进而影响商业银行的贷款投放能力。同时，由于商业银行吸纳存款能力降低，继而会转向同业市场的借款，这样就可能抬高资金价格，增加社会融资成本，损害实体经济。另外，如果由央行直接面对公众发行货币，就意味着央行不仅要独力承担起包括大小额、银联网联在内的庞大的支付清算系统，还要兼顾满足高效、安全、稳定的需求，提升客户体验，这对央行来说并非易事。双层运营体系比较契合我们的国情。

（二）中心化管理模式

我国央行数字货币采用了中心化的管理模式，这与以比特币为代表的去中心化数字货币有着本质区别：

（1）央行数字货币仍然是中央银行对社会公众的负债,这种债权债务关系并没有随着货币形态的变化而改变。

（2）为了保证并加强央行的宏观审慎和货币调控职能,需要继续坚持中心化的管理模式。

（3）央行数字货币的双层运营体系下由指定的机构进行货币的兑换,这需要中心化的管理以避免指定运营机构的货币出现超发。

（4）只要二元账户体系和原有的货币政策传导机制没有改变,央行的中心管理模式和地位也就不会改变。

（三）离线支付方式

央行数字货币的另一个重要特征是双离线支付。DC/EP 基于特殊的设计,可以不依赖于网络进行点对点的交易。简单来说,即便是收支双方的手机都处于离线(断网)状态,双方仍然可以进行转账支付。而目前包括支付宝、微信支付在内的电子支付都是需要联网的。

双离线支付使得 DC/EP 在使用上更加接近现钞。在电子支付日益普及的今天,断网成了困扰移动支付的主要原因之一,比如在地铁、地下超市、地下车库等网络信号覆盖盲区,用户很可能出现无法联网进而无法进行交易的情况。即使支付宝和微信支付近些年进行过离线支付的尝试,但目前为止也只是支付方的单离线模式,收款方仍然需要联网扫码才能最终完成支付动作。

另外值得一提的是,DC/EP 与支付宝和微信支付也不是同一个范畴的概念,后两者相较于现金支付而言是一种支付手段,即电子支付,但它们所支付的仍然是人民币,本质上还是用商业银行存款货币进行支付。而 DC/EP 推出后,支付宝和微信作为支付手段的功能没有发生改变,只是改为用 DC/EP 而不是原来的商业银行存款货币(或者二者并行)进行支付了。

三、央行为什么要发行数字货币

（一）实现纸钞数字化

随着移动支付越来越普遍,现金的使用频率大大降低,但凡可以使用移动支付,人们基本上也不太愿意携带现金,所以,纸钞和硬币的便捷性不足,使用场景逐渐萎缩。而且,纸钞和硬币的发行、印制、回笼、储藏各个环节的成本相对数字货币都非常高,还需要不断投入成本进行防伪技术研发,从经济上来说,用 DC/EP 可以降低这部分成本。同时,对于公众一些正常的匿名支付需求,现有的支付工具是无法满足的,比如支付宝、微信支付、信用卡、银行卡等,它们都是跟银行账户体系绑定的。而 DC/EP 既能保持现金的属性和主要的价值特征,又能够满足便携和匿名的需求。

（二）防范洗钱、恐怖融资

M0(纸钞和硬币)由于交易匿名和伪造匿名,存在被用于洗钱、恐怖融资等风险。随着安全意识和数据保护意识的提升,普通用户自身存在一定的匿名支付和匿名交易的需求,但现在的支付工具,无论是移动支付还是银行卡支付都无法摆脱银行账户体系,满足不了匿名的需求,也就不能完全取代纸钞支付。央行数字货币就是要尽最大努力保护私人隐私和匿名支付需求,但是社会安全秩序同样重要,在遇到违法犯罪问题时要保留必要的核查手段。虽然 DC/EP 的交易是匿名的,也仍然存在洗钱、恐怖融资风险,但是 DC/EP 可以通过一些行为特征来对涉案个人进行锁定,监管难度相对纸钞和硬币有所下降。

（三）有利于重塑贸易清结算体系和推动人民币国际化

在人民币跨境支付系统（CIPS）上线之前,人民币跨境清结算高度依赖美国的 SWIFT 和 CHIPS 系统。但高度依赖 SWIFT 和 CHIPS 系统存在一定风险。从历史上看,美国借助 SWIFT 和 CHIPS 系统发动了数次金融战争,不利于全球金融体系的稳定。此外,在当前数字化浪潮的大趋势下,SWIFT 和 CHIPS 系统技术更新缓慢、安全性难以保证,利用大数据平台和区块链技术构建一个新的清结算网络,已经成为当前许多国家的共识。

人民币的国际化有三个重要条件:一是人民币在境外有一定的流通度;二是在国际贸易中以人民币结算的交易要达到一定的比重;三是以人民币计价的金融产品成为国际各主要金融机构包括中央银行的投资工具。而以区块链技术为基础的数字货币与金融具有天然的融合性,使用数字货币将会极大提高跨境结算的速度,其安全性也比传统跨境结算高得多。随着中国的国际影响力和海外资本的扩张,DC/EP 将成为人民币国际化的重要推动力量。

四、央行数字货币与比特币的区别

（一）发行主体不同,币值稳定性不一样

比特币等私人数字货币是个人发行的加密数字货币,是没有任何背书的虚拟货币。而央行数字货币是中央银行发行的法定数字货币,以国家信用作担保背书。

比特币之类的加密数字货币大多数采用了挖矿的模式进行发行产出,这个产出的过程是去中心化的。而央行数字货币则是直接由央行来发行,但需要商业银行或者注册企业以 1∶1 的人民币来进行兑换才会流通到市场上。本质上来讲,比特币这类的加密数字货币是没有锚定物或者说没有稳定价值锚定物发行的,而央行数字货币则是锚定人民币 1∶1 发行的。

由于比特币是由私人发行的,价格不稳定,随时变化。比特币在 2009 年刚发行的时候相当便宜,据说 1 美元可以买到 1 300 个比特币;在 2010 年的时候,每个比特币为 0.003 美元。2013 年 11 月,比特币创造的首次最高价达到每个 8 000 美元;在 2017 年比特币疯狂涨价,在这一年曾经创造过历史最高价格,最高达到了每个 20 000 美元左右。当然后来它的价格也反复波动,也曾在 2018 年跌到 6 000 美元。而央行数字货币的面值固定,100 就是 100,不会发生变化。

（二）匿名性上的区别

在使用过程中,当用户想要使用他们的数字货币时,可以通过区块链将其账户上的数字货币转移到对方账户上,央行会将每笔交易都编码在区块链上。不过,这个区块链将由第三方平台——中央银行监管,而不是由传统的矿工挖矿来记录。但在比特币里边,这个工作会由矿工来负责,并且成为它的产出方式。

虽然说央行数字货币与比特币这两种货币使用的都是区块链技术,但比特币、以太坊等属于去中心化的数字货币,账本是公开的,但账户是匿名制的。我们只能知道对方的钱包地址,并不能知道这个钱包是谁的,这种匿名制度会直接让它们成为衍生灰色金融以及经济犯罪最好的温床,洗钱、资金资产转移等犯罪行为在这里层出不穷并且无法监管。2016 年,国外就有人研究发现,大部分比特币由投资者和非频繁使用者持有,而且将比特币用于非法经济活动的用户倾向于保护他们的财务隐私。2018 年,国外又有人研究发现,比特币 25%的用户和 44%的交易与非法经济活动有关。为什么比特币等私人数字货币可以用于非法经济活动? 原因在于,比特币有很好的匿名性,在比特币网络里,你的身份是一串 27~34 位的字符,你可以用它来收发币,没人知道你是谁。

而央行数字货币是中心化的,而且账户必然是实名制的,交易可追溯,属于半私密性账本,只有政府机关才有权查阅。这可以在流通领域对灰色流通进行监管与监控。

(三)比特币等私人数字货币总量不变

央行数字货币与比特币等私人加密货币的一个特别重要的区别是,去中心化的数字货币的总量是恒定不变的,由区块链机制和参与者的共识决定。而央行数字货币的供应数量与法币 1∶1 发行,并由政府参与决定。这会让央行数字货币的价值趋于稳定,便于流通。而不像加密数字货币那样价格波动频繁,无法真正进入社会流通交易环节。而且货币本身的存量是跟市场生产力挂钩的。所以,通缩型数字货币本身就不具备市场流通的适应性。因为随着经济不断发展,市场商品总量增多,如果货币存量没有增加的话,就会造成通货紧缩,这对经济发展会造成非常大的限制。所以说,通缩型数字货币是不会被市场接受的,这也是我们要发行央行数字货币的原因之一。

综上所述,我们可以看出,央行数字货币与比特币是有本质区别的,但在某些属性,如安全性、匿名性等方面又与比特币有一些相似之处。

另外,央行数字货币由于是由央行研究发行并由相关部门进行监管,显然具有更高的"货币性",相对于比特币较大的价格波动,央行数字货币币值的相对稳定显然更适合作为日常生活中的支付工具。

五、央行数字货币的安全性问题

(一)信用维度

DC/EP 属于法定货币,有国家信用背书,具有无限的法定偿付性质,不会出现拒收情况。只要在使用电子支付的地方,就必须接受央行数字货币。而相应地,对支付宝和微信支付,商家是可以拒绝的。可见,DC/EP 比商业银行存款货币、支付宝和微信的电子钱包余额信用等级更高,也更安全。

(二)技术水平

从技术角度来说,央行数字货币使用部分区块链内核技术,并以不对称加密、盲签名等先进的数字技术作为保障。

央行数字货币使造假难度大幅提高,比纸币更加安全可靠。纸钞是具备匿名性的。与纸钞类似,DC/EP 也具备一定匿名性的特点。如果使用 DC/EP,交易双方都互相不知道对方的信息,也看不到交易痕迹。只要你不犯罪,DC/EP 可以满足你想要的匿名需求,保护隐私。但是,作为第三方的央行拥有 DC/EP 的全量数据,能够实现 DC/EP 违法资金流的全向溯源和追踪,每一笔交易央行都能追踪到。

这种在一定范围内的匿名,被称为可控匿名机制。央行能实现违法交易和违法资金的快速阻断,对普通用户来说是更好的安全保障。

六、数字货币的存储

有数字货币,自然要有个存放的地方,这就是数字钱包。数字钱包需要通过下载相关App,用实名制手机号码注册才能获取。但是,此时的数字钱包只能满足日常的小额支付需求。若希望增加额度,可以上传身份证或者银行卡,甚至可以去银行面签一下就可以取消额度限制。这就是数字钱包的限额和分级安排。

持有央行数字货币是没有利息的。因为央行数字货币和纸钞、硬币一样,属于流通中的现金,也就是M0。央行数字货币只是放在数字钱包里,哪个银行都没存,就好像钱包里的纸钞一样。这样既不会引发"金融脱媒",也不会由此引致通胀预期。相应地,也不会对现有货币体系、金融体系和实体经济运行产生大的冲击。

七、央行发行数字货币的影响

（一）央行发行数字货币不改变流通中货币的债权债务关系

起初央行行使国家职能发行的货币是以黄金等具有真实价值的物品作为可兑换储备的。公众接受了央行发行的货币,就等于将黄金等有真实价值的物品借给了央行,而公众只持有兑付凭证,也就是说,货币是中央银行对公众的负债。当国家凭借国家信用强制规定法定货币而不再依赖黄金储备时,这种信用关系和负债关系并没有改变。从这种角度来说,所有流通中的货币包括央行发行的数字货币都是央行的负债。

（二）央行发行数字货币并不改变现有的货币投放体系和二元账户结构

以1994年10月中国人民银行出台的《银行账户管理办法》为起点,经过多年的发展,我国已经基本形成了由二元账户结构支撑的货币投放体系。央行数字货币也采用了与二元账户结构相似的双层运营体系。如图5.4所示。

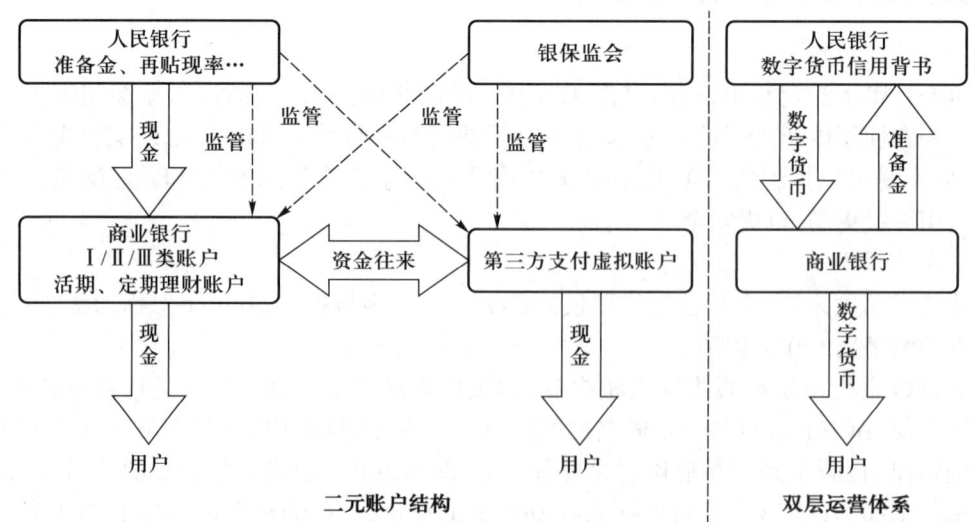

图5.4　二元账户结构与双层运营体系的比较

（三）在不影响现有货币政策传导机制的前提下，央行数字货币不会强化顺周期效应

经济增长一般会经历萧条、复苏、繁荣、危机完成一个完整的周期，在经济繁荣时，扩张的货币政策便是顺周期政策，在经济萧条时又变成逆周期政策。类似地，紧缩的货币政策在经济繁荣时是逆周期政策，而在经济萧条时是顺周期政策。经济繁荣时扩张的货币政策会加大通货膨胀的压力，经济萧条时紧缩的货币政策会加大通货紧缩的压力，是为顺周期效应。由于央行发行的数字货币并不对现有的货币政策传导机制产生影响，因此与顺周期效应天然隔绝。

（四）央行发行数字货币对支付体系的影响

在第三方支付出现之前，中国的支付体系是以央行为主导的，再加上银行和用户构成二元账户结构。以支付宝为代表的第三方支付，直接采用行业称之为"反接"的模式，在自己体系内为客户建立虚拟账户，同时直接连接到多家银行，并在每家银行内创立支付宝账户。支付公司通过自己的虚拟账户与每家银行连接，充当了清算体系的功能，这些交易对商业银行和央行都不透明。在此背景下，2017年年初网联平台成立，主要职责是作为网上交易的清算平台，把清算功能从各个第三方支付公司剥离，充当银行与第三方支付的桥梁，保证用户通过第三方支付的信息能够公开透明。目前我国的第三方支付在全球处于领先地位。

目前，微信、支付宝等第三方支付机构还不是现金的替代者，其虚拟账户中的资金只是作为支付工具存在。如果第三方支付虚拟账户中的资金变成了真正的数字货币，将会对整个支付行业带来巨大变革。一方面，数字货币为第三方支付提供了标准化、安全、统一的基础支付环境。第三方支付依靠互联网的支撑，而数据信息在网络中的传输面临病毒或者黑客攻击的风险。同时，第三方支付也会带来信息泄露问题，引发违法犯罪活动。数字货币作为加密字符串，本身具有极高的安全性，能够实现点对点直接支付，为第三方支付提供了标准化、安全统一的底层支付环境。另一方面，数字货币便于第三方支付对接更多的应用场景，提供更多的创新服务。数字货币可以基于现有金融基础设施运行，第三方支付在现有平台上接入，将原有支付账户体系转化为数字货币。数字钱包遵循相同的规范和接口，不同的第三方支付公司开发的钱包可以兼容运行。通过智能合约打破应用层的区隔，使得不同第三方支付之间的各类场景应用，都能在相同的智能合约下运行，便于第三方支付对接更多应用场景，也便于满足客户个性化的需求。

本 章 总 结

2008年，中本聪首次提出了比特币的概念。2009年第一枚比特币诞生，由此数字货币的概念进入了人们的视野。数字货币是指一切以数字形式存在的货币。数字货币具有交易成本低、高度匿名性和支付便捷等特点。按照所依托的电子支付系统进行分类，数字货币分为电子货币、虚拟货币和加密数字货币；按照发行主体进行分类，数字货币分为私人数字货币和法定数字货币。私人数字货币与法定数字货币无论在内在价值上、使用范围上、价值尺度上，还是在发行动机上、功能上、业务架构上都存在明显差异。法定数字货币就是央行数字货币。绝大多数的私人数字货币都是加密数字货币，比特币就是典型的私人加密数字货币。

近年来，包括委内瑞拉、加拿大、新加坡和美国在内的许多国家的央行正在积极探索

发行央行数字货币。我国央行数字货币定位于数字现金(M0),采用双层运营体系、中心化的管理模式和离线支付方式。我国央行数字货币在币值稳定性、匿名等方面有别于比特币。央行发行数字货币不会改变流通中的货币及现有的货币投放体系和二元账户结构,也不会强化顺周期效应。

数字货币的出现是对传统货币金融的挑战。如何平衡数字安全与隐私保护,如何对数字货币实施有效监管,保障各参与方的权益,是各国政府与监管部门都需要思考解决的问题。

阅读材料

数字货币鼻祖——比特币

一、什么是比特币?

比特币(Bitcoin,BTC),数字货币鼻祖,由中本聪于2008年10月提出。2008年10月31日,中本聪在一个密码学论坛上公开了一篇文章《比特币:一种点对点的电子现金系统》,悄然掀开了互联网新的一页。2009年1月,中本聪发布了比特币系统软件的开源代码,并发行了第一批50枚比特币,一种全新的虚拟货币诞生了。随后,逐渐有新技术爱好者加入比特币这种虚拟货币系统的开发与维护,持有或交易比特币,形成了比特币社区。

比特币是一种P2P形式的且总量恒定为2 100万个的加密数字货币,可以简单理解为比特币是一串有现金价值的数字,点对点的传输意味着一个去中心化的支付系统,比特币和互联网一样具有去中心化、全球化、匿名性等特性。向地球另一端转账比特币,就像发送电子邮件一样简单、低成本,无任何限制。比特币因此被用于跨境贸易、支付、汇款等领域。

2009年1月12日,Hal Finney从中本聪处获得10个BTC,由此产生了第一笔比特币转账交易。2010年5月22日,程序员Hanyecz花费10 000个比特币向比特币论坛用户购买了两个比萨,比特币首次实现了由名义货币向实物货币的转变。

经过10年多的演化,比特币虽然没有发展成真正的支付型货币,但已在全球范围内积累了庞大的用户群,市值甚至超过韩国、巴西、加拿大、墨西哥、澳大利亚的本国货币,成为全球第11大货币,被视为"数字黄金"。截止到2019年8月,全球支持比特币支付的商家已超过1.5万家。政策层面,越来越多的国家承认比特币的合法地位,接受比特币用于支付结算。

2020年是比特币创新高的一年,它经历了戏剧性的价格复苏,在机构、投资基金和散户投资者兴趣高涨的推动下,价格从3 800美元的低点攀升至28 600美元的峰值。

比特币在支付功能上的短板依然突出,除了受网络性能限制外,币价波动、全球监管等因素都制约了其进一步发展。

二、比特币与区块链的渊源

比特币的运行以区块链技术为依托,比特币与区块链有着密不可分的关系。比特币是一种资产,而区块链就是为这种资产设定好运行规则的底层技术,从而保证每一笔交易顺利进行。这就好比视频文件与播放器之间的关系,视频的播放必须通过播放

144

器的底层技术处理才能实现。区块链技术的诞生源于比特币概念的提出,可以说区块链技术是比特币催化下的产物。目前,区块链技术不止运用于比特币等加密货币,在各个领域都有广泛的应用,但比特币仍旧是区块链技术上最早、最成功的应用。

三、比特币的运行机制

每一笔比特币交易,都会被区块链网络中的节点记录下来,以此增强交易公信力,保护交易双方利益。但如果所有节点都参与记录的话,容易因为网络延迟等因素造成账本信息不一致,也难以避免记账人会篡改交易信息。

因此比特币采用工作量证明(Proof of Work)共识机制,让所有节点通过解决工作量证明难题的方式参与竞争,竞争成功的节点拥有新区块的记账权,并能够将记录的信息广播出去。其他节点接收后将根据此消息进行数据同步,确保账本一致。这种竞争记账权的过程叫作挖矿,参与挖矿的节点叫作矿工。矿工挖矿成功后可以获得区块奖励,即一定数额的比特币,还可以收取该区块上的交易手续费。在利益的驱使下,节点会积极参与挖矿并维护交易记录的真实有效。

比特币的发行只有一种方式,即区块奖励,也就是说比特币是通过挖矿产生的。不过,比特币并不能通过挖矿无限产生,其算法规定了每产生 210 100 个区块(约四年),比特币的区块链奖励就要减半一次。由于比特币的发行总量恒定为 2 100 万个,预计会在 2140 年挖完。这个规定确保了比特币不会由于人为增发而发生严重的通货膨胀,可以保护比特币的价值。

四、比特币的作用

比特币可以用来兑现,可兑换成大多数国家的货币。使用者可以用比特币购买一些虚拟物品,比如网络游戏当中的衣服、帽子、装备等,只要有人接受,也可以使用比特币购买现实生活当中的物品。向地球另一端转账比特币,无任何限制,成本低,可用于跨境交易、支付、汇款等领域。

互联网打破了信息传播的地域和国家界限,信息自由极大地促进了人类经济、政治、文化的发展,比特币将进一步打破基于国家界限的金融和价值传播障碍,对全球造成深远的影响。

在相关法律制度不够健全的情况下,比特币的匿名性为违法活动提供了便利,这对比特币系统的发展带来了一定损害。比特币发展受到现行制度与法律的制约。比特币作为新生的事物,十分缺乏与现有制度和法律的相容性,导致比特币相关的经济活动缺乏必要的制度规范和法律保护,加大了企业和个人的参与风险。

复习思考题

1. 什么是数字货币?数字货币有什么特点?
2. 试比较电子货币、虚拟货币与加密数字货币。
3. 试比较私人数字货币与法定数字货币。
4. 简述我国央行数字货币的定位与特点。

第三部分

融资篇

第六章　互联网贷款

大数据、云计算、社交网络和智能搜索引擎等新兴信息技术的发展,使得网络贷款成为可能。互联网贷款是指通过互联网方式对需要借款的个人和企业进行放贷的模式。贷款主体有商业银行、消费金融公司(特指国家金融监管机构批准设立的非银行金融机构)、网络小额贷款公司等。根据放贷主体不同,互联网贷款分为商业银行互联网贷款、网络小额贷款以及互联网消费金融。本章将对商业银行互联网贷款和网络小额贷款进行介绍。第七章和第八章将分别介绍互联网消费金融和电子商务小额贷款。

第一节　商业银行互联网贷款

一、商业银行互联网贷款概述

(一)互联网贷款的定义

2020 年 7 月 17 日,中国银行保险监督管理委员会颁布实施的《商业银行互联网贷款管理暂行办法》(以下简称《暂行办法》)对商业银行互联网贷款进行了定义。商业银行互联网贷款"是指商业银行运用互联网和移动通信等信息通信技术,基于风险数据和风险模型进行交叉验证和风险管理,线上自动受理贷款申请及开展风险评估,并完成授信审批、合同签订、贷款支付、贷后管理等核心业务环节操作,为符合条件的借款人提供的用于消费、日常生产经营周转等的个人贷款和流动资金贷款"。这里的"风险数据"是指"商业银行在对借款人进行身份确认,以及贷款风险识别、分析、评价、监测、预警和处置等环节收集、使用的各类内外部数据"。这里的"风险模型"是指"应用于互联网贷款业务全流程的各类模型,包括但不限于身份认证模型、反欺诈模型、反洗钱模型、合规模型、风险评价模型、风险定价模型、授信审批模型、风险预警模型、贷款清收模型等"。商业银行互联网贷款将是未来网络小额贷款的核心。

商业银行互联网贷款是一种纯信用贷款。信用贷款是指以借款人的信誉发放的贷款,借款人不需要提供担保。其特征是债务人无须提供抵押品或第三方担保,仅凭自己的信誉就能取得贷款,并以借款人信用程度作为还款保证。根据《暂行办法》对互联网贷款的定义,有两类贷款业务不属于商业银行互联网贷款。一是商业银行线下或主要通过线下进行贷前调查、风险评估和授信审批,借款人在线上进行贷款申请及后续操作的贷款;二是银行以借款人持有的金融资产为质押物,全流程线上为借款人发放的贷款。也就是说,在线下开展预审贷工作 + 借款人在线上申贷,以及抵押贷等贷款类型都不属于互联网贷款。目前,已有相当数量的银行(包括普通商业银行和无网点的互联网银行)为客户提供上述互联网贷款服务,这些机构多依托自身电子银行、直销银行及电商平台等入口,着力搭建场景,吸引有借款需求的客户。

商业银行发放的互联网贷款对象主要是个人及小微商户。贷款用途主要是个人消费以及个人和企业的日常生产经营周转。个人消费贷是商业银行互联网贷款的主流模式。从消费领域来看,消费贷资金用途80%用于购物。随着客群拓展,小微贷越来越受到重视,此类客群经营上需要资金周转,但没有较好的抵押物,过去在传统金融机构较难获得贷款。随着大数据技术等金融科技的发展,小微商户融资现在可以通过商业银行的线上渠道申请。小微商户融资的主要目的是维持日常现金流流动,扩大经营规模,提高生产效率。

《暂行办法》明确规定,商业银行互联网贷款资金不得用于购房、股票、债券、期货、金融衍生品和资产管理产品投资,不得用于固定资产和股本权益性投资等。

（二）商业银行互联网贷款的特点

1. 商业银行互联网贷款本质上体现的是对数据分析的重视和信用的扩大

银行业是经营风险的行业,而金融创新的本质就是在防范风险的同时创造社会信用。商业银行传统的信贷业务要求借款人提供充足的抵押资产或保证,进行详细的线下调查和较为完备的审查审批流程,保障了每一笔信贷业务的严谨性和缜密性,但现实中信用良好的借款人不一定能提供有效抵押或保证,严格的调查和审批流程又不利于提高效率,难以满足现代社会借款人高效、灵活的融资需求。商业银行发展网络贷款,充分运用互联网技术,加大对数据分析的运用和重视,加大对信用价值的肯定,本质上来说扩大了社会的信用。

2. 商业银行互联网贷款实现了信贷过程的便捷化和虚拟化

商业银行发展互联网贷款,加大了互联网技术的运用力度和线上数据的分析力度,摆脱了对线下调查和现实抵押资产的依赖,使传统的信贷流程都实现了网络化,并逐步简化,终极目标是实现一键化。由于信贷流程转移到了线上,信贷申请、信贷审批、合同签订、信贷投放等所有活动都在网络上进行,实现了全过程的虚拟化,这使得银行的信贷投放突破了时间和空间的限制,借款人可以在不同的地域、不同的时间申请贷款,银行通过计算机系统对符合授信条件的借款人实行自动审批。

3. 商业银行互联网贷款坚持的是小额、短期的基本原则

小额信贷模式成功的典范是美国的富国银行。该行基于美国发达的征信体系和社会信用记录,设计出适用于小微企业、个人贷款的信用评分模型,信贷业务通过网络运作,多数微贷决策由计算机自动做出,少数则由信贷员参照计算机判断后复核做出。

互联网贷款坚持小额、短期的基本原则的目的是防范居民个人杠杆率快速上升的风险。2011年以来,我国居民部门杠杆率持续走高,特别是2011年以来,上升速度尤其惊人。2008年年底我国居民部门杠杆率还不足18%,2011年年末至2020年上半年的上升幅度超过31个百分点。根据CNBS公布的最新数据,2021年第二季度的中国居民部门的杠杆率是62%。根据国际清算银行BIS公布的最新数据,截至2020年第四季度,中国居民部门的杠杆率是61.7%,已接近欧元区和日本,居民债务继续扩张的空间已非常有限。尽管两者的统计口径略有区别,但是差别较小,走势整体也较为一致。《暂行办法》规定,单户用于消费的个人信用贷款授信额度应当不超过人民币20万元,到期一次性还本的,授信期限不超过一年。中国银行保险监督管理委员会可以根据商业银行的经营管理情况、风险水平和互联网贷款业务开展情况等对上述额度进行调整。商业银行应在上述规定额度

内,根据本行客群特征、客群消费场景等,制定差异化授信额度。

（三）商业银行互联网贷款与传统贷款的比较

商业银行互联网贷款契合了部分个人消费贷款和小微企业经营贷款所呈现出来的"短、小、频、急"的特点,对银行、消费者以及资源的配置效率都有积极意义。

（1）由于流程的自动化和风控的模型化,互联网贷款的整个过程几乎不再需要人工干预,这不仅释放了大量的人力、物力和基础设施资源,降低了单笔贷款成本,提高了银行利润率,还能够为客户提供全天候、无接触、便捷式的金融服务。

（2）由于互联网贷款的信用评价不再局限于金融资产、资金流水等传统维度,而是引入了市场管理、税务、公积金、电商、社交等政务、交易和行为数据,为信用评价和风险防范提供了更深入和立体化的洞察,降低了风险成本,促进了金融服务的下沉。

（3）由于贷款流程参与方的多元化,各参与方各自在贷款流程的某个环节上发挥自己的比较优势,解决了传统贷款高度受制于银行最薄弱环节的"木桶问题",提高了银行的服务能力、风控能力和定价水平。

二、商业银行互联网贷款的发展历程

互联网信贷起始于 P2P,经历野蛮生长和强监管后,进入互联网＋金融机构的模式。2007 年第一家 P2P 公司拍拍贷成立,拉开了互联网信贷的大幕。到 2013 年,各类 P2P 公司迅速成立,国内 P2P 平台利用高息率吸引投资者。互联网信贷的第一种模式逐渐形成,即信贷资金和信贷客户均来自 C 端个人,P2P 公司中间撮合。该模式在一段时间成为主流,但随着 P2P 公司爆雷潮的出现,P2P 模式下资金和资产风险偏好不匹配的问题日益凸显,互联网机构开始寻找金融机构合作开展互联网信贷业务,于是形成了第二种模式,即信贷资金来自金融机构,信贷客户由互联网公司负责获取。2014—2016 年,京东白条、花呗、借呗、微粒贷等产品陆续上线。随着 P2P 公司的清退,第二种模式成为主流,但互联网信贷高利率、高风险的问题开始显现,监管政策开始密集出台,互联网信贷也逐步走向合规发展。

2015 年 7 月,为充分发挥互联网的优势、拓宽金融机构服务覆盖面、创新金融服务方式,国务院发布《国务院关于积极推进"互联网＋"行动的指导意见》,鼓励金融机构利用云计算、移动互联网、大数据等技术手段,加快金融产品和服务创新,在更广泛地区提供便利的存贷款、支付结算、信用中介平台等金融服务,从而推动银行业金融机构创新信贷产品与金融服务,加大贷款投放力度。加上花呗、京东白条等互联网金融产品上市的示范效应,各商业银行顺应潮流不断推出互联网贷款产品。如中国建设银行推出的"快贷"系列产品;中国工商银行推出的融 e 借（线上自助操作的个人纯信用借款）、小微 e 贷（线上自助操作的经营贷款,包括企业信用贷款（名称为"经营快贷"）;中国银行推出的中银 E 贷（全流程线上申请、线上审批的个人消费贷款）;招商银行的"闪电贷";光大银行的"阳光随心贷";浦发银行的"点贷"等。这些网络贷款产品分为两种模式:一是商业银行与互联网平台合作,利用互联网平台上的交易数据,给予买卖双方信用额度,方便其在交易时自动提取贷款;二是商业银行利用自身掌握的客户金融资产、银行交易流水等数据进行数据模型分析,给予一定的信用额度,方便客户在需要资金时随时提取。

　　在利差收窄背景下,高收益、低风险的互联网贷款业务为商业银行提供了一个非常可观的发展路径。目前,包括地方性商业银行在内的各商业银行都推出了自己的互联网贷款产品。用户只要下载商业银行的手机 App,就可以申请相应银行的贷款。虽然说银行的网贷业务会比传统的银行贷款业务流程更加简单,但是基本都需要在该行留有开户、存款、理财等记录才有资格申请,里面的每一笔贷款都会上征信。选择银行推出的网贷是最安全不过的,而且利息更低。

　　商业银行在推进互联网贷款创新的进程中,体现了两方面的变化趋势:一是互联网技术对信贷流程的改造越来越深入,从信贷申请渠道的上线,到信贷全流程的网络化,从传统业务流程的全部复制到逐步简化,在未来或许会实现一键化。二是信用数据使用越来越深入。银行流水、交易结算数据、代发工资、缴税数据等信用数据从作为信贷审批的分析参考数据到逐步成为信贷的主要依据,数据的分析运用越来越深入,信用的价值越来越大,且能够在正规金融系统中获得变现能力。总结起来,商业银行互联网贷款就是传统商业银行加大对互联网技术和信用数据的运用,为借款人提供更加便捷和体现信用价值的信贷业务。

三、商业银行互联网贷款产业链

　　商业银行在开展互联网贷款业务的过程中,需要在营销获客、联合贷款、支付结算、风险分担、信息科技、逾期催收等方面的业务上与第三方机构开展合作。这些第三方机构主要包括银行业金融机构、保险公司等金融机构和小额贷款公司、融资担保公司、电子商务公司、大数据公司、信息科技公司、贷款催收公司以及其他相关合作机构等非金融机构,它们共同构成商业银行互联网贷款的产业链(见图 6.1)。目前,商业银行通过多种方式与第三方机构合作开展互联网贷款业务。

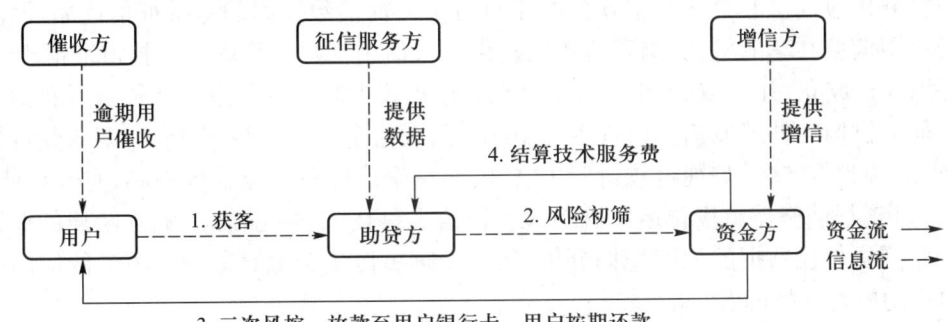

图 6.1　商业银行互联网贷款产业链

（一）助贷方

　　助贷就是为放贷机构的贷款业务提供支持和帮助。提供支持和帮助的机构就是助贷方。助贷方是拥有流量或风控初筛能力的机构。在业务模式上,助贷方往往与传统金融机构合作开展放贷业务。其中,助贷方提供导流、面签、风险审核与消费贷款定价、贷后管理等部分或全部环节。需要注意的是,助贷方本身并不直接发放贷款。

　　助贷方分为持牌金融机构与一般商业机构。前者如小额贷款公司、融资担保公司、保险公司均属于金融或类金融机构,后者一般包括电子商务公司、大数据公司、信息科技公司、贷款催收公司等。商业银行与一般商业机构在合作或服务上以导流服务(营销获客)、信息科技与逾期催收三项内容为主。

助贷方的流量有两种渠道:自有平台流量或通过其他平台外采流量。前者多为大型互联网公司,自身拥有丰富的流量资源,在此基础上开展信贷业务,如蚂蚁集团、腾讯金融、美团金融等。后者多为风控初筛能力较强的金融科技公司,外采流量后通过较强的科技实力对客户做风控筛选,并将筛选后的客户推送至合作方,代表性机构如360数科、信也科技、乐信等。

(二)商业银行

商业银行即为客户实际提供贷款资金的一方。商业银行在金融市场上的最大优势就是低资金成本,同时风险控制能力和产品覆盖面等优势也较为突出。商业银行包括传统的商业银行(中国工商银行、中国农业银行、中国建设银行、中国银行、交通银行和中国邮政储蓄银行等大型商业银行以及招商银行、民生银行、浦发银行等股份制银行及地方城商行、地方农商银行)、互联网银行以及最近几年新成立的民营银行等。

(三)征信服务方

征信服务方指为商业银行提供个人征信信息及大数据的各类机构。除人行征信外,当前获得个人征信牌照的市场化公司仅有百行征信及朴道征信。百行征信是我国第一家获得个人征信业务经营许可的市场化公司,由中国互联网金融协会(36%)与芝麻信用(8%)、腾讯征信(8%)、前海征信(8%)、考拉征信(8%)、鹏元征信(8%)、中诚信征信(8%)、中智诚征信(8%)、华道征信(8%)8家市场机构共同发起组建。公司于2018年3月19日在深圳注册成立并落户福田,注册资本10亿元。百行征信专注于征信、信用评估、信用评级、数据库管理等业务,是一家从事个人征信、企业征信及相关产业链开发的信用信息产品与服务供应商。其个人征信业务基于百行个人征信数据库的基础征信产品,面向加入百行信用信息共享的机构、消费者依法提供个人信用报告查询服务。朴道征信于2020年12月28日成立,并于2021年2月2日在北京正式揭牌。这是继百行征信后我国第二家个人征信机构。朴道征信注册资本为10亿元,北京金控集团持股35%,京东数科持股25%,小米持股17.5%,旷视科技持股17.5%,北京聚信优享企业管理中心(有限合伙)持股5%。朴道征信坚持市场化运作机制,以"征信+科技"为核心竞争力,在法律的框架内专注于非信贷替代数据的深度挖掘分析,致力于解决传统金融服务难以覆盖的信用白户或准白户的融资支持问题。

其他公司主要是金融科技或大数据公司,为助贷或商业银行提供评分,如同盾、百融云创等。

(四)增信方

增信方指为商业银行提供担保服务的公司。《暂行办法》明确允许增信方的存在,但要求增信方有担保资质,即不接受无资质的主体担保。因此增信一般只能是融资担保公司或者保险公司。很多互联网巨头成立了融资担保公司,用以为资金方提供担保服务。近年来,在互联网金融强监管背景下,互金公司纷纷开展转型,与银行、信托、消费金融公司等金融机构合作开展助贷业务时,金融机构为了控制风险,一般要求互金公司提供担保。因此,融资担保牌照是互金机构开展助贷业务的一块必备牌照。当前,多家美股上市的互金平台都已拿到融资担保的牌照,如嘉银金科、信也科技、乐信、小赢科技、趣店集团、360金融等。当前实际业务中,保险公司或融资担保公司增信背后,多数会由助贷方签署反担保协议,实际风险仍由助贷方来承担。实践中不少融资担保公司实际上仅仅是"空壳公司",只是具备提供融资担保服务的资质,而不具备实质承担担保责任的能力。对于这种类型的融资担保公司,需要商业银行在合作时加强增信能力的审查。

（五）催收方

催收方负责逾期业务的催收工作。一般商业银行会有自有的催收团队,逾期产品一般由商业银行先期催收,超过一定期限后转交专业催收公司催收,催收公司按照催回比例分成。当资产超过180天或更长时,资产方可以考虑低价出售资产给资产管理公司,由该类公司负责不良资产的处置。不同的资产对应的折价率也有较大差异,消费金融公司的不良资产为本金的5%,银行的不良资产为本金的15%~30%。

委托专业机构非诉催收、商业银行自行催收和法律诉讼催收这三种催收方式从费用、效率、时间、客户关系、债权保障等角度的比较如表6.1所示。

表6.1　委托专业机构非诉催收、商业银行自行催收和法律诉讼催收之比较

方式	商业银行自行催收	法律诉讼催收	委托专业机构非诉催收
费用	最少/最高 如果短期收回,费用是最少的。但如果计算机会成本、边际利润、商誉等就价值不菲了	最高 诉讼费用很高、时间长,而且随着时间增加,没有确定数目	中等 没有回款不收取任何费用,大大减少前期投入,有回款后按比例支付佣金
效率	中等 银行人员会因为缺乏法律知识、时间缺乏、要面子等问题收不回来	较低 因为所有的工作都要根据法律章程而定,时间比较久,然而债务人变化无常	最高 (1)利用关系网,并配合有丰富经验的商账顾问将在第一时间内主张客户债权 (2)追账人员的收入与回收金额成正比,催收动机强
时间	最少/最差 如能在发生时马上催讨是最好的。但如果担心客户关系,或者因其他工作一拖再拖,就会变为最差	最差 尤其是异地诉讼,费用、时间都很难把控	最少 当日委托,次日催收,确保最佳时机主张债权
客户关系	最好 债权人了解债务的形成以及债务人的实际情况,可以最大限度维护客户关系	最差 最具冲突性的方法,事情无法逆转,双方将"老死不相往来"	中等 可以在双方尽可能合作的前提下找出适合债务人的催收方法
债权保障	最差 缺乏法律知识及权威机构威慑力	最好 对于债权债务的裁决最具权威性	较好 委托信誉良好的专业催收公司,保障也很大

续表

	海外欠款，因语言、法律不通，时间、费用无法估量	诉讼通常时间长，不一定保证能胜诉，不管结果如何，有昂贵的前期投入；即使胜诉，法庭也不确保收回，只是确认了债权	商账催收公司对当地的司法、商业环境以及关系网络都熟悉，对当地的债务人有一定的阻吓力和影响力
其他			

四、商业银行互联网贷款模式

商业银行互联网贷款聚焦于个人贷款和流动资金贷款，其业务模式与商业银行传统贷款业务模式相似，即商业银行作为贷款人（联合贷款模式下由商业银行及联合贷款方共同作为贷款人）向借款人发放贷款，并回收本金及利息。但相比于传统贷款业务，互联网贷款借助互联网等技术，具有成本低、操作便捷、审批迅速、专注小额贷款、期限较短等优势。根据《暂行办法》，目前在政策上将互联网贷款分为自营模式、联合贷款模式与助贷业务模式三种。

（一）自营模式

自营模式是指银行利用自身信誉良好、风控能力强、客户流量大、体系完备等优势拟合多方资源的前提下，完全掌握获客及运营模式并实现完全自主风控的信贷业务模式。

该模式系利用银行自主引流，服务于自有客户，在挖掘自身内部数据的基础上导入外部数据，如纳税、公积金、社保、电商等可信数据，构建风控模型，通过自身的风险防控评级系统对借款人的征信状况、还款来源等基本信息的真实性、合法性开展线上尽职调查，做好风险评估。自营模式对客户的信用要求高，难以覆盖无资产或无信用记录的客户群体。常见自营模式贷款包括两种：

（1）无特定资金使用场景的现金贷。银行自己搭建平台（主要是手机银行 App），自己开发产品，消费者可以直接在手机银行 App 上申请贷款，以中国建设银行的"快 e 贷"、招商银行的"闪电贷"等为代表。此类产品需要银行投入较多时间开展营销推广工作，进行白名单管理与定期维护更新。虽然银行间的获客和运营能力差距在逐步缩小，但客群差异在逐步加大，客群定位将更加细化。

（2）有资金使用场景或信息流场景的现金贷。贷款资金流向较为可控，如公积金、税务、供应链、ETC 账户等，客户流量稳定且客户行为信息较为丰富。由于有特定场景提供数据支撑，对此类客户的风险审查将部分依托于场景提供的信息，因此场景的可持续性和稳定性将起到较为重要的作用。近年来不少商业银行也在积极加强网上商城等场景生态的布局，以中国工商银行、招商银行等为代表的银行在场景构建上也取得了不错的成效。

自营模式主要特点是：银行经营自主品牌产品，利用自己的线上渠道服务银行自有客户。银行根据自己的存量客户信息，选择优质的客户放贷。

商业银行的自营模式以现金贷为主，与具体的消费场景结合度不高，服务精细化程度有待提高。

（二）联合贷款模式

联合贷款是指"贷款人与具有贷款资质的合作机构基于共同的贷款条件和统一的借款合同,按约定比例出资,联合向符合条件的借款人发放的互联网贷款"。事实上,我们既可以简单地将联合贷款看作助贷模式的一种,区别只是它涉及两个持牌机构,并且双方都要出资,共同承担风险、分享收益,也可以把它看作简化版的银团贷款(Syndication Loan),银团贷款产品在境外市场上已有百年历史,两者的法律关系并无实质区别。当然,联合贷款的金额一般小于银团贷款,组织形式比银团贷款简单,没有主牵头行和牵头行之分。

具有放贷资质的机构一般包括商业银行、信用社、信托公司、小额贷款机构等。在该模式下,通常由银行作为资金主要提供方,并主要负责风控、贷后管理的产品体系。联合放贷机构除提供部分资金外,更重要的是利用大数据广泛收集客户信息、拓宽获客渠道的优势,作为流量方提供客户流量,同时分散潜在风险。由于联合放贷机构在获客和风控等核心环节上具备明显优势,因此一般可以分享比出资比例更高的利润。该模式本质上是风险共担的模式,对联合放贷机构的资本金也有一定的要求。当然,从服务内容上看,联合放贷机构除了提供互联网贷款外,也能提供营销获客、信息科技、逾期催收等相关服务。联合放贷机构基本上会参与贷前、贷中、贷后全流程。实践中,该模式容易出现部分联合放贷机构通过少量出资撬动较大的资金规模,存在一定的金融风险。2021 年 2 月发布的《中国银保监会办公厅关于进一步规范商业银行互联网信贷业务的通知》中明确提出,商业银行与合作机构共同出资发放贷款,"单笔贷款中合作方出资比例不得低于 30%"。

联合贷款模式的特点:一是独立风控,即核心风控环节不得外包,银行应当独立对所出资的贷款进行风险评估和授信审批。二是遵守跨区经营限制的规定。地方法人银行的互联网贷款不得突破区域经营范围限制。三是有限额管理和比例管理,同时单笔贷款的资金比例应该是定区间管理。

通过联合贷款和助贷,部分商业银行可以改善其授信区域和行业单一的问题,改善其业务规模集中问题,改善其风险集中度和流动性问题。同样,通过更多的与互联网公司及金融科技公司的合作,可以重塑金融机构业务流程,再造组织结构体系,进一步实现前台场景化、中台智能化和后台上云化,实现商业银行的转型升级。

联合贷款模式如图 6.2 所示。

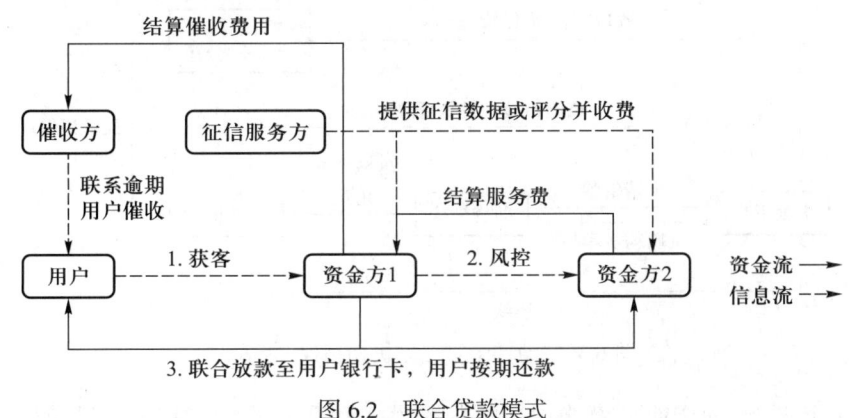

图 6.2　联合贷款模式

（三）助贷业务模式

助贷业务模式是指助贷机构通过自有系统或渠道筛选目标客群,在完成自有风控流程后,将较为优质的客户输送给商业银行,经商业银行风控终审后,完成发放贷款的一种业务模式。从助贷业务整体流程来看,主要参与者有助贷机构、商业银行和借款用户三方。助贷机构则可分为持牌助贷机构和非持牌助贷机构。前者又可分为两大类:银行(既可以作为资金方,也可以成为他行的助贷方,如新网银行、微众银行等)和部分金融科技公司(它们通常通过旗下的小贷、网络小贷、融资担保等牌照展业)。而非持牌助贷机构则包括一些网络小贷、融资担保等牌照的金融科技公司、数据公司等。在新的监管要求之下,这部分机构不得直接参与贷款的发放(联合贷款),主要为资金方提供获客、风控等服务。

在这种模式下,金融机构一般会通过评估助贷机构的资产质量、股东背景、品牌流量、经营情况等方面来选择合作机构,并通常会根据合作的助贷机构资质情况给予一定的授信额度,助贷机构在授信额度内向金融机构推荐合格的借款用户,然后金融机构对助贷机构推荐的借款用户再次进行授信审查、放款等,而且在这种模式下,助贷机构给金融机构推荐的往往是比较优质的借款用户。

从具体业务模式来看,助贷业务主要为第三方机构担保模式。这里的第三方机构主要为融资担保公司和保险公司。此模式的兴起主要与 2017 年《关于规范整顿"现金贷"业务的通知》(以下简称"141 号文")的出台有关,其中有部分助贷机构为了合规经营在141 号文出台后成立了融资担保公司,如趣店、360 金融均在 141 号文出台后成立了自己的融资担保公司。融资担保公司担保模式的主要流程为,借款用户直接向助贷机构申请借款,助贷机构对借款用户进行初步筛选、资质评估,并将合格的借款用户推荐给金融机构,金融机构再对借款用户进行风控审核、放款。助贷机构在此过程中会引入关联的融资担保公司或第三方融资担保公司,若发生逾期,由融资担保公司履行担保责任,向金融机构进行代偿。履约险模式与融资担保公司担保模式相似,区别是在此模式下,助贷机构引入的是保险公司,是与保险公司进行履约险的合作对资产进行承保,在此模式下,保险公司为了规避风险通常也会要求助贷机构进行反担保。"助贷 + 第三方机构担保"模式如图 6.3 所示。

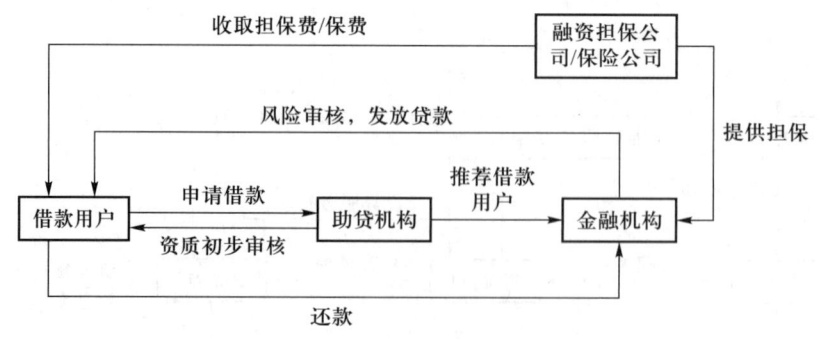

图 6.3 "助贷 + 第三方机构担保"模式

从广义上来看,助贷业务模式包括纯导流模式和联合放贷。其中纯导流模式是指助贷机构为银行、消费金融公司等资金方推荐借款用户,由资金方自行负责借款用户的筛选、风控、催收等,在此模式下助贷机构通常仅负责营销获客,不承担项目逾期风险,其盈利模式主要为推荐服务费,一般根据CPA(按注册用户收费)和CPS(按交易额收费)两种方式收费。联合放贷是指借款用户通过助贷机构的入口申请贷款,金融机构和助贷机构联合出资,收入和风险按约定的比例各自获取和承担。在此模式下,助贷机构负责设计贷款产品,提供获客、风险审核、风险定价、贷后管理等服务。另外,此模式下的助贷机构必须为具备发放贷款资质的金融机构或旗下具有持牌金融机构。纯导流模式和联合放贷在实际操作的案例中并不是泾渭分明的,往往是在一个场景当中两种模式兼而有之。

五、商业银行互联网贷款的风险控制

(一)商业银行互联网贷款面临的风险

近年来,商业银行互联网贷款业务快速发展,在提高贷款效率、创新风险评估手段、拓宽金融客户覆盖面等方面发挥了积极作用。但是,互联网贷款并不改变信贷的本质,依然是货币持有者将约定数额的资金借出并要求借款者在约定期限内按约定条件还本付息的信用活动,其核心仍是持牌金融机构的贷款行为,信用风险仍然是互联网贷款业务面临的主要风险。但是通过运用互联网等技术,原来在线下进行的信贷业务迁移到线上,演化出了不同于传统借贷的特征。这意味着,商业银行互联网贷款不仅面临与传统信贷业务相同的风险,也有其自身独特的业务风险。互联网贷款业务具有高度依托大数据风险建模、全流程线上自动运作、极速审批放贷等特点,易出现信用风险、欺诈风险、法律风险和网络安全风险等。

1. 信用风险

和传统信贷一样,互联网贷款面临的主要问题也是信用风险。在贷款业务中,"信用"作为核心评估要素往往贯穿贷款业务始终。由于资金的供求双方客观上存在不同程度的信息不对称现象,容易产生逆向选择和道德风险。客户对自己的资信状况有着更准确的评估,只有认为"合适"时,才会选择贷款,这就容易造成最终成交客户的实际风险水平高于评估值。互联网贷款基于便携,在提升贷款效率、增加便捷度的同时,也省略了面签、抵押、人工尽职调查等诸多线下风控环节,取而代之的是通过大数据和风控模型试图解决信息不对称问题,但是多重信息验证并不能保证结果有效。

2. 欺诈风险

一些信用风险较大的个人可能通过伪冒申请、提供虚假资料和虚假联系人、多头借贷等方式获取信贷资源,更有甚者通过黑灰色产业的代办包装、组团骗贷等方式获取额度和资金。由于所谓的信贷中介谙熟各家银行的审核规则,他们就会通过各种手段对申请人进行包装以突破银行风控规则。虽然目前大多数银行都宣称使用大数据和创新性模型进行反欺诈及风险评估,但是如果数据本身的维度和真实性存在问题,那么无论使用了多大体量的数据和多么先进的模型,其结果的可靠性都会大打折扣,导致欺诈风险抬升。

3. 法律风险

银行内部保存着大量的客户信息,包括涉及客户身份识别的一些敏感信息,比如身份证号、面部肖像、指纹等,一旦泄露被用作非法用途,法律后果十分严重。除此之外,客户的金融、支付、消费记录等信息均具有商业价值,未经客户授权使用、转让或出售,容易引起投诉或法律纠纷。如果银行内控存在疏漏,不能对信息的流转进行有效监管和控制,留有人为操作的空间,就可能发生内部员工泄露客户信息的事件。另外,互联网贷款业务在贷后催收过程中,也可能面临"暴力催收"的指责和法律纠纷。

4. 网络安全风险

商业银行互联网贷款往往倚重大数据、云计算、人工智能等金融科技,但是新技术是一把双刃剑,可以提高效率、增加利润,同时也会给机构带来技术风险。网络黑客入侵、数据库和服务器漏洞等一直以来都是互联网发展过程中的问题。而银行机构既掌握大量客户金融数据,又储存电子账户资金,因此历来都是网络攻击的重灾区。由于网络金融犯罪不受时间、地点限制,作案手段隐蔽,犯罪主体呈现年轻化趋势,往往是高智商、高学历人群,更形成了黑色产业,进行集群式犯罪。同时,银行内部也发生过系统操作、管理人员等内部犯罪的案例。因此,银行在自身安全管理、内控合规、网络安全技术等方面都需要进一步加强,以防范风险。

(二) 商业银行互联网贷款风险控制措施

互联网贷款业务出于扩大客群覆盖范围、提高客户响应率等目的,在客群范围、信息采集等方面具有以下特点:

(1) 客群范围较行内存量客户进一步扩大。自营类贷款的客群范围或许与行内存量客群有一定的相似度,但联合贷款、引流类贷款的客群范围通常与行内存量客群差异较大,亦有可能是完全不一样的信贷人群。

(2) 直接面向客户采集的信息明显减少。互联网贷款业务通常通过银行官网、手机银行 App、直销营销等渠道接受客户申请。一方面,出于客户体验的考虑,需要客户直接填写的信息非常有限。联合贷款、引流类贷款通常只要求客户提交姓名、手机号、证件号等几大要素信息;自营类贷款的信息要求稍多,但银行通常将需要录入的信息项数量控制在一个屏幕范围内。另一方面,对于客户主动填报的信息,银行认为较难把控其信息真实性,因此银行也主动地降低了面向客户采集信息的数量要求。

由此,互联网贷款业务的风控要点与难点包括反欺诈风险、业务目标客群的框定、合作平台的生态圈画像、客户信息的交叉核验、业务设定场景的风险分析、贷款需求真实性核验和节奏控制策略。对于不同类型的互联网贷款产品,风控的侧重点又有所差异。

1. 自营类产品:场景设计及全流程风控

自营类产品是由银行完全掌握获客及运营的产品类型,银行需自我完成全流程的风险控制。银行常见的自营类互联网贷款产品包括两类:无特定资金使用场景的现金贷和有资金使用场景或信息流场景的现金贷。无特定资金使用场景的现金贷的特点是:不容易上量,需要银行投入较多时间开展营销推广工作;需要开展白名单管理与定期维护更新,避免白名单被攻击;需要营销与风控的制约与权衡。有资金使用场景或信息流场景的现金贷的特点是:贷款资金流向较为可控;客户流量稳定;客户行为信息较为丰富;可持续上量。常见的场景包括:公积金、税务、供应链、交易结算、水电费、境外交易、ETC 账户等。

对于无特定资金使用场景的现金贷,长期来看,各银行的获客和运营能力差距将逐步缩小,但各银行的客群差异将逐步加大,客群定位将切分得更加细化。对于此类产品,银行风控的要点包括:营销定位和业务策略。由于无特定资金使用场景限制,较难获得比普通小微业务更多的数据源,因此在业务设计时需因地制宜采用便于从历史经验中总结的风险规避手段,在营销定位时,偏向于更易掌握风险信息的客群。

对于有资金使用场景或信息流场景的现金贷,银行风控的要点包括:场景风控。由于有特定场景提供数据,对此类客户的风险审查将一部分依托于场景提供的信息,因此该场景的可持续性和稳定性将起到较为重要的作用。银行应基于自身风险偏好和策略对场景有相应的筛选,也需根据场景特点建立相应的风控手段。

对于所有类型的自营类产品,银行都需在单一客户风险评级、单一客户信用额度策略、单一客户统一额度管控机制上实施相应的风控举措,覆盖贷前、贷中和贷后全流程。

2. 联合贷款类产品:合作方优选与产品组合层监控

对于联合贷款,合作方提供客户清单、风险排查、单一债项的额度定价等要素信息,甚至承担贷后管理与催收等环节的信贷管理,银行是信贷资金的联合提供方、一些银行甚至可以不需要自己开展征信查询。银行对贷款客户直接开展风险管控的空间、机会比较有限,因此,很多联合贷款业务的风控,将更加依赖于合作方的风控水平与管理能力,实际是合作方生态圈的可靠性。而在贷后管理方面,尽管银行不直接承担贷后管理或催收的具体流程工作,但仍掌握联合贷款业务的贷后数据,可以对产品组合层面的表现进行风险监控。因此针对联合贷款,银行可把握的风险管控环节包括:

(1) 合作方优选。对合作方进行生态圈画像,定位合作方实力。建议银行优先选择头部合作方机构,有筛选地审慎选择腰部合作方机构。头部合作方机构一般具备如下特点:客群覆盖范围广,有自成一体的业务生态体系,掌握的客户信息维度较为丰富,具有稳定的数据来源,对交易行为和回款现金流可监控。此外,头部合作方机构自建夯实的风险管控团队,通过自行维护的第三方信用评分、客户特征标签等方式对客户进行风险特征捕捉与风险排序。

(2) 优质客群争取。各头部、腰部合作方所掌握的客户人群众多、信息丰富,其为各类联合贷款银行推送的客群资质、风险水平难免存在差异。对于银行来说,如何在合作方的客群中争取到较为优质的客群,是联合贷款业务整体风控的重要环节之一。建议银行以高效的谈判响应、积极的总行层面重视推动、有力的资源整合等,在与合作方的业务洽谈中获得有利地位,为获取合作方所辖较优质客户创造条件。

(3) 场景优选。场景是天然的反欺诈手段,而场景的可持续性和稳定性也起到较为重要的作用,场景本身暗含的条件也在一定程度上决定了客群质量。银行应基于自身风险偏好和策略对场景有相应的筛选。

(4) 产品层面的贷款表现监控、客群资质监控。银行在联合贷款业务中,在贷款发放之前对于客群信息、风险特征等有如雾里看花,仅有对业务体量、风险水平的群体预估。因此,在贷款发放后,在产品层面的客户进件量、资金投放量、业务存续周期、逾期/违约表现、收益水平等方面需要采用较高频率的监控评估。一旦发现某一合作方的联合贷款出现明显高于预定的风险表现,则需及时采取措施,适时选择压缩出资规模或退出相关业务。

3. 引流类产品:大数据联通与半自主风控

对于引流类互联网贷款产品,合作方提供客户流量,同时提供平台附带的客户信息数据,银行可单独对申请客户进行贷前审查,并参与划定债项的额度和定价。因此,对引流类产品,银行风控管理的关键是如何有效利用合作方提供的数据,以及如何扩大和联通各个内外部数据源,做到更加丰满的客户画像。银行可把控的风控环节包括:

(1) 合作方选择。对比联合贷款类产品运营中对合作机构风控能力的依赖,银行在管理引流类产品时具有一定的自主性,但合作方可以提供的数据仍是银行进行风控的关键输入内容。对合作方的选择应关注合作方生态体系中可提供的数据全面性、可靠性。全面性是指其数据可覆盖的信息内容,包括客户基本信息、客户交易行为信息以及客户的资金流动信息;可靠性是指其经核实的数据比例,数据收集的持续性等。

(2) 大数据接入及数据整合。银行整合合作方提供的数据或信贷评估结果、掌握的外部征信数据、其他合作方的数据交集,甚至可匹配的内部数据,以此扩大数据源,构建数据平台,并一定程度上形成各类数据的交互验证规则。在此基础上设计特征变量,再利用高效算法进行数据分析,建立反欺诈模型和评分模型,对客户进行画像和风险评估。

(3) 根据客户风险调整业务要素。由于在引流类产品中银行对客户业务要素设定有一定的自主权,故银行可根据风险程度匹配相应的额度、定价,并在贷后环节中设置相应的监控手段。

第二节 网络小额贷款

一、网络小额贷款公司

(一) 什么是小额贷款公司和网络小额贷款公司

2008 年 5 月 4 日发布的《中国银行业监督管理委员会、中国人民银行关于小额贷款公司试点的指导意见》(简称《指导意见》)对小额贷款公司是这样定义的:“小额贷款公司是由自然人、企业法人与其他社会组织投资设立,不吸收公众存款,经营小额贷款业务的有限责任公司或股份有限公司。”小额贷款公司是普惠金融体系的重要组成部分和金融体系的有益补充。不能吸收公众存款是小额贷款公司最显著的特点。

我国小额贷款公司起源于 2005 年。2005 年 10 月,我国在四川、山西、内蒙古、贵州、陕西五省(区)率先试点小额贷款公司,当年有 7 家小额贷款公司获得试点。2008—2015 年是我国网络贷款公司快速发展阶段。《指导意见》涉及小额贷款公司的设立、资金来源、利率上限等方面要求,各省(市、区)开始扩大小额贷款公司试点。从 2015 年开始,随着宏观经济进入“L 形”下行期,部分地区实体企业面临较大经营风险,小额贷款公司的经营环境也发生了较大的不利变化。

中国银保监会与中国人民银行于 2020 年 11 月 2 日联合发布的《网络小额贷款业务

管理暂行办法(征求意见稿)》(以下简称《网贷办法》)对于经营网络贷款的小额贷款公司即网络小额贷款(网络小贷)公司的注册资本提出了较高要求。经营网络小额贷款业务的小额贷款公司的注册资本不低于人民币10亿元,且为一次性实缴货币资本;跨省级行政区域经营网络小额贷款业务的小额贷款公司的注册资本不低于人民币50亿元,且为一次性实缴货币资本。目前能符合新规要求的全国性网络小贷公司并不多,具体如表6.2所示。目前,仍有众多科技巨头,包括蚂蚁(借呗主体)、小米、美团、京东、平安等需要补充注册资本才能达到新规要求。

表 6.2 注册资金超过 50 亿元的网络小贷公司

机构名称	注册资本(元)	股东
重庆市蚂蚁小微小额贷款有限公司	120亿	蚂蚁科技集团股份有限公司
南宁市金通小额贷款有限公司	89.89亿	广西金融投资集团有限公司、太平资产管理有限公司
重庆度小满小额贷款有限公司	70亿	度小满(重庆)科技有限公司
重庆苏宁小额贷款有限公司	60亿	上海苏宁金融服务集团有限公司
中新(黑龙江)网络小额贷款有限公司	50亿	大连中联创投资有限公司、上海华融通远资产管理有限公司等

网络小贷的基本管理框架是:跨省开展业务的网络小贷机构的监管职责从原来的地方监督管理部门上升至国务院银行业监督管理机构,更加符合管理权限与业务实质相匹配,即地方监管的网络小贷公司仅在地方开展业务,全国性的网络小贷公司由国家金融监管机构和中国人民银行监管。

(二) 网络小额贷款公司与传统小额贷款公司比较

网络小额贷款公司仍属于小额贷款公司范畴。但是,网络小额贷款公司与传统的小额贷款公司相比,具有以下特点。

1. 突破身份限制

此前,小额贷款公司并未纳入金融机构体系,因此不享有金融机构权限,导致小贷公司在融资渠道和经营杠杆上面临压力。网络小额贷款公司的出现,一定程度上缓解了这种压力,网络借贷业务由国家金融监管机构监管,各地颁布的监管政策逐步拓宽了融资渠道,取得发行资产支持证券(ABS)的权限,经营杠杆也可放大,还可以通过联合贷款、助贷业务进一步丰富业务结构。网络小贷具备了部分金融机构权限,突破了传统小贷公司的身份限制。

2. 突破模式限制

传统小贷公司主打线下业务,获客难度大、成本高、流程长,风险管控效果差,客户体验也较差;网络小贷公司业务模式则将小贷业务完全转移到线上,从产品设计、获客渠道到大数据收集、授信审批再到风险防控、贷后管理,整个信贷流程都可以实现线上化,金融科技成为核心竞争力,突破杠杆限制。《指导意见》规定,小额贷款公司从银行业金融机构获得融入资金的余额,不得超过资本净额的50%,对小贷公司杠杆水平相当谨慎。网络小贷公司诞生以后,地方政府层面允许其开展资产证券化等业务,其本质是拓展了小贷公司融资渠道,但是,网络小贷公司资产证券化规模急剧扩张后,可能突破原有的杠杆限制,风险显著增加。

二、网络小额贷款的定义与特点

(一)网络小额贷款的定义

从国际流行观点定义,小额信贷是指向低收入群体和微型企业提供的额度较小的持续信贷服务,其基本特征是额度较小、无担保、无抵押、服务于贫困人口。小额信贷可由正规金融机构及专门的小额信贷机构或组织提供。

银保监会和央行于2020年11月2日颁布的《网贷办法》对网络小额贷款业务是这样定义的:网络小额贷款业务是指"小额贷款公司利用大数据、云计算、移动互联网等技术手段,运用互联网平台积累的客户经营、网络消费、网络交易等内生数据信息以及通过合法渠道获取的其他数据信息,分析评定借款客户信用风险,确定贷款方式和额度,并在线上完成贷款申请、风险审核、贷款审批、贷款发放和贷款回收等流程的小额贷款业务"。

小额贷款公司发放网络小额贷款应当遵循小额、分散的原则。网络小额贷款的主要服务对象是小微企业、农民、城镇低收入人群等普惠金融重点服务对象。在网络小额贷款金额方面,《网贷办法》指出,经营网络小额贷款业务的小额贷款公司应当根据借款人收入水平、总体负债、资产状况等因素,合理确定贷款金额和期限,使借款人每期还款额不超过其还款能力。对自然人的单户网络小额贷款余额原则上不得超过人民币30万元,不得超过其最近3年年均收入的1/3,该两项金额中的较低者为贷款金额最高限额;对法人或其他组织及其关联方的单户网络小额贷款余额原则上不得超过人民币100万元。

小额贷款公司应与借款人明确约定贷款用途,并且按照合同约定监控贷款用途,贷款用途应符合法律法规、国家宏观调控和产业政策。网络小额贷款不得用于以下用途:一是从事债券、股票、金融衍生品、资产管理产品等投资;二是购房及偿还住房抵押贷款;三是法律法规、国务院银行业监督管理机构和监督管理部门禁止的其他用途。

(二)网络小额贷款的特点

网络小额贷款是小额贷款与大数据挖掘、人工智能等前沿技术相结合的产物,其具备受众广泛、高效便捷、高频低额等特点。

1. 受众广泛

中小微企业融资贵和难的问题是国家近年来一直期望解决的重要问题,国家出台了不少政策以引导市场资金支持中小微企业发展,但收效甚微。全国工商联发布的一份报告显示,10%的中型企业、80%的小型企业难以从商业银行等传统融资渠道获得贷款,而且除开学历高、收入稳定、社保信息齐全等高净值客户外的个人也难以从传统金融机构中获得贷款。而网络小额贷款公司则利用较高的风控技术水平,创新金融产品,服务于这些无法从传统金融机构获取贷款的大多数中小微企业及个人。无论何地、何种职业的借款人,都可随时通过网络小额贷款公司的网站或App进行贷款申请。

2. 高效便捷

网络小额贷款公司借助人脸识别技术确保借款人的真实性,设定智能化的程序对借款人的各类消费数据、行为数据、信用数据进行清洗和重构,得出借款人的信用画像和风险定价,帮助借款人足不出户即可通过网络平台高效地完成贷款申请,解决了传统金融机构贷款手续复杂、审批周期长、贷款要求高等痛点。借款人通过网络小额贷款公司的 App 或网上平台,随时随地可发出借款申请。借助智能化的线上审批系统,网络小额贷款公司在收到借款申请后,通过系统自动运行快速完成审批与放款。以广州拉卡拉网络小额贷款公司为例,其自主研发的鹰眼风控系统借助风险计量工具和决策分析技术,在运算规则、模型和大量特征变量的基础上,配备机器深度学习,以秒级的速度完成对借款人的多维度客户综合情况分析,包括信用风险、还款能力和还款意愿等的分析,实现借款授信决策与审批,降低贷款业务审批的尽调与征信成本,把业务拓展至旧有的银行贷款模式所无法服务的领域。在反欺诈方面,通过声纹识别、人力识别、自然语义分析等先进技术,迅速识别欺诈客户,降低欺诈风险。

3. 高频低额

单笔贷款金额低是网络小额贷款公司区别于传统金融机构、传统线下小额贷款公司的另一大重要特点。以广州的互联网小额贷款公司为例。广州市小额贷款公司协会发布的信息显示,2018 年广州 41 家互联网小额贷款公司笔均贷款金额为 0.597 万元,而传统线下小额贷款公司笔均为 176 万元,是互联网小额贷款公司笔均的近 300 倍。此外,网络小额贷款公司资金周转速度快,其产品大都在一年期以内,不少为三个月以内甚至是随借随还的产品,借款周期灵活。随借随还的产品设计,大大提高了借款人的借款频率,一次授信,借款人可以多次循环使用。

三、网络小额贷款的产品特色

网络小额贷款的产品特色是其信贷需求可以植入具体的场景,这种场景也往往是用户最为实际的旅游、购物、消费和支付等日常生活服务类。和银行等传统金融机构做信贷不太一样,这种互联网公司的小贷产品核心在于后台快速的数据和信用审核能力,以及前端对各种场景的嵌入匹配。以同程为例,同程旅游拥有旅游资源,一方面基于同程网络的互联网平台、信息化的搭建和大数据的分析;另一方面依托深厚的行业经验和牢固的供应商上下游关系,让同程更加深入地了解上下游企业的需求和风险。同时,作为旅游行业的参与者,同程也希望通过依托互联网和行业链的风险控制来为上下游企业更好地解决融资问题,让上下游企业更加合理健康地发展。又如,以海尔为代表的传统实业企业,主要服务对象包括海尔集团所属的 38 000 家经销商,以及广大小微企业、个体工商户,且同时接受线上和线下的贷款申请,并采取"大规模定制"的服务方式,推出客户可自选还款条件的贷款产品。

四、网络小额贷款的业务利率、业务平均成本和融资渠道

(一)业务利率

2020 年 8 月 20 日发布的《最高人民法院关于审理民间借贷案件适用法律若干问题

的规定》（以下简称《规定》）规定，以中国人民银行授权全国银行间同业拆借中心每月 20 日发布的一年期贷款市场报价利率（LPR）的 4 倍为标准，确定民间借贷利率的司法保护上限。民间借贷利率司法保护上限从 24% 调整至最新一期 LPR 的 4 倍即 15.4%，下调幅度很大。

关于小额贷款公司是否适用民间借贷相关规定，过往的司法判例存在分歧，考虑到《规定》出台后，在金融机构的相关业务判例上存在适用利率司法保护上限的司法判例，加之目前政策倡导金融让利实体，相关机构认为，小额贷款业务定价受到民间借贷利率司法保护上限约束。目前，除头部网络小额贷款年度平均利率（APR）接近 15.4% 上限外，大部分小额贷款公司特别是传统小额贷款公司 APR 均大幅高于该水平，利率司法保护上限下调将大幅压缩小额贷款公司的盈利空间，传统小额贷款公司业务盈利模式面临较大的挑战，业务利率的被动下调倒逼小额贷款公司调整其业务结构，提高业务准入标准，退出风险较高业务，市场竞争加剧，部分小额贷款公司或将就此退出市场。

（二）业务平均成本

这里所讲的平均成本是一个相对综合的概念，包括小额贷款公司的资金成本、运营成本以及小额贷款公司客户性质带来相对较高的违约损失。网络小额贷款公司多数采用线上运营模式，业务效率很高，单笔业务边际运营成本优势明显；而传统小贷公司融资渠道单一，融资成本较高，同时资产质量持续承压，推动其平均成本处于较高水平。

（三）融资渠道

小额贷款公司债权融资分为非标准化融资形式和标准化债权融资形式。传统小额贷款公司一般通过银行借款和股东借款等非标准化融资形式获得债权资金，头部小额贷款公司则主要采取发行 ABS 等标准化债权融资形式融资。银行借款和股东借款等传统渠道融资成本较高，但却是传统小额贷款公司融资的主要方式，通过发行 ABS 产品等方式融资更有成本优势，但除头部小额贷款公司（主要是网络小额贷款公司）外，传统小额贷款公司采用资产证券化等标准化债权融资存在较高难度，2017 年 1 月至 2020 年 9 月期间通过 ABS 融资的小额贷款公司仅有 22 家。从 2017 年 1 月至 2020 年 9 月期间小额贷款资产证券化数据来看，随着小额贷款行业监管趋严，以小额贷款为基础资产发行的 ABS 规模整体呈大幅下降趋势，其中，蚂蚁集团旗下小额贷款公司"蚂蚁小微"和"蚂蚁商诚"作为原始权益人发行的 ABS 产品占据同类 ABS 市场发行规模的极大比重，头部效应明显。

五、我国网络小额贷款发展状况

（一）网络小额贷款发展的政策梳理

随着互联网技术的发展与电商购物广泛覆盖，传统小额贷款公司经营地域的限制无法满足电商平台服务全国客户的需求，2010 年 6 月阿里旗下浙江蚂蚁小微金融服务集团有限公司牵头在杭州设立浙江阿里巴巴小额贷款股份有限公司，拿到了首张电子商务领域小额贷款公司营业执照，服务对象为其平台上的网店商户，这也就是后来所说的网络小贷公司。随后，重庆、广州、北京、上海、江西、湖南、宁夏、青海、西安等地纷纷允许具有网上消费场景或相应互联网技术的企业发起设立网络小额贷款公司。京东、百度、腾讯、海尔、携程、唯品会等互联网巨头闻讯后争先发起设立网络小额贷款公司。网络小额贷款从诞生之日起,就受到了各路资本与各类公司的追捧。从统计的网络小额贷款公司设立进程看,网络小额贷款公司是在 2015 年后大规模兴起的,2015—2017 年三年间的新增机构数量和新增注册资本占比都超过了整体数量的 2/3。

虽然互联网小额贷款公司的出现,满足了一部分中小微企业和个人的融资需求,但是金融供给受抑制,市场的贷款供给仍然不足,许多强烈的融资需求无法从正规的金融机构得到满足,市场出现了诸多无资质的放贷主体面向社会大众发放现金贷,这些主体缺乏准入审批和业务监管,忽略借款人高额负债、收取高额利息、催收手段不合规等乱象频发,亟待监管机构采取措施规范整顿。

2015 年 7 月 18 日,中国人民银行等 10 部委联合下发《关于促进互联网金融健康发展的指导意见》,开始对包括网络小额贷款业务的网络借贷平台进行专项整治。其间,在 P2P 整顿过程中,为了体现疏堵并举的理念,2019 年 11 月,互联网金融风险专项整治、网络借贷风险专项整治工作领导小组办公室发布《关于网络借贷信息中介机构转型为小额贷款公司试点的指导意见》,就混业经营的 P2P 转型为小额贷款公司规定了具体的条件和程序。P2P 整顿令监管机构认识到专业化的网络小额贷款行业蕴含的巨大负外部性以及针对性监管的必要性。在明确承认和推动网络小额贷款业务的背景下,监管机构一方面开始完善小额贷款公司的整体监管规则,另一方面则对小额贷款公司的网络小额贷款业务予以专门监管。在 P2P 网贷行业退出和转型为主基调的大背景下,监管层多次提及引导具备条件的网贷机构向小贷公司、消费金融公司等持牌机构转型,网络小贷也再次成为行业关注焦点,但自 2017 年 11 月底以来,网络小贷批设基本处于停滞状态。不过在相关政策下发前,已有部分 P2P 网贷平台提前布局,通过主体或者关联公司获取了网络小贷牌照。据不完全统计,截至 2019 年 11 月 11 日,全国共有 21 家正常运营的 P2P 网贷平台或其关联企业获取了 25 家网络小贷牌照。2020 年 9 月,《中国银保监会办公厅关于加强小额贷款公司监督管理的通知》发布,明确小额贷款公司应当主要经营放贷业务,并对小额贷款公司行业亟须明确的部分经营规则和监管规则做出明确规范,促进小额贷款公司回归本源、专注主业、服务实体经济;强调事中事前监管,遏制监管套利,引导小额贷款公司规范化发展。明确"暂停新增小额贷款公司从事网络小额贷款业务及其他跨省业务"。2020 年,多地金融监管部门发布清理小额贷款公司名单,推动行业持续出清。

2020 年 11 月 2 日,银保监会和央行颁布《网络小额贷款业务管理暂行办法(征求意见稿)》,对于经营网络小额贷款业务的小额贷款公司的组织和行为设置特别的监管规则。

2020 年 11 月 3 日,银保监会就《网络小额贷款业务管理暂行办法(征求意见稿)》公开征求意见,按照征求意见稿内容,网络小额贷款公司业务应当主要在注册地所属省级行政区域内开展,确需跨省开展业务的,需经国务院银行业监督管理机构批准。同时,征求意见稿对网络小额贷款公司的注册资本、对外融资、业务贷款限额、联合贷款模式下网络小额贷款公司出资比例、股权管理等均做出限制。

(二)我国网络小额贷款发展现状

中国人民银行统计数据显示,截止到 2021 年 9 月 30 日,我国小额贷款机构数量达到 6 566 家,总贷款余额 9 353 亿元。如图 6.4 和图 6.5 所示。

如图 6.4 所示,小额贷款公司贷款余额在 2017 年年底到达峰值 9 799.49 亿元。随着行业规范不断完善,监管机构逐步清理整顿金融市场,小额贷款市场贷款余额规模以平均每年 3% 左右的速度递减。

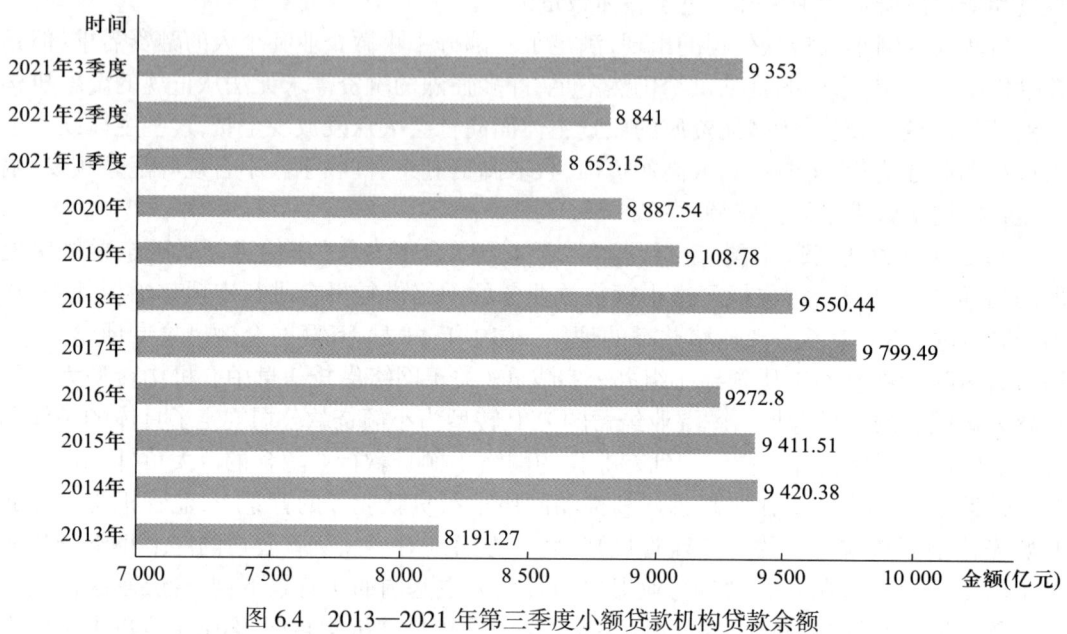

图 6.4　2013—2021 年第三季度小额贷款机构贷款余额

如图 6.5 所示,小额贷款机构数量在 2015 年年底达到峰值,近 9 000 家,之后以平均每年近 5% 的速度递减。

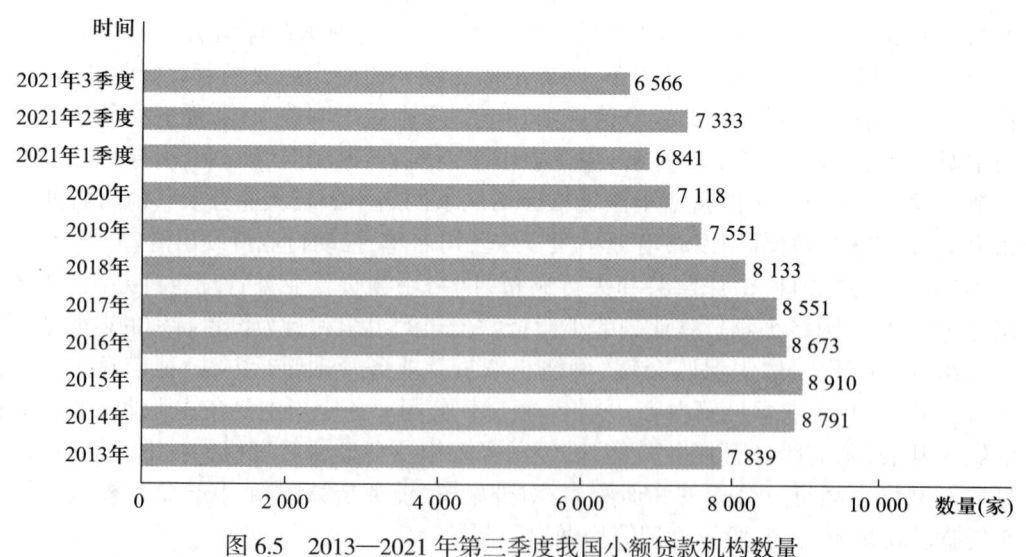

图 6.5　2013—2021 年第三季度我国小额贷款机构数量

机构数量和贷款余额在双降,但机构平均贷款余额却在增长。8 年多时间,机构贷款余额从平均 1.04 亿元增长至 1.42 亿元。如图 6.6 所示。

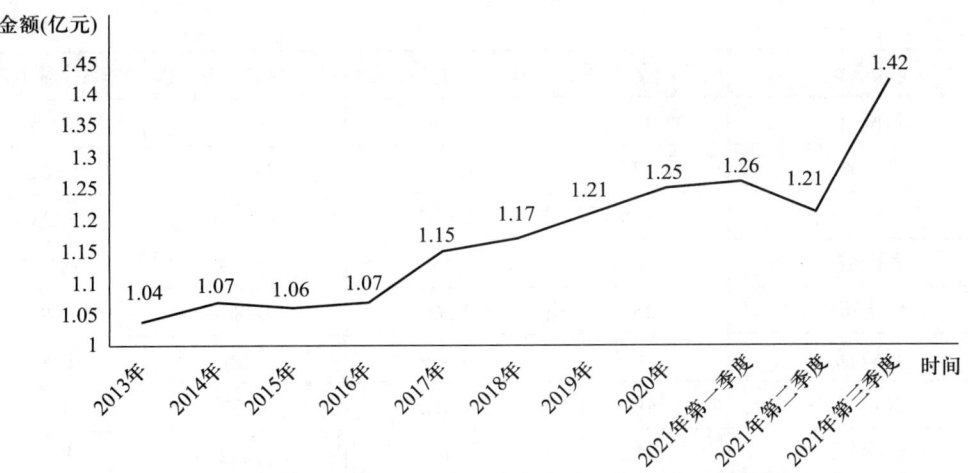

图 6.6　2013—2021 年第三季度我国小额贷款公司平均贷款余额

从这组数据可以看出,虽然小额贷款市场规模在降低,但机构的平均规模和品质在不断提高。

小额贷款机构分地区情况统计如表 6.3 所示。

表 6.3　小额贷款机构分地区情况统计表

地区名称	机构数量(家)	从业人员数(人)	实收资本(亿元)	贷款余额(亿元)
北京市	105	914	140.65	131.88
天津市	78	1 309	99.14	110.8
河北省	382	3 754	220.62	215.12
山西省	237	2 120	159.94	146.02
内蒙古自治区	247	2 042	186.45	182.04
辽宁省	454	3 179	319.08	280.08
吉林省	183	1 469	80.02	64.34
黑龙江省	212	1 293	118.92	96.35
上海市	125	1 262	220.7	226.53
江苏省	564	4 720	683.79	764.22
浙江省	304	2 793	505.39	556.79
安徽省	351	3 504	340.36	418.24
福建省	118	1 125	261.76	282.54
江西省	154	1 670	187.19	184.44
山东省	287	2 894	400.65	446.3
河南省	220	2 434	200.34	220.11
湖北省	269	2 406	297.72	286.74

续表

地区名称	机构数量(家)	从业人员数(人)	实收资本(亿元)	贷款余额(亿元)
湖南省	85	739	67.82	71.66
广东省	433	6 770	759.89	762.52
广西壮族自治区	295	2 960	247.54	322.04
海南省	55	711	70.29	83.85
重庆市	255	4 360	1 088.09	1 620.34
四川省	203	4 039	384.62	435.96
贵州省	109	1 012	41.32	41.83
云南省	182	1 448	88.52	86.34
西藏自治区	19	126	19.91	13.28
陕西省	256	2 275	234.59	240.71
甘肃省	270	2 559	144.94	123.85
青海省	57	475	32.86	36.91
宁夏回族自治区	69	1 024	29.33	26.14
新疆维吾尔自治区	263	1 653	168.38	175.13

资料来源:中国人民银行。

小额贷款公司主要集中在江苏、辽宁、广东、河北和安徽五省。江苏省小额贷款机构数量最多,达到 564 家,辽宁、广东、河北、安徽紧随其后,机构数量均超过 350 家,5 个地区机构总数量达到 2 184 家,占比 31.9%。而贷款余额仅占全国总余额 28.2%,机构平均贷款规模并不算高。

贷款余额最高的 5 个地区是重庆、江苏、广东、浙江、山东,贷款总余额超过 4 150 亿元,占比 48%。江苏、广东、浙江、山东 4 个地区也是国内首屈一指的"GDP 大户",GDP 领跑全国。这 4 个地区也是国内商业尤其是民间商业较为发达的地区。

(三)我国网络小额贷款业务发展趋势

自 2015 年上半年以来,小额贷款行业中,机构数量、贷款余额、从业人数三项指标均在波动中呈现出下降的趋势,且整个小额贷款行业的萎缩速度在加快。

从行业发展的政策环境来看,身份属性定位不明、区域监管的分化与限制是小额贷款公司面临的重点问题,这也极大地影响了小额贷款公司的健康发展和持续服务能力。近年来愈加严格的行业监管也压缩着小贷公司的生存和发展空间。

2020 年 11 月 2 日颁发的《网络小额贷款业务管理暂行办法(征求意见稿)》对小贷公司的经营区域、借款限额、联合贷款、融资杠杆、注册资本等方面提出了要求,以规范小额贷款公司网络小额贷款业务,防范网络小额贷款业务风险,促进网络小额贷款业务健康发展。这一办法为小贷公司利用更具优势的互联网技术与突破区域展业限制设立诸多门槛,促进小贷行业的优胜劣汰和新一轮洗牌。

除此之外,来自其他金融机构的竞争也冲击着小贷市场。近年来,商业银行也不断推出小额信贷业务。对于借贷人来说,在银行,客户的借款成本会更低且信任感更强,这也致使他们放弃从小贷公司获取贷款,转投向传统银行渠道。

全国小贷公司数量众多,其中地方小贷公司占绝大多数,近几年全国贷款规模和公司数量呈现逐步下降趋势。地方小贷公司业务普遍立足地方,一方面受当地经济波动和自身实力的限制;另一方面面临其他金融机构的竞争,因而近几年生存压力较大,整体数量和规模都呈下滑态势。

2020 年 11 月 3 日,银保监会就《网络小额贷款业务管理暂行办法(征求意见稿)》公开征求意见。征求意见稿提高了对网络小额贷款公司资本要求,同时"联合贷"出资比例和小贷公司杠杆率要求会导致"联合贷"业务规模大幅下降或转为"助贷"服务模式,整体上相对利好在客户资源、信息技术和资本实力占优的头部网络小额贷款公司,但将重构网络小额贷款公司和金融机构合作模式及分润机制。

六、我国网络小额贷款的运营模式

(一)我国网络小额贷款的商业模式

网络小贷业务模式是一种以金融科技为核心,运用互联网大数据信息,对借款者的信用风险进行综合评估,并在线上完成贷款全流程的金融业务模式。其能够为缺乏合格担保的小微企业或个体业主提供一种有效的直接借贷途径,使传统贷款难以覆盖的人群也同样享受到金融服务。

我国网络小额贷款的商业模式为:依托自有平台,挖掘客户行为。该模式的特点是依托股东自身电子商务平台或终端的数据来源充分挖掘客户,从行为识别用户,通过对多维度信息考核、交叉验证及细节比对,来控制风险。由于目前网络小额贷款公司的发展尚处于摸索阶段,因此,下文将对网络小额贷款之典型——蚂蚁小贷进行分析。

蚂蚁小贷是指由阿里巴巴旗下两家小贷公司所开展的小额贷款业务。蚂蚁小贷的贷款产品主要有以下三个:一是淘宝(天猫)信用贷款,面向淘宝店主和天猫商户提供,系统综合评价申请人的资信状况、信用风险和额度需求等因素后自动核定授信额度。二是阿里信用贷款,面向在阿里巴巴 B2B 电子商务平台上进行国内贸易的小微企业,向其提供无须担保、抵押的纯信用贷款。三是花呗,面向阿里电商平台上的个人消费者,是额度较低、主打便捷贷款体验的定向消费贷款产品。花呗基于消费者的长期网络购物经验数据,利用特有的风控模型评估消费者的资信状况,确定消费者的可贷额度。消费者可以在支付宝查看其可贷额度,并可在已开通"花呗"业务的商户通过"花呗"进行购物,阿里小贷通过支付宝实现贷款划拨和还款等资金流转。阿里小贷抛弃传统的硬件方式,采用结合借款人的操作场景、监控用户输入密码习惯、黑名单核查策略等手段防范客户欺诈风险。

蚂蚁小贷的流程见图 6.7。从图 6.7 中可以看出,蚂蚁小贷业务流程具有如下两个特点:首先,贷款项目来自淘宝、天猫和阿里巴巴 B2B 平台上的商户,由商户在线向阿里小贷公司提出申请。其次,贷款审核以线上手段为主,线下手段为辅。线上利用网络数据模型和视频调查进行评估,线下通过与第三方合作进行评估,多方交叉验证筛选出合格客户,并最终由系统及人工审批两道环节予以确认。因此,蚂蚁小贷的贷款项目获取及审核主要是基于互联网平台来完成的,是典型的互联网小贷。

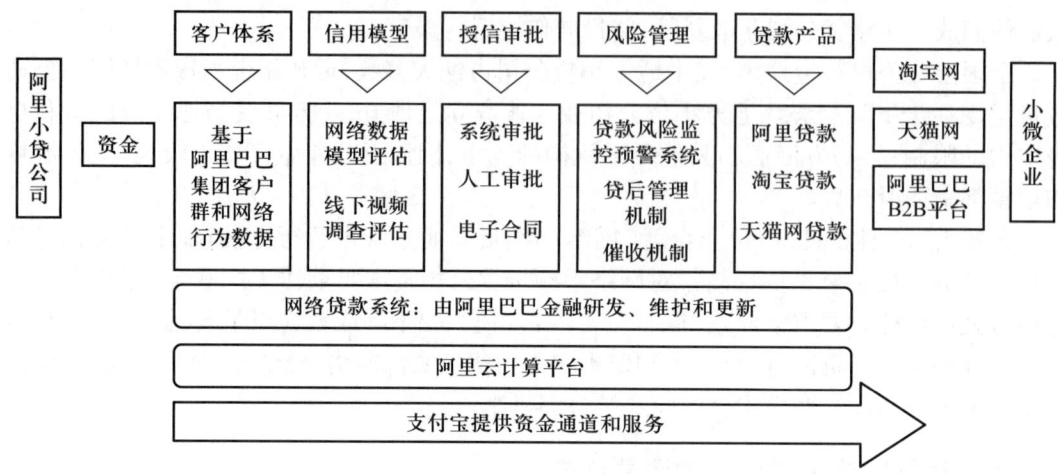

图 6.7　蚂蚁小贷流程

　　蚂蚁小贷的高速发展与其自身在风险控制及贷款运作机制方面的创新密不可分。两大创新也使得蚂蚁小贷在风险可控的前提下,实现了运营成本的极大降低,使得户均贷款万元左右的微型客户获得授信成为可能。

　　在风险控制方面的创新主要体现在:第一,贷前信用识别环节完全基于"网络 + 数据"完成。这较线下信用评估显著提高了效率和准确性。第二,贷中、贷后的风险管理主要基于平台完成,风险可控。贷中,蚂蚁金融通过支付宝自动发放贷款金额。贷后 24 小时追踪和监测贷款使用情况,并及时进行风险预警。当出现黄色、橙色风险预警时,蚂蚁金融会进行人工排查,一旦出现红色预警,则直接回收贷款,从而降低贷款风险。借助这套基于"网络 + 数据 + 平台"的风险控制机制,蚂蚁小贷有效控制了小微贷款风险,保障了贷款资产质量。

　　在贷款运作机制方面的创新主要体现在:第一,平台替代了传统的物理网点,便利了销售,提高了效率。第二,阿里云具有的信息储存、检索、分析体系,使得阿里可以实现贷款的流水化作业,在提高贷款业务效率的同时,也有效降低了业务运营成本。

　　从上述分析可以看出,蚂蚁小贷的优势主要在于平台及底层数据所塑造的风控优势,所以说其发展与所依托的平台息息相关。

　　(二)我国网络小额贷款的征信模式

　　目前我国网络小额贷款的征信模式依据其业务操作可分为三种形态。

　　(1)互联网企业通过申请网络小贷牌照自建网络小贷公司模式,并直接向平台上的客户发放贷款,诸如阿里巴巴、苏宁等。此形态的网络小贷大多利用平台上的信息采取自征信模式。就阿里小贷来说,贷前和贷中主要审查用户在平台上的信用记录和积累的交易记录,据此对用户信用评级,确定用户的资信状况、还款能力、违约风险,从而给予用户一定的信用额度,而贷后主要是对用户贷款后的生产经营情况等进行监控。

　　(2)电商与银行合作放贷,电商提供客户源并将平台数据转化为一定的数据源,银行据此审批发放贷款,诸如慧聪网。其采取与银行合作的模式,慧聪网仅给银行提供交易数据,由银行最终审核。但是慧聪网将自身平台会员的数据信息提供给银行的行为,存在侵犯会员个人信息权的风险。

(3) 商业银行自己推出为小微客户提供小额贷款业务的模式,如中国银行的银通商城、建设银行的善融商务等,此网络小贷采取的是央行征信模式。

七、网络小额贷款风控系统

网络小额贷款的风控有别于商业银行的互联网贷款。

(一) 业务整体流程

网络小额贷款的整体流程如图 6.8 所示。

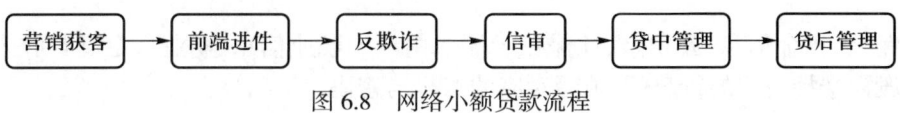

图 6.8　网络小额贷款流程

具体为:经过一定方式营销触达用户,有借款需求人群通过注册成为借款用户。借款用户填写资料并进行相关授权。借款用户信息进入系统进行风控。审核通过后放款,放款后进入贷中管理阶段。还款日到期则还款,如果未还款则进入贷后催收管理阶段,借款用户还可以进行复贷。

一个系统的建设是从简单到复杂逐渐升级的。一方面是风控流程的复杂度上升,另一方面是风控规则的复杂。从系统设计层面来看,从上线之初,小额贷款就要从授信政策、产品设计、运营营销、流程审批、催收处置、IT 系统建设等多方面考虑。

(二) 前端设计

进件是用户进行贷款的第一步,多采用 H5 或 App 来实现目的。此时风控目标与用户体验往往会出现矛盾。风控当然希望能获取到更多的用户信息,但获取信息多意味着用户花费时间的上升和借款意愿的下降。基于不同的风控模型,不同的借款产品在此处的流程设计与所需信息有所不同。一般来说,借款周期越短,额度越小,所填写的信息越少;反之则需要填写的信息越多。

借款端流程一般是:注册—实名(活体验证)—授权(运营商、征信数据等)—基本信息填写—提交借款申请。将授权放在用户基本信息填写之前的原因在于,用户授权完成后,需要系统去爬取并处理用户的相关数据,该阶段通常需要几分钟的时间。因此用户授权后系统去处理相关数据,此时用户再填写相关信息,则可为用户节省时间。

在实名认证的过程中可与第三方黑名单数据库直接对接,如发现该用户为黑名单用户,则可以直接将该用户拒绝,避免用户进入授权阶段,同时节约了后续成本。

用于风控的信息包括身份数据、交易数据、信用数据及各类行为数据。在用户填写的内容中,主要包括身份数据(姓名、身份证号、手机号、银行卡、单位、职位等)、信用数据与行为数据授权爬取。

借款端的产品注册门槛都比较低,一般为手机号 + 短信验证码的模式。用户注册后可视情况是否设置登录密码。

实名认证通常设定为注册后的第一步。用户填写身份证信息或者上传身份证照片，系统对接第三方进行实名认证。若要增加安全性，需加入活体验证。

运营商数据用于分析用户的通话行为，入网时长（是否是小号），是否有涉催收、赌博相关通话等，是评估用户行为非常重要的手段。运营商数据分析越深越全面，越能反映借款申请人的行为。不同运营商加上省份的区别，有的只需一次短信验证，有的需要两次。

基本信息填写一般为必填项，包括用户家庭住址、工作单位、公司名称等。填写多少取决于风控体系的要求。如果是超短期的小额贷，则信息填写尽可能少。

联系人信息：一般分为直系亲属信息与紧急联系人信息。用户填写的联系人信息可与通讯录信息、运营商报告联动分析。

央行征信信息：获取用户央行征信信息，查看用户是否有信用卡逾期记录或者被查询记录。

社保、公积金信息：公积金、社保在于评估用户的职业信息、职业稳定度与收入水平。用户一般需选择对应的行政区，填写对应的账号与密码。

网银／信用卡账单导入：网银／信用卡账单能真实反映用户的收入与支出、消费水平。同时，导入成功则说明用户的四要素验证通过。但这里存在的较大问题是，随着当前社会第三方支付广泛普及，用户在支付宝、微信上消费的记录无法在网银／信用卡账单中体现。

电商数据：电商数据在于分析用户近期的购物记录，评估该用户的消费习惯与消费能力，同时对收货地址与用户填写的家庭住址、定位信息进行关联分析。

本地通讯录访问授权：获取用户本地通讯录信息在于评估该用户的借款意愿，是否在用小号借款。通讯录低于一定数量则该用户存在问题。同时，结合用户运营商数据，通讯录对于后期的催收具有重要作用。对于 Android 客户端，可以强制要求用户进行授权，如不授权则无法进入 App。也可以设定在借款申请前完成授权。但 IOS 却不能在启动时强制用户通讯录授权。

银行卡信息：针对超短额借款，如放款量非常大笔数多，用户需要填写银行卡信息，进行四要素验证。在审核通过可快速放款到用户的银行卡，同时可在还款日发起批量扣款操作。

（三）贷前风控

贷前风控是贷款风控体系的起点，是整个风控体系的关键环节，是决定风控效果的核心所在。贷前风控流程一般为：用户申请进件—预审批—审批。预审批阶段一般为系统完成。审批阶段可以通过评分卡、风控模型来完成或者综合判断。

贷前风控的目的在于反欺诈（排除欺诈用户）与用户授信（判定用户的还款能力与还款意愿）。将贷前风控划分为 4 个层次：数据层、规则层、配置层与策略层。如图 6.9 所示。

1. 数据层

底层为数据层，即数据来源。风控系统需要多维度数据，其中部分数据已经由用户授权或提交给了平台，包括个人资料、银行卡数据、通讯录等。平台有存量的内部黑名单数据和用户借款还款数据，其中内部黑名单数据要经历一个从 0 到 1、从少到多不断积累的过程。第三方生成数据包括黑名单、多头信息、风控报告等，这些数据需要与数据服务公司合作并对接相应的接口进行获取。以上数据共同构成了贷前风控的数据来源。数据的质量以及覆盖度，特别是第三方公司的数据质量，将在很大程度上影响风控系统的优劣。

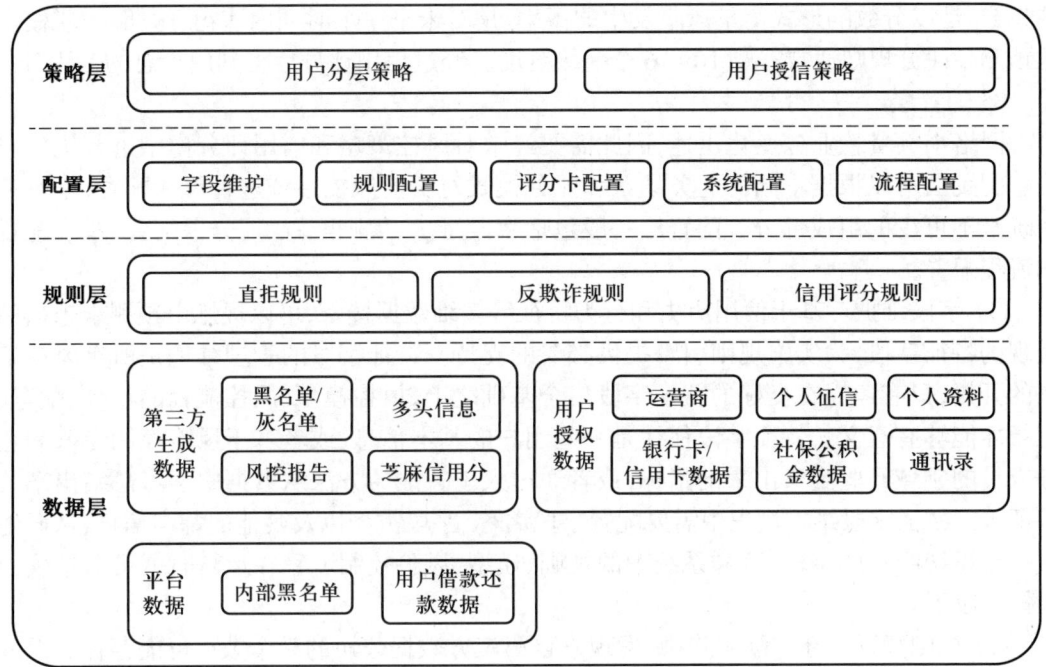

图 6.9 网络小额贷款贷前风控系统

2. 规则层

可以说风控规则的好坏将直接决定一个贷前风控系统的成败。规则层包含了直拒规则、反欺诈规则与信用评分规则。

（1）直拒规则。直拒规则也叫预审批规则，是通过制定一些规则，将不符合规则的用户排除在申请之外，让这类用户无法申请。比如该用户身份信息在法院执行名单中，电话号码入网时间小于半年（疑似诈骗），在第三方数据公司的黑名单，工作地址在某些特定地区，这些都可以成为直拒规则。直拒规则的严厉程度视情况而定，并需要不断迭代，且可配置。

（2）反欺诈规则。在小额贷款中，存在大量的单独个体或者团体进行诈骗，当他们获得放款后便不再出现甚至消失得无影无踪。反欺诈规则建立的目的就在于区分出骗贷的用户与真正想借款的用户，骗贷的风险有多大。反欺诈规则往往就在直拒规则中。比如上面提到的电话号码入网时间小于半年、通讯录低于一定数量、在其他借款平台有多笔未结清的借款记录。如遇团体诈骗，其手法高明，信息完整且干净，这时就需要引入指纹设备等方法进行反欺诈识别。

一般来说，自有规则优先于外部规则运行。例如，在长期运行过程中建立了内部黑名单，则先运行内部黑名单再运行第三方数据公司的黑名单；先运行低成本的规则，再运行高成本的规则；先运行低性能消耗的规则，再运行高性能消耗的规则。

（3）信用评分规则。信用评分在于评估用户的还款能力以及还款意愿（小额短期贷款甚至只需评估借款人的还款意愿）。常用的方式是采用信用评分卡（Application Score Card，俗称 A 卡）对用户的还款能力、还款意愿进行评估。信用评分卡是一系列评分规则的集合,是以分数的形式衡量风险发生的概率,是对未来一个时期内违约、逾期、失联概率的预测。评分规则通常需要 10~16 个一级维度。经过信用评分后得到用户总的信用分。

3. 配置层

网络小额贷款业务变化迅速,因此需要经常对风控策略和信用评分模型进行优化修改。配置层可以根据不同的业务场景和业务模式对贷前风控系统进行灵活配置,是风控系统必不可少的组成部分。配置层一般包括字段维护、规则配置、评分卡配置、系统配置和流程配置。

(1) 字段维护。基于信用历史和行为特征等多维数据接入,可以提炼出预测未来信用表现的特征字段,为实施规则引擎提供必要的支持。特征字段的管理维护是所有风控工作的开始,只有建立在良好的特征字段集合基础之上,风控模型、风控流程的设计、配置、运行才能够有意义。特征字段往往是一些用户的基本信息,或者基于风险控制专家和业务人员的领域经验定义出来的指标,或者通过人工智能的方法从数据中学习总结出来的特征等。特征字段维护过程中需要配置字段名称、字段类型以及其他的基本信息,从而生成一个系统唯一的字段,这样系统中的规则、模型、风险控制流程在运转时就可以精确引用该字段了。

(2) 规则配置。在实际工作中,发现来自第三方数据公司的某个数据可能存在有误或者无用等情况,该接口需要在运行的情况下进行关闭。不同的借款产品类型、借款产品在不同的时期,其对应的直拒规则、反欺诈规则都可能调整。这里的调整可能是某条规则对应的值的表达,有可能是禁用某条规则。因此在后台需要对这些规则进行配置,达到灵活管理的目的。

(3) 评分卡配置。评分卡本质上是一种通过输入客户相关数据,采取定量分析,利用模型,对借款人还款能力进行评估的系统。参考评分卡,可以对新进件有一个直观的评分,并基于模型表现大概预计新进件的违约概率,以此在业务决策中给出决定性的意见。

(4) 系统配置。一个良好的风控系统当然需要配备一个专业、功能全面的风控后台管理系统。这个系统除了具有一般业务管理系统记录表查看、统计报表、权限功能外,还具有其特殊功能,包括审核业务流程的配置、多元产品的配置、表单配置、风控规则引擎的配置等。

(5) 流程配置。在前文提到,经过预审批(直拒规则)的借款用户需进行审批。如何审批就需要根据自身平台特点进行设置。部分平台全部由风控模型进行审批评估,有的平台则需要人工干预,如可能遇到在产品前期需要人工审核、中期人工干预、后期完全系统审核。因此,审核流程的配置化将大大降低开发成本。

4. 策略层

(1) 用户分层策略。基于信用评分规则,采用信用评分卡的形式得出用户的得分。不同的得分归属于不同的层级。例如,常用策略是将用户划分为 AAA、AA、A、B、C、D、E 共计 7 个层次。

(2) 用户授信策略。针对不同层级的用户、不同借款次数的用户采用不同的授信策略。这里涉及借款产品的设计。不同的用户群体在借款金额、借款周期、还款方式、利率等方面存在区别。

（四）贷中风控

贷中风控主要用于监控用户还款能力、还款意愿的演变，是对贷前风控的补充。不要以为某个用户借款后按期还款就万事大吉，针对存量用户的风控也很重要。

在贷中环节，常用行为评分卡（Behavior Score Card）对借款人进行评价。行为评分卡是在申请人有贷款记录之后，在贷款过程中有了一定行为后，分析其消费习惯、还款情况等一些信用特征，以监控、跟踪、预警或者分析等为主。通过第三方平台发现该用户在其他平台存在逾期行为，则应调整该用户在当前平台的授信。

（五）贷后风控

针对按期还款用户，可进行复贷。复贷的审核条件与所需信息门槛降低，如信用良好，可提高其用户等级与授信额度。

针对未按期还款的借款用户则需要进行催收。这个环节需要重新评估用户的还款意愿与还款能力，进而采取对应的催收措施。常用催收评（Collection Score Card，俗称 C 卡）进行评估。对不同状况的逾期贷款采取不同的有效措施进行处理。催收手段包括电话催收、外放催收、委外催收以及诉讼催收。

（六）业务后台管理系统

一个良好的风控系统当然需要配备一个专业、功能全面的风控后台管理系统。这个系统除了具有一般业务管理系统记录表查看、统计报表、权限功能外，还具有其特殊业务，包括审核业务流程的配置、多元产品的配置、表单配置、风控规则引擎的配置等。

本 章 总 结

商业银行互联网贷款是一种纯线上的信用贷款，贷款对象为个人及小微企业，贷款产品主要是个人消费贷和企业流动性贷款。商业银行互联网贷款坚持的是小额、短期原则，在开展放贷业务过程中，需要在营销获客、联合贷款、支付结算、风险分担、信息科技、逾期催收等方面的业务与第三方机构开展合作，共同构成商业银行互联网贷款的产业链。目前，商业银行互联网贷款主要有自营模式、联合贷款模式和助贷模式三种经营模式。

网络小额贷款作为商业银行互联网贷款的重要补充部分，具有受众广泛、高效便捷、高频低额等特点，主要依托自有平台来挖掘客户行为。

无论是商业银行互联网贷款还是小额贷款公司的网络小额贷款，信用风险是最为主要的风险，除此之外，欺诈风险、法律风险和网络安全风险不容小觑。由于数据来源不同，网络小额贷款风控措施有别于商业银行互联网贷款风控。

根据发展现状以及国家强监管趋势，商业银行互联网贷款将是未来网络借贷的主角，尤其是大型商业银行。小额贷款公司鉴于资本金、杠杆比例、联合贷款中出资比例等方面的限制，未来将更多地担当持牌金融机构网络贷款的助贷角色。

阅读材料

网络借贷的先驱：英国的 ZOPA

2005 年，英国互联网银行 Egg Bank 的一个团队集体离职，创立了 ZOPA。ZOPA

全称为英国 ZOPA 网上互助借贷公司,ZOPA 是"可达成协议的空间"(Zone of Possible Agreement)的缩写。ZOPA 是全球最早提供个人对个人网络借贷服务的网站,是网络借贷鼻祖。该平台以 P2P 贷款业务起家,经历 15 年发展,于 2020 年成功获得完整银行牌照,业务也逐步扩展到贷款、信用卡、储蓄账户等多个领域。新冠肺炎疫情的暴发推动了 ZOPA 平台服务需求大增。截至 2020 年年底,ZOPA 已累计促成贷款 60 多万亿英镑,并在过去 9 个月发放 10 万多张信用卡。

(一) ZOPA 运作模式

ZOPA 提供的是小额贷款,为资金需求者提供的贷款金额在 1 000~20 000 英镑,期限为 2 年、3 年、4 年、5 年。其运作模式如图 6.10 所示。

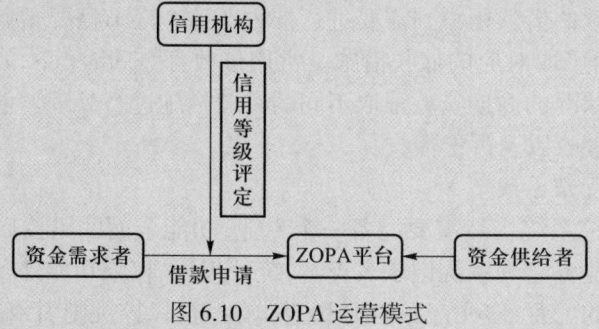

图 6.10　ZOPA 运营模式

第一,由资金需求者在网站上进行注册并提出借款申请,同时提供详细的个人信用情况。尽管 ZOPA 公司规模不大,却花了大量时间、精力在信用评级上。ZOPA 引进了 3 个信用评级系统,不仅涵盖英国、欧洲大陆的居民信用报告,还纳入了美国三大信用评级机构之一 Callcredit,并综合形成了 ZOPA 自己的信用评级系统。按照这些数据,ZOPA 会把贷款人分为 A*、A、B、C1 和 S 共 5 种风险类型,对应不同的贷款利率。

第二,完成注册之后,资金需求者可以通过 ZOPA 提供的"贷款计算器"来查看预期借贷利率。如果觉得利率满意,资金需求者可以提出借贷申请。ZOPA 在收到资金需求者提供的借贷申请后,根据其信用评级情况确定其最终借贷利率,并将结果告知资金需求者,在得到资金需求者认同后,资金需求者的借贷申请通过。

第三,ZOPA 根据实际情况,提供 3 年或者 5 年的借贷利率。投资者决定投资期限后,将资金汇入 ZOPA 账户中。

第四,ZOPA 收到投资人的资金后,会按照投资人选择的年限、风险类型,把这笔资金分为 N 份,分别出借给不同的贷款人。多个投资人的少量资金聚合在一起,就构成了贷款人拿到的贷款。这样一来,即便 ZOPA 筛选出来的高质量贷款人违约,也只是个别人,不会对单一投资人造成大量本金损失。

第五,ZOPA 强制资金需求者按月还款,并将资金汇入投资者的 ZOPA 账户中,投资者可以选择再投资或者将资金取出。

(二) 风险控制

ZOPA 希望用各种措施降低资金供给者的风险。除了对贷款人加强信用评估、分散投资之外,ZOPA 还提出了几个新的风控方法。

第一,独立账户,不设资金池。英国金融行业历史悠久,从业人员对种种骗局了然于心。从一开始,ZOPA 就不打算蹚资金池这趟浑水,他们在皇家苏格兰银行开设了一个独立账户,把借贷资金和运作资金分开管理,ZOPA 本身是无法动用投资人的本金的。这样即便平台出现危机,投资人也能保障自己的本金。

第二,建立安全基金。这可以理解为 ZOPA 为投资者设立的防火墙,类似于风险准备金。ZOPA 会拿出一笔钱,交给非营利性的信托机构代为保管。一旦贷款人违约,没有按时还款,安全基金就会代替贷款人偿还本息。这笔安全基金使用权不在 ZOPA 手中,所以,ZOPA 也就无法挪用这笔资金,做一些自融之类的骗局。

这些风险控制措施,ZOPA 都直接、透明地告知了投资人。尽管出于平台利益考虑,ZOPA 不会透露贷款人的具体信息,但投资人的资金流动路径,在 ZOPA 是清晰可见的。这些措施,不仅是为了取信于投资人,更多的是对 ZOPA 运营人员自身的防范和约束。

(三)运营特点

ZOPA 模式的特点在于严格地划分信用等级、强制按月还款、要求分散投资、签署法律合同,从而较好地控制了风险。严格的信用等级划分、分散式的投资方式以及具有法律效应的合同,使 ZOPA 的平台风险得到了一定的控制,再加上强制性地要求资金需求者按月偿还款项,减小了资金需求者在短期内的偿还压力,从而进一步降低了违约的风险。与此同时,ZOPA 还不断地在其网站上公布最新的数据,让投资者和资金需求者了解最新的坏账率和投资回报率,有利于资金需求者和资金供给者做出更好的选择。

从零到一的过程,ZOPA 按捺住企业快速、大量盈利的急迫心情,依照"服务借贷双方"的目标,严格建立起了公司运营体系。磨刀不误砍柴工,ZOPA 已经运营了 10 多年,却从未有过"爆雷"的传闻。

复习思考题

1. 商业银行互联网贷款面临的风险有哪些? 商业银行应如何防范互联网贷款的风险?
2. 阐述商业银行互联网贷款的模式。
3. 阐述网络小额贷款的风控措施。
4. 网络小额贷款的商业模式、征信模式是怎么样的?

第七章　互联网消费金融

随着互联网经济快速发展和金融环境不断完善,互联网企业纷纷布局消费金融。2014 年京东白条、天猫分期的推出,标志着大型电商平台正式介入消费金融领域,拉开了互联网消费金融的序幕。通过本章的学习,你将对我国互联网消费金融产业链以及发展现状有比较清晰的认识和了解,还将深入了解传统商业银行互联网消费金融模式、互联网银行消费贷款模式、互联网消费金融公司的消费贷款模式、互联网消费金融的核心能力以及互联网消费金融的资产证券化问题。

第一节　互联网消费金融概述

一、消费金融与互联网消费金融的定义

（一）消费金融的定义

消费金融是以消费为目的的信用贷款。根据中国人民银行《中国区域金融运行报告(2018)》所示,消费金融包括广义与狭义两种定义方式。广义的消费金融包括传统商业银行向消费者发放的住房按揭贷款、汽车贷款、信用卡和其他贷款,持牌消费金融公司向消费者提供的家装贷、购物分期,以及新兴的基于网上购物等消费场景为消费者提供购物分期服务的互联网消费金融。狭义的消费金融是从广义消费金融范畴中扣除传统商业银行车房贷款的部分。我们通常所说的消费金融是指狭义的消费金融范畴,即以消费为目的、贷款周期不超过 24 个月、金额不超过 20 万元的小额、分散的无抵押信用贷款。发展消费金融对于释放消费潜力、改善消费结构、推动消费升级具有不可忽视的重要作用,其已逐渐成为我国经济发展转型的助推器。

消费金融的主要客群是信用空白用户,一部分人可能申请不到信用卡,或者由于信用卡申请太麻烦,或者授信比较低。

根据消费金融业务是否依托于场景,放贷资金是否直接划入消费场景中,又可以将消费金融业务分为消费贷和现金贷。消费贷是指消费金融业务依托于具体消费场景,放贷资金直接划入消费场景中,用于个人购买耐用消费品或者支付各种费用的特定消费贷款。比如,耐用消费品贷款、旅游贷款、教育贷款等。消费贷的特点包括:一是无抵押;二是限定具体借款用途;三是资金直接流向消费场景,不进入消费者账户。现金贷是指消费金融业务没有场景依托,对消费者发放的非特定小额贷款。现金贷的特点包括:一是无抵押;二是不限定具体借款用途;三是放贷资金直接划入申请借款用户账户。

（二）互联网消费金融的定义

互联网消费金融是依托互联网技术发展起来的新型消费金融模式。互联网消费金融是指借助互联网进行线上申请、审核、放款及还款等业务流程的消费金融业务。与传统消费金融相比,互联网消费金融业务在降低资金成本、提高业务效率、减少信息不对称性等

方面具有无可比拟的优势。广义的互联网消费金融泛指一切依靠互联网打造的金融服务平台,包括传统消费金融的互联网化;狭义的互联网消费金融仅指互联网公司创办的消费金融平台。近年来,传统消费金融服务机构线上化发展比较迅速。本书所指的互联网消费金融是指广义的互联网消费金融。

众所周知,传统商业银行信贷业务主要是面向高净值人群提供的大额信贷服务,对客户的财务及信用状况要求较高,而互联网消费金融因其小额、分散的特点,目标客户有很大一部分是传统征信覆盖不到的人群。通过对客户网络购物、支付、通信账单等数据的分析,互联网消费金融为这部分人群提供小额信贷服务,从而形成对传统信贷服务的补充。

二、互联网消费金融与传统消费金融的比较

互联网消费金融已经成为社会发展的一个重要方向和趋势走向,为网络经济提供了重要的一环,具有"消费＋金融"的双重属性。而传统消费金融主要是指向社会各阶层消费者提供消费贷款的现代金融服务方式,其发展趋势必将不断地向互联网消费金融改革和创新,借助于高效、便捷和平等的互联网,实现与生产消费者和投融资者的共赢生态圈。其区别主要体现在以下几个方面。

(一)服务优势不同

传统消费金融服务机构具有一定的显著优势,主要有雄厚的资本实力和成熟的风险管理体系,布局服务网站满足不同人群的业务需求和生活便捷,不受年龄、网络覆盖和地域条件限制等。互联网消费金融服务机构具有边际低成本、用户体验感受好、推广业务渠道快,特别是移动互联网带来的快速便捷和时效性也具有传统消费金融服务机构无法比拟的优势和发展趋势。

(二)发展定位不同

与传统金融服务相比,互联网金融主要定位于实现差异化,运用互联网发展的信息技术和手段带来规模效应和较低的边际成本,在小额交易方面、垂直细分市场等领域提供有效的金融服务。在未来一定时间里互联网金融与传统金融业务会有更深层次的融合和拓展。

(三)运用模式不同

传统消费金融服务机构与互联网消费金融服务机构在模式上的差别主要表现在:传统消费金融服务机构将原来线下的信息基础及客户群体基数运用互联网的技术进行线上拓展、提升和优化服务;互联网消费金融服务机构是以线上手段为主,通过技术、平台、系统将线上服务机制向线下进行创新整合拓展,运用成熟的"互联网＋"的便捷服务手段进行业务的深度拓展和服务。

三、互联网消费金融的发展历程与发展现状

(一)我国互联网消费金融的发展历程

追溯消费金融的发展历史,国际上的消费金融体制已有 400 多年的发展历史,最早是由于产能过剩,为了扩大产品销售,制造商和经销商就对产品进行了分期付款销售,从而带来了消费信贷的迅速发展。

为解决商业银行对个人信贷需求覆盖不足的问题,2009 年原中国银监会颁布了《消费

金融公司试点管理办法》，在北京、上海、天津、成都 4 个城市开放消费金融试点，随后国内首批 4 家持牌消费金融公司应运而生，分别是北银消费金融、中银消费金融、捷信消费金融和锦程消费金融。这一阶段，持牌消费金融公司在审核方面的要求相对宽松，其产品主要服务特点是小额、快速、无抵押担保，在一定程度上弥补了银行信贷无法覆盖的消费金融需求缺口。但贷款规模仍然不足 100 亿元，只占一般性消费信贷中非常少的一部分。而且由于 4 家消费金融公司有 3 家是以银行为主导，所以在成立之初，消费金融遭遇了一个尴尬的现实：消费信贷业务基本被银行信用卡覆盖，那些无法申请信用卡的客户也比较难获得消费信贷。

我国互联网消费金融的发展经历了三个阶段。

1. 2013—2014 年：启动期

启动期的相关政策以鼓励业务发展为主。2013 年 9 月，原银监会放宽了消费金融公司申请条件，取消营业地域的注册地限制，增加吸收股东存款业务范围，以拓宽消费金融公司的资金来源。同时，将消费金融试点公司扩大到 16 家。2013 年 11 月，党的十八届三中全会审议通过了《中共中央关于全面深化改革若干重大问题的决定》，在阐述完善金融市场体系时，提出"鼓励金融创新，丰富金融市场层次和产品，助推消费升级"。2014 年年初京东白条的上线，2014 年 7 月天猫分期的推出，标志着大型电商平台正式介入消费金融领域，行业进入启动期。

2. 2015—2016 年：快速发展期

进入 2015 年，众多互联网金融平台开始大举拓展消费金融业务，逐渐成为消费金融服务的新兴力量。政策方面，2015 年 6 月与 7 月，是互联网消费金融发展史上的一个里程碑。2015 年 6 月 10 日，国务院做了一个重要的决定，将原本在 16 个城市开展的消费金融公司试点扩大至全国。审批权下放到省级部门，鼓励符合条件的民间资本、国内外银行业机构和互联网企业发起设立消费金融公司。这就意味着，之前 16 个城市的试点已经放开到全国，国务院为"消费金融"开闸。2015 年 12 月，国务院发布《关于印发推进普惠金融发展规划（2016—2020 年）的通知》，提出要促进消费金融公司的发展，激发消费潜力，促进消费升级。2016 年 3 月 24 日，中国人民银行和原银监会联合发布《关于加大对新消费领域金融支持的指导意见》，提出"加快推进消费信贷管理模式和产品创新"，鼓励银行业金融机构开展互联网消费金融，鼓励消费金融公司发行金融债券。此外，已经通过网络购物和社交积累了大量用户数据与丰富风控经验的互联网平台，绕过消费金融公司牌照，通过申请互联网小贷牌照，直接在某些特定的消费市场开展消费信贷业务，利用其场景细分、大数据丰富以及成熟的贷款申请系统，直接对借款人授信，并以此与渠道商合作或自行开发渠道。在行业创新、政策鼓励的共同作用下，互联网消费金融业务进入发展快道。

3. 2017 年之后：规范期

在 2015 年到 2017 年上半年的消费金融迅猛发展阶段，行业内出现了过度授信、暴力催收等不合规经营模式，严重侵犯了消费者的合法权益。2017 年开始，监管部门加大整治力度，多部委就消费金融业务颁布一系列政策整顿行业发展乱象，从 P2P 专项整治、规范现金贷到商业银行互联网贷款，再到更底层的对于大数据违规行为的清理、非法放贷和民间借贷利率的规范等，我国互联网消费信贷业务逐步进入规范健康发展阶段。2017 年 6 月 28 日，原银监会、教育部、人力资源社会保障部联合发布了《关于进一步加强校园贷规范管理工作的通知》;2017年11月21日,互联网金融风险专项整治工作领导小组办公室下发了《关于立即暂停批设网络小额贷款公司的通知》;2017年12月1日,互联网金融风险专项整治工作领导小组办公室联合P2P网贷风险专项整治工作领导小组办公室发布了《关于规范整顿"现金贷"业务的通知》,分别对校园贷、网络小额贷款、现金贷业务进行了严格的清理整顿。2018年上半年,金融监管进一步趋严。2018年4月27日,经国务院同意,中国人民银行、中国银行保险监督管理委员会、中国证券监督管理委员会、国家外汇管理局印发的《关于规范金融机构资产管理业务的指导意见》正式落地,对资产管理机构的资金杠杆、产品嵌套等方面加强约束,间接约束了消费金融平台的资金来源、资金杠杆等。2018年10月,中国银行业协会消费金融专业委员会成立,旨在促进行业规范、健康、可持续发展。2019年5月,银保监会发布《中国银保监会关于开展"巩固治乱象成果 促进合规建设"工作的通知》,针对消费金融公司提出要按照相关要点开展整治工作,主要包括公司治理、资产质量和业务经营三大方面。2020年7月,《商业银行互联网贷款管理暂行办法》发布,消费金融公司开展互联网贷款业务参照执行。2020年9月,中国人民银行发布《中国人民银行金融消费者权益保护实施办法》,这是在《中国人民银行金融消费者权益保护实施办法》(银发〔2016〕314号)印发的基础上,结合新需求、新情况、新问题,修订增补相关条款后发布的。值得注意的是,该办法已经升格为部门规章。2020年10月,《中国银保监会消费者权益保护局关于招联消费金融有限公司侵害消费者权益问题的通报》发布,首次通报消费金融公司普遍面临的4大问题,包括营销宣传存在夸大、误导,未向客户提供实质性服务而不当收取费用,对合作商管控不力,催收管理不到位。2020年11月,《网络小额贷款业务管理暂行办法(征求意见稿)》提出,其核心内容是限制互联网金融平台的无限扩张。

（二）我国互联网消费金融的发展现状

前瞻产业研究报告显示,在中国经济快速增长、中国居民消费能力逐渐提升的发展背景下,我国互联网消费金融交易规模从2013年的60亿元增长到了2019年的22 800亿元,年均复合增长率达169.13%。目前,中国互联网消费金融行业正处于高速发展期,消费场景越来越丰富,逐渐渗透到医美、旅游、装修、教育等各个细分领域。图7.1为2011—2019年中国互联网消费金融交易规模及增速情况。

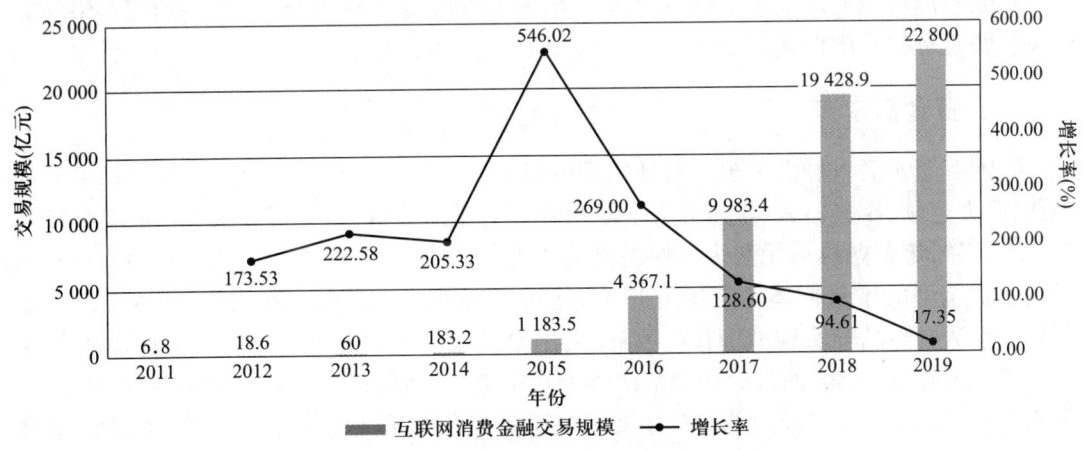

图7.1 我国互联网消费金融交易规模及增速情况

我国互联网消费金融发展呈现以下特点。

1. 互联网消费金融场景日趋丰富,与日常生活联系越发紧密

互联网消费金融是最依赖场景的金融产品。随着消费金融监管日趋严格和规范,互联网消费金融开始进入"精细"发展阶段。在监管机构"脱虚向实"的新要求下,各大互联网消费金融平台逐渐开始深耕消费场景设计领域,以期通过开拓更丰富、更优质、更持续的互联网消费金融场景来获取更多客户流量、拓展业务范围。目前,互联网消费金融平台开发的消费金融产品已经延伸到日常生活的诸多领域,基本覆盖了家居、装修、家电、教育、医美、数码、保险、出行、旅游等场景,极大提高了借贷服务的可获得性和便捷程度。

2. 互联网消费金融客户群体呈年轻化、低收入化趋势

随着科技与互联网消费金融业务深度融合,特别是大数据风控、反欺诈技术得以广泛应用,扩大了互联网消费金融的客户群体,使得原先无法享受到正规金融服务的年轻、低收入群体可以分享到金融发展带来的红利。学生群体、蓝领阶层、农村居民可以通过互联网消费金融平台享受小额、短期借贷服务。

3. 互联网消费金融的供给主体呈现多元化趋势

2016 年以来,随着国家出台一系列刺激消费政策、逐渐放开消费金融牌照管制以及消费者消费能力提升和居民消费理念的转变,越来越多金融机构、金融科技平台和持牌的科技企业开始提供互联网消费金融产品,消费金融供给主体呈多元化趋势。从目前发展情况来分析,互联网消费金融平台主要包括互联网银行、网络小贷公司、消费金融公司的线上平台以及传统银行的网络金融部等。多元化的互联网消费金融产品供给主体不仅能够为金融消费者提供多样化的选择,也增强了互联网消费金融行业的竞争性,促使各互联网消费金融平台更加关注风险控制、产品创新、消费者体验提升等领域,有利于营造竞争、有序、良性的行业生态。

第二节　互联网消费金融产业链

互联网消费金融涉及上游的资金供求方、中游的消费金融服务商、下游的消费供给方以及消费金融的基础设施。

一、资金需求方

我国有超 4 亿人群尚未被银行征信系统覆盖。未被计入征信记录的人群包括老人和小孩、广大蓝领、年轻白领、学生和无业居民等。对于这些群体,工资收入无法满足日常消费需求,银行等金融机构无法为他们提供信贷服务,于是他们成为持牌消费金融公司和互联网消费金融的增量群体。2010 年以来,居民改善型消费需求不断增强,消费支出用途不断由生活必需品等实物消费转向教育、文化和娱乐以及交通通信等服务性消费领域,居民消费呈现升级趋势。而部分居民的改善型消费需求较强,但支付能力仍较为有限(年轻、中低收入群体为主),二者间的缺口主要通过消费金融满足。此外,随着支付宝、微信等移动支付工具渗透至日常消费场景,消费需求与金融需求的转化可快速实现。便捷的支付

方式为消费金融行业带来了较大流量,并激发了部分用户的消费金融需求。

苏宁消费金融数据显示,在苏宁易购分期购物的用户中,"80后""90后"用户合计占比超过70%,其中"80后"占比32.4%,"90后"占比41.2%,"90后"超越"80后"成为分期购物的主力人群。海尔消费金融公司相关数据显示,其"90后"用户占比超过50%。其他相关研究数据显示,月收入1万元以下的人群是互联网消费金融的主要用户,其中月收入3 000元以下的群体占比25.3%,月收入3 000~5 000元的群体占比29.7%,学生群体和低收入群体的消费贷款意愿较为强烈。

目前消费金融客群主要有低学历、年轻化、无征信记录、中低收入等特征,且客群仍在不断下沉。

二、资金供给方

不同的消费金融服务主体,其资金来源与资金成本也有所不同。

(1) 对于银行机构,资金来源丰富且稳定,多依赖于吸收的公众存款或其理财资金,随着息差日渐收窄,银行也在尝试通过消费信贷ABS等方式丰富资金来源。

(2) 对于互联网银行,主要通过同业拆借方式来筹措资金。除此之外,资产证券化、增资扩股、发行理财产品等也是互联网银行筹措资金的方式。

(3) 对于持牌消费金融机构,可以通过向金融机构借款、同业拆借、发行金融债券、接受股东境内子公司及境内股东存款和资产证券化五种途径丰富资金来源。此外,消费金融公司也可通过发行资产支持商业票据或理财计划等方式来筹措资金。

(4) 对于新型互联网消费金融公司,无法吸收公众储蓄,在资金来源上具有一定局限。其主要通过自有资金进行放贷,当自有资金不足时通过股东与投资方融资、ABS、信托和银行等渠道解决资金来源问题,相对来讲,资金成本较高。

三、消费金融服务商

消费金融服务商采取不同经营策略,主打不同类型消费金融产品。

(1) 银行。商业银行互联网消费金融产品主要是信用卡和个人消费贷款。普通信用卡授信额度从几千元到几万元不等,刷卡消费有20~50天免息还款期,亦提供账单分期和现金分期,分期利率(年化率)平均在9%以上。央行发布的《2020年支付体系运行总体情况》显示,截止到2020年年末,信用卡和借贷合一卡在用发卡数量为7.78亿张,同比增长4.26%。信用卡授信总额为18.96万亿元,同比增长9.16%。目前,信用卡业务仍然是传统商业银行互联网消费金融的主打产品。商业银行的个人消费贷款对于个人的信用要求比较高,客户群体是收入较高的白领和拥有稳定工作与住房的公务员和事业单位人群。

(2) 持牌消费金融公司。银行系消费金融公司的审核方式与银行无异,额度最高可达20万元,期限2年左右,年利率15%左右;产业系消费金融公司提供消费金融的目的在于增加产品销量,促进产品消费,年化利率与信用卡利率基本持平。

(3) 互联网消费金融公司。授信额度几千元到几万元不等,依据征信、社交和历史消费等维度综合评估,期限30天至24个月不等,年利率12%~16%。

四、消费供给方

消费金融借贷资本流入线上与线下两大消费渠道,消费场景多样。客户群体从消费金融服务商获得借贷资本后,资金主要流入线下消费场景和线上消费场景等。

在线下消费场景中,资金多流入美食餐饮、旅游、出行住宿、购物娱乐等消费场景,用户日常消费支出以信用卡刷卡为主。许多消费金融服务商与航空公司、酒店、商场、餐饮机构等合作推出刷卡满减、优惠券赠送、多倍积分和里程兑换等多种优惠活动,增强用户黏性,刺激消费。

在线上消费场景中,电商平台是较为集中的一个消费流量入口,数码电子产品是其中重要的消费品类。此外,家电类产品、美妆类产品和奢侈品也是消费者青睐的产品品类。目前,蚂蚁花呗和京东白条类产品,已经基本实现了线上信用卡功能,依托其电商平台优势,不定期推出分期免息购物、平台会员卡折扣等优惠策略,进一步刺激消费,逐渐抢占银行在线上信用卡支付的用户和渠道。

消费金融服务商一般同时覆盖线上和线下渠道,一方面对线下渠道进行技术升级,如无纸化办公、应用人脸识别技术以及 OCR 识别技术等;另一方面拓宽线上合作渠道,通过渠道融合挖掘新市场。此外,多元垂直消费场景也成为一大趋势,除了传统 3C 产品,家庭装修、家电、医美、旅游、出行、职业教育和健身等垂直领域的消费渗透率也在逐渐提高。

五、消费金融基础设施

在消费金融产业链中,除上游资金需求方和资金供给方、中游消费金融服务商和下游消费供给方,我们把与消费金融相关且对产业发展起到整体支持及监管作用的主体等统称为消费金融基础设施,其主要进行监管、支付、征信、大数据风控等。

监管机构制定行业政策与相关法规,引导行业发展;支付宝、银联等支付机构,为消费金融的资金运转提供支付保障;中国人民银行征信中心等征信机构,为消费金融提供征信评估和风险防范;大数据与金融风控及金融科技公司,通常提供软件解决方案,优化风控模型及大数据处理等服务;其他还包括为消费金融提供云计算服务、深度学习、人脸识别等的公司。

云计算、大数据、人工智能和区块链等新兴技术的发展与应用对消费金融的业务与服务模式产生了极大影响,已逐渐成为驱动行业发展的关键性技术。大多数消费金融公司是以产品为导向的,快速聚集 C 端某一细分客户群体,以现金贷或消费场景切入,经过拓展与沉淀,搭建针对某一细分人群的有效的风控模型。而以数据和人工智能为驱动的金融科技公司,则是以技术为导向,从数据提取与分析切入,做出模块化、高适配的风控模型,根据不同场景平台和消费金融机构的风控准入要求,提供定制化的技术支持。

第三节 互联网消费金融商业模式

根据互联网消费金融参与主体不同,互联网消费金融业务分为四类:一是传统商业银行消费贷款互联网化;二是互联网银行消费贷款;三是持牌消费金融公司互联网消费金融;四是互联网消费金融公司消费贷款。

一、传统商业银行消费贷款互联网化模式

商业银行主要通过信用卡和信用消费贷款两大产品为消费者提供消费金融服务。商业银行在消费金融市场中凭借资金成本低、风险控制能力强和产品覆盖面广等优势而占据市场主导地位。银行系消费金融线下模式占比较高,但近年来加大了线上消费金融的投入。银行互联网消费金融主要模式是:银行通过自己搭建平台(主要是手机银行App),自己开发产品,消费者可以直接在手机银行上申请贷款,以中国建设银行的"快e贷"、招商银行的"闪电贷"等为代表。商业银行互联网消费贷目标客户基本为原有客户,对客户的信用要求高,难以覆盖无资产或无信用记录的客户群体。另外,商业银行的互联网消费贷以现金贷为主,与具体的消费场景结合度不高,服务精细化程度有待提高。但近年来不少商业银行也在积极加强网上商城等场景生态的布局,以中国工商银行、招商银行等为代表的银行在场景构建上也取得了不错的成效。

二、互联网银行消费贷款模式

互联网银行(Internet Bank or E-bank)是指借助现代数字通信、互联网、移动通信及物联网技术开展金融服务的机构。互联网银行可以吸收存款,可以发放贷款,可以做结算支付。互联网银行与传统银行的最大区别就在于互联网银行无线下网点,全部运营在线上进行。

互联网银行自2014年成立。主要的互联网银行有:微众银行、网商银行、新网银行、华通银行、众邦银行、亿联银行、北京中关村银行、苏宁银行和百信银行。除百信银行为银行系独立法人的直销银行外,其他均为民营银行属性。其中,纯互联网银行的有4家,分别是微众银行、网商银行、新网银行和苏宁银行。从股东背景来看,互联网银行的控股股东大多为互联网巨头。微众银行、网商银行分别为腾讯和阿里巴巴的线上银行布局;亿联银行的第二大股东为美团旗下吉林三快科技;北京中关村银行由协同办公巨头用友网络发起;苏宁银行由零售巨头苏宁旗下的网购平台苏宁易购控股;新网银行的第二大股东为小米。只有众邦银行的第一大股东并非互联网机构而是一家高端制造业企业武汉卓尔,旗下拥有卓尔智联、汉商集团、华中数控、通商集团、兰亭集势5家上市公司。

(一)互联网银行消费贷款目标人群

从客户画像上看,与传统商业银行相比,互联网银行用户更加下沉。从目标客群来看,互联网银行的目标客群以B、C端长尾为主。互联网银行在C端的受众画像为年轻的消费群体和小微企业的企业主,互联网银行获客与银行的网上银行等线上入口有重叠。互联网银行C端的产品分布范围从100万元左右的小微企业贷款到20万元左右的消费类贷款。2020年的户均贷款数据显示,微众银行、苏宁银行的户均贷款分别低于15万元和10万元。

(二)互联网银行用户体验

互联网银行在申请开户、申请贷款的整个流程上有别于传统银行的网上银行。传

统银行网上银行申请信用卡在核心环节依然依赖于线下人员面对面核实,无形中增加了成本和时间。然而,互联网银行的开户环节全方位地运用 OCR(Optical Character Recognition,光学字符识别)、生物识别等技术,保证在远程无人工干预无步骤中断的环境下可以流畅开户。客户体验上的区别源自互联网基因与传统银行基因的区别,互联网银行具备更加市场化的线上产品设计理念、流程和设计人员组织。同时,流程环节的简单性也凸显了底层架构的可扩展性,相比于传统银行更加简捷、模块化,可以避免流程逻辑上的突然中断和过于烦琐。

(三)互联网银行消费金融产品

1. 微众银行的微粒贷

微粒贷是微众银行推出的首款互联网小额信贷产品,2015 年 5 月在手机 QQ 平台上线,9 月在微信平台上线,是主要针对城市中低收入人群和偏远、欠发达地区的广大民众提供的一种全线上、纯信用、随借随还的小额信贷产品。100 元起借,最高额度 20 万元。微粒贷规定:所申请款项 3 分钟到账,授信审批时间仅需 2.4 秒,第二次借款资金到账时间则只有 60 秒。微众银行 2020 年年度报告显示,微粒贷已向全国 31 个省、自治区、直辖市近 560 座城市超过 2 800 万客户发放超过 4.6 亿笔贷款,累计放款额超过 3.7 万亿元;授信客户中约 78%从事非白领服务业或制造业,约 80%的客户为大专及以下学历,笔均贷款约 8 000 元,且因按日计息、期限较短,超过 70%已结清贷款的利息低于 100 元。

2. 新网银行的好人贷

借款人的年龄在 21~55 周岁,且非在校学生;个人信用良好,在央行征信当中没有不良记录;贷款额度 20 万元,一次授信。

3. 华通银行的福 e 花、福 e 贷

福 e 花是一款纯信用贷款产品,为 22~55 周岁的客户提供用于个人或家庭装修、旅游、教育、医疗等消费用途的贷款;福 e 贷是一款纯线上信用贷款产品,为 22~55 周岁的客户提供用于个人或家庭消费支出的贷款服务。

4. 众邦银行的众易贷

循环额度,最高 20 万元,最长借款期限 1 年。

5. 北京中关村银行惠薪贷

惠薪贷是北京中关村银行面向授薪人群开发的个人信用消费贷款产品。循环额度,最高 20 万元,最长期限 3 年。

6. 苏宁银行升级贷

这是面向个人消费者设计开发的个人综合消费贷款产品,为客户提供多场景、全渠道、全方位的融资贷款服务,贷款额度 30 万元,助力客户消费升级,年化利率 7.18%起(按单利计息)。

7. 百信银行的好会花

面向年轻个人用户,循环额度,最高 20 万元。从微信公众号申请,最高授信额度为 10 万元,审批只需完成人脸识别、身份证上传和补充信息三个步骤,全流程线上化;通过百信银行 App 申请,最高授信额度可达 20 万元,申请条件包括 20 周岁以上、身份证上传与银行卡信息三个条件。

受资本金的限制,互联网银行消费贷款的模式主要是与大中型商业银行、政策性银行、股份制银行、城商行、村镇银行以及其他互联网银行开展联合贷款和助贷。其中,联合贷款是双方按照约定的比例共同出资发放贷款的合作方式,而助贷是政策性银行或大中型商业银行作为资金方,借助互联网银行的获客、初筛等必要贷前服务,由资金方完成授信审查、风险控制等核心业务后,发放 100% 的放贷资金。近年来,互联网银行与传统商业银行之间积极探索合作模式。比如,和以往联合贷款模式中由互联网银行引流不同,近年来新网银行与中国工商银行的合作,是将中国工商银行客户中未能数据化的客群转推给新网银行,由新网银行和中国工商银行联合风控后,双方再联合出资发放贷款。

三、持牌消费金融公司互联网消费金融模式

根据 2014 年开始执行的《消费金融公司试点管理办法》的有关规定,消费金融公司是指经中国银保监会批准,在中国境内设立的,不吸收公众存款,以小额、分散为原则,为中国境内居民个人提供以消费为目的的贷款的非银行金融机构。消费金融公司的主要客户群体为个人客户,定位为中低收入群体,主要满足的是个人消费需求,经营特点是单笔金额小、纯信用、审批快。审核标准一般比银行的更为宽松。消费金融公司作为我国信贷市场新兴起的一股重要力量,有着自己独特且鲜明的特点,包括但不限于以下几个主要方面:

第一,贷款品种单一。随着我国经济社会不断发展,居民消费能力不断提升,再加上国家经济结构转型,消费作为拉动 GDP 的"三驾马车"之一,在经济社会发展中的促进作用越发重要,在这个大背景下,消费金融公司应运而生。消费金融公司主要为个人客户发放消费需求贷款,不可以为企业发放贷款,也不能发放个人经营性贷款。

第二,贷款资金来源有限。不同于银行将吸收的公众存款作为贷款发放的主要资金来源,消费金融公司发放的贷款资金首先来自股东的自有资金,其次是向同业金融机构拆借款,再次是在国内债券市场上通过发行金融债进行融资,贷款资金来源渠道相对较少。

第三,小额、分散。根据国家金融监管机构的相关规定要求,消费金融公司最高贷款额度不超过 20 万元,单笔贷款的额度甚至在几百元。

截止到 2020 年年底,我国共有 30 家持牌消费金融公司获批开业,覆盖全国各大区域主要大中城市,具体包括:蚂蚁消费金融、平安消费金融、马上消费金融、招联消费金融、中邮消费金融、中原消费金融、兴业消费金融、中银消费金融、哈银消费金融、小米消费金融、杭银消费金融、长银消费金融、尚诚消费金融、海尔消费金融、阳光消费金融、长银五八消费金融、北银消费金融、华融消费金融、苏宁消费金融、幸福消费金融、湖北消费金融、晋商消费金融、金美信消费金融、蒙商消费金融、锦程消费金融、盛银消费金融、中信消费金融、捷信消费金融、苏银凯基消费金融、唯品富邦消费金融。其中,银行系 27 家,产业系 3 家。

1. 银行系消费金融公司

银行系消费金融公司是指由银行主导设立的,其中中银、北银、锦程、捷信为国内首批取得消费金融牌照的银行系消费金融公司。其服务模式与银行类似,大多借鉴银行风控体系,部分借助银行的网络资源和存量客户资源来拓展客户,可以说银行系消费金融公司是银行在消费贷款业务上的另一延伸。

银行系消费金融公司是银行涉足消费金融领域的重要布局,其主要目的在于填补传统消费金融服务的空白,以独立于银行体系之外的消费金融公司为平台覆盖长尾客户,进而扩大市场份额。其具有和银行一样的资金优势和业务优势。第一,银行系消费金融公司的存量客户多,方便从银行原有客户中导入,具有其他机构无法比拟的先天优势。第二,银行系消费金融公司可以通过同业拆借等方式从控股银行拆借资金,资金来源稳定、资金成本低。第三,银行现有风控体系相对完善,风控手段相对成熟,可以为消费金融公司的风险控制提供借鉴和指导,在一定程度上解决了消费金融公司的风险控制问题。银行系消费金融公司的产品具有免息期更长、费率较低的优势,该优势被列为用户所评价银行优势的第三、第四位。

虽然银行系消费金融公司背靠银行机构,有独到优势,但也有薄弱之处,如场景构建、客户体验方面的短板。但对于消费金融业务,需要提高其服务效率,优化服务流程,才能适应新用户对其要求。同时银行系消费金融公司的产品和服务具有同质性,使其难以跳出银行体系提供服务。

2. 产业系消费金融公司

产业系消费金融公司是由传统产业企业作为主要出资人之一建立的消费金融公司,在 2014 年左右逐渐兴起,主要集中于第二批消费金融牌照。其以"消费"为出发点,利用商家的天然优势,在原有产业服务的基础上为用户提供消费金融服务。产业系消费金融公司以马上消费金融、苏宁消费金融和海尔消费金融公司为代表。

产业系消费金融公司可以帮助产业公司打通已有的消费场景,这类企业将消费金融产品嵌入自身消费场景,实现很好的用户流量迁移,对客户消费体验影响小,也可以基于对消费者喜好、行为等数据分析和对消费者需求的理解,提供差异化服务。

以苏宁消费金融为例。苏宁消费金融对接苏宁零售主业,目前苏宁消费金融的主要产品为"任性付"。"任性付"通过打通自有线上平台苏宁易购与线下门店苏宁电器的消费场景,为消费者提供免息 30 天、分期购物等金融服务,逐步培养用户的提前消费习惯。

四、互联网消费金融公司消费贷款模式

互联网消费金融公司是指电商平台、分期购物平台为个人消费者提供消费金融服务的公司,其并未获得消费金融公司牌照,但可能拥有网络小额贷款公司牌照、小额贷款公司等其他牌照甚至无牌照从事互联网消费金融业务。

(一)电商平台类

电商平台类消费金融机构依托自有线上消费场景,面向自营商品及开放电商平台商户的商品,提供分期购物及小额消费贷款服务。用户在电商平台(比如京东、天猫、淘宝等)基于消费目的提出消费信贷申请后,电商平台对用户申请进行审核,待电商平台批准通过后,用户就可以直接享受其消费金融产品或服务。

电商平台类消费金融机构的主要优势有以下三点:首先,电商用户数量庞大,这些头部互联网公司的"日活跃用户"普遍在数亿个以上,同时能通过大数据手段准确筛选出目标客户,相比银行这种传统的金融机构,获客成本更低。其次,进入 21 世纪以来,国内互联网公司发展速度极快,线上消费已经成为人们很重要的消费渠道。每天通过互联网平

台产生的消费呈海量级,而且消费场景多元化,不仅包括线上购物,还包括旅游、餐饮、出行、医疗等。电商平台通过深耕电商场景,提供消费分期服务,既能满足消费者的购物欲望,又能留住消费者,容易形成二次消费。最后,在风险控制上,电商数据有利于消费者信用审核。在数据来源上,电商数据可以算是最主要的一类信用数据了。因为电商数据能够真实地反映用户的消费水平、消费记录和消费行为,对于电商平台衡量消费者偿还能力是一个很好的参考记录。基于电商数据的风险控制模型有利于平台对消费者进行信用审核和风险控制。如图 7.2 所示。

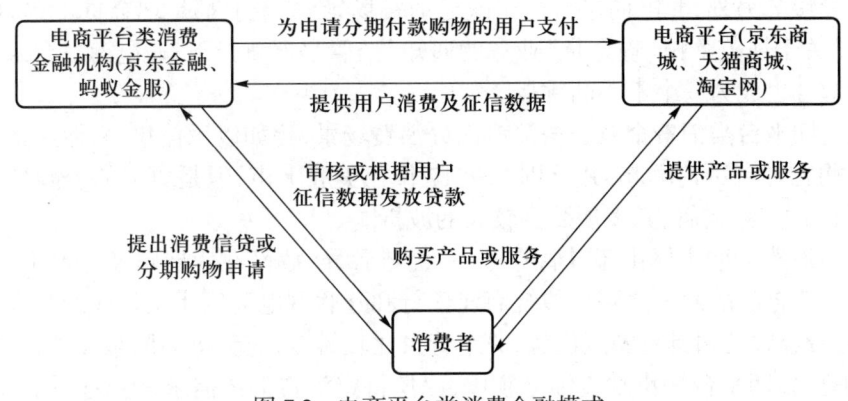

图 7.2　电商平台类消费金融模式

(二) 垂直分期平台类

垂直分期平台是对互联网巨头在细分领域布局缺口的垂直深耕。垂直分期平台针对特定的消费场景或消费人群,将注意力放在消费金融产品设计上,市场定位更加精准,可以提供更加精细化的产品,与综合电商平台进行差异化经营。切入垂直细分领域是近年来消费金融的发展趋势,众多垂直分期平台消费金融机构从某细分领域做起,在时空上延展服务场景,不断渗透到房产后市场、汽车后市场、结婚、教育等场景,提供综合消费金融服务。

垂直分期平台依靠细分垂直领域,向特定用户群体推广消费金融产品,将消费金融切入消费者在平台上的产品和服务的消费行为中。基于特定用户端优势,垂直分期平台通过引入更多知名优质商家的入驻,发展产品端优势。垂直分期平台将更多精力放在了产品的提供上,更显精细化,也避免了消费场景过于单一,抢占了消费金融支付端口,具有很大的发展潜力。由于针对某一垂直细分市场,又无电商大数据优势,平台目标群体缺乏稳定收入,对平台风控要求较高,垂直分期平台在坏账率、征信数据获取、客户群体延续性等方面均面临挑战。

分期乐是该类企业的佼佼者,现已发展成为乐信集团,旗下有分期购物平台分期乐商城、互联网理财品牌桔子理财、金融资产开放平台鼎盛资产、个人小额信贷服务平台提钱乐,构成了稳定的互联网消费金融生态体系。分期乐主要针对大学生或年轻群体。大学生消费分期可以避免与信用卡的竞争,原因有三:① 政策限制银行信用卡对学生的发放;② 学生无收入及信用数据,银行信用卡模型无法直接应用;③ 通过控制交易场景,有助于成为最大的学生电商,配套的校园风控、物流、催收等体系也加高了后进者的门槛。

（三）电商平台类与垂直分期平台类消费金融公司的比较

互联网消费金融公司基于股东沉淀的大数据优势以及良好的用户体验、便捷的贷款审批、纵深的消费场景、深度的金融科技应用等优势，实现了跨越式发展，但行业内也呈现出细分的马太效应现象。

电商平台由于具备消费场景优势，拥有稳定、高消费能力的用户，像京东白条、蚂蚁花呗、蚂蚁借呗等产品都领先市场且实现了快速扩张。非电商平台（包括腾讯、美团、滴滴、58同城、新浪、搜狐、网易、360、今日头条等）由于缺乏消费场景，在互联网消费贷市场的发展相对较慢。另外，非电商平台由于缺乏消费场景，基本上都是现金贷。在2017年12月发布的《关于规范整顿"现金贷"业务的通知》监管趋严背景下，非电商平台未来如何与消费场景融合也成为一个不小的挑战。

垂直分期平台类消费金融公司深耕细分消费场景，比如以乐信集团、趣店集团为主的校园分期购物平台迅速崛起，并分别于2017年在美股上市，但是更多的校园分期平台由于"校园贷"的严格监管，其发展受到较大的波折。

互联网消费金融主体由于其特点不一、优势各异，故而在发展路径上也不太一致，各自走出了适合自己的发展之路。传统商业银行和互联网电商巨头是行业的整合者和主导者；持牌消费金融公司具有牌照优势，股东背景比较雄厚，充分借力股东资源，后发优势比较明显；垂直分期平台深耕垂直细分领域，深挖特定消费群体需求，走专业化和垂直化道路，但对资源掌握力较差，行业定价权比较差；互联网银行在消费金融业务发展模式上，由于经营时间并不久，发展模式也不太成熟，行业定价权比较薄弱。

第四节　互联网消费金融发展的核心能力

获客能力、用户体验和风控能力是互联网金融发展的核心能力。

一、获客能力

如何付出少量的成本获取最大的利息、服务收入是提升消费金融获客能力的目标。实现该目标有两种主要方式：第一种是有流量的企业搭建互联网消费金融业务，在不用额外付出流量成本的情况下开展消费金融业务。典型企业有二三四五、微博、搜狗、搜狐等。第二种是互联网消费金融机构通过场景布局、广告投放等方式获取客户。其中，场景凭借精准获客、针对性风控、监管利好等优势成为互联网消费金融必争之地。对于有场景的消费金融机构，其场景的市场容量、布局门槛等因素成为其获客能力衡量的关键因素。

二、用户体验

在获客成本日渐提升的当下，提升用户体验的价值日益凸显。提升用户体验，挖掘用户在同一平台上再次借贷的需求，能帮助互联网消费金融机构省去部分获客环节的成本。提升用户体验的方式包括申请便捷、使用便捷、人性化的督促还款方式以及良好的客服体验。衡量互联网消费金融机构的用户体验水平，用户复错率是一个重要指标。

三、风控能力

监管要求核心风控环节由金融机构承担,风控能力成为金融机构差异化竞争的核心能力。《商业银行互联网贷款管理暂行办法》明确要求"互联网信贷业务涉及合作机构的,授信审批、合同签订等核心风控环节应当由商业银行独立有效开展",指明了互联网信贷今后的方向,即金融机构独立完成核心风控。各家金融机构资金成本差异不大的情况下,风控能力成为差异化竞争的核心能力。

(一)借贷领域的风险

借贷领域的风险主要分为两类:一是欺诈风险。这种风险的防范要靠事前模式识别和事后的信息共享以及执法。二是信用风险。这由人的行为模式左右,模式的改变需要有主观的认识和有意识的纠正。

(二)决定风控的两个核心要素

1. 信用体系,即数据来源及构成

在数据资源获取方面,互联网银行在各个环节的数据主要获取途径为自身的 App 或者小程序等入口,背后集团旗下 App 进行用户推荐/跳转,合作的平台进行用户推荐/跳转。由于各大互联网、金融、政府机构积累的数据短期内依然不互通,因此互联网银行长远的数据获取仍然依赖于背后集团的数据资源和所能调动的社会上其他数据源,背后大股东的数据资源禀赋重要性凸显。从数据的量级和丰富度上,腾讯的微信均占据着无法取代的优势。此外,互联网银行与各大流量巨头的深度合作也是获客的重要手段。

2. 综合评级体系,即风控模型及其体系

从竞争优势分析,资金方在获客渠道上同质化明显,资金成本上差异不大,风控能力成为差异化竞争的重要一环。从监管导向分析,监管要求核心风控环节由金融机构承担,风控能力成为核心能力。从商业模式分析,轻资本模式下,资金方承担信用风险,承担信用风险是双刃剑,具备较强风控能力的金融机构可以赚取超额收益,抢占市场,因此更具优势。在金融机构中,招联消金、马上消金竞争优势明显。第一,公司深耕互联网信贷行业,积累数据,迭代模型;坚持自主风控,推出自有信贷产品,构建平台,留存客户,形成贷前、贷中、贷后完善的风控体系。第二,公司拥有较强的股东背景,股东中既有银行系又有产业系,可在风控、流量、资金等方面提供协同。

(三)部分互联网银行消费贷产品的风控措施

1. 微众银行微粒贷风控措施

微粒贷的整个风控理念,是在传统数据+互联网数据基础上建立的传统金融风控体系+互联网风控体系。微粒贷采用的是"白名单"制度,只有"白名单"允许的客户才能看到在微信入口端有"微粒贷"产品。作为微众银行的首款产品,微众银行基于大数据进行分析、筛选,再通过信用评级方法最后完成"白名单"筛选。微粒贷最初的白名单客户来自腾讯以及已识别优质企业员工的关系链,腾讯最强大的数据源可以清晰地通过关系链定义出用户整个的人生轨迹和社交圈。

微粒贷的风控核心包括:通过大数据与央行征信等传统银行信用数据综合,运用社交圈、行为特征、交易网、基本社会特征、人行征信五个维度对客户综合评级,运用大量指标构建多重模型,以快捷识别客户的信用风险。微众银行同时还会进行身份识别确认、短信确认、网络环境确认、移动设备确认,以避免可能存在的信用欺诈行为。微粒贷风控达到了授信审批时间仅需 2.4 秒、资金到账时间最快只需 40 秒的能力。

2. 苏宁银行的风险控制措施

苏宁银行研发了实时规则引擎,该系统提供 7×24 小时服务,日均扫描 60 万笔交易,每秒支持 1 000 笔交易的风险识别。自主研发反欺诈系统,2020 年年末已经对接全行 15 个系统,如微信银行、手机银行、卡系统、开放银行、统一支付系统、柜面系统、移动展业系统等,共接入 115 个侦测事件,覆盖全行 200 多个场景,日均侦测笔数达到 60 万笔,单笔平均耗时 50 毫秒。建立反欺诈风险数据集市和图谱,数据来自三部分:一是与生态合作伙伴数据互通,以标签形式为苏宁银行提供基础数据服务,如"黄牛"、疑似中介、交易可疑行为等标签;二是为丰富客户行为数据,集市采集了数据仓库的 0 层数据作为补充,如客户中心、统一支付数据、理财系统等;三是反欺诈系统历史数据,反欺诈风控集市建设离线指标库、可信体系、设备库、监控报表等大数据应用,利用特征工程和无监督的机器学习方法,对风险特征进行自动识别。

第五节　互联网消费金融资产证券化

一、资产证券化概述

（一）资产证券化的定义

资产证券化（ABS）作为一种金融创新,起源于美国 20 世纪 60 年代,之后迅猛发展,到现在 ABS 包括其衍生的 MBS 等相关品种已占超过美国债券市场 1/3 的份额,成为第一大券种。在日本、韩国、中国香港、新加坡等亚洲国家和地区,资产证券化业务也自 20 世纪 90 年代发端以来经历了快速的发展。

华尔街有句名言:"只要有稳定的现金流,就可以把它证券化。"资产证券化是指发起人将缺乏流动性,但又可以产生稳定可预见未来现金收入的资产或资产组合（基础资产）出售给特定的发行人,或者将该基础资产信托给特定的受托人,创立一种以该基础资产产生的现金流为支持的金融工具或权利凭证,即资产支持证券,并在金融市场上出售变现该资产支持证券的一种结构性融资手段。

随着消费金融日益火热,资金来源成为限制以消费金融为主业平台发展的重要因素,由于消费金融业务运营主体放贷形成了诸多存量应收账款,该应收账款如符合资产证券化要求的"交易基础应当真实,交易对价应当公允,现金流应当持续、稳定",则其天然具有发行资产证券化的动因和条件,消费金融公司将其放贷形成的资产打包发行资产证券化产品,资金回流后再进行新一轮放贷,循环往复,追求杠杆规模和利差空间。

我国对 ABS 较正式的尝试始于 2005 年。随着 2014 年年底原银监会、证监会推出资产证券化的备案制,自 2015 年起,国内资产证券化发行呈现井喷之势。

（二）资产证券化的作用

消费金融资产证券化的原始权益人主要是我国消费金融市场的三大类参与者:商业

银行、持牌消费金融公司、小贷公司以及互联网消费金融平台。

商业银行开展的消费金融业务主要是信用卡分期付款和个人消费贷款。商业银行发行消费金融ABS的目的在于加快信贷资产周转率、改变经营模式和减少资本占用量等。由于注册资本规模较大且自身具备吸储功能的资金优势,相较于后两类主体,其业务动因更侧重于业务模式调整以及风险释放。

持牌消费金融公司虽然不能像商业银行那样吸收公众存款,但相对于非持牌主体,消费金融牌照带来的同业拆借渠道,可以降低资金获取成本,同时连接人行征信系统,有助于增加催收回款和降低信贷风险。但是,融资渠道单一导致难以满足业务持续扩张下的资金需求。对此类主体而言,ABS是其融资方式的一种补充。持牌消费金融公司的注册资本普遍不高,通过资产证券化可扩充资产规模,释放经营空间,在现金流和债务结构上软化短贷长借的问题。

对小贷公司来说,根据《关于小额贷款公司试点的指导意见》的规定,小贷公司融入资金余额不得超过资本净额的50%。通过资产证券化的方式可以实现资产和融资出表,小额贷款公司实现缓减杠杆限制对业务扩张的影响。

互联网消费金融平台相比消费金融公司,起步晚、信用比较差,难以从银行取得贷款,运营过程中所需要的资金通常来源于股东入股时投入的资金。伴随着互联网公司在消费金融方面业务量逐渐扩大,互联网消费金融公司需要的资金量增加,再加上互联网企业提供给消费者的资金还款有一定的期限,所以企业自己拥有的资金无法支持它的发展速度,而资产证券化能有效解决电商企业在运营过程中的资金短缺问题。互联网消费金融公司拥有大量缺乏流动性的应收账款,会导致企业的流动比率、现金比率降低,从而导致资金链断裂,引发企业财务风险,而资产证券化能将难以在市场流通的应收账款转变为可以流通的证券,成本较低地补充资金,提高资金周转速度。

(三) 我国互联网消费金融资产证券化的发展历程与发展现状

1. 互联网消费金融资产证券化的发展历程

2005年,中国人民银行与原银监会颁布《信贷资产证券化试点管理办法》,标志着资产证券化的正式开启,相关配套法律制度陆续落地,资产证券化业务臻于规范与完善;2014年,中国证监会与银保监会对资产支持证券实施"备案制"管理,不再进行逐笔审批;2015年,中国银行间交易商协会发布《个人消费贷款资产支持证券信息披露指引(试行)》,对注册、发行与存续期间的证券信息披露予以规范;2016年,《中国人民银行 银监会关于加大对新消费领域金融支持的指导意见》发布,提出要拓展消费金融机构的融资渠道,鼓励发行金融债券并简化程序;同年12月,中国银行间交易商协会颁布《非金融企业资产支持票据指引(修订稿)》,通过规范资产类型、交易结构、信息披露以及风险隔离等,推动非金融企业资产支持票据的合规发展;2019年,中国银行间交易商协会发布《个人消费类贷款资产支持证券信息披露指引(2019版)》,规范个人消费类贷款资产证券化,并提升其证券标准化与透明化水平。

随着法律政策的助推,我国互联网消费金融资产证券化产品的发行数量和金额持续增长。一方面,传统消费金融机构陆续试水互联网消费金融资产证券化市场。自从2016年中银消费金融公司在银行间市场正式发行首单消费金融公司的资产证券化产品起,具有信贷资产证券化业务资格的消费金融公司逐渐增多。另一方面,互联网消费金融机构为了拓展融资渠道、提升融资效率、降低融资成本,陆续也开始发行互联网消费金融资产证券化产品。电子商务平台阿里巴巴与京东商城分别于 2013 年与 2015 年发布基于小额贷款的资产证券化产品(阿里巴巴专项资产管理计划与基于互联网消费金融的资产证券化产品、京东白条应收账款债权资产支持专项计划)。两者的最大区别在于基础资产不同。阿里巴巴的资产证券化产品包括了企业债权与个人债权,并且以企业债权为主;京东白条则是完全基于互联网个人消费信贷。因此,京东白条的成功标志着市场对于互联网消费金融的认可。此外,分期购物平台乐信集团也于 2015 年以分期消费债权为基础资产发行互联网消费金融资产支持证券(分期乐 1 号资产支持专项计划资产支持证券)。

2. 我国互联网消费金融资产证券化现状

我国互联网消费金融资产证券化产品呈现以下特点:第一,互联网消费金融越来越获得投资者的认可,互联网消费金融资产证券化产品的需求越来越旺盛,无论是产品发行单数还是发行规模,相较于初步发展阶段(2012—2016 年)而言,都有了重大发展。第二,随着互联网消费金融监管政策日益强化,尤其是《关于规范整顿"现金贷"业务的通知》(2017 年)的颁布实施,对以信贷资产转让、资产证券化等名义融入的资金进行严格规范,互联网消费金融资产证券化产品的发行单数与发行规模逐渐下降。其中,互联网消费金融资产证券化产品发行单数从 2017 年巅峰时期的 164 单下降到 2018 年的 110 单,并进一步下滑到 2019 年的 102 单;其产品发行规模从 2017 年的 4 712.99 亿元,下降到 2018 年与 2019 年的 3 034.39 亿元与 3 025.67 亿元(见表 7.1)。第三,从横向发行主体的微观结构分析,市场以消费金融公司、小额贷款公司以及电子商务公司为主,其中非金融机构的互联网消费金融资产证券化产品的发行单数与规模远超过金融机构。

表 7.1 互联网消费金融资产证券化产品发行单数与规模

年份	资产证券化产品单数	资产证券化产品规模(亿元)
2014	1	26.31
2015	7	138.28
2016	53	976.16
2017	164	4 712.99
2018	110	3 034.39
2019	102	3 025.67

资料来源:中国资产证券化分析网(CNABS)。

二、资产证券化的分类与特征

(一)资产证券化的分类

我国资产证券化分为以下四大类:信贷资产证券化(简称"信贷 ABS")、企业资产支持专项计划(简称"企业 ABS")、资产支持票据(简称"ABN")及保险资产支持计划(简称"保险 ABS"）。其中前三类为互联网消费金融资产证券化的主要产品。这四种资产证券化模式的主要区别在于原始权益人、投资者、基础资产、特殊目的载体（SPV）、计划管理人、产品流通场所及审核方式等有所不同。表 7.2 是我国不同资产证券化模式的具体情况。

表 7.2　我国资产证券化主要类型

名称	信贷 ABS	企业 ABS	ABN	保险 ABS
原始权益人	银行业金融机构	未明确规定，实际以非金融企业为主	非金融企业	未明确规定，但对原始权益人有一些条件要求
投资者	银行间债券市场机构投资者	合格投资人，合计不超过 200 人，单笔认购不少于 100 万元	公开发行面向的投资者为银行间市场所有投资者；定向发行面向的投资者为机构投资者	保险机构等合格投资者
基础资产	银行信贷资产（包括不良信贷资产）	负面清单制，各类债权、收益权	与企业 ABS 类似	与企业 ABS 类似
特殊目的载体（SPV）	特殊目的信托	证券公司、基金子公司资产支持专项计划	未明确规定	项目资产支持计划
计划管理人	信托公司	券商或者基金子公司	未明确规定	保险资产管理公司
产品流通场所	银行间债券市场	交易所、报价系统	银行间债券市场	保险资产登记交易平台
审核方式	央行注册＋银保监会备案	交易所审核＋基金业协会备案	注册制	初次申报核准，后续产品注册

由表 7.2 可知，信贷资产证券化（信贷 ABS）模式主要在银行间债券市场发行，银行业金融机构是主要发起机构，故而这一条件剔除了绝大多数互联网消费金融机构。资产支持票据（ABN）因为并未要求一定要设立特殊目的载体，无法真实出售，也不能出表，主要依靠主体的自身信用发行债券，更接近于企业以自身资产为质押，资金成本也略高于挂牌交易的产品，故而甚少有消费金融服务机构采取这种融资模式。就互联网消费金融服务机构而言，其资产证券化主要采用企业资产证券化模式，因为法律法规对原始权益人未做明确规定，实际上主要是非金融企业，而且基础资产多样化，可以是企业应收款、租赁债权、信贷资产、信托受益权等财产权利，以及基础设施、商业物业等不动产财产或不动产收益权等，非常便于操作。

（二）消费金融资产证券化的主要特征

1. 基础资产主要是"小额、分散"的消费信贷资产

消费金融，顾名思义就是为消费者提供以消费为目的的贷款服务，所以消费金融资产

证券化的基础资产也是以"小额、分散"为原则,为居民个人提供以消费为目的的消费信贷资产。消费金融基于普惠金融的特点,主要面向的群体是传统金融服务无法覆盖到的"长尾"客户。消费金融得以迅速发展的主要原因是中低收入群体的消费需求正在慢慢释放。中低收入群体包括职场新人、学生、"蓝领"等,他们是消费金融主要覆盖的群体。相对于传统的银行信贷,基础资产一个核心的特点是金额小额、分散,资金很快可以回笼,这种属性天然适合包装为资产证券化产品。但是基础资产数量多而分散,也使得基础资产的真实性、合法性问题更需要予以关注。

2. 产品设计大多采用循环结构

消费金融产品期限较短,一般为1个月至1年。例如,《蚂蚁花呗用户服务合同》规定:在不分期服务情况下,蚂蚁小贷当月发放的消费贷款的贷款到期日为下月还款日,还款期间为1个月左右。但是资产证券化的产品存续期间比较长,一般是3~5年,因此在时间维度上存在期限错配。为解决这一矛盾,就产生了消费金融资产证券化循环结构。循环结构,是指在基础资产到期后,基础资产回收的现金流再次连续购买补充基础资产的交易结构,基础资产池这时就成为一个动态的循环池。在现金流归集时本金暂时不兑付给投资者,而是循环购买类似的基础资产,直到最后一次基础资产到期和投资者所持有的凭证到期,才把本金兑付给投资者。产品设计中采用循环结构主要有两个目的:一是满足融资人利用较短期限的基础资产实现较长期限的融资需求;二是有效提高融资人的资金利用率。循环结构虽然避免了期限错配问题,但是循环结构的最大问题在于:循环结构下,基础资产难以特定化,与原始权益人是否实现了破产隔离难以判断,从而难以判断基础资产是否实现了"真实入池"。

3. 信用增级方式比较多样化

消费金融资产证券化的特殊目的载体在受让发起人资产池后,需将资产池产生的现金流通过内部及外部信用增级方式(外部增信是指寻找第三方的担保,比如保险公司、银行、担保公司等),对整个证券资产进行进一步增信,以此来吸引更多的投资者,从而降低融资利率和融资效率。信用增级方式的选择取决于基础资产的性质及其预期选择的交易结构的特点。阿里小贷资产证券化是我国第一个标准意义上的小额信贷资产证券化产品,它在信用增级措施上就采用了内外部同时增信的方式。一方面,通过结构化方式进行内部增信。根据不同风险、收益特征,资产证券化专项计划分为优先级、次优先级、次级资产支持证券,认购份额为7.5∶1.5∶1。另一方面,通过外部担保及补充支付方式进行外部增信。"京东白条"资产证券化就只采用了内部增信方式,主要包括证券分层和信用触发机制。

4. 准入门槛降低,金融效率提升

传统融资业务中,无论是债权方面的银行贷款,还是股权方面的证券发行业务,对发起人的资质要求都比较高,这也是"融资难、融资贵"的主要原因。在资产证券化业务中,由于破产隔离制度的存在,只需要有优质的基础资产,将拥有稳定现金流的基础资产从发起人的整体资产中加以剥离,即可实现消费金融资产证券化。这种新型融资方式降低了对发起人的整体要求,有效提高了金融效率。

三、消费金融资产证券化交易结构

消费金融资产证券化是底层资产为消费金融的资产证券化形式,由于消费金融领域在技术和模式创新方面的活跃度远远高于其他领域,故消费金融资产证券化也呈现出了不同的模式,主要为以下两种模式。

(一) 场内模式

场内模式是指在银行间和交易所发行的,在央行及国家金融监管机构进行备案注册并受其监管,交易结构符合资产证券化要求的资产证券化产品。发行平台主要包括上海证券交易所、深圳证券交易所和全国银行间债券市场。场内消费金融资产证券化属于传统信贷资产证券化范畴,参与主体包括发起人、特殊目的载体、信用增级和评级机构、承销商、服务商和受托人等。其一般的交易结构为:① 选定合格资产,构造资产池;② 设立特殊目的载体;③ 选定合理交易模式,与各主体确定权利义务;④ 向合格投资者发售资产支持证券。

目前,电商平台是我国场内消费金融资产证券化的主力军。从 2013 年阿里小贷推出"东证资管—阿里巴巴专项资管计划"以来,众多的电商平台包括京东、唯品会、百度、小米、去哪儿网都纷纷推出自己的资产证券化产品。以京东发行的京东白条应收账款债权资产支持专项计划为例,其交易模式如图 7.3 所示。

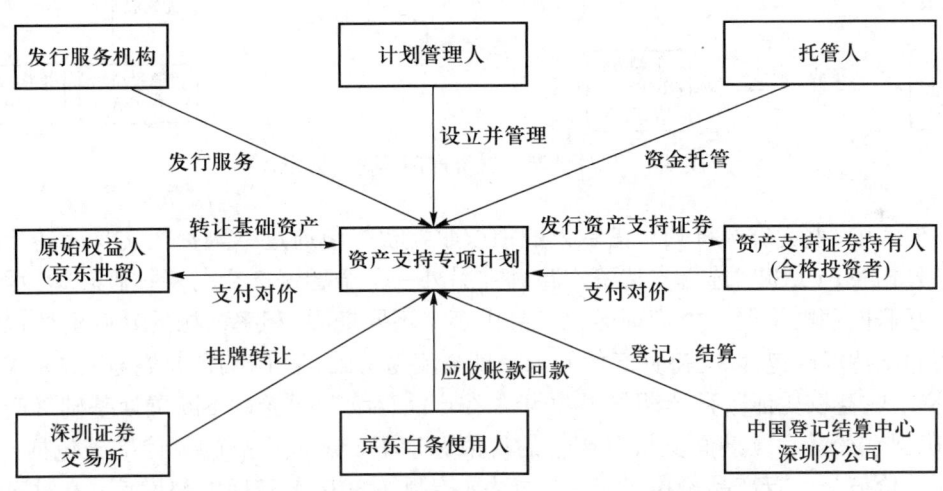

图 7.3　京东白条应收账款债权资产支持专项计划交易模式

京东白条应收账款债权资产证券化的底层资产是原始权益人持有的由京东白条产生的应收账款债权。京东白条,即京东给予符合其风控标准的投资者的一个赊销服务。京东根据投资者的信用情况给予投资者一定的白条消费额度,在该额度内,投资者可以享受一定期限内的免息且有最高额限制的分期付款服务。投资者的分期应付款项余额即该资产证券化的底层资产。

为对该资产支持专项计划进行增信,该资产支持计划进行了分级处理,发行的证券分为优先 1 级、优先 2 级和次级。其中,优先 1 级和优先 2 级由投资机构认购,次级由原始权益人认购。同时,该资产支持证券采取循环购买的模式,以解决在证券计划存续期间某些底层资产到期的问题:循环期只能进行利息分配,底层资产产生的现金流持续用来购买资产;分配期则停止购买资产,底层资产产生的现金流用来支付投资者的本息。

(二)场外模式

场外模式,即在上海证券交易所、深圳证券交易所和全国银行间债权交易市场以外的场所发行的资产证券化产品(类资产证券化)。发行平台为金融资产交易所和新出现的ABS 云平台等。发行主体集中在小额贷款公司、网络小额贷款公司和互联网金融平台,底层资产主要为上述发行主体发放消费金融贷款形成的债权或债权收益权。与场内模式比,场外模式在交易结构上进行了一定程度的创新,根据实际需要,增添或删除了场内模式中的某些要素。其基本模式如图 7.4 所示。

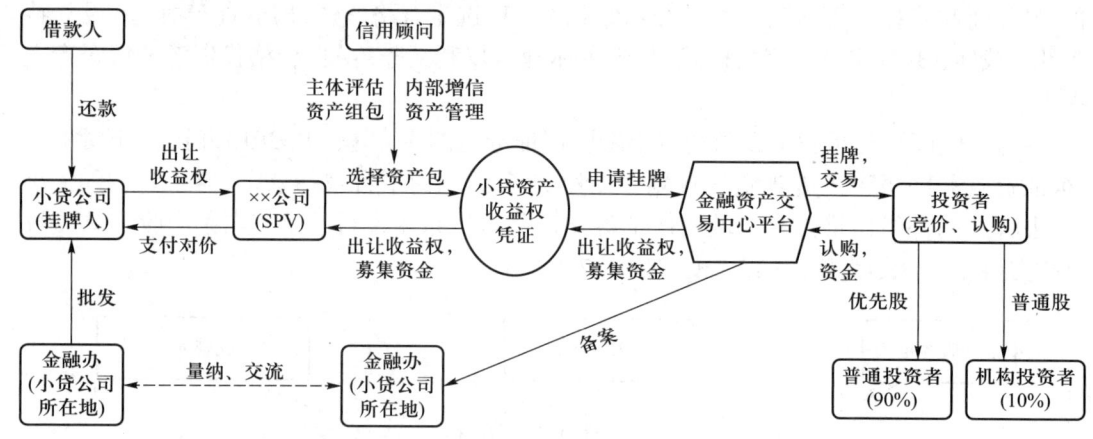

图 7.4　场外消费金融资产证券化交易模式

该模式中,小贷公司将其对借款人的债权收益权打包通过金融资产交易所转让给一个关联公司(SPV),SPV 选择支持资产包并在另外一个金融资产交易所挂牌转让,承销商为一个互联网理财平台。资产证券化产品由多个不同期限、利率结构的基础资产包组成一个大的支持资产包,以支持资产包的未来现金流为基础,基于出让其收益权的方式形成"小贷资产收益权凭证",存续期限 1~2 年。在产品存续期间通过不断置换基础资产包的方式,确保在产品存续期间支持资产包的价值保持不变。该产品的风控措施包括:① 资产包原始价值与发行产品价格设定一定折扣(控制在 80%),实现内部增信;② 对底层资产进行严格管理,以控制坏账率;③ 小贷公司的关联公司提供担保措施和承担回购责任等。由于场外模式的发行标准相对场内模式宽松,且每个金融资产交易所关于收益权凭证的发行主体和底层资产质量的要求不同,导致一部分平台包括 P2P 平台也纷纷和金融资产交易所合作发行资产证券化产品。随着监管政策逐渐收紧,互金平台和金交所的合作模式受到了越来越多的政策规制,其中,监管要求 P2P 平台不得发行资产证券化产品,没有小贷和保理公司资质的 P2P 平台由于只是一个纯信息中介机构,借款人在平台借款形成的债权属于投资者而非网贷平台,故限制网贷平台发行资产证券化产品是政策题中应有之义。

目前,随着场外消费金融资产证券化产品的需求升温,市场上出现了一些专门为消费金融 ABS 服务的平台,包括京东金融的 ABS 云平台、招银前海 ABS 交易系统以及百度金融 ABS 云平台等。"京东中腾信 ABS"即在京东金融 ABS 平台上发行的首款产品。"京东中腾信 ABS"的资产包主要为向工薪阶层借款人发放小额消费金融借款形成的债权,京东金融承担了"京东中腾信 ABS"的结构设计和发行工作。同时,京东金融出资 5 亿元,在交易完成后持有部分夹层级信托受益权,为"京东中腾信 ABS"提供了增信措施。

四、消费金融资产证券化面临的法律问题

关于消费金融资产证券化涉及的法律问题,应该从两个层面考虑:一是资产证券化业务模式所涉法律问题;二是发行资产证券化产品所面临的法律法规和监管政策。

（一）资产证券化业务模式所涉法律问题

消费金融资产证券化业务模式所涉法律问题,从整体来看,主要集中在如下几个方面:

1. 底层资产合法合规

底层资产合法合规是指原始权益人和原始债务人之间的债权债务关系真实存在,不存在法律方面的瑕疵。该底层资产在转让给 SPV 的过程中不存在障碍,底层资产合同中无限制债权转让方面的条款且该转让行为已按照合理方式通知债务人等。对于消费金融资产证券化来说,由于其底层资产大多是小额信用贷款,借款人众多,借款金额小,借款周期短,且可能有部分底层资产来源于平台电子化操作,合同和有关资料均为网站平台自动生成,缺少面签等当面核对借款人身份的环节,借款人预留的信息不准确的概率比较大。因此,如果确保底层资产合法合规性,在一定程度上更考验证券发行人的实力和水平。

2. 发行人适格

作为资产证券化的发行人,SPV 需具备如下条件:一是在证券化业务中,财产和职能独立,可以实现破产隔离。二是具备发行资产证券化的条件。我国《公司法》及《证券法》对公司发行债券的条件从净资产额、累计债权总额与公司净资产的比例、可分配利润等方面做了严格的限制。因为 SPV 是为实现预期财务目标而设立的一个法律概念上的实体,它类似一个空壳公司,按照《公司法》中规定条件,资产证券化设立的 SPV 根本无法满足发债的条件。因此,在我国现行的法律框架下,公司法意义上的公司不宜成为发行主体(SPV)。根据现行的法律法规,可采用的 SPV 模式主要有信托、有限合伙、基金公司特定客户资产管理计划以及证券公司资产管理计划等。对于目前场外消费金融资产证券化模式而言,其资产证券化的形式不属于上述任何一种,其基本是原始权益人自己或挂牌平台筛选资产,然后在金交所或其他平台设立资产(理财)计划进行挂牌转让,该资产(理财)计划能否作为资产支持证券适格的发行主体,目前还有待监管政策肯定。

3. 真实出售和破产隔离

在资产证券化中,资产转移只有构成"真实出售",才能隔离破产风险。从原始权益人的角度而言,SPV 的主要作用是实现对基础资产的"完全占有",从而使其和原始权益人脱离关系,帮助原始权益人实现资产的真实出售。目前,我国暂时无文件对"资产真实出售"进行明确规定。某些资产证券化业务要求原始权益人对一部分底层资产进行自持或购买,这样也就削弱了真实出售的效果。同样,当发起人面临破产清算时,目前的 SPV 不具备完全的"破产隔离"条件。根据信托法,当委托人作为信托唯一受益人时,如果委托人宣

告破产,信托计划终止,信托财产将被列为清算资产,无法实现完全的破产隔离。

(二)发行资产证券化产品所面临的法律法规和监管政策

目前关于资产证券化方面的法规多为部门规章和行业规定(见表 7.3),暂时没有以资产证券化为主要内容的法律和行政法规。部门规章和行业规定的效力等级较低,当其规定和法律法规相冲突时,无法形成有效的指引。同时该部分法规和政策规制只适用于在传统场内市场发行的资产证券化产品等,对于场外发行的资产证券化或类资产证券化产品并不适用。

表 7.3 我国资产证券化法律法规

法规类别	法规名称	文号	效力级别	发文时间	生效时间
法律	《中华人民共和国信托法》	主席令第 50 号	法律	2001.4.28	2001.10.1
部门规章	《信贷资产证券化试点管理办法》	中国人民银行、中国银行业监督管理委员会公告〔2005〕第 7 号	部门规范性文件	2005.4.20	2005.4.20
	《金融机构信贷资产证券化试点监督管理办法》	中国银行业监督管理委员会令 2005 年第 3 号	部门规章	2005.11.7	2005.12.1
	《中国人民银行 中国银行业监督管理委员会 财政部关于进一步扩大信贷资产证券化试点有关事项的通知》	银发〔2012〕127 号	部门规范性文件	2012.5.17	2012.5.17
	《证券公司及基金管理公司子公司资产证券化业务管理规定》及配套的《证券公司及基金管理公司子公司资产证券化业务信息披露指引》《证券公司及基金管理公司子公司资产证券化业务尽职调查工作指引》	中国证券监督管理委员会公告〔2014〕49 号	部门规范性文件	2014.11.19	2014.11.19
	《中国证券投资基金业协会关于发布〈资产支持专项计划备案管理办法〉及配套规则的通知》	中基协函〔2014〕459 号	行业规定	2014.12.24	2014.12.24
	《中国证券业协会关于发布〈机构间私募产品报价与服务系统资产证券化业务指引(试行)〉的通知》	—	行业规定	2015.2.16	2015.2.16
	中国人民银行公告〔2015〕第 7 号(关于信贷资产支持证券发行管理有关事宜的公告)	中国人民银行公告〔2015〕第 7 号	部门规范性文件	2015.3.26	2015.3.26

法规类别	法规名称	文号	效力级别	发文时间	生效时间
部门规章	《关于发布〈个人消费贷款资产支持证券信息披露指引（试行）〉的公告》	中国银行间市场交易商协会公告〔2015〕20号	行业规定	2015.9.30	2015.9.30

同时,随着场外消费金融资产证券化的兴起,资产证券化的发行主体更加宽泛,一些小贷公司、保理公司、互金平台甚至P2P平台都纷纷发行资产证券化产品,并采取将其产品委托某些互金平台进行代销的模式。由于互金平台直接对接C端客户,一旦产品发生兑付风险,其影响将不可控,故监督层在涉及互金平台的资产证券化方面做出了专门规定。2016年8月,原银监会联合工信部、公安部、国信办发布《网络借贷信息中介机构业务活动管理暂行办法》,规定网络借贷信息中介机构不得开展类资产证券化业务或实现以打包资产、证券化资产、信托资产、基金份额等形式的债权转让行为。故网贷平台不得作为资产证券化的发行人,但是如果该网络借贷平台旗下有小额贷款或保理、融资租赁等相关牌照的话,则这些主体可以发行资产证券化产品。2017年6月30日,互联网金融风险专项整治工作领导小组办公室下发《关于对互联网平台与各类交易场所合作从事违法违规业务开展清理整顿的通知》(简称"64号文"),要求各互联网平台停止与各类交易场所合作开展违规业务,同时妥善化解存量违法违规业务。"64号文"对互金平台承销金交所产品的行为给出了明确限制,即互金平台不得"权益拆分、降低投资者门槛、变相突破200人的私募上限"。但是"64号文"或其他相关文件没有对"权益拆分、降低投资者门槛、变相突破200人的私募上限"等做进一步的说明,导致互金平台在从事代销金交所发行的资产证券化产品时无所适从,纷纷下架有关产品。对此,互金平台应在开展相关业务前与监管部门进行充分的沟通,取得其肯定后再开展有关业务,以免触碰监管红线。

五、消费金融资产证券化风险控制

对于消费金融资产证券化而言,其风控核心关注点应该是底层资产的质量和选择、资产池资产在一定期限内的稳定性以及不良底层资产的替换等问题。具体来讲,主要从以下几个方面着手:

（一）入池资产选择

由于资产证券化中资产池产生的现金流取决于底层资产的还本付息和信用增级安排,一旦底层资产出现问题,投资者的投资兑付将出现问题,故选择符合法律法规规定、权属明确、可以产生独立和稳定性的现金流的底层资产至关重要。消费金融贷款普遍具有"无担保、贷款审批速度快"的特点,其资产的好坏与消费金融本身的风控能力尤其是大数据风控密切相关。故在挑选入池资产时,一要考虑原始权益人的大数据风控能力,包括其风控模型的构建、对欺诈风险和信用风险的防范措施、其贷中和贷后管理能力等;二要考虑底层资产的合法合规,包括其底层资产合同中借款利率条款约定是否合规、合同中有无限制债权或收益权转让的条款以及该底层资产转让行为有无通知原始债务人等,若底层资产设定了有关担保,该转让行为有无取得原担保人同意等。

（二）资产池规模控制

消费金融贷款具有期限短、金额小的特点，同时每笔入池资产在金额、期限和利息等方面都存在差异。资产证券化产品设定期限客观上无法与底层每笔资产的到期期限保持一致，因此，在挑选底层资产时，应挑选贷款到期日期相近的资产组成资产池，同时合理设计资产证券化的到期日期。在无法消除底层资产到期日期和资产证券化到期日期存在差异性的前期下，设计资产池的循环购买模式比较合理。例如前文提到的京东白条资产证券化中的循环购买模式。

（三）不良资产替换

专项计划发行后，随着时间推移，入池资产可能因各种原因成为不良资产，从而对资产证券化本息偿付产生影响。因此在设计资产证券化方案时，需要考虑不良资产的处置问题。同样以京东白条应收账款债权资产证券化为例，其针对不合格资产设置了赎回条款，对灭失基础资产设置了置换条款。例如，计划管理人或者资产服务机构发现不合格基础资产，计划管理人需按照《资产买卖协议》的规定通知原始权益人对不合格基础资产予以赎回；在专项计划期限内，如计划管理人或者资产服务机构发现灭失基础资产，原始权益人需按照《资产买卖协议》的规定，用其自有的、符合合格标准且应收账款余额不低于灭失基础资产名义应收账款余额的应收账款资产，对灭失基础资产进行置换。故在成立资产证券化计划时，可与原始债权人签订不良资产赎回或置换协议，以保证资产池中的资产质量。

本 章 总 结

互联网消费金融是依托互联网技术发展起来的新型消费金融模式。与传统消费金融相比，互联网消费金融业务在降低资金成本、提高业务效率、减少信息不对称性等方面具有无可比拟的优势。互联网消费金融涉及上游的资金需求方、中游的消费金融服务商、下游的消费供求方以及消费金融的基础设施。

互联网消费金融主要有四种业务模式：一是传统商业银行消费贷款互联网化；二是互联网银行消费贷款；三是持牌消费金融公司互联网消费金融；四是互联网消费金融公司消费贷款。目前，我国互联网消费金融已经基本形成传统商业银行与持牌消费金融公司为主体，互联网银行与互联网消费金融公司为补充的市场格局。获客能力、用户体验和风控能力是互联网消费金融发展的核心能力。

商业银行开展 ABS 的目的在于加快信贷资产周转率、改变经营模式和减少资本占用量等。消费金融公司由于注册资本普遍不高，通过 ABS 可扩充资产规模，释放经营空间，在现金流和债务结构上软化短贷长借的问题。互联网金融公司通过 ABS 可以成本较低地补充资金，提高资金周转速度。互联网消费金融资产证券化需要解决法律与风险控制问题。

阅读材料

ZestFinance：面向弱势群体提供互联网消费金融服务

ZestFinance 原名 ZestCash，2009 年 9 月成立于洛杉矶，创始人道格拉斯·梅瑞尔和肖恩·卜德分别曾是谷歌的副总裁和 Capital One 的信贷部高级主管。

　　ZestFinance 是一家面向金融弱势群体提供在线消费贷款服务的公司。ZestFinance 的研发团队主要由数学家和计算机科学家组成。ZestFinance 起初是为传统的发薪日贷款提供在线替代的产品。发薪日贷款因借款人承诺在发薪日还款而得名。由于美国传统的信用风险评估体系无法覆盖全部的人群,大约15％的人因没有信用评分而被银行排斥在外,无法获得基本的信贷需求。除了解决传统信用评估体系无法解决的无信用评分借贷问题,ZestFinance 还主要面向传统信用评估解决不好的领域,将信用分数低而借贷成本高的人群视为服务对象,利用大数据技术降低他们的信贷成本。与传统信贷管理业务比较,ZestFinance 的处理效率提高了将近90％。风险控制方面,ZestFinance 的模型相比于传统信用评估模型性能提高了40％。

　　ZestFinance 的核心竞争力在于数据挖掘能力和模型开发能力。在其模型中,往往要用到 3 500 个数据项,从中提取 70 000 个变量,利用 10 个预测分析模型,如欺诈模型、身份验证模型、预付能力模型、还款能力模型、还款意愿模型以及稳定性模型,进行集成学习或者多角度学习,通过信用评估模型加强这些弱相关数据的描述能力,并得到最终的消费者信用评分(见图 7.5)。

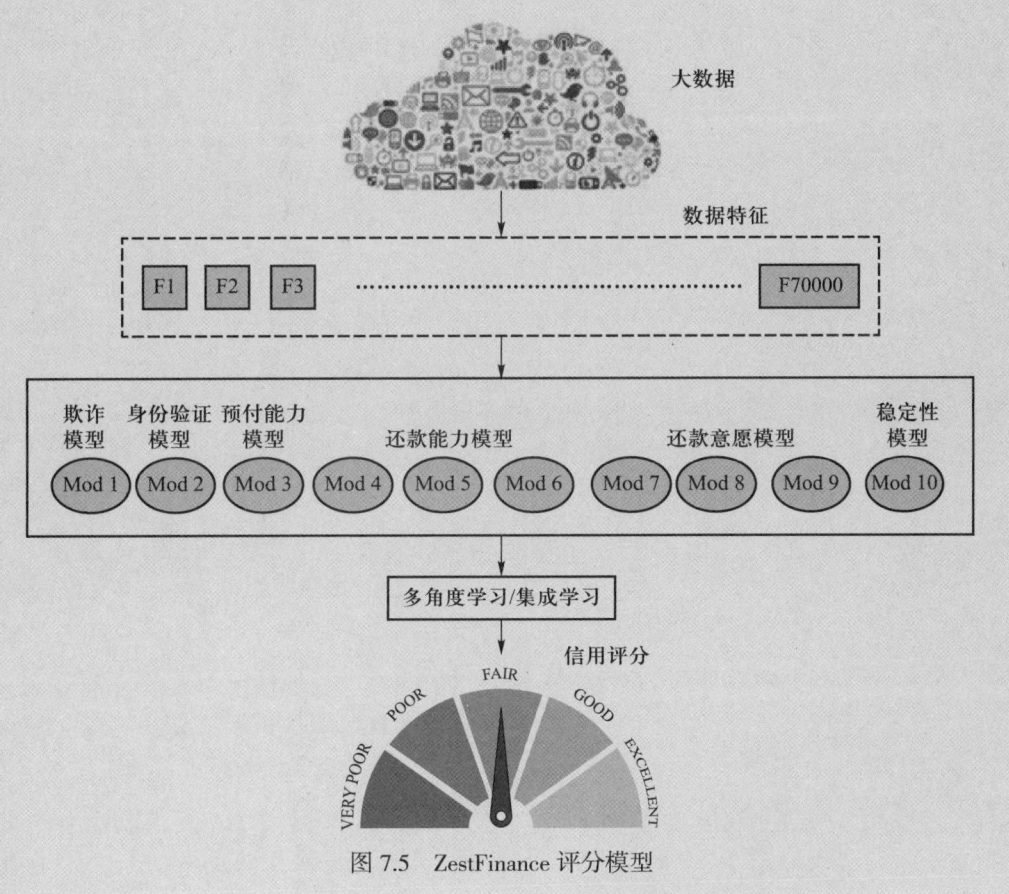

图 7.5　ZestFinance 评分模型

ZestFinance 的评分模型更新并细化的速度很快,从 2012 年至今差不多每一个季度就会推出一个新的信用评估模型。最早,ZestFinance 只有信贷审批评分模型,目前已经开发出八类信用评估模型,包括市场营销、助学贷款收债、法律收债、次级汽车抵押贷款等,用于不同信用风险评估服务。清晰的用户定位、完善的征信体系支撑,是 ZestFinance 在美国生存的土壤。目前,ZestFinance 为超过 10 万人提供了服务,并在 9 个国家取得了贷款资格。

ZestFinance 已经成功输出风控技术,公开的成果包括 Spotloan、Basix、ZRobot(与京东金融合资建立的金融科技公司)。

复习思考题

1. 请比较一下互联网消费金融的四种模式。
2. 互联网消费金融发展的核心能力有哪些?如何提升?
3. 请谈谈互联网消费金融在实施过程中面临的法律问题与风险控制。
4. 如何对资产证券化进行分类?资产证券化有什么特征?

第八章　电子商务小额贷款

电子商务的发展催生了电子商务小额贷款的发展,反过来电子商务小额贷款为电子商务市场更加蓬勃的发展起到了积极的促进作用。本章介绍电子商务业务的发展状况,电子商务小额贷款的概念特点,电子商务小额贷款与网络小额贷款、商业银行互联网贷款的异同,电子商务小额贷款对于电子商务市场发展作用的主要体现,电子商务小额贷款的主要模式、基本流程、面临的风险及风险控制手段等。通过对本章内容的学习,你将对电子商务小额贷款的基本理论与实务有比较全面的了解和掌握。

第一节　电子商务小额贷款的产生

一、我国电子商务的发展状况

（一）我国电子商务发展的政策环境

电子商务(Electronic Commerce)是指通过网络等信息化方式开展的商业化活动,也就是商务活动的电子化、网络化。早在 1996 年美国 IBM 公司就提出了 E-commerce 的概念,而到了 1997 年又把这类概念换成 E-business,而后这种电子化的交易模式逐渐被其他国家效仿。1997 年 12 月,国内首家垂直 B2B 网站"中国化工网"诞生,成为国内第一家开展电子商务的商业网站。1997—2005 年,处于互联网发展早期的电子商务主要以网站为基础,这是电子商务的培育发展阶段。2005 年,我国颁布了第一个专门指导电子商务发展的政策性文件《国务院办公厅关于加快电子商务发展的若干意见》,就加快电子商务发展的指导思想和基本原则,完善政策法规环境,加快信用、认证、标准、支付和现代物流建设,形成有利于电子商务发展的支撑体系,如何发挥企业的主体作用等提出了具体要求。随后电子商务开启了走向全国、高度竞争的阶段。随着民营快递公司与电商平台的合作和 4G 网络日渐普及,电子商务的产业链日益深化,电子商务生态体系日益完整。2005 年 4 月 1 日,《中华人民共和国电子签名法》正式实施,奠定了电子商务市场良好发展态势的基础,这也是中国信息化领域的第一部法律。2010 年 6 月 8 日,国务院新闻办公室发布了《中国互联网状况》白皮书,特别关注了正在快速发展的中国电子商务行业。

2015 年 5 月 7 日,我国再次发布电子商务指导文件《国务院关于大力发展电子商务加快培育经济新动力的意见》,明确提出要加大金融服务支持,建立健全适应电子商务发展的多元化、多渠道投融资机制,进一步拓展电子商务企业融资渠道。2007 年 6 月 1 日,国家发改委、国务院信息化工作办公室联合发布我国首部电子商务发展规划——《电子商务发展"十一五"规划》,首次在国家政策层面确立了发展电子商务的战略和任务,这是我国第一个国家级的电子商务发展规划。2007 年 12 月 13 日,商务部公布了《商务部关于促进电子商务规范发展的意见》。为推进电子商务领域信用体系建设,解决突出的诚信缺失问题,2018 年 5 月 14 日,国家发展改革委、商务部等 8 部委联合发布《关于加强对电子商务领域失信问题专项治理工作的通知》。为促进跨境电子商务零售进口行业的健康发展,营造公平竞争的市场环境,2018 年 11 月 29 日,《财政部 海关总署 税务总局关于完善跨境电子商务零售进口税收政策的通知》发布。2019 年 1 月 1 日,《中华人民共和国电子商务法》(简称《电子商务法》)正式实施,对电子商务各方主体利益、维护市场秩序、加强知识产权保护等方面具有重要作用,进一步推动了我国电子商务市场的规范发展。《电子商务法》颁布实施后,国务院陆续出台电子商务相关法规政策。代表性的如2019 年 8 月 8 日发布的《国务院办公厅关于促进平台经济规范健康发展的指导意见》(国办发〔2019〕38 号),旨在聚焦平台经济发展中面临的突出问题,促进了互联网平台服务经济的快速发展。电子商务交易服务作为平台经济的重要组成部分,进入新的发展阶段,B2B 交易服务、B2C 交易服务和 C2C 交易服务都得到快速发展。为推动提升电子商务进农村,建立农村现代市场体系,助力脱贫攻坚和乡村振兴,财政部、商务部、国家乡村振兴局(原国家扶贫办)于 2019 年、2020 年和 2021 年连续三年下发《关于开展电子商务进农村综合示范工作的通知》。为健全县、乡、村寄递服务体系,补齐农村寄递物流基础设施短板,推动农村地区流通体系建设,2021 年 8 月 20 日,《国务院办公厅关于加快农村寄递物流体系建设的意见》发布。为了规范网络交易活动,维护网络交易秩序,保障网络交易各方主体合法权益,促进数字经济持续健康发展,2021 年 3 月 15 日国家市场监督管理总局发布《网络交易监督管理办法》。

随着信息技术突飞猛进,电子商务也在由内而外地实现创新,耕耘出更加广阔的发展空间,如从最初的 B2B 模式演变成 C2C、B2C、O2O 等多种模式。如今的商务方式也随着电子商务的发展而改变,由于时间、空间可自由选择,即使在家里也可以正常远程办公。不管处于何地的公司,也不论公司规模大小,只要通过网络,就可实现全球性的商业活动。

(二) 电子商务主要模式

一般来说,电子商务模式主要有 B2B 模式、B2C 模式、C2C 模式和 O2O 模式。

1. B2B(Business to Business)模式

B2B 模式是指商家对商家的电子商业模式,是电子商务应用最多和最受企业重视的形式,是传统电子商务中发展最快的一种形式。商务交易双方都是企业或公司,通过使用互联网技术和各种商务网络平台完成商务交易的过程。B2B 典型平台为阿里巴巴电商平台。

2. B2C(Business to Customer)模式

B2C 模式是一种企业对消费者的电子商务形式,以网络零售业为主,其通常依赖于Internet 和独立网店系统软件进行线上销售,同时也是一种全新的企业或品牌推广形式。按目前运营的 B2C 网站,B2C 模式又可以分为百货商店类、综合商城类和垂直商店类。百货商店类如京东商城、当当网等,这一模式下卖方与买方之间的关系呈现为一对多。综合商城类如天猫商城,这一模式下买方和卖方的关系为多对多。垂直商店类包括如 360 商城等,这些平台的服务对象都是有特定需求的人或是一些特定人群,并为其提供某一领域或行业有关的产品与服务,专业性比较强。

3. C2C(Customer to Customer)模式

C2C 模式是指消费者与消费者之间进行的电子商务活动,是一种个人通过互联网进行的消费者与消费者之间的交易活动模式。C2C 网站就是为买卖双方交易而提供的互联网平台,卖家可以在网站上登出其想出售商品的信息,买家可以从中选择并购买自己需要的物品。易趣、淘宝就是典型的 C2C 平台,每个人都可以去开店,每个人也都可以去购物。所以,近年兴起的微商也属于 C2C 模式。

4. O2O(Online to Offline)模式

O2O 起源于美国,是一种线上到线下的交易模式,将线下的商务机会与互联网结合,让互联网成为线下交易的前台。O2O 的概念非常广泛,只要产业链中既涉及线上,又涉及线下,就可通称其为 O2O。其优势主要在于实现互联网落地,把网上和网下的优势有效结合在一起,即把互联网与地面店结合在一起。在消费的过程中,消费者既可享受线上优惠价格,又可享受线下的贴身服务。淘宝网、饿了么、美团等都属于典型的 O2O 模式。O2O 模式也因为所在的行业、服务、运营模式等不同而存在差异。

不论是个人还是企业都能够通过电子商务平台进行网上沟通或是交易。电子商务平台作为协调整合信息流、物质流、资金流的重要场所,是基于互联网来构建一个虚拟的网络空间,相关的商务活动都能够在这个虚拟的空间里完成。电子商务平台还能够为企业和商家创造一个良好的网上商务活动交流与交易环境,在这里,在线支付、网络基础设施等都比较齐全,且具有一定的安全性,为企业或是商家商业活动顺利开展提供了许多便利。

(三)我国电子商务发展总体情况

商务部《中国电子商务报告》(2018 年)、《中国电子商务报告》(2019 年)、《中国电子商务报告》(2020 年)和《2021 年上半年中国网络零售市场发展报告》的数据显示,近年来,我国网络购物用户规模、电子商务交易额以及网络零售交易额持续增长。

1. 网络购物用户规模

随着智能手机的普及和互联网快速发展,我国网络购物用户规模不断扩大。2013 年,我国网络购物用户规模只有约 3.02 亿,之后每年平均增速在 55% 以上。截至 2020 年 12 月,我国网络购物用户规模达 7.82 亿人,占网民整体的 79.1%(见图 8.1)。7.82 亿网络购

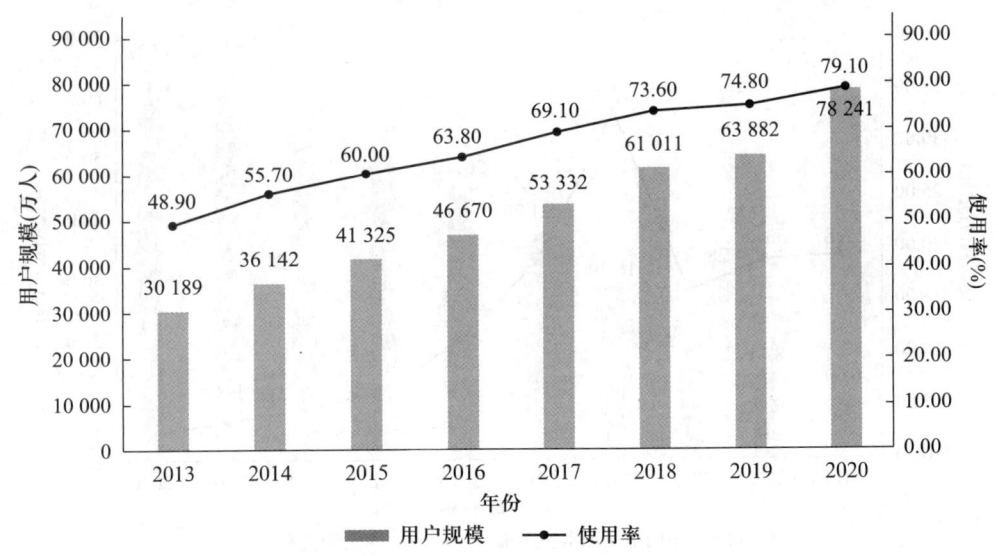

图 8.1　2013—2020 年我国网络购物用户规模及使用率

物用户中,手机网络购物用户规模达到近 7.81 亿,占手机网民的 79.2% (见图 8.2)。网络直播成为"线上引流+实体消费"的数字经济新模式,实现蓬勃发展。直播电商成为广受用户喜爱的购物方式,66.2%的直播电商用户购买过直播商品。

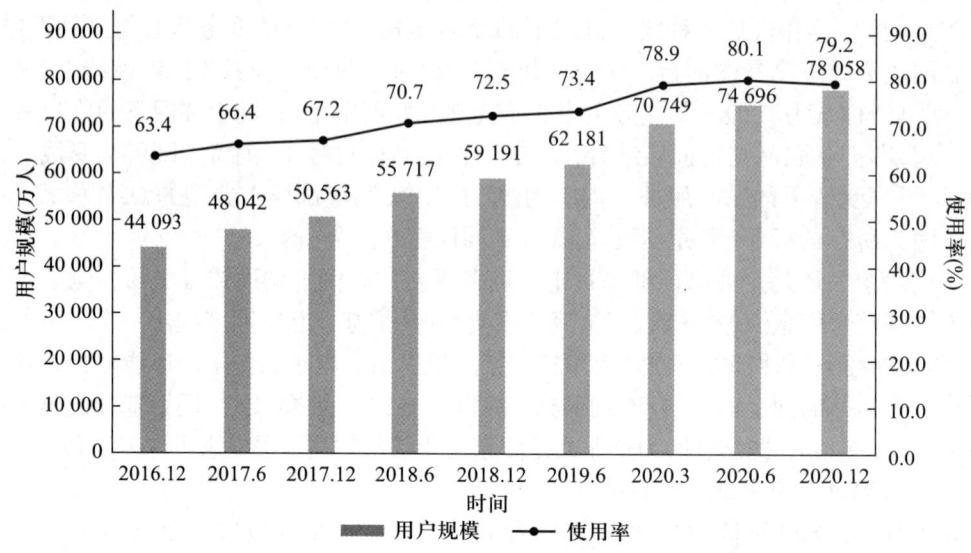

图 8.2　2016—2020 年手机网络购物用户规模及使用率

2. 电子商务交易额

电子商务交易额 2011 年仅为 6.09 万亿元,2011—2017 年,每年增速基本上在两位数以上,2014 年的增速最高,达到 57.6%。到 2020 年,我国电子商务交易额达到 37.21 万亿元(见图 8.3)。

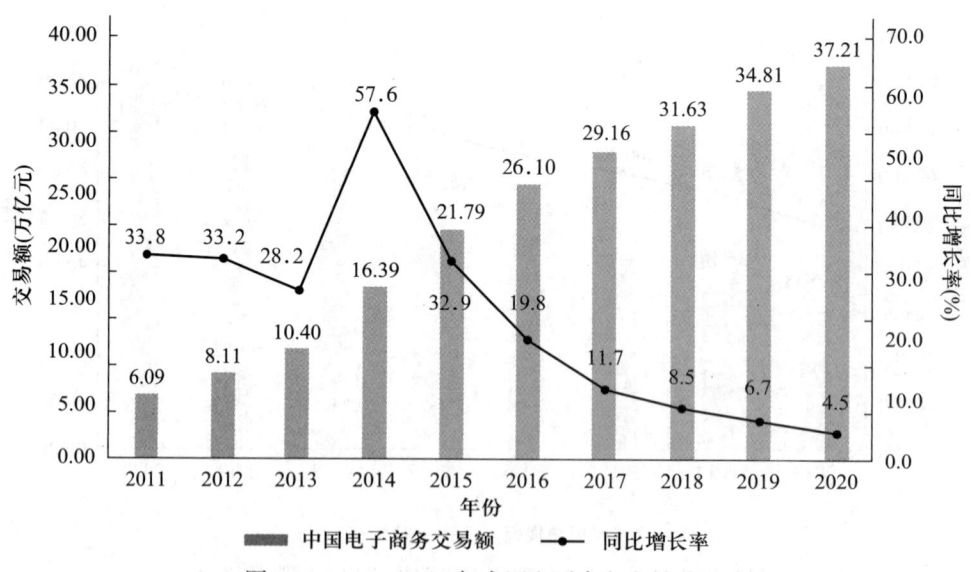

图 8.3　2011—2020 年中国电子商务交易总额

3. 网络零售交易额

我国连续 10 年成为全球第一大网络零售市场。2011—2020 年,我国网络零售交易额一直保持着两位数的增长速度,其中 2012 年增速为 67.5%,达到近几年增速峰值,之后增速放缓。截至 2020 年,我国网络零售交易额为 11.76 万亿元(见图 8.4)。

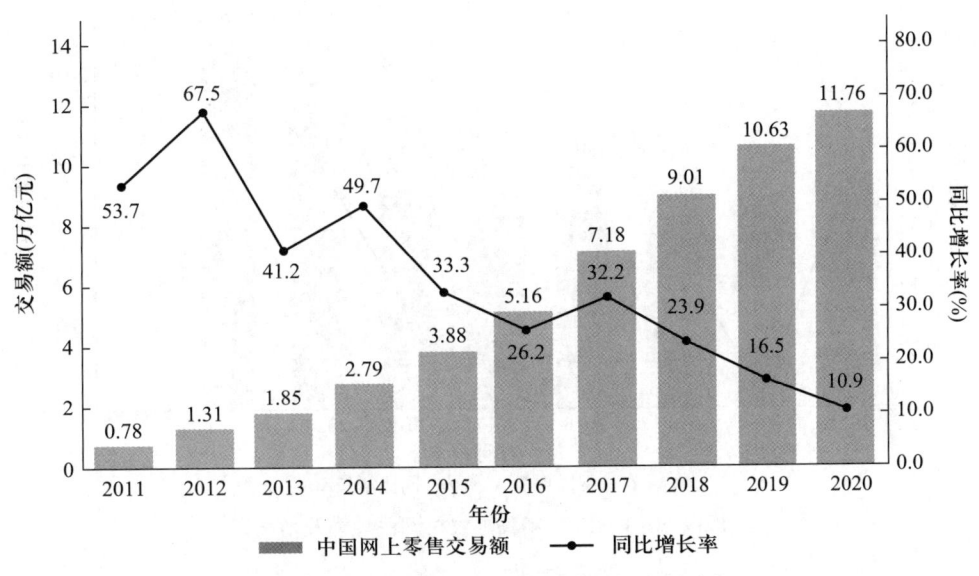

图 8.4　2011—2020 年中国网络零售交易总额

(四)细分领域电子商务发展情况

1. 农村电子商务发展情况

随着数字乡村建设,电子商务进农村综合示范、电商扶贫等工作深入推进,中国农村电商继续良好发展态势,农村网络零售和农产品上行规模不断扩大,农村消费市场潜力进一步释放,农村电商模式不断创新;网络扶贫行动向纵深发展取得实质性进展,电子商务进农村实现对 832 个国家级贫困县全覆盖,电子商务积极助力农业供给侧改革,为乡村振兴提供新动能。中国农村电商经历了前期市场培育,正在迅速增长的同时加快转型升级,逐步走向高质量发展的新阶段。

(1)农村网民规模持续增长。2021 年 2 月 3 日,中国互联网络信息中心发布第 47 次《中国互联网络发展状况统计报告》。报告显示,截至 2020 年 12 月,我国网民规模达近 9.89 亿,其中,农村网民规模为 3.09 亿人(见图 8.5)。

(2)全国农村网络零售额逐年呈现快速增长态势,2014 年仅为 1 800 亿元,到 2020 年,全国农村网络零售额达到 1.79 万亿元,同比增长 8.9%(见图 8.6)。其中农村实物商品网络零售额 1.63 万亿元,同比增长 10.5%,分别低于全国增速 2.0 个和 4.3 个百分点。2021 年上半年,网络零售额达 6.11 万亿元,网络零售平台店铺数量为 2 152.5 万家。其中,实物商品店铺数为 1 066.7 万家,占比 49.6%。

2. 跨境电子商务发展情况

(1)跨境电商的政策体系不断完善。2019 年,国务院印发《国务院办公厅关于印发全国深化"放管服"改革优化营商环境电视电话会议重点任务分工方案的通知》,部署完善跨境电商等新业态促进政策,适应产业革命新趋势推动外贸模式创新。为了落实国务院部署,国家相关部门出台了所得税核定征收、知识产权等跨境电商相关政策文件。

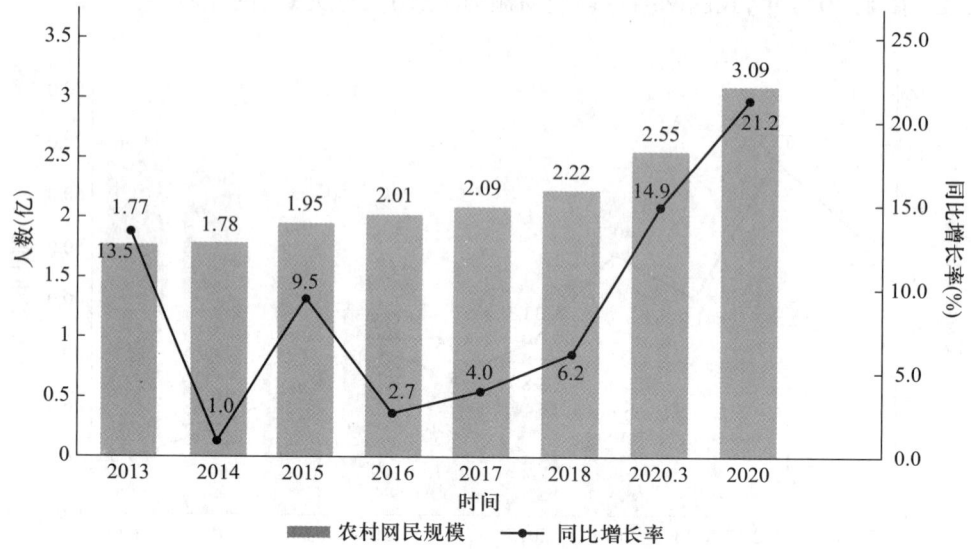

图 8.5　2013—2020 年我国农村网民规模及增长率

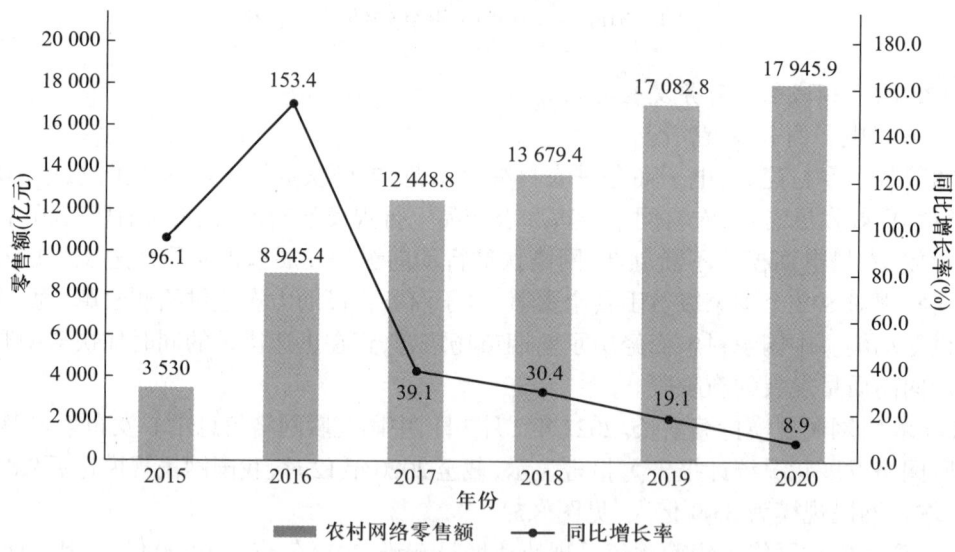

图 8.6　2013—2020 年我国农村网络零售额及增长率

（2）我国跨境电子商务加速进入高质量发展阶段。总体而言,跨境电子商务继续保持增长态势,增长动力、市场结构发展模式发生积极变化。随着相关政策日益完善,中国跨境电子商务仍将持续发展。我国通过海关跨境电商管理平台的进出口总额从 2015 年的 360.2 亿元增长到 2020 年的 1.69 万亿元,年均增速达 50.8%,其中 2020 年的增速为 31.1%（见图 8.7）。

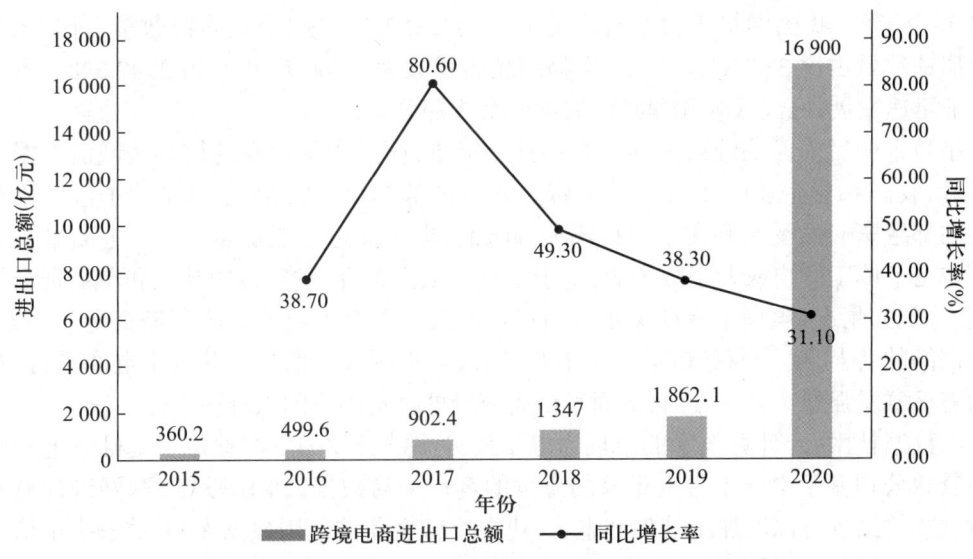

图 8.7　2015—2020 年我国跨境电商进出口额及增长率

（五）我国电子商务快速发展的原因

毫无疑问，电子商务对促进社会就业、增加居民收入起到了非常大的作用，已经对我国经济具有非常重要的影响。近年来，我国电商交易规模发展如此迅猛，究其原因可以归纳为以下几点：

（1）互联网和移动互联网不断渗透普及，为电子商务快速发展奠定了良好的用户基础。在全球新一轮科技革命和产业变革中，互联网与各领域的融合发展具有广阔前景和无限潜力，已成为不可阻挡的时代潮流。近年来，在国家相关政策的有力推动下，随着法律制度体系日益健全、行业利好政策颁布实施和网络通信设施大力投入，我国电子商务领域迎来了有史以来快速发展的最佳时机。在网络环境大幅改善的基础上，我国网民数量不断增长，为电子商务的发展奠定了良好的基础。

（2）移动网络技术的发展和智能手机的普及促进了手机网民规模的不断上升。移动互联网塑造了全新的社会生活形态，潜移默化地改变着移动网民的日常生活，对电子商务在人们日常生活中的进一步渗透和普及提供了更广阔的发展空间。

（3）在线销售企业比例不断攀升，数字消费用户规模持续扩张。近年来，企业的参与程度持续深入，开展在线销售的比例大幅提高。

（4）近年来，天猫、京东、苏宁易购等各大第三方电商平台通过采取给予用户价格促销补贴、在城乡地区开设服务站下沉销售渠道、提升物流配送效率、拓展销售品类等方式，吸引越来越多的消费者进行网络购物。目前，网络购物已逐渐深入我国居民的生活，成为重要的消费方式。同时，移动应用的不断丰富和移动支付手段的逐步完善，让消费者摆脱了线下消费模式的束缚，手机网络购物成为众多网民的选择。

二、电子商务发展促进电子商务小额贷款的发展

商务部、电子商务和信息化司《2021 年上半年中国网络零售市场发展报告》显示，到

2021年上半年,我国网络零售平台店铺数量为2 152.5万家(个人店铺数量占比61.3%,企业店铺数量占比38.7%)。其中,实物商品店铺数为1 066.7万家,占比49.6%。电子商务企业迅速发展,已经成为我国经济的重要组成部分。

小微企业目前面临的最大问题之一是融资难,而融资最根本的核心是诚信。据不完全统计,我国私营企业中26%的企业资金来自内部的留存收益,小微企业中这一比例更高。内部融资必然受到利润率与积累期的限制,电子商务企业也是一样。电商平台上多数商户是个体工商户或者小微企业,由于面临着缺少抵押资产、信用缺乏和单笔资金需求小、急等现实情况,电商平台商家难以通过传统的大型金融机构筹集所需资金。一方面,随着网络的普及,电子商务市场规模不断扩大,越来越多的商户入驻各个电商平台,对资金的需求愈发强烈。另一方面,电商平台商户身处融资困难的大环境中。

大数据技术、云计算技术的出现为电子商务小额贷款的发展奠定了基础。电子商务小额贷款公司基于电商平台上记录的海量的客户交易数据,利用现代互联网云计算等技术对这些数据进行深度加工处理和整合,建立小微企业的信用数据库,有效解决了信用缺乏等问题。同时,电子商务小额贷款利用大数据和互联网技术,解决了金融市场信息不对称的问题,规避了金融市场中道德风险和逆向选择,提高了资源的配置效率。此外,我国政府加大金融改革的力度,为电子商务小额贷款的发展提供了良好的契机。在这一背景下,专为电商平台商户服务的电子商务小额贷款应运而生。

第二节　电子商务小额贷款概述

一、电子商务小额贷款的定义与特点

(一) 电子商务小额贷款的定义

学术界对电子商务小额贷款还没有统一的定义。艾瑞咨询在《2013年互联网创新金融模式研究报告》中给出的定义为:电子商务小额贷款是指利用平台积累的企业数据及贷款企业上下游产业链关系,完成小额贷款需求的信用审核并放贷的一种新型贷款模式。

我们比较认同《中国互联网金融报告》(2014年)对电子商务小额贷款的定义:"电子商务小额贷款是指电商企业利用互联网、云计算等信息化手段,对其长期积累的平台客户交易数据进行专业化的挖掘和分析,通过自建小贷公司或与银行合作的方式,向其平台上的小微企业提供信贷服务。"电子商务小额贷款为电子商务小微企业创造了一种从生产、销售、融资直到结算的"商业生态圈"。这种"商业生态圈"不仅满足了小微企业的融资需求,而且有效提升了整个电商平台的粘连度,营造出互利共赢、良性发展的局面(见图8.8)。

电子商务小额贷款是一种新型网络小额贷款,是互联网、金融和电商企业融合发展的产物。电子商务小额贷款的服务对象为有融资需求的电商平台内的卖家。电子商务小额贷款是一种B2B(Business to Business)的纯信用贷款,无须抵押或担保,申贷、审批、下款、支用、还贷等业务流程基本上通过互联网完成。

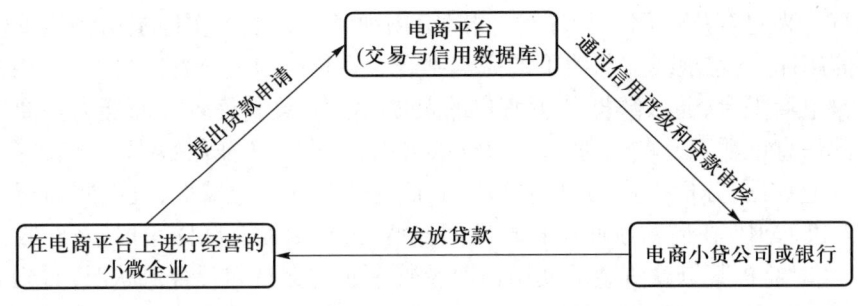

图 8.8　电子商务小额贷款模式

（二）电子商务小额贷款的特点

1. 聚焦尾部客户群体

商业银行贷款多数是抵押贷款，所以，银行服务的对象大多是有一定抵押财产的头部客户，而电商平台上的商家大多数是缺少抵押资产的个体和小微企业。电子商务小额贷款的服务对象定位为个体和小微企业，直面电商企业的资金筹集和周转难题。电子商务小额贷款利用了美国著名学者安德森提出的"长尾理论"，该理论认为过去由于成本和效率的原因，人们主要关注重要的人和事，但在信息化时代，关注尾部的成本大大降低，服务尾部客户同样能提供利润空间。电子商务小额贷款利用互联网收集和分析处理电商平台上商家的相关信息的优势，将目光聚焦在传统金融机构忽视的尾部客户群体中，为电商商户提供资金支持的同时发掘了金融领域新的利润增长点。

2. 基于互联网和大数据的贷款机制

传统金融机构将小微企业拒绝在小额贷款外的主要原因是，小微企业信用缺乏、财务账目不完善、缺少抵押资产或者抵押资产价值低等造成了风控难、坏账率高、贷款成本高。相比于大企业，小微企业贷款前的信用等级更难评估，贷款后的资金使用情况更难监督，由此造成的信息不对称问题更为严重。而电子商务小额贷款基于电商平台上积累的商家海量的交易数据、物流公司的物流信息和可获得的其他外部数据，利用现代互联网云计算、大数据分析等技术对这些数据进行深度加工处理和整合，建立了一套小微企业和个体商家的信用数据库，有效解决了信用缺乏的问题。同时，电子商务小额贷款利用大数据和互联网技术，对贷款人的信息进行深度挖掘和整理，有效缓解了小微企业信息不对称的问题，在一定程度上可以减少金融市场中道德风险和逆向选择，提高了资源的配置效率。基于小微企业的信用数据，电商平台上商家可以获得电子商务小额贷款，从而保证了商家的正常资金运转和进一步发展。

此外，电子商务小额贷款多是利用互联网进行贷款申请、审批、放款和收款等一系列操作，打破了地域的限制和时间的限制，扩大了服务范围，提高了贷款效率并节约了操作成本。

3. 独特的风险控制体系

电子商务小额贷款运用互联网公开透明、信息及时和数据可记录等特点，建立了一套独特的风险控制机制。电子商务小额贷款采用多维度微贷风控预警管理体系，加强贷款各个环节的紧密结合，提高了贷款风险管控与防范的效能。① 贷前：通过分析借款者线上与线下行为来对客户信用进行评级,同时引用视频调查或者实地走访将线下资信调查手段引入信用评估,实现线上与线下的完美结合。在贷款前期,对商户进行信用评级的主要数据来自电商平台,通过数据分析商户的负债、经营、盈利等各方面能力。商户也可以提交更多的信息证明自己的还款能力和资信水平,如央行的征信数据、工商税务数据等。同时收集行业数据,分析行业的盈利模式、成长性、周期性、地域性,进而判断行业经营的风险系数。② 贷中:在借款者使用贷款期间,贷款公司借助互联网手段,及时收集用户的行为信息,实时监控其贷款资金的使用情况及其企业的交易和现金流状况,时刻关注借款者的贷款资金状况。一旦出现资金使用不符合借款合同的情况或者企业经营出现问题,及时采取措施。③ 贷后:贷款发放后,贷款公司并没有结束对贷款者的审核,而是继续利用互联网的优势,结合其电子商务平台对获贷客户经营活动进行实时监控,对可能影响正常履约的行为及时检测并预警。在贷款快到期之前,为保证借款者按期还款,贷款公司会提前提醒客户还款日期将近和做好还款的准备。对于贷款逾期者,贷款公司采取了严格的处罚制度,如网上公布信用黑名单、罚款、关停企业店铺等。

另外,互联网技术的使用使得贷款的历史数据能够留存,增加了在线商户的违约成本。一旦出现不利于商户信用的情况,商户未来贷款申请难度会增加且放款额度将会降低。这种有约束力的风险控制机制将会倒逼平台上商户到期履约,从而也会减少逆向选择和道德风险出现的可能性。

二、电子商务小额贷款、网络小额贷款与商业银行互联网贷款比较

第六章已经对网络小额贷款进行了全面介绍。在对电子商务小额贷款、网络小额贷款与商业银行互联网贷款进行比较之前,有必要对商业银行互联网贷款这一新型贷款模式进行简单介绍。

为规范商业银行互联网贷款业务经营行为,促进互联网贷款业务平稳健康发展,2020年7月,中国银保监会发布《商业银行互联网贷款管理暂行办法》(以下简称《办法》)。《办法》将商业银行互联网贷款定义为"商业银行运用互联网和移动通信等信息通信技术,基于风险数据和风险模型进行交叉验证和风险管理,线上自动受理贷款申请及开展风险评估,并完成授信审批、合同签订、贷款支付、贷后管理等核心业务环节操作,为符合条件的借款人提供的用于消费、日常生产经营周转等的个人贷款和流动资金贷款"。根据上述定义,商业银行的线上线下相结合的贷款业务以及部分抵押质押贷款业务不属于商业银行的互联网贷款业务。《办法》出台的背景,主要是针对近年来商业银行互联网贷款业务快速发展中暴露出的风险管理不审慎、金融消费者保护不充分、资金用途监测不到位等问题和风险隐患。《办法》同时规定,商业银行互联网贷款应当遵循"小额、短期、高效和风险可控的原则"。

(一) 相同之处

从贷款金额和贷款期限来看,三者都属于小额贷款,贷款期限一般不超过1年。《办法》对消费类个人信用贷款授信设定限额,防范居民个人杠杆率快速上升风险。规定商业银行互联网贷款的"单户用于消费的个人信用贷款授信额度应当不超过人民币20万元,到期一次性还本的,授信期限不超过一年"。2020年11月,中国银保监会、中国人民银行

联合发布《网络小额贷款业务管理暂行办法(征求意见稿)》(以下简称《意见稿》)。《意见稿》规定,"小额贷款公司发放网络小额贷款应当遵循小额、分散的原则",同时规定,"对自然人的单户网络小额贷款余额原则上不得超过人民币 30 万元……对法人或其他组织及其关联方的单户网络小额贷款余额原则上不得超过人民币 100 万元"。

(1) 从贷款对象来看,根据《办法》第 53 条的规定,商业银行可以与其他有贷款资质的机构共同出资发放互联网贷款。从实践来看,存在商业银行与网络小额贷款公司共同为电商平台上的网商企业和消费者发放贷款情况。从这一点来看,电子商务小额贷款、网络小额贷款与商业银行互联网贷款的贷款对象可能相同。

(2) 从贷款性质来看,三者都是纯信用贷款,无抵押、无担保。

(3) 从贷款方式来看,三者都是网上进行。贷款的申请、审核、发放、回收等都是网上进行的。

(二) 不同之处

(1) 从贷款对象来看,电子商务小额贷款和网络小额贷款的对象虽然都是电商平台内的客户,但是前者是卖家,后者是买家。商业银行互联网贷款的对象可以是电商平台的买家和卖家,也可以不是电商平台内的客户。

《办法》第 53 条规定:"商业银行与其他有贷款资质的机构共同出资发放互联网贷款的,应当建立相应的内部管理制度,明确本行与合作机构共同出资发放贷款的管理机制,并在合作协议中明确各方的权利义务关系。商业银行应当独立对所出资的贷款进行风险评估和授信审批,并对贷后管理承担主体责任。商业银行不得以任何形式为无放贷业务资质的合作机构提供资金用于发放贷款,不得与无放贷业务资质的合作机构共同出资发放贷款。"

(2) 从贷款利率来看,如果是商业银行发放的贷款,包括商业银行互联网贷款和商业银行与电商平台合作发放的贷款,其利率一般要低于网络小额贷款公司的贷款的利率。

三、电子商务小额贷款的作用

(一) 有利于满足电商平台上商户的资金需求

随着互联网和电子商务的发展,越来越多的商家入驻电商平台开始线上经营。2020年我国网商将近 2 000 万家。电商平台上商户多为小微企业或者个体户,银行难以获得其真实经营情况和信用记录的数据支持,因此很难从银行处获得贷款,不利于自身发展。而电子商务小额贷款这种 B2B 信用贷款则具备了明显的平台和技术优势。首先,平台优势是指电子商务平台积累的客户资源和实时监控的数据库。以蚂蚁金服为例,其核心平台就是依托母公司阿里巴巴多年来积累的庞大电子商务数据库。由于企业的每一笔电子商务交易都能在平台数据库中得到体现,蚂蚁金服可以帮助银行快速掌握企业真实财务数据和第一手经营情况,从而解决民营中小企业在融资中信用调查成本高、风险难以预测的两大障碍。其次,技术优势是指各种现代信息技术。以蚂蚁金服为例,其基础就是借助数据模型将数据库中民营中小企业的电子商务经营数据映射为传统经营业态的折算公式和动态图景,根据模型计算结果掌控企业经营态势,判断融资需求及企业涉嫌欺诈的可能性,从而协助银行对客户的风险情况做出精确判断,大大简化了融资流程,提高了融资效率,对于改善企业经营的状况具有积极的意义。

（二）有利于增加电商平台的收入来源以及客户黏性

对于电商平台,开展电子商务小额贷款业务拓宽了平台经营范围,电商平台通过为其平台商户提供金融贷款收取服务费用,从而增加了新的利润增长点。

客户黏性对于电商平台的重要性不言而喻。所谓客户黏性,指的是客户对于品牌或产品的忠诚、信任与良性体验等结合起来形成的依赖感和再消费期望值。依赖感越强,客户黏性越高;再消费期望值越高,客户黏性越高。提高客户黏性的方法很多,向客户提供个性化十足的服务是其中最重要的方法。对于电商平台上的企业来说,融资难的问题是其中最需要解决的痛点问题。电商平台增加小额贷款业务,实际上就是增加一项服务,其目的就是增加商户对电商平台的黏性。电商平台上的商户进行金融借贷需要信用数据,而商户的信用往往是以支付、物流和经营的数据作为评估的基础,所以需要商户在物流、支付上与电商平台进行深入对接,使得二者的联系更加紧密。

（三）有利于形成小微企业良好的信用环境

（1）从信用制度建设上看,电子商务平台运营商为解决网店本身的交易问题,投入巨资建立了信用评级体制,而这个信用评级体制正是银行最重要的风险控制措施——信用评估体系在电子商务领域的翻版,银行可以直接利用电子商务平台的信用报告,作为风险评估的重要依据,从而解决银行为网商企业服务的风险成本高问题,提高贷款的积极性。

（2）从贷后管理上看,借助电子商务平台运营商的技术优势,银行可以对获贷企业交易全过程进行监控和评估,从而使得银行对企业授信不再过分关注于授信企业本身的信用水平,转而重视整个交易过程。进一步地,一旦交易成功,银行就能够按时收回贷款,风险可控,有利于银行降低贷后管理成本。

（3）从风险控制上看,大型电子商务平台为更好地服务民营中小企业客户,往往采取联保的方式,在一定比例条件下投入现金或者实物进行担保,或为银行担负一定比例的坏账损失,从而减轻金融机构的风险和管理成本,让大规模的小额贸易融资成为现实。

第三节　电子商务小额贷款的商业模式

电子商务小额贷款主要有四种商业模式:一是以阿里巴巴和苏宁为代表的电商平台直接放贷模式;二是商业银行自建电商平台模式,为客户提供包括小额贷款在内的金融服务;三是以慧聪、京东为代表的电商平台和商业银行合作模式;四是电商平台与互联网银行合作模式。

一、电商平台直接放贷模式

电商平台直接放贷模式是指电商平台通过自建小额贷款公司,为电商平台内的卖家提供小额贷款。这种模式起源于 2010 年 6 月阿里巴巴集团建立的阿里巴巴浙江小额贷款公司,其旨在为阿里巴巴电商平台上的中小微企业提供期限短、审批快、数额小的贷款。自此,我国电子商务小额贷款开始得到迅猛发展。代表企业有阿里巴巴小额贷款公司、苏宁小贷、京东小贷等。

（一）电商平台直接放贷模式的基本流程

电商平台直接放贷模式是指电商平台企业在获得国家批准开展贷款业务的牌照的条件下,成立小额贷款公司,利用小额贷款公司的自有资金直接向平台上商户发放贷款的一种小额贷款模式。

基本流程是:电商平台上的小微企业或个人商户向电商平台提出贷款申请,电商平台在接到贷款申请后,利用互联网技术将电商企业长期积累的客户交易信息积累转换为客户的信用数据,并将这些数据提供给其小额贷款公司,小额贷款公司通过信用模型等手段来评价、审核客户的征信情况,最终判断是否拥有贷款资格,对于符合贷款条件的小微企业发放贷款(见图 8.9)。

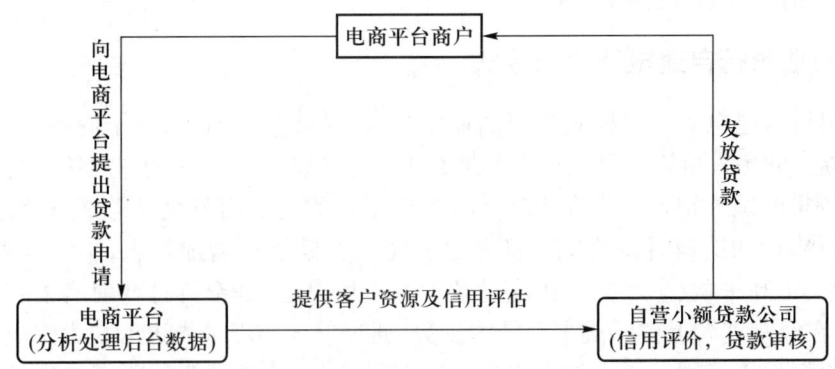

图 8.9　电商平台和自营小额贷款公司合作的基本流程

电商平台直接放贷模式的整个运行流程都抛开银行体系,直接由电商平台对商户的信用数据进行评价和审核,通过小额贷款公司的信用标准后即可发放贷款,这是一种自负盈亏、风险自担的小贷模式。这种模式发放的贷款利率要高于银行贷款的利率。

（二）电商平台直接放贷模式的特点

(1) 在电商平台直接放贷模式下,中大型电商平台一般都是与集团内部的小额贷款公司合作,如阿里小贷公司、苏宁小贷公司等。2010 年 6 月份,阿里巴巴在浙江成了第一家小额贷款公司,主要面向其电商平台的小微客户和个人提供小额贷款服务。随后于 2011年 6 月份在重庆成立了另一家小额贷款公司,2013 年 8 月份再次成立了重庆阿里小微小额信贷公司,进一步扩大提供小额信贷的规模。苏宁于 2012 年 12 月份成立了集团内部的首家小额贷款公司,主要面向其产业链上的小微企业提供供应链金融服务。腾讯、百度、京东也纷纷成立了小额贷款公司,其服务对象都是其旗下电商企业和用户。和第三方小额贷款公司合作的电商平台通常较小,此时电商平台只能起到中介作用,为第三方小额贷款公司提供平台上商户的后台数据。

(2) 贷款资金来源有限。根据原银监会和中国人民银行下发的《关于小额贷款公司试点的指导意见》,小额贷款公司由自然人、企业法人与其他社会组织投资设立,不能吸收公众存款,小额贷款公司的资金来源主要是股东资本金、捐赠资金以及来自不超过两个银行业金融机构的融入资金,且融入资金余额不得超过资本净额的 50%。面对法律上对小额贷款公司资金来源上的限制,小额贷款公司发放的贷款也就极为有限。不过,小额贷款公司也可以利用信托和资产证券化进行融资。但我国信托市场和资产证券化市场不是很发达，通过该手段得到的融资规模也较小。在多重因素影响下，电商平台和小额贷款公司合作的模式也难以覆盖平台上商户的融资需求。

（3）纯信用贷款和抵押（质押）贷款相结合。在电商平台和小额贷款公司合作的模式下，主要是纯信用贷款和抵押（质押）贷款两种方式，而质押资产为订单、应收账款等。例如，阿里小贷主要的贷款产品为信用贷款，阿里信用贷款是针对阿里巴巴中国供应商会员，淘宝天猫信用贷款的对象是企业店铺卖家，速卖通是为了满足全球速卖通平台上卖家的融资需求。苏宁小贷和京东小贷会根据订单或入库单计算出贷款额度，这种贷款方式从本质上可以理解为质押贷款。京东小贷中有一款云仓金融贷款产品，采取商家用具有所有权的在售产品作为质押的融资策略。

二、商业银行自建电商平台模式

商业银行自建电商平台模式是指商业银行自行搭建一个新的电子商务平台，它通常不是一个独立的法人机构而是银行内部组织中的一个部门。美国的花旗银行是建立电子商务平台较早的国外银行。早在1997年，花旗银行的电子商务交易总额就超过了10亿美元。花旗银行的决策者认为电子商务是公司建立销售和增加收入，扩大地理范围，降低运营成本，提高采购、生产力和供应链效率的最优渠道，是银行打开前所未有的机遇的大门，所以在经营理念上很看重平台技术优势，通过寻求实现最先进的技术提供独特的服务。花旗银行积极使用一系列技术来设计和开发产品，更好地为远程客户提高管理决策和降低运营成本。花旗银行为世界其他银行电子商务平台的发展也提供了实践经验。

我国商业银行和自营电商合作主要兴起于2015年，目前中国建设银行、中国工商银行等各大银行都有自己的电商平台。对于商业银行来说，通过搭建商务平台，可以实现商品交易与支付、融资等金融功能的无缝结合，以提高客户黏性和活跃程度，创新出更贴近市场的金融服务。

（一）商业银行自建电商平台的基础理论

1. 银行发展电商平台的生态系统概述

商业银行构建电商平台生态系统的目的在于通过自身资源带动相关金融产品及服务的发展，一方面商业银行可以通过电商平台的交易获取更多的收入，另一方面可以通过电商平台内提供的金融服务促进商业银行与消费者、供应商之间的联系，达到提升商业银行金融服务质量的效果。该生态系统的运营离不开四个主体，即电商平台、大数据分析、上游商户和下游消费者群体，四者缺一不可。由于电商平台实际的运营主体是商业银行，所以商业银行负责提供交易的相关信息及记录，并对有融资需求的商户进行综合跟踪及监控，确保金融业务有效进行。大数据分析是商业银行开展电商平台业务的必要条件，大数据分析有助于制定客户精准画像、识别风险。上游商户通过在银行电商平台内的经营，积累了丰富的交易数据，商业银行可以根据该交易数据建立信用评级，并对这些上游商户提供供应链金融服务。而电商交易中的下游消费者群体在购物交易的过程中形成了信用评级的基础，商业银行通过消费者的交易数据建立风控模型，发展消费金融业务。同时通过掌握不同消费者的消费偏好，创新出更多适合市场需求的金融产品和服务。商业银行开展电商业务,不仅仅是为了在电商平台业务中获利,而更重要的是从电商平台的交易数据中提取有效信息更好地创新金融业务,通过供应链金融缓解小微企业的现金流难题,促进资金周转,增强商户对于商业银行的依赖感。与此同时,通过消费金融贷款促进消费者进行购买,扩大平台交易额,增强了消费者和商业银行间的黏性和忠诚度。

2. 功能金融理论

功能金融理论即功能主义金融观点理论。该理论由美国哈佛大学的 R.Merton 和波士顿大学的 Z.Bodie 于 1993 年提出。功能金融理论基于两个基本假设:一是金融功能比金融机构更加稳定;二是金融功能比金融的组织结构更重要。该理论定义了金融体系的三大核心功能:清算和支付功能、资源的聚集和分配功能以及风险分散功能。金融互联网化相对于商业银行传统金融,不仅具备和其相媲美的功能,还能利用自身优势(依托于大数据、人工智能等技术)发挥出更大的功能优势,主要体现在以下三方面:第一,工银 e 支付、建行龙支付等银行支付平台的兴起,使得支付结算更为简便快捷,大大拓展了传统支付结算功能。第二,金融互联网化和传统金融形成了良好的优势互补,传统金融比较注重重大客户领域,在普惠金融领域发展较为缓慢,金融互联网化可以很好地弥补这一不足,使得社会资源的配置更加高效合理。第三,从信息处理和风险管控的角度,金融互联网化可以凭借其技术优势实现信息的快速传播,既能提高金融信息处理的功能,又能更科学合理地进行资产定价和风险管理。

3. 平台经济理论

平台,简单说就是市场交易的物理场所或促进市场交易的媒介。最原始的"平台"是农村集市或城市菜市场。平台作为多产品(服务)提供者,其收益是对普通交易中买方和卖方收费的总和。平台的商业模式如图 8.10 所示。

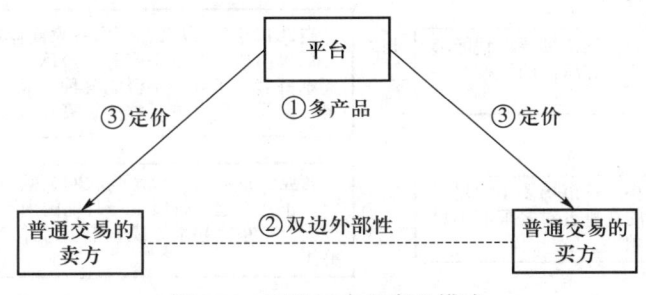

图 8.10　双边平台的商业模式

相较于传统金融平台,电子商务平台积累了海量交易数据,其不仅可用于对卖家的信誉评分、指导买家选择,相关信息还可能用于对卖家的信用评估,促进平台上小微企业的贷款发放。由于电子商务交易平台的这一特征,商业银行建立自有电商平台不仅对传统金融的长尾市场产生了很好的互补效应,同时也为商业银行带来了丰富的用户数据,使其不断创新提升金融产品及服务,更好地服务于社会实体经济。所以,平台经济理论也是商业银行发展电商平台的又一个重要理论基础。

4. 利基市场理论

利基市场指商品市场的统治者从未重视的某些细微市场。利基市场通常有以下特征:

（1）狭小的产品市场、宽广的地域市场。利基战略要选择一个最细微的产品，甚至是小到很多市场推广者注意到但从不认为是竞争渠道的方向，从这个方向出发，抢占市场先机。同时将这个很不起眼的商品做到最大，大到可以影响竞争者整体经营的领域。这个产品虽然不被人注意但一定能够有前景，一旦这个产品实现最终目标，就可以带来巨大利润，并给经营者主业带来影响。

（2）具有很大的市场潜力。利基战略选择后，这个产品是无可替代的，其他竞争者若想抢占市场，必须要针对这个产品进行重新定位和研发并创新才可以有竞争的能力。这个产品是被客户需求的，或是开始不被需求，但通过企业的努力去引导客户并让客户习惯这样的产品；这个产品市场是有很多潜力客户的，也就是说通过努力可以大范围地获取到客户并能持续拥有客户。

（3）市场过小、差异性较大。这个产品市场之所以小不被人重视，是因为这个产品市场本身有弱点，这个弱点无法满足客户的需求。利基战略者通过努力可以寻找到满足客户需求的方式，将弱点改善后，这个市场会有稳定的客源。

（4）利基战略者本身其实有与这个市场发展相匹配的天然条件。对于选择者来说，这个利基市场不仅要满足上述条件，还要合理评估自己是否有能力占据市场主导地位。

（5）企业本身有社会认知度和良好的口碑，在金融这个产品市场初期就具有强大的竞争力。

（6）这个行业暂时没有权威者，也就是说这个市场暂时没有被人占领。因为这个市场一旦被占领形成规模竞争，势必引起后续竞争者的追随，这样的市场就不可能再被人忽略，也就不再是利基市场。

总结利基市场选择标准和对商业银行电商平台的分析，其对比如图 8.11 所示。

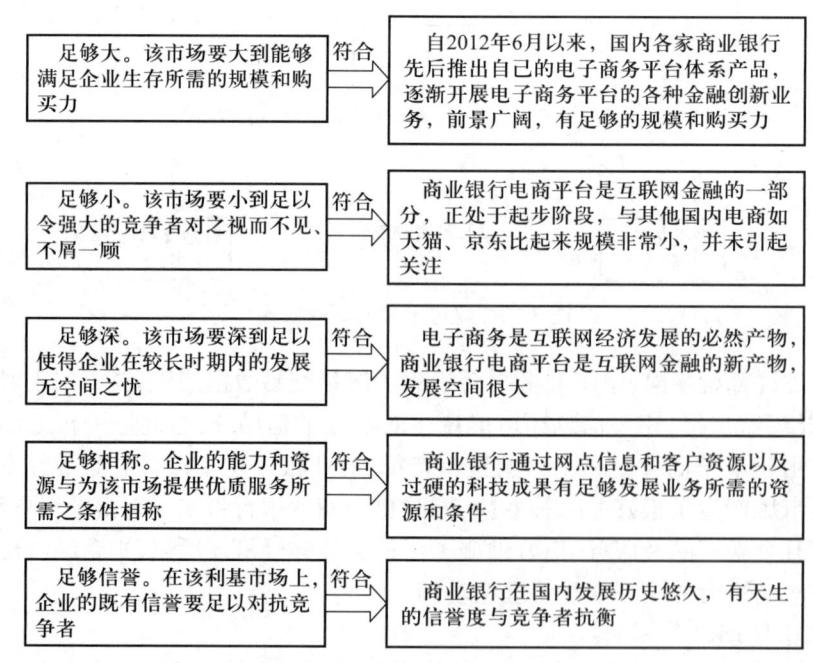

图 8.11　商业银行电子商务平台与利基理论对比

（二）商业银行自建电商平台的现实考察

1. 中国建设银行的"善融商务"

"善融商务"是中国建设银行于2012年6月28日开设的国内首家银行系电子商务平台。该平台以"亦商亦融，买卖轻松"为出发点，融资金流、信息流、物流于一体，支持B2B和B2C模式，为客户提供信息发布、在线交易、支付结算、分期付款、融资贷款、资金托管等全方位的专业服务。中国建设银行设立善融商务之初，为优化推广善融商务，围绕其推出了多项信贷产品，并推出了"悦生活""学生惠"等产品，同时还积极发展以手机、PC机、平板电脑为终端的电子银行渠道，以拓宽更多的获客渠道。2014年，中国建设银行还推出一键购、他人代购、跨境购、扫码购等多项善融商务平台新服务，2015年更是引入微软官方旗舰店入驻善融商务，开展联合营销，同时还推出信用卡积分直接购物功能和差旅机票购买服务来吸引用户。2016年，善融商务以"特产"为吸引力，开通精准扶贫专馆或专栏，搭建了甘肃特色农产品、新疆水果、贵州酒等地区特色产业格局，大力推广优质特色扶贫产品，如今帮扶采购、地方特色产品已成为"善融商务"平台的特色之一。与传统电商平台不同的是，善融商务作为"银行系"电商，在金融服务方面有着自身的独特优势。入驻善融商务的企业，不但能享受相应的优惠措施，善融商务还为客户提供信用卡支付、分期支付、个人贷款支付等多种支付手段，并能实现交易资金提取实时到账，实现资金"零在途"。在融资方面，中国建设银行不仅为入驻商户提供速贷通、善融贷等在线贷款产品，还提供各种线下融资服务，解决商家经营资金的难题。2022年4月5日起，善融商务的经营主体变更为建信金融科技有限责任公司，利用金融科技助力平台进一步发展。

2. 中国农业银行"农银e管家"

2012年4月，中国农业银行推出全渠道电子商务服务平台"农银e管家"，为传统企业转型电商提供集供应链管理、多渠道支付结算、线上线下协同发展、云服务等于一体的定制化商务金融综合服务。格力集团等众多企业通过"农银e管家"开展电子业务。

3. 交通银行"交博汇"

"交博汇"是交通银行推出的新一代网上商城。该平台是银行同业内最全面和综合的电子商务平台。通过"交博汇"，企业可以在10分钟内建立一个自己的网上商务平台，实现商品销售、企业采购、企业收款、品牌推广、在线促销、信息资讯、金融理财、融资授信等众多服务。

"交博汇"企业馆主要致力于构建面向中小企业的网络化社区，企业可在线发布供求信息、交流洽谈、撮合下单、网上支付等，银行则提供相应的资信认证、资金清算、融资贷款等服务。在此基础上，结合要素市场、供应链金融、小企业信贷等交通银行特色业务，扩展中小企业综合金融服务。交通银行依托"交博汇"这一品牌，以金融服务为核心，以网络信贷、供应链金融、要素市场等为切入点，为企业客户提供全流程电子商务解决方案，为个人客户提供全面综合财富管理服务。

总体来说，银行系电商平台规模日渐壮大（见表8.1），但无论在交易总额还是在交易人数方面，与市场上大型电商平台相比仍有较大差距。

表 8.1　部分银行的电商平台

银行名称	电商贷款产品	自建电商平台
中国建设银行	e 贷款系列	善融商务
中国农业银行	E 链贷	E 商管家
浦发银行	浦商赢	信用卡网上商城
中国光大银行	e 点商	"购精彩"商城
中信银行	在线小额短期信用贷款	E 中信

（三）商业银行自建电商平台模式的特点

1. 核心仍为金融服务

商业银行自行搭建电商平台，不是单纯地为了和传统电商平台争利，而是为了促进电商和金融的结合，通过电商平台收集客户多维度的信息和数据，从而更好地提供金融服务。银行原本的核心就是提供融资、担保、支付、结算等一系列的专业金融服务，能够为客户提供多元化的服务，这是传统电商平台跨界金融服务业无法企及的优势。而银行系电商平台是电商领域的后发者，在电商客户数量、提供的用户体验、平台运营等方面都处于落后状态，在这种状况下，只有差异化竞争才能在电商行业占据一席之地。因此，为了避免同质化，银行系电商平台的主要目的是利用支付结算体系，收集企业或个人商户的支付结算数据，获取在平台上积累的结算流水数据、订单数量、物流信息、交易记录、用户评价等各方面信息，利用大数据分析为客户提供流程更为便捷、简易的金融服务，并使其习惯电商平台的线上融资服务，进而促进融资规模和交易量的双增长。

商业银行积极利用自身独特的优势，如资金雄厚、金融服务体系完善和专业、物理网点数量多且分布广等，并结合互联网的特点，打造具有特色的银行系电商平台，提供更全面、便利的金融服务，从而也获得收入和利润增长。

2. 不同银行的客户侧重不同

银行系电商平台发展到现在，有直接运营电商平台形式，也有利用商城的形式运作电商。不同银行在发展电商平台业务时，侧重点也会有所不同，如综合电商平台、侧重 B2B 的电商平台。

综合电商平台是银行自建的包含 B2B、B2C 等服务模式的电商平台。其中，中国建设银行的"善融商务"平台、交通银行的"交博汇"平台都是综合电商平台的代表。这些平台的共同之处在于同时面向个人客户和企业客户，平台上产品种类和服务客户群体多样化。故对具有综合电商平台的商业银行来说，电商贷款的客户分为个人与企业。与这些综合电商平台不同的是中国农业银行的"农银 e 管家"平台，其主打 B2B 模式。对企业全部免费开放，入驻该电商平台即完成了在电子商务领域的部署。平台将普通农户、农村小商贩和各级批发商连接起来，构建起集电商、金融、消费于一体的"三农"互联网金融生态圈。所以，中国农业银行开展电商小额贷款业务的对象主要是企业客户。

三、电商平台和商业银行合作模式

电商平台与商业银行合作始于 2007 年阿里巴巴联合中国建设银行和中国工商银行

推出网络联保贷款服务,当时建立的网络贷款是电子商务小额贷款的雏形。网络联保贷款一般由三家以上的企业结成互相担保的联盟,阿里巴巴无须任何抵押物就可以向银行申请贷款,同时企业之间形成风险共担。目前,已有多家银行与电商平台合作。下面粗略地整理了部分银行和电商平台合作的情况(见表8.2)。

表 8.2　部分银行和电商平台合作情况

银行名称	合作贷款方式	合作的外部电商平台
中国建设银行	抵押贷款和信用贷款	阿里巴巴、供应链管理平台
中国农业银行	为"三农"电商客户提供供应链融资产品	涉农电商谷登、起重机电商平台瑞贝
中国工商银行	信用贷款	阿里巴巴、慧聪网
中国民生银行	网络供应链	小米
中国邮政储蓄银行	信用贷款	农村电商
华夏银行	网络供应链	拼多多和跨境电商平台
浦发银行	网络供应链	苏宁云商、唯品会
中信银行	信用贷款	腾讯财付通电商

（一）电商平台和商业银行合作的原因

互联网金融时代重新构建了金融的价值体系,中小企业贷款业务逐渐受到商业银行的重视。过去商业银行贷款,"二八效应"分化较为明显,大企业是商业银行的主要贷款客户。从成本和利润双向考核,大企业贷款金额高,而且成本低于小企业单个贷款成本,是商业银行的主要目标客户。并且大企业的账簿核算清楚,有具有一定价值的固定资产或金融资产作为抵押财产,贷款风险便于控制。但随着互联网金融的发展,"金融脱媒"开始出现,大企业贷款客户流失,互联网平台的出现又摊薄了小企业贷款的成本。这些新情况的出现逐渐改善了商业银行对中小客户的重视程度。在商业银行和电商平台合作的模式下,电商平台提供平台上商家的交易和经营数据作为信用数据,这无疑拓宽了商业银行放款的客户群体。

对于电商平台来说,为了吸引更多的商家入驻和帮助平台上商家更好发展,主动帮助商家解决资金周转问题是重中之重。在电商平台自身无法提供贷款时,电商平台和银行合作提供小额贷款就成了更好的选择。商业银行对电商平台上商户提供贷款支持,解决了电商企业日常经营和扩大规模的资金问题,同时也拓展了商业银行的尾部客户群体,并增加了电商平台的吸引力。

（二）基本流程

在电商平台和商业银行合作的模式下,通过电子商务平台进行融资的企业需要满足一定的要求,一般来说需要具备四个主要特点:一是以中小微企业为主;二是电子商务平台的会员企业;三是在电子商务平台上有一定期限的交易记录;四是电子商务平台对需要融资的企业可以进行信用评价。在符合电子商务平台融资条件的前提下,平台上的商户即可申请电商平台与商业银行合作的网络融资的产品,在线上进行贷款申请解决企业的资金难题。

基本的运作流程为:电商平台上的符合资质的商户向电商平台提出贷款申请,电商平台接到贷款申请后,将其商户在平台上积累的数据通过云计算和大数据分析等计算机技术转化为一定的信用额度及贷款客户信息提供给合作银行,银行凭此信息并结合中国人民银行征信信息进行独立审批并发放贷款。银企合作的小额贷款资金来源于银行,风险双方共担(见图 8.12)。

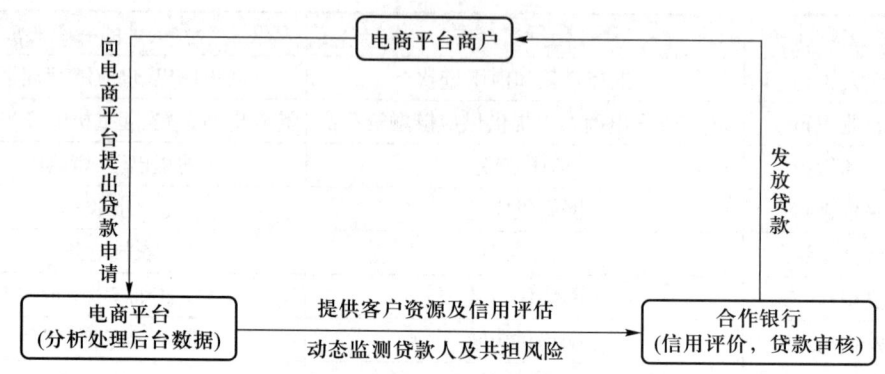

图 8.12　电商平台和商业银行合作的基本流程

在电商平台和商业银行合作的模式下,双方的合作分工明确。电商平台扮演商业银行和平台融资用户的中间桥梁,负责提供客户的交易数据与该商户基本资质信息的信用记录,银行负责进行贷款审批和提供资金发放贷款,成功贷款后由电商平台监控贷款商户的资金使用情况和经营运作情况,一旦商户出现经营困难从而面临还款风险时,平台则会采用相关手段达到风险防控的目的,如关闭该商户网上店面。

(三)电商平台和商业银行合作模式的特点

1. 合作的电商平台多为大型电商平台

和商业银行合作的电商平台通常是大型电商平台,平台上商户数量多、质量好。此外,相对于小的电商平台来说,大型电商平台市场份额占比较高,经营风险较小,并且有一定的风险承担的能力。我国中小型企业众多,承担着一定比例的生产活动和就业人才吸纳。在互联网发达的时代,有很多中小企业活跃在电商平台上,通过线上线下的经营方式与供应商和消费者对接。于是,电商平台拥有中小微企业的经营数据和交易情况,通过大数据的方式掌握了中小微企业的信用资质,与银行合作的时候就能消除一定程度的信息不对称性。

2. 贷款方式多为抵押与质押贷款

电商平台和商业银行合作给平台上符合资质的商户贷款,借助于互联网和大数据在一定程度上给中小微企业解决了资金困难问题,但是这种融资方式并没有改变抵押贷款或者质押贷款的本质。商业银行开展贷款发放业务时,更注重的是固定资产或者产成品的变现价值,而基于电商平台和商业银行合作的贷款模式,商业银行也将声誉、资金流、订单纳入抵押财产中。在具体业务中,有很多商户用订单或者供应链上账款关系作为质押资产从而进行小额贷款。所以,这种贷款模式改变的不是贷款业务的本质,而是形成了新的抵押或质押模式。

3. 运用风险共担机制

在电商平台和商业银行合作的模式下,摒弃了贷款风险由商业银行独自承担的做法,实行多方风险共担机制。在贷款前,商业银行、电商平台和平台上融资的商户共同建立风险池,风险池的大小一般和贷款的总额度成正比。在一般运行较为流畅的合作模式中,还会引入第三方保险公司,对可能出现风险的环节提供保险服务,并且共同分担违约风险。在融资商户出现违约情况时,除了冻结商户的质押或者抵押财产外,还会运用风险池中的资金来弥补损失。

四、电商平台与互联网银行合作模式

2014 年 3 月,为了引进民营资本进入银行业来提高银行的创新能力,继而为中小微企业、"三农"等实体经济服务,民营银行试点工作开始启动,首批共设立 5 家民营银行,分别为深圳前海微众银行、浙江网商银行、温州民商银行、天津金城银行与上海华瑞银行。当年 12 月 16 日,深圳前海微众银行正式成立,成为我国第一家民营银行,其他的 4 家民营银行也于 2015 年全部开业。2015 年是民营银行发展的元年,在随后的几年发展中,越来越多的民营银行得到批准设立。截止到 2020 年,已经有 19 家民营银行正式成立。

民营银行主要分为互联网银行和非互联网银行,从发布的经营数据来看,定位为互联网银行的民营银行处于行业领跑位置。电子商务小额贷款的模式中,互联网银行和电商平台合作占据了一席之地。

在"互联网 +"背景下,传统银行业与互联网结合产生了一种新的银行运营模式——互联网银行。互联网银行是指运用现代的移动通信、互联网网络和物联网技术,将传统银行的业务转为线上业务,通过大数据和云计算在线为客户提供资金融通、金融信息服务、支付结算、投资理财等服务。互联网银行的定位是服务中小微企业、个体户和消费者,这种差异化的服务定位实现了错位竞争。互联网银行主要是线上运营,这种"去实体化"的运营模式,降低了银行的运营成本,同时打破了传统银行在时空上的限制。

目前我国规模较大的互联网银行主要包括阿里巴巴为第一大股东的浙江网商银行、腾讯为第一大股东的微众银行、中信银行和百度联合发起设立的百信银行、新希望集团为第一大股东和小米为第二大股东的新网银行、苏宁云商为第一大股东的苏宁银行、卓尔控股为第一大股东的众邦银行。其中,阿里巴巴小额贷款公司的贷款业务合并至浙江网商银行。这些互联网银行一般都具有电商平台和金融科技服务公司,与电商平台合作给平台商户放款是互联网银行小额贷款的一种形式。

(一)电商平台和互联网银行合作的原因

对于电商平台来说,一方面,由于互联网银行具有银行牌照,可以吸取公众存款,相比于与小额贷款公司合作,互联网银行有更充足的贷款资金来源,可以满足平台上更多商户的贷款需求。另一方面,互联网银行同时具有银行和金融科技公司的双重属性,在进行贷款风险控制时,可以调用中国人民银行征信和利用大数据的智能技术,相比于与传统银行合作,可以减少彼此合作的不同步性,提高贷款的审批、放款、风控效率。此外,电商平台很多商户都面临着融资难、融资慢、融资贵等困境,而互联网银行线上运营的方式,在降低银行自身运营成本的同时,也降低了小微企业的融资成本,可以有效解决平台商户融资贵的问题。互联网银行运用网络在线为客户提供服务,可以随时随地满足客户需求,同时线上办理流程相对于线下更加快捷、迅速,提高了整个流程效率,解决了电商商户融资慢的难题。

互联网银行的服务对象是中小微企业和个体工商户,电商平台上的商户多数也都是小微企业和个体户,服务对象的重合使得互联网银行和电商平台合作可以拓宽银行放款客户群,真正实现互联网银行服务小微企业的目的,可以和传统银行实现错位竞争从而真正立足于银行业。

(二)基本流程

在电商平台和互联网银行合作的模式下,电子商务贷款的流程和上文所介绍的流程大同小异,也为四个步骤,分别为贷款申请、贷款审核、发放贷款和收回贷款(见图8.13)。

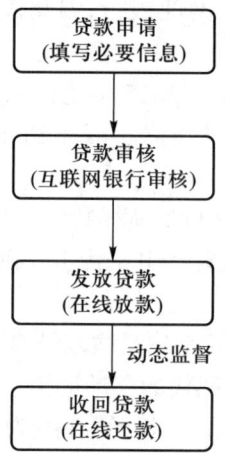

图 8.13　电商平台和互联网银行合作的基本流程

目前,几家互联网银行旗下都有各自的电商平台,因此电商贷款的业务对象都为电商平台上的商户。融资者只需到互联网银行的官方网站上提出贷款申请,选择贷款人的身份,网站会针对不同的身份推荐不同的贷款产品。此外,贷款人还需填写个人信息、贷款申请额度、商铺信息、日常经营情况等,并且根据贷款的申请类别提交不同的佐证资料,最后等待审核。

互联网银行会针对客户提交的贷款申请进行资格审核,主要根据电商平台内积累的商铺经营数据、客户评价、交易记录等评估贷款人的资信水平。甚至也会结合视频调查或者线下走访等手段辅助评价贷款人的信用情况。最终根据信用评估结果,确定是否贷款、贷款额度、贷款利率等。

随后互联网银行会将贷款发放至贷款账户,从提交申请、审核到发放贷款整个流程用时很短,有些互联网银行的贷款产品可以做到几分钟放款,如网商银行的"310"模式:3分钟申请、1秒钟放款、全程0人工干预。在贷款到期前,互联网银行通常会提前提醒客户,做好还款准备。借款人也可以选择提前还款,部分贷款提前还款需要缴纳手续费。若到期未还款,会收取惩罚利息同时会影响借款人的信用。

第四节　电子商务小额贷款的风险控制

一、电子商务小额贷款存在的主要风险

(一) 网络安全风险

电子商务小额贷款主要依托的是互联网,这就使得电子商务小额贷款面临着特殊的风险。电子商务小额贷款是通过线上审核与审批,主要是依靠线上大数据这一平台,而这一平台面临着网络系统风险。由于互联网的开放性及互联互通,必然就会存在网络攻击或者木马入侵的风险,一旦平台受到攻击,电子商务小额贷款客户信息、资金信息都有可能被窃取、修改,甚至删除调换,资金安全就得不到保障。

如果电子商务小额贷款业务平台崩溃、系统故障或设备损坏,就会影响贷款的正常运行,增加公司的运营风险。电子商务小额贷款公司在日常运营过程中,更多依赖于网络的运转以及线上的数据处理。如果其系统受到入侵或者系统出现故障,就可能影响业务的正常处理,比如贷款审批难以及时完成或者过低估计借款人的信用风险而为以后的贷款回收留下隐患等。这些都会使电子商务小额贷款公司面临较大风险,造成不必要的损失。

(二) 信用风险

电子商务小额贷款通常依据的是电子商务平台数据库中所积累的网店商家的信用数据以及交易行为等数据。其贷款都是通过数据库信息计算以及审核并按标准化进行量化发放的。没有抵押担保,属于纯信用放贷,信用风险大显而易见。以网络数据作为信用判别的依据,本身就缺乏硬性约束。一旦网店商家放弃未来收益,仍然存在违约的风险。针对这类金融风险,电商已经开始制定和完善风险控制机制。例如,阿里巴巴创立出一套较为完善的风险控制体系,严格遵循在贷前、贷中和贷后,多层次地建立风险预警,利用数据采集和模型分析等手段,分析平台上的中小企业累积的信用及行为数据,对企业的还款能力和还款意愿进行准确的评估,并且通过结合贷后监控和网络店铺、账号关停的方式提高客户违约成本。贷前根据企业电子商务经营数据和第三方认证数据,辨析企业经营状况,判断企业偿债能力。贷中通过电商自有数据分析平台实时监控商户的交易状况和现金流,为风险预警提供信息输入。贷后通过互联网监控企业经营动态和行为,可能影响正常履约的行为将被预警,建立贷后监控和网络店铺关停机制。

(三) 流动性风险

电子商务小额贷款业务具有小额贷款公司的性质,这决定了其不能吸储,只能通过注册资本、同业融资以及资产证券化等方式进行放款。银保监会和央行于 2020 年发布的《网络小额贷款业务管理暂行办法(征求意见稿)》规定:"经营网络小额贷款业务的小额贷款公司通过银行借款、股东借款等非标准化融资形式融入资金的余额不得超过其净资产的 1 倍;通过发行债券、资产证券化产品等标准化债权类资产形式融入资金的余额不得超过其净资产的 4 倍。"这些规定表明,网络小额贷款公司的杠杆作用非常有限。资金来源的限制一方面使得电子商务小额贷款业务规模及范围受限,另一方面也会因资本金不足、资金周转能力下降、抗风险能力不强等因素,增加网络小额贷款业务的流动性风险。

（四）政策风险

电子商务小额贷款目前面临的最大发展风险是政策性风险。《网络小额贷款业务管理暂行办法（征求意见稿）》第 2 条第 2 款规定："小额贷款公司经营网络小额贷款业务应当主要在注册地所属省级行政区域内开展；未经国务院银行业监督管理机构批准，小额贷款公司不得跨省级行政区域开展网络小额贷款业务。"网络小额贷款业务不能跨区域经营，必然会影响电子商务小额贷款业务的发展。

（五）市场风险

电子商务小额贷款是在电子商务平台上发展起来的小额贷款公司，它与电商平台是协同发展的，因此，电商平台的市场风险就是电子商务小额贷款所面临的风险。而电商平台的主要风险就是电商平台日趋激烈的竞争。电商市场内部竞争加剧，从"双十一""双十二""年中庆"及各大电商平台的"活动"就可见一斑。电商行业竞争形成了电子商务小额贷款的主要市场风险。

二、不同国家发展电子商务小额贷款的经验

（一）韩国官办电子商务小额贷款运作体系

韩国在发展电子商务小额贷款方面具有"官办"色彩。政府于 1976 年成立了信用担保基金（KCGF），主要为有发展前途但缺乏有形抵押物的中小企业提供负债担保，并通过先进的信息技术手段实现对信用信息的有效管理，促进合理健康的民营中小企业信用交易。随后，KCGF 在逐步完善信用保证服务、信用咨询和管理咨询服务的基础上，于 2001 年正式开展电子模式化的保证服务，即电子商务贷款保证服务和电子商务债务保证服务，旨在使信息技术的快速发展和电子商务在韩国的迅猛增长保持同步。其中，电子商务贷款保证服务，是为买方购进电子商务合同项下物资时向金融机构所借贷款提供保证的服务。电子商务债务保证服务，则是为中小企业在网上赊账交易时对供货商所负债务的保证服务。电子商务保证总额最多不超过年营业额的一半，担保限额为 100 亿韩元，相当于 860 万美元。

（二）美国多元化电子商务小额贷款运作体系

崇尚自由市场的美国在电子商务小额贷款运作方面具备了征信国家的基本内涵，既有比较完善的信用管理体系，也有完全网络化运作的信用服务企业主体和信用产品使用者，形成了多元化电子商务小额贷款运作体系。首先，建立比较完备的涉及电子商务信用管理各方面的法律体系，将信用产品加工、网上销售、使用的全过程纳入法律范畴。其次，建立市场化的信用评估机构，即跟踪中小企业电子商务交易，对其进行评级的专门公司。既包括第三方电子商务运营商设立的评估机构，也包括穆迪、菲奇等专业的信用评估机构。最后，设立小企业管理局（SBA）。SBA 一般不直接向中小企业贷款。一方面，SBA 通过担保等信用加强措施，嫁接电子商务运营商和金融机构，形成网络联保贷款，鼓励或发动金融机构发放中小企业贷款或进行风险投资；另一方面，对中小企业从事电子商务实施政府计划性援助。

综上所述，首先，不论是韩国"官办"模式还是美国"多元化"模式均表明：独立建制的专门机构对推动电子商务小额贷款的发展发挥了重要作用，尤其在电子商务小额贷款发

展初期,更是可以通过联保、担保、特殊基金、优惠政策等方式加强中小企业电子商务小额贷款能力。其次,不同国家的运作经验表明,完善相关的法制环境和管理制度,明确金融机构、中小企业和第三方电子商务运营商各自责任范围和行为规范,对于健全电子商务小额贷款发展环境具有重要的促进作用。

三、电子商务小额贷款的风险控制措施

电子商务平台上活跃着数量庞大的电商企业,其中大多数都是中小微企业,为了解决中小微企业的日常资金需求和融资难、融资贵的难题,电子商务小额贷款应运而生。针对中小微企业的信用缺失问题,电子商务小额贷款运用互联网收集电商企业的网络行为数据,从而作为中小微企业的信用补充进行风险防控。

信用风险是信贷面临的主要风险,是指贷款人不愿履约或者丧失履约能力从而导致贷款损失的风险。电子商务小额贷款有四种主要模式,在不同模式下信用风险控制手段略有差别,但总的来说都会有三个环节:贷前环节、贷中环节、贷后环节。

(一) 贷前环节

贷前环节是风险控制的第一道防线,主要是利用数据挖掘、模型分析,有时会结合远程视频调查以及第三方交叉验证等手段,根据小微企业在电商平台上积累的信用和经营数据来评估和判断企业的信用指数、营运能力及还款能力。同时会同步共享其他相关平台的支付信息、物流信息等,将客户积累的信用数据及经营数据通过各种金融计量模型和数据挖掘技术进行二次分析和评估,直接量化信用级别与风险指数,从而作为授信与否以及授信额度的决策依据。除此之外,做决策时还会参考海关完税清单、增值税务验证、费用清缴单、工商部门的信息等第三方数据。

除了运用这些数据,不同模式下贷前环节还会有其特点。如阿里小贷还会引入一套心理测试系统对企业经营者进行性格测试,测评其撒谎程度指数。同时结合平台上下游供应商的评价等软信息,完成对小微企业客户的全方位综合贷前调查。在电商平台和商业银行及互联网银行合作的模式、商业银行自建电商平台的模式下,还会接入中国人民银行的征信系统,获取个人或企业的征信情况辅助做出决策判断。

(二) 贷中环节

贷前环节是从源头上把控风险,减少不良用户对贷款的获得性,降低贷款后期的风控成本,而贷中环节是对贷前环节的进一步把控和对贷后环节的初步把握。

贷前环节中有很多资料审核是通过计算机进行的,计算机审核虽然高效但具有机械性,一旦遇到特殊情况或异常情形,这个时候会需要人工进行二次审核。二次审核会结合客户的特殊需求和情况,更加合理地评估客户的信用,从而及时制止不良贷款的发放或避免客户无法申请贷款。虽然二次审核会增加贷款成本,但是这是解决计算机缺少人脑的灵活性的必要方案。

在贷中环节,也会持续监督企业贷款的使用情况,确定贷款的使用没有偏离最初的设定方向。例如,电商企业获得了申请的小额贷款后,如果将资金投入日常生产经营中,其交易后台上的相关反映营运能力的核心指标将会有显著的改善,订单数量、交易额和现金流量也将呈正比例增长;相反,如果申请企业的后台经营数据指标没有明显的变化甚至变

化方向相反,那么很有可能说明企业将贷款资金挪作他用,小额贷款公司或银行的风险预警系统将提前预警并强制其提前还款。

（三）贷后环节

贷后环节的风险控制措施主要是对贷款资金实施动态监督、实施创新的还款方式和加大对违约的惩罚力度。

无论在哪种贷款模式下,贷款发放以后电商平台都会严密监督资金的使用状况,一旦发现资金乱用和电商企业经营不善的情况就会立即采取相应措施从而减少资金损失。如阿里小贷借助其电商平台、支付宝、物流三大平台数据同步共享的优势,通过新型互联网贷款技术动态实时监控资金用途去向等信息,颠覆了传统银行监控模式的滞后性。由于申请企业在三大平台上的所有数据都是相通的,24小时动态的监控系统会自动记录和监控企业的经营动态和行为,通过贷后风险管理系统,企业任何偏离正常值和同类企业平均值的经营数据都会由系统自动生成各种风险评级,不同级别的风险对应与之相匹配的量化指标,对于可能影响贷款偿还的非正常值系统都会提前预警,最大程度地保障信贷资金的安全。

贷款的按时收回是控制贷款风险的重中之重,创新便捷的还款方式能够便于借款人还款,避免因客观原因造成还款不及时的状况。无论银行还是小额贷款公司,都设置了多种多样的还款方式,如提前还款和到期还款结合、随借随还和整借零还结合、网银还款和其他银行卡还款等。例如,网商银行的小额贷款到期前,借款人可以通过支付宝平台自主操作提前还款;等到小额贷款到期,在支付宝的余额充足情况下会自动扣除本金和利息等。这些创新型还款方式的设置提升了借款客户的用户体验,并且更加灵活的还款方式促进了资金流动。

为了避免贷款到期不能按时收回,各种模式下的电子商务小额贷款都加大了借款人的违约成本,收取罚息、加入信用黑名单和关闭平台上的商铺都是手段。不过,不同的电商平台采取的措施不同。例如,阿里巴巴集团的淘宝平台会立即封闭其在阿里巴巴电商平台上的所有注册的店铺ID,停止其一切经营活动,将客户拉入黑名单中,并将其违约情况提交给中国人民银行个人征信中心。对于其他的B2B平台,由于经营模式的限制,对于违约情况的处理力度有所减小,主要是收取滞纳金和将违约记录上报中国人民银行的征信中心。在这个信息十分发达、数据可以不断留存的时代中,借款人的违约成本在无形中也会不断提高。

四、电子商务小额贷款与传统贷款的风险控制比较

为了避免或者减少风险带来的损失,传统金融机构开展信贷业务都需要抵押或质押资产,一旦发生信用风险,抵押物会缓释部分损失。抵押或者质押资产是传统贷款进行风控的主要措施。此外,在传统贷款模式下,企业的财务指标分析是十分重要的,故金融机构十分重视贷款企业的经营能力、盈利能力、偿债能力、成长能力等。电子商务小额贷款主要分为信用贷款和抵押（质押）贷款两种模式。对于抵押（质押）贷款,质押财产主要是应收账款、订单交易额、动产等。电子商务小额贷款中涉及纯信用贷款的,进行风控的主要依据是电商平台积累的商铺经营信息、交易历史记录、消费者的评价等和外部第三方的

数据,通过大数据、云计算等先进技术进行分析处理,根据研发的模型量化商铺的信用等级,从而形成判断结果。

从电子商务小额贷款和传统贷款的风险控制措施对比来看,两者都会涉及抵押(质押)贷款。抵押(质押)贷款是传统贷款的主要方式,是电子商务小额贷款中的一种放贷形式,并且传统贷款的抵押(质押)资产通常是不动产、价值较高的动产等,而电子商务小额贷款的质押资产主要是金融资产和动产。电子商务小额贷款中主要运用网络行为数据作为信用评级的基础,而传统贷款更注重贷款企业的财务数据和指标分析,这也是两者的风控措施之间最显著的差异。

传统贷款除了分析财务数据外,也会结合运用中国人民银行的征信信息,这两种信息对做出信贷决策是同等重要的。在电子商务小额贷款的过程中,有时也会接入中国人民银行的征信系统,但是对于诸多中小微电商企业来说,由于其信用体系正在建设中,网络行为数据和收集的第三方数据成为信贷决策中的主要因素。

传统贷款主要靠提取贷款准备金抵御预期的贷款损失。一般来说,贷款的减值准备比例通常为贷款金额的2%左右。随着银行贷款规模的增大,这部分资金的需求也将增大,贷款定价的上浮幅度增高,同时随着利率的增幅提升,中小企业融资成本会增大。而电子商务小额贷款会通过建立风险池、引入第三方保险公司、动态监督等方式来防范风险。

电子商务小额贷款贷后,电商平台会动态监测贷款资金使用情况,会24小时监测贷款商户的经营状况、交易记录等,贷后风险控制也主要依靠网络行为数据和风险模型。相比之下,传统贷款的贷后风险控制方面就较为被动,主要是靠线下定期回访、跟踪检查、五级分类等手段,但由于执行力或公司刻意隐瞒等因素,难以做到实时监督公司信贷资金去向和偿债能力(见表8.3)。

表8.3 电子商务小额贷款和传统贷款的风险控制比较

比较内容	电子商务小额贷款	传统贷款
相同点	1. 都涉及抵押(质押)贷款,故需要抵押(质押)财产 2. 都会运用中国人民银行的征信信息	
不同点	1. 抵押(质押)资产主要为应收账款、订单交易额、动产 2. 信用评级依据主要为网络行为数据和第三方信息,也会结合中国人民银行的征信信息 3. 建立风险池、引入第三方保险和动态监督 4. 对信贷资金和公司经营实施24小时监督	1. 抵押(质押)资产主要为不动产、高价值动产 2. 信用评级依据主要为贷款人的财务信息和中国人民银行的征信信息 3. 提取贷款准备金抵御预期贷款损失 4. 对信贷资金进行定期回访、跟踪检查、五级分类等

本 章 总 结

电子商务小额贷款是一种以电商平台上的商户为服务对象的新型网络小额贷款,是互联网和企业融合发展的产物,很大程度上解决了电商平台上商户的融资难题。电子商务小额贷款与网络小额贷款、商业银行互联网贷款之间的相同之处是它们都是小额贷款，贷款期限一般不超过1年。不同之处在于，它们之间的贷款对象、贷款利率有别。

电子商务贷款主要有四种商业模式：一是以阿里巴巴和苏宁为代表的电商平台直接放贷模式；二是商业银行自建电商平台模式，为客户提供包括小额贷款在内的金融服务；三是以慧聪、京东为代表的电商平台和商业银行合作模式；四是电商平台与互联网银行合作模式。

电子商务小额贷款存在的主要风险包括网络安全风险、信用风险、流动性风险、政策风险和市场风险，应在贷前环节、贷中环节、贷后环节强化对于风险的控制。

阅读材料

电子商务小额贷款的先驱：美国 Kabbage 公司

美国 Kabbage 公司成立于2009年，是一家为网店店主提供运营资金贷款服务的创业公司，总部位于美国亚特兰大。该公司成立的初衷是填补信贷危机中的借贷空缺。起初它只是一家专为小型网商提供运营资金支持的网络平台，如今已发展成为面向企业和个人的在线贷款平台，贷款对象"没有任何行业限制"，但网络电商市场仍然是其主要业务和最大特色。Kabbage 服务的网商企业超过万家，主要目标客户已经覆盖了 eBay、Amazon、Shopify、Etsy、Magento、PayPal 等电商平台上的美国网商。

Kabbage 与"蚂蚁小贷"的经营模式类似，通过查看网店店主的销售和信用记录、顾客流量、评论以及商品价格和存货等信息，来最终确定是否为他们提供贷款以及贷多少金额，贷款金额上限为4万美元。店主可以主动在自己的 Kabbage 账户中添加新的信息，以增加获得贷款的概率。Kabbage 与蚂蚁金融的区别在于数据获取方面，前者是从多元化的渠道收集数据，后者则是借助阿里旗下平台的数据积累，其中网上商家可自主提供数据且其数据的多少直接决定着最终的贷款额度与成本，这充分体现出大数据的资产价值，就如同传统的抵押物一样可以换取资金。

Kabbage 通过商业预付款形式实现借款，并且收取费用。商业预付款与贷款有着本质上的区别，预付款将营业收入的某个固定比例作为提供预付款的费用，相当于将企业未来收入提前透支给予借款，当企业的经营状况不佳时，支付给预付款提供方的偿还金额也相应缩减。这给企业提供了更为灵活的空间来管理现金流。

Kabbage 平台一直以"7分钟放款"的口号闻名。之所以能做到这么快，就在于它独特的大数据信用评级系统。Kabbage 基于电商的经营情况、在社交网络上与客户互动情况等信息开发了一套信用评级体系，即 Kabbage Score。Kabbage 是第一家将社交网络分析纳入信用评价的金融服务机构。该系统按照行业制作不同模型，应用超过300个参考变量。除了美国最普及的 FICO 信用评分，Kabbage 还分析了一些非信用评分数据，如亚马逊和易趣网的用户评级，还有传统银行和支付平台的操作流程等。通过将各项指标汇集在一起，Kabbage 的平台可以立即进行运算，仅在几分钟内，就能够分析出贷款价值，从而告知借款人合理的信贷额度和利率。Kabbage 用于贷款判断的支撑数据的来源除了网上搜索和查看外，还来自网上商家的自主提供，且提供的数据多少直接影响着最终的贷款情况。如获得贷款的概率、贷款条件的利率等。同时，Kabbage 也通过与物流公司 UPS、财务管理软件公司 Intuit 合作，扩充数据来源渠道。

Kabbage 目前有三块业务：小企业短期贷款、个人消费贷（Karrot）以及风控技术外包。小企业短期贷款是 Kabbage 的主营业务。额度最高 25 万美元，20 万美元以内的贷款申请已经实现了线上自动化，可在几分钟内完成批核，20 万~25 万美元则需要小微企业主提交更多资料和经营信息，人工处理后才能完成审核。Kabbage 放款决策迅速受到了各大网店店主的好评，同时也快速占领市场。贷款期限为 6~12 个月，等额本息还款，允许提前还款，超过期限需要偿还后重新申请。利率因个体而异，月息为 1.5%~12%（合 APR 为 18%~144%），36%~50% 的 APR 最为常见。Kabbage 的还款程序非常简单，还款计划可在 6 个月、12 个月、18 个月等期限中自由选择，每月到约定的还款日偿还等额的贷款本金加上月费。网商可以选择提前还款，并且提前还款不会产生任何额外成本。

Kabbage 贷后监控的核心是，通过多重数据（特别是支付账户的现金流向数据）交叉验证，了解网商的真实经营情况。Kabbage 做到了对网商销售情况和资金流向的实时掌控，能在第一时间对现金流紧张的网商做出预警，提高关注级别。Kabbage 如果确认某商户有支付困难，可以从该商户的支付账户转回部分现金，并采取不再予以授信的惩罚性措施。同时，Kabbage 对拖延还款设立了惩罚机制。在还款日，如果支付账户中没有达到规定的月度还款额，Kabbage 通常会收取 35 美元作为延迟费用，同时保留向其他追贷机构报告的权利。如果商户从第一个还款日就开始拖延还款，Kabbage 会将该商户视作不诚信者，并交由公司法务部门处理。

目前，与 Kabbage 合作的银行包括世界最大的直销银行 ING Direct，此外还有西班牙桑坦德银行（Santander）、加拿大丰业银行（Schotia Bank）等金融机构。

Kabbage 与阿里金融的区别在于数据获取方面。前者是从多元化的渠道收集数据，后者则是借助旗下平台的数据积累，其中网上商家可自主提供数据且其数据的多少直接决定着最终的贷款额度与成本，这充分体现出大数据的资产价值，就如同传统的抵押物一样可以换取资金。

Kabbage 坏账率大约在 1%，低于美国银行业 5%~8% 的平均水平。

复习思考题

1. 你如何理解电子商务小额贷款？它有何特点及作用？
2. 试比较不同商业模式下电子商务小额贷款的流程以及特点。
3. 比较电子商务小额贷款与传统贷款的风险控制手段。
4. 试论述电子商务小额贷款存在的主要风险。你觉得应该如何进行风险控制？

第九章　大数据信用评分

信用评分是辅助贷款机构发放消费贷款的一整套决策模型及其支持技术。虽然信用的历史可以追溯到 5 000 年前,但是信用评分只有 70 多年的历史。通过本章的学习,你将对信用评分的基本原理、发展现状及应用场景等有比较清晰的了解,你还将深入了解基于大数据技术进行信用评分的步骤、大数据信用评分的方法,以及国内外大数据信用评分的典型企业。

第一节　信用评分概述

一、信用与信用评分的定义

(一) 信用的定义

信用是社会经济发展的必然产物,是现代经济社会运行中必不可少的一环。维持和发展信用关系是维护社会经济秩序的重要前提。

信用的含义有广义和狭义之分。广义的信用,通常表现为一个伦理学范畴,主要是指参与社会和经济活动的当事人之间建立起来的以诚实守信为道德基础的践约行为,即我们通常所说的"讲信用""守信誉""一诺千金"。它是一种普遍的处理人际关系的道德准则。狭义的信用,则主要是一个经济学、法律学的范畴。现代市场经济条件下所指的信用,更多的是指狭义的信用,它表现的是在商品交换或其他经济活动中,交易双方所实行的以契约(合同)为基础的资金借贷、承诺、履约的行为。这里的信用关系双方即是借贷关系双方:授信人(借出方)和受信人(贷入方)。

(二) 信用评分的定义

信用评分是一个舶来品。美国《公平信用报告法》(*Fair Credit Reporting Act*)将信用评分(Credit Score)定义为"一组数值或者分类方法,源于为放贷人员设计的用来预测信贷行为未来违约可能性的统计工具或者模型体系,也可称为风险预测或是风险评分"。通俗来说,信用评分是信息所有者根据其掌握的大量关于信息主体的信用信息,运用统计和其他方法,建立信用评分模型,对信息主体的未来表现进行预测,并用分数形式表现出来的活动。

按照评分使用所针对的目标群体,即信息主体,信用评分可分为个人信用评分和中小企业信用评分。但是,我们通常所说的信用评分是指个人信用评分。

信用评分主要用于授信额度较小、调查成本较高的领域,如信用卡领域,在自动、批量发放信贷时,信用评分的作用非常重要。对于金融机构来说,可以根据这个分数决定授信与否、授信额度、利率等。而对于客户来说,通过了解自己的信用分数,可以更好地做出决策。

二、信用评分的特点

(一) 动态性与客观性

当制作信用调查报告的数据项改变时,信用评分值也会随之改变。例如,付款状况改变或者新开设账户,都会使消费者的信用评分值发生改变。在金融服务领域,不同的贷款申请人,其信用评分是不同的,这取决于使用的信用评分的类型和相应的特征变量取向。

信用评分是基于大量数据制定的,反映了消费者信用行为的普遍性规律,个人征信机构可将各家授信机构的数据综合起来进行信用评分,不偏向任何一家授信机构的特定消费或特定信贷产品。

(二) 一致性与准确性

信用评分在实施过程中前后一致,不管哪个机构、哪个工作人员、哪个时间与地点做出的决策,只要用的是同一个模型,其评估和决策的标准就是一样的。特别是个人征信机构的信用评分,不因时间不同而改变,不因特殊阶段的信贷行为和特殊的信用风险政策而发生大的变化。

信用评分是依据大数据原理、运用统计技术等科学手段得出的,能够比较准确地预测消费者某一方面信用表现的概率。其准确性还与数据的质量、模型技术水平等因素有关。

(三) 综合性与效率性

信用评分是基于多个信息维度的许多个预测变量得出的,比较全面地评估了消费者的未来信用表现。

基于模型的信用评分则可以在计算机系统内自动实施,只要输入相关信息,就可在几秒钟内得到结论。

三、信用评分的应用场景

信用评分应用比较广泛,其中,在信贷领域主要是对贷款申请人进行资格评估,从而辅助授信机构做出授信决策,或对已有客户的信用状况和预期利润进行预测,以便做好风险防范和客户管理。除此之外,信用评分还可以应用到其他相关风险领域如保险领域,甚至宏观经济领域以及商业消费场景。

(一) 传统信贷领域的应用

信用评分在传统信贷领域应用的基本功能是信贷审批和信贷风险定价,涵盖了信用卡生命周期管理、住房抵押贷款、汽车贷款和消费信贷。放贷者利用信用评分来决定是否授信,决定提供多少信用额度、用什么条款。例如,美国的房利美和房地美利用信用评分启动了自动化的信贷审批系统,使得信贷管理人员将房地产抵押贷款审批流程化。信用评分还可以帮助放贷者实现风险定价。当放贷者利用风险定价进行决策时,他们提供给信用历史记录差的消费者的信贷条款就会比较苛刻。这种风险定价机制让一些信用记录比较差的消费者获得贷款的成本比信用记录好的消费者的要高。

我们通常所接触到的评分大都用于信贷审批,即申请评分卡(A 卡,Application Scorecard)。同时,业内常用的还有 B 卡(Behavior Scorecard)和 C 卡(Collection Scorecard),分别用于贷后管理及催收管理。A 卡是使用最广泛的,用于贷前审批阶段对借款申请人的量化评估;

B 卡的主要任务是通过借款人的还款及交易行为,结合其他维度的数据预测借款人未来的还款能力和意愿;C 卡则是在借款人当前还款状态为逾期的情况下,预测未来该笔贷款变为坏账的概率,由此衍生出滚动率、还款率、失联率等细分的模型。不同的评分卡,对数据的要求和所应用的建模方法会不一样。A 卡、B 卡、C 卡的区别总结如下:① 使用的时间不同。三者分别侧重贷前、贷中、贷后。② 数据要求不同。A 卡一般可做贷款 0~1 年的信用分析;B 卡是在申请人有了一定行为后,有了较大数据进行的分析,一般为 3~5 年;C 卡则对数据要求更大,需加入催收后客户反应等属性数据。③ 每种评分卡的模型会不一样。在 A 卡中常用的有逻辑回归、AHP 等,而在后面两种卡中,常使用多因素逻辑回归,精度等方面更好。

（二）传统信贷领域的延伸应用

信用评分的目的从最初的评估违约风险,逐步扩大到评估响应(某客户对直接邮寄的新产品做出反应的可能性有多大)、使用(某客户使用新产品的可能性有多大)、保持(某客户在产品推广期结束后继续使用该产品的可能性有多大)、流失(该客户会转向其他放贷机构)、负债管理(如果该客户出现逾期还款,各种措施在多大程度上可以防止违约),以及欺诈评分(某借款申请在多大程度上是欺诈)。

（三）保险领域的应用

信用评分也常常用于汽车保险和居民保险过程中的定价。从 1990 年开始,个人征信机构开发特定的保险评分,帮助保险公司来评价潜在顾客的保险风险。研究表明,通过使用这种保险评分,大部分消费者可以降低保费,信用评分高的消费者往往索赔的次数比较少。

四、信用评分的历史

虽然信用的历史可以追溯到 5 000 年前,但信用评分的历史比较短。信用评分始于 20 世纪 40 年代末 50 年代初的美国。当时,美国有些银行进行了一些有关信用评分方法的试验,目的是提供一种可以处理大量信贷申请的工具。1956 年,工程师 Bill Fair 和数学家 Earl Isaac 共同发明了著名的 FICO 评分方法,并在美国旧金山成立了第一个咨询公司——费埃哲公司(Fair Isaac Corporation,FICO),该公司成为当时信用风险评分的领军企业。1958 年,费埃哲公司发布了第一套信用评分系统。20 世纪 60 年代,相继出现了许多专门提供客户信用报告和信用分数的信用管理局,如美国著名的三大信用管理局(Experian、Equifax 和 TransUnion)。

20 世纪 60 年代末,信用卡的诞生使银行和其他信用卡的发卡机构认识到了信用评分的实用性。每天申请信用卡的人数之多,使得无论从经济上还是人力上都不得不对发卡决策实行自动化,而计算机技术的发展提供了技术上的可能性。这些机构发现,信用评分比任何主观判断都更具预测性,不良贷款率也下降了 50% 以上。直到 1975 年美国颁布《公平信贷机会法》并于 1976 年对其进行修订后,社会才完全接受了信用评分,其应用也越来越多,并且从美国扩展到其他地方,从此信用分析师成了全球范围内比较紧俏的职业。

20 世纪 80 年代,信用评分在信用卡中的成功应用使银行开始将评分用于其他产品,如个人贷款,信用评分也开始在住房抵押贷款和小企业贷款中运用(信用评分的发展是从财务、直邮、零售到信用卡,然后到个人贷款、房贷、小企业贷款)。90 年代,信用评分开始用于市场营销,直销的发展使得企业开始利用信用评分以提高广告战中的响应率。事实上,信用评分在直销中的应用始于 20 世纪 50 年代,Sears 公司利用评分确定向哪些客户邮寄产品目录。80 年代,计算机技术的进步使其他一些数据挖掘技术也得以应用于评分,除了传统的信用评分技术的两大支柱——逻辑回归和线性规划,一些数据挖掘技术如神经网络、支持向量机、随机森林开始使用。

1981 年费埃哲公司首次研发了 FICO 信用局风险评分,并在住房抵押贷款和小微企业贷款等先前信用评分技术表现平平的领域取得了意想不到的良好表现。1987 年美国环联公司率先在联机、实时提供的信用报告中嵌入信用历史评分产品。1991 年 FICO 评分开始在三大征信机构得到普遍应用(从开发出信用局评分到三大征信机构应用花了 9 年的时间)。

从信用评分的诞生到大规模应用,美国用了将近 30 年的时间,使其和经济与金融的发展互为促进。促使信用评分成功的一个重要原因是利用全局数据的信用局评分的效果远比金融机构内部利用局部数据的信用评分好。费埃哲公司在信用评分发展过程中功不可没。信用评分也在不断地发展,费埃哲公司受到了三大个人征信机构和其他数据挖掘公司的挑战。

在过去 10 多年中,全球信用评分市场领域得到更加蓬勃的发展,出现了许多信用评分公司和信用管理局,同时银行对用户进行信用评估的准确性、有效性和一致性也极大地提高了。

第二节　信用评分与信用评级的比较

一、信用评级的定义

信用评级是指信用评级机构对影响经济主体或者债务融资工具的信用风险因素进行分析,就其偿债能力和偿债意愿做出综合评价,并用预先定义的信用等级符号表示。

信用评级的对象是指受评经济主体或者受评债务融资工具,包括:贷款、地方政府债券、金融债券、非金融企业债务融资工具、企业债券、公司债券等债券,资产支持证券等结构化融资产品,其他债务类融资产品。信用评级产品的应用具有较强的针对性,最主要的应用领域是资本市场,此外,在银行信贷、政府监管、企业经营合作中也有较为广泛的应用。

二、信用评分与信用评级的共同之处

信用评级与信用评分在业务开展的目的或产品的性质上较为相似,都采用一定的符号或者分数来对信息主体未来的违约风险或信用表现进行预测。两者均采用一定的技术手段。

同时,从事企业信用评分的企业征信机构和信用评级在监管方面均采用备案制,而从事个人信用评分的个人征信机构以许可审批为监管方式。

三、信用评分与信用评级的区别

(一) 经营主体的区别

信用评级业务由信用评级机构经营。信用评级机构是指依法设立,主要从事信用评级业务的社会中介机构。

信用评分业务由征信机构经营。征信机构是指依法设立,主要经营征信业务的机构,分为个人征信机构和企业征信机构。

(二) 数据来源的区别

信用评分的数据主要来源于征信机构已积累数据及采集公开渠道信息等。信用评级的数据主要为信息主体提供、通过公开渠道收集及实地调研。

(三) 数据处理上的区别

信用评分是运用模型进行自动化处理和计算。信用评级则综合运用定性、定量、静态、动态多种方法进行分析和评价。

(四) 提供产品或服务的区别

信用评分是提供评分分数,或把分数嵌入征信报告中。信用评级则是提供信用评级等级和评级报告,含评级展望。评级展望是评级机构对评级对象未来信用状况走向的预判,一般可分为正面、负面、稳定、待定。

(五) 主要作用的区别

信用评分主要用于信贷市场,用于衡量借款人的偿债能力,降低信贷风险。

信用评级主要应用于资本市场,用于衡量发债主体和债项的违约风险。在信贷市场上,信用评级能帮助商业银行判断客户风险,应用风险控制,降低商业信贷风险。除此以外,还可以用于政府监管,信用评级报告有助于监管者较全面了解监管对象,助其加强分类管理和指导,如对小贷公司、融资性担保公司等实施信用评级等工作。

(六) 服务对象的区别

信用评分主要针对中小企业和个人,供市场主体及第三方使用,如商业银行、监管部门等,且主要用于信贷市场。

信用评级的对象更为广泛,除了一般借款企业外,还包括金融机构、主权国家等,供投资者使用,应用于资本市场;也可以用于信贷市场或供监管部门使用,但不包括个人。

四、我国个人信用评分查询途径

目前我国负责个人信用评分的主体主要涉及政府、金融机构和信用服务机构,并借助"信用中国"互联网平台,对个人的信用关联信息提供了以下四种类型的查询途径。

(一) 中国人民银行个人征信信息

中国人民银行征信中心是国内目前能够提供个人信用报告查询服务的专用平台,也是唯一具有全国性、专业性、信息准确度高的个人信用信息系统。其"互联网个人信用信息服务平台"主要提供个人信用信息提要、个人信用信息概要、个人信用报告三个方面的信用信息。其中,个人信用报告主要包括:公安部对个人身份信息的核查结果,个人身份、婚姻、居住、职业等基本信息,个人在银行的信贷交易信息,以及个人征信系统从其他部门采集的体现个人收入、缴欠费、资产状况的非银行信用信息等内容。个人信用报告的不良记录将直接影响个人的贷款通过率和在金融机构的贷款利率。好的信用评分系统可以在一定程度上替代信用报告，成为金融机构审核贷款的风险评估依据。借助信用分数直观反映个人的信用度，同时可避免个人信用报告被过度查询，降低泄露个人隐私信息的可能性。中国人民银行在已掌握个人信用数据的基础上，进一步整合其他渠道的信用信息对个人进行信用评分，是我国信用体系建设的发展趋势。

（二）信用服务机构的个人信用评分

目前国内主要有百度、鹏元征信、芝麻信用、腾讯征信、前海征信、中诚信征信、考拉征信、京东征信、万达征信、华道征信、中青征信 11 家主流信用服务机构，对个人提供信用评分和信用查询服务。各个信用服务机构以自身所在领域和经济类型收集的个人信用数据，作为其信用信息平台的资源。但目前信用服务机构所掌握的个人信用信息受行业、平台使用率限制，受众有限。

以芝麻信用为例，拥有针对个人系统的评分体系，其评分因子主要由个人信息、信用记录、信用消费等方面构成。其中，个人信息无疑是评估个人信用分数最贴切的指标，主要包括三个方面：一是个人的身份证、学历学籍、职业等基本信息；二是房产、车辆、公积金等资产情况；三是信用卡账单等信用消费情况。

（三）地方的个人信用分

在"信用中国"互联网平台中，目前仅有江苏省苏州市和宿迁市两地提供信用分查询，其主要评分对象为本地市民。其中苏州市的"桂花分"主要包括资产状况、表彰荣誉、献血记录、志愿服务四项计分指标。满分为 200 分，其中基础分 100 分，附加分 100 分。通常给每个市民预存 100 分基础分，系市民诚实守法所得分数，若市民有不诚信行为被纳入失信人"黑名单"的，将被扣除基本分值。附加分则需要市民通过个人良好行为积累以获取奖励分值，主要由品德指标构成，目的在于鼓励市民参与公益活动。宿迁市的"西楚分"依据宿迁市公共信用信息平台中的个人信用信息数据，分为 69 个评分指标，通过特定的计分规则形成个人信用分数，基础分数为 1 000 分。宿迁市市民的信用积分体系，是在自然人积分基础上确定 A、B、C、D 四个级别和 AAA、AA、A+、A、A-、B、C、D 八个等次，在此基础上，采用指标加减法和直接降级法两种模式计算得出个人信用等级及相应分数。加分指标项包括市民见义勇为、公益、无偿献血等行为；减分指标则涉及市民的经营活动违约失信、不良贷款等 20 余类。其中，个人若被纳入失信被执行人或受到刑事判决的，"西楚分"级别将直接降为 D 级。"西楚分"提供养老服务和充值城市公交卡等六个应用场景六折价格优惠，另提供包括住院押金在内两个场景的免减优惠。

苏州市、宿迁市的信用评分机制，对本地市民的信用状况进行多维度评价，同时通过信用积分鼓励市民遵守公共秩序、积极参加公益活动，有利于在本地区内形成良好的公共秩序和诚信的人文氛围。但该种以市区为主体的信用评分机制存在一定的局限性。第一，两个地区的信用基础分数各不相同，评价体系、评分标准和加减计分值都存在差异，都是以本地区的经济发展实际情形为基础而制定的，主要适用于本地区内的经济活动。两地的信用评分机制都有较强的地方特色，受到地域的客观限制，难以实现跨地区的信用评分机制互联互通，其评估的市民信用分数也难以在国内其他城市得到认可和应用。第二，两个地区的市民信用评分标准都掺杂了对个人声誉评价的相关内容(如将市民参加公益活动、献血等设计为加分项,市民受到刑事判决、影响公共秩序等设计为减分项)。将个人的守信、失信行为与个人维护、损害其声誉的行为进行综合评分,将降低个人信用分数的商业属性,进而影响信用分数对个人履约能力、违约风险的预估能力,还可能模糊失信惩罚的适用领域,以及失信惩罚与个人声誉惩罚的界线。

(四)电信运营商提供的个人信用评分

随着手机、网络在国内的普及,中国联通和中国移动作为国内两大主流电信运营商,能够基于通信行业的特殊性获取部分与个人通信相关的信息,并借助大数据分析评估个人信用。"沃信用分"是招联金融与中国联通合作打造的评分体系,也是国内电信运营商将通信大数据应用于消费金融业务的首个案例。目前凭借"沃信用分",联通用户可以享受其在联通手机营业厅的通信、消费、金融方面的特权。中国移动推出的"试金石信用分",依托中国移动的通信数据,结合金融借贷信息,运用云计算、机器学习等技术,通过逻辑回归、决策树等模型算法,结合中国移动掌握的个人身份信息、通信信息、社交信息、信用信息等全网数据,对个人的信用状况进行综合评估。虽然两大电信运营商的个人信用评分设立的初衷是为金融业务服务,但目前在实际应用时仍侧重其所覆盖的电信产品,用于评价个人信用的评分信息也主要来自电信行业和电信运营商掌握的个人通信相关数据信息,对个人信用进行评分的参考因素并不全面。

规范个人信用评分机制,在各国的经济发展进程中都有一定的积极作用。国内的金融机构、信用服务机构、地方政府、电信运营商等的个人信用评分都处于探索阶段,其个人信用信息的来源均受到行业、服务领域的局限。

中国人民银行征信中心是目前国内唯一能够建立全国性的公共信用信息系统,并对个人信用分数可适用领域进行清晰界定的单位。

第三节　大数据信用评分与传统信用评分的比较及数据挖掘

一、大数据信用评分与传统信用评分的比较

大数据信用评分和传统信用评分在数据来源及数据特征、模型变量生成和挑选方式、建模的理论基础、模型上线运行方式等方面均存在一定差异。

(一)数据来源及数据特征的差异

传统信用评分模型的数据来源主要包括:

(1)个人基本数据,如年龄、性别、职业、收入、婚姻状况、工作年限、工作状况等。这是客户向金融机构提交的个人申请信息。

(2)信贷情况,主要是信贷和信用卡相关数据。这是金融机构内部积累的客户历史数据。银行通过开展信贷业务获得了大量个人数据、资讯数据、交易数据、信用表现数据等,许多银行往往同时从事若干信贷业务,从而积累了极为庞大的数据库。

(3)个人信用报告查询记录。这是中国人民银行征信中心提供的数据。

(4)公共数据,包括税务、工商、法院、电信及水电煤气等部门的数据。这是外部机构

提供的数据。数据的主要特点是数据质量和信息价值密度高、维度相对单一、可验证性较差、数据采集渠道规范性较好。传统金融机构基于传统的高价值密度的数据,研发出各类信用风险评分模型,实现对客户信用风险的评价,已经成为成熟的、规范化的运行方式。

大数据时代,可用于评估客户的数据越来越丰富。通过多元化的信息采集,一方面传承了传统征信体系的金融决策变量,重视深度挖掘授信对象的信贷历史,另一方面能够将影响用户信贷水平的其他因素也考虑进去,如电商的交易数据、社交类数据(强社交关系如何转化为信用资产)、网络行为数据等,从而实现深度和广度的高度融合。以网络数据为例,如 IP 地址、浏览器版本甚至是计算机屏幕分辨率,这些数据可以挖掘出用户的位置信息、性格、行为以及消费能力,有利于评估用户当下的信贷风险。大数据信用评分模型如图 9.1 所示。

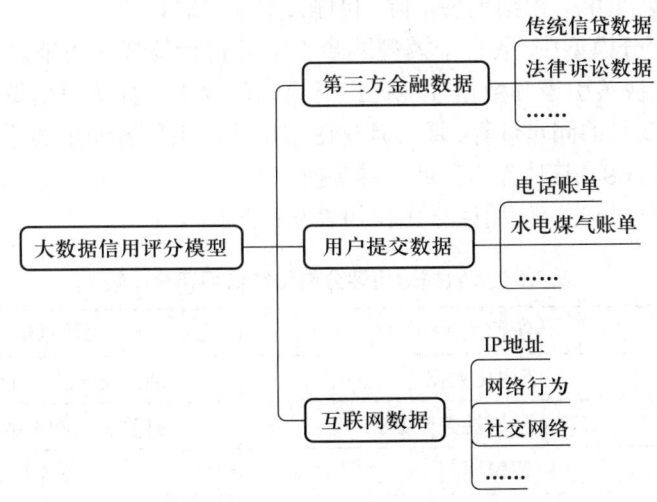

图 9.1 大数据信用评分模型

(二) 模型变量生成和挑选方式的差异

不同的数据特征直接影响模型变量的生成、挑选方式。传统信用评分模型候选变量数量较少,单一模型候选变量常在数百至数千个数量级,进入模型的变量往往在数十个数量级。模型变量数量较少,客观上使得数据可以经过多番清洗,清洗后的数据质量相对较好。

同样由于变量较少,传统信用评分模型往往在变量挑选过程中开展多轮定量和定性分析。在筛选模型变量的过程中,除了参考变量的区分能力等定量维度,往往还需要参考机构内部业务专家的意见。

大数据时代,由于原始数据体量较大,通过变量本身衍生、变量之间衍生后产生更多候选变量。在单个模型内,相近的候选变量可多达数百乃至上万个。由于缺乏专家团队支持,通常采用挑选规则等方式自动化挑选候选变量,人工干预和专家审核较少。同时,由于模型变量数量庞大和数据质量较差,容易出现模型变量未经严格数据清洗程序就进入模型的情况,对模型表现造成影响。

(三) 建模的理论基础上的差异

传统信用评分模型以统计学上的 Logistic 回归方法为核心。Logistic 方法是信用评价模型中的经典,具有准确性高、假设条件少、结果稳定、可解释性强等特点。因此,该方法是当前国内外金融机构、征信机构应用最广泛的方法。

大数据信用评分模型更多采用了神经网络(Neural Networks)、梯度提升决策树、支持向量机(Support Vector Machine)、随机森林(Random Forest)等算法。这些机器学习方法在解决特定问题时具有优势。如有些方法适用于处理稀疏的数据;有些能更好地解决模型过度拟合问题;有些能处理大量的输入变量,预测准确度较高,能有效提升模型表现。和传统的 Logistic 方法相比,每类机器学习方法都有自己的特色,但并未完全超越传统方法。

(四)模型上线运行方式的差异

模型技术架构的差异直接导致模型上线运行方式的差异。传统信用评分模型通常将单一模型嵌入业务流程系统中,直接用于信贷决策。部分成熟的欧美银行可以同步运行2~3个挑战者模型,当单一模型表现下降的时候,实现及时切换。

大数据信用评分模型中,数百个模型同步上线并行计算成为可能。这对部署在信贷业务流程系统中的决策引擎和数据环境提出了更高的要求。如决策引擎需要采用分布式架构,以实现海量变量的同步计算,要求提前在数据环境中部署海量的原始变量和建模变量,以保障模型在切换时随时有新变量可供替换。

大数据信用评分与传统信用评分比较如表 9.1 所示。

表 9.1　大数据信用评分与传统信用评分比较

项目	传统信用评分	大数据信用评分
数据格式	结构化数据	结构化 + 大量非结构化数据
数据类型	信贷金融属性关联数据	信贷数据、网络数据、社交数据
理论基础	逻辑回归	机器学习
变量特征	贷款类型、还款记录、卡余额	IP 地址、关联网络、社交能力
数据来源	银行系统内数据及银行提交给第三方的数据	第三方数据(如电话账单、租赁历史等)
变量个数	不到 50 个(变量库 500~2 000)	多达几千到几万个

二、数据挖掘与大数据信用评分

(一)数据挖掘在大数据信用评分中的重要性

数据挖掘(Data Mining),又译为资料探勘、数据采矿。它是数据库知识发现(Knowledge-Discovery in Databases,KDD)中的一个步骤。数据挖掘一般是指从大量的数据中通过算法搜索隐藏于其中信息的过程。数据挖掘通常与计算机科学有关,并通过统计、在线分析处理、情报检索、机器学习、专家系统(依靠过去的经验法则)和模式识别等诸多方法来实现上述目标。

数据挖掘的关键可以被分成三个部分:数据、信息和商业决策。数据挖掘是对数据进行探索和分析,以找出数据之间有意义的结构和关系。大数据的挖掘就是从海量、不完全的、有噪声的、模糊的、随机的大型数据库中发现隐含在其中有价值的、潜在有用的信息和知识的过程,也是一种决策支持过程。其主要基于人工智能、机器学习、模式学习、统计学等。通过对大数据高度自动化分析,做出归纳性的推理,从中挖掘出潜在的模式,可以帮助企业、商家、用户调整市场政策、减少风险、理性面对市场,并做出正确的决策。目前,在很多领域尤其是在商业领域如银行、电信、电商等,数据挖掘可以解决很多问题,包括市场营销策略制定、背景分析、企业管理危机等。数据挖掘常用的方法有分类、回归分析、聚类、关联规则、神经网络方法、Web 数据挖掘等。这些方法从不同的角度对数据进行挖掘。

不难发现,数据挖掘使用的主要技术都是成功应用于信用评分的技术。数据挖掘的基础技术是数据汇总、变量删除、分类观察,以及预测和解释,在数据汇总时,使用了标准的描述性统计概念,如频率、平均值、方差、交叉表格等。信用评分中使用的方法也成功应用于其他数据挖掘的应用领域。将客户分成可以用不同方式观察的小组,或购买不同产品的小组,是数据挖掘的另一个方法。信用评分也根据客户不同的行为将客户分成不同的小组,并为每个小组制作不同的评分卡。

数据挖掘实际上使用的是信用评分的技术和方法,而这些技术和方法的应用领域要广泛得多。

(二)基于数据挖掘的信用评分模型构建步骤

利用数据挖掘技术构建信用评分模型一般可以分为 10 个步骤,它们分别是:商业目标确定、数据源识别、数据收集、数据筛选、数据质量检测和数据整合、数据转换、数据挖掘、结果解释、应用建议和结果应用。

1. 商业目标确定

明确数据挖掘的目的或目标是成功完成任何数据挖掘项目的关键。例如,确定项目的目的是构建个人住房贷款的信用评分模型。

2. 数据源识别

在给定数据挖掘商业目标的情况下,下一个步骤是寻找可以解决和回答商业问题的数据。构建信用评分模型所需要的是关于客户的大量信息,应该尽量收集全面的信息。所需要的数据可能是业务数据,可能是数据库/数据仓库中存储的数据,也可能是外部数据。如果没有所需的数据,那么数据收集就是下一个必需的步骤。

3. 数据收集

如果银行内部不能满足构建模型所需的数据,就需要从外部收集,主要是从专门收集人口统计数据、消费者信用历史数据、地理变量、商业特征和人口普查数据的企业购买得到。

4. 数据筛选

对收集的数据进行筛选,为挖掘准备数据。在实际项目中,由于受到计算处理能力和项目期限的限制,在挖掘项目中想用到所有数据是不可能实现的。因此数据筛选是必不可少的。数据筛选考虑的因素包括数据样本的大小和质量。

5. 数据质量和数据整合

一旦数据被筛选出来,下一步就是数据质量检测和数据整合,目的是提高筛选出来数据的质量。如果质量太低,就需要重新进行数据筛选。

(1)数据质量分析。为了保证数据的质量能够满足数据挖掘的需要,需要对数据的质量进行分析,得出各种统计值,包括不同指标的最大值、最小值、均值、中值、方差、缺失值、异常值、分位数等,通过对每个指标统计值的观察,判断该指标是否可以在数据挖掘的过程中使用。

(2) 数据清洗。由于实际数据中存在许多噪声、异常值、缺失值,需要对数据进行清洗。清洗的原则主要是删除一些在实际意义上异常、相互矛盾、有缺失值的数据。

(3) 数据的分组。在数据的分组中主要涉及两个问题,一个是用于建立模型的数据量要依据具体问题、选用方法、目标变量不同而不同,要满足最基本的数量要求,并且检验模型的数据应达到一定数量;另一个是目标变量各类别样本的比例应比较平衡,通常来说各类别的数据量应一致,特殊情况下,可以根据实际情况进行调整。

6. 数据转换

在选择并检测了挖掘需要的数据、格式或变量后,在许多情况下数据转换非常必要。数据挖掘项目中的特殊转换方法取决于数据挖掘类型和数据挖掘工具。一旦数据转换完成,即可开始挖掘工作。

7. 数据挖掘

(1) 需求分析。需求分析就是对数据挖掘的目标进行清晰的界定,明确问题是什么,解决问题应该采用什么形式,对应成数据挖掘中分类、预测、聚类等具体问题,以进行下一步的操作。值得注意的是,这一步非常关键,是整个数据挖掘的核心步骤之一。数据挖掘最常犯的错误就是没有界定清楚问题就进行挖掘,导致挖掘的结果不能满足需求。需求分析一定要由应用部门与技术人员进行充分的沟通,使技术人员明白需求部门的要求到底是什么,技术人员也要就数据挖掘的局限、不足、能达到的效果进行说明,避免使用模糊的、不确定性的评价词语来描述需求,以便技术人员采用合适的方法来实现应用部门的需求。

(2) 设计变量。在明确需求并确定了问题性质的基础上,就要基于这一问题设计相应的变量,在设计变量的过程中,要结合数据的情况,以全面、准确地反映问题的实质,并可操作,如分类问题是多分类还是二元分类,是通过连续值分类还是直接分类。不同的变量设计对问题的解决有着非常重要的影响,直接导致结果的显著性和可操作性。除了描述问题的变量,还需要考虑属性变量,由于原始变量相互之间通常会存在一定的相互关系,甚至不同的变量在实质上是对同一个信息产生的不同角度的数据。直接利用其构建模型,结果可能不显著,效果可能不稳定。所以通常会对原始变量进行一定的处理,得到新的衍生变量,衍生变量的预测力通常比原始变量更强。另外,选择合适的属性变量也要结合具体问题的性质和拟选用的方法本身来进行。比如同样的分类问题,决策树模型采用离散变量更合适,而回归模型采用连续变量更合适。

(3) 建立模型。在选定变量之后就是建立模型。数据挖掘中建立模型的方法有很多种,不同的方法都有其优势和不足,在建立模型过程中需要技术人员对这些方法的优势和不足有清醒的认识,结合具体的问题选择合适的方法。建立模型是一个复杂的过程,是整个数据挖掘的核心。整个过程可能需要多次尝试才能建立合适有效的模型,在这一过程中变量的选择、模型的调整、精确性和可靠性的取舍,很大程度上依靠技术人员的经验。

(4) 模型检验。建立模型之后就要对模型进行检验,以验证模型的准确性和可靠性。检验的数据通常来讲应该是未参加建模的数据,以更好考察模型的效果。考察模型的效果有很多指标,不同的指标考察模型的不同方面,这时就需要结合具体问题选择更侧重哪些指标。比如就一个信用好坏的分类问题,将信用差的错分为信用好的和将信用好的错分为信用差的,这两种情况对金融机构来说导致的风险明显不同。挖掘数据是所有数据挖掘项目中最核心的部分。在时间或其他相关条件(诸如软件等)允许的情况下,最好能够尝试多种不同的挖掘技巧。因为使用的数据挖掘技巧越多,解决的商业问题越多。而且使用多种不同的挖掘技巧可以对挖掘结果的质量进行检测。例如,在构建信用评分模型时,分类可以通过决策树、神经分类和逻辑回归三种方法来实现,每一种方法都可能产生出不同的结果。如果多个不同方法生成的结果都相近或相同,那么挖掘结果是很稳定的、可用度非常高的。如果得到的结果不同,在使用结果制定决策前必须查证问题所在。

8. 结果解释

数据挖掘模型构建完成之后,就需要对模型是否合理进行分析,争取在理论上和逻辑上能够对模型结果进行解释,尤其是要与具体业务部门进行沟通,分析模型与实际是否符合,能否进行操作。

9. 应用建议

在应用中要注意现实的发展变化,保持对模型合理的修正频率,遇有突发情况,要对模型进行压力测试,或使用极端数据进行检测,保证模型的可靠性。数据挖掘的关键问题,是如何把分析结果即信用评分模型转化为商业利润。

10. 结果应用

通过数据挖掘技术构建的信用评分模型,有助于银行决策层了解整体风险分布情况,为风险管理提供基础。当然,其最直接的应用就是将信用评分模型反馈到银行的业务操作系统,指导零售信贷业务操作。

第四节　信用评分方法

一、传统信用评分方法

信用评分本质上是模式识别中的一类分类问题——将企业或个体消费者划分为能够按期还本付息(“好”客户)和违约(“坏”客户)两类。具体做法是根据历史上每个类别(如期还本付息、违约)的若干样本,从已知的数据中找出违约者及不违约者的特征,从而总结出分类的规则,建立数学模型,用于测量借款人的违约风险(或违约概率),为消费信贷决策提供依据。

随着市场竞争的加剧以及计算机技术的发展,越来越多的计量方法(如统计学及运筹学等定量分析工具)被运用到信用评分领域。统计学方法主要包括 Logistic 回归方法;运筹学方法则主要是一些线性规划方法。大部分信用评分模型都使用其中的一种方法,或将几种方法结合起来使用。

(一)Logistic 回归

假设用 y 表示发放一笔贷款这一事件,用 $y=1$ 表示到期后借款人违约(通常称为一个

"坏"的贷款),$y=0$ 表示借款人不违约(通常称为一个"好"的贷款)。我们的目的是利用已有的样本资料建立模型,对借款人违约($y=1$)的概率 p 进行预测。Logistic 回归是处理这一类问题的较好方法。

在 Logistic 回归模型中,假设:

$$\log \frac{p}{1-p} = \beta_0 + \beta_1 x_1 + \cdots + \beta_k x_k + \varepsilon$$

式中:p 表示 $y=1$("坏"的贷款)的概率;

x_i 表示描述借款人特征的一些指标(这些指标被认为与违约概率有关,又称解释变量);

$\dfrac{p}{1-p}$ 表示发生比。

我们可以利用已有的样本指标采用最大似然法对模型中的参数 β_i 进行估计,并对模型进行相关的统计检验及计量经济检验。

待得到一个较为稳定的、预测准确性较高的模型后,模型即可投入使用,即一个新的借款人的相关指标数据输入模型,对其违约发生比(或违约概率)进行预测。Logistic 回归已经应用到个人贷款、商业贷款、信用卡等业务进行信用评分,帮助银行筛选优质客户,降低不良贷款率。在实际使用时,通常将违约发生比或违约概率通过某种线性变换转换成分数,银行可以根据申请人的信用得分情况决定是否发放贷款及发放的额度。Logistic 回归模型克服了线性回归模型的缺陷,其等式两边均可取任意值。

(二)线性规划方法

将线性规划方法应用在信用评分时,其结果依然是产生一个线性评分卡。其基本思路可以这样来描述:

假设:我们有一个样本,其中有 n_G 个"好"客户(将其标记为 $i=1,2,\cdots,n_G$)、n_B 个"坏"客户(将其标记为 $i=n_G+1,n_G+2,\cdots,n_G+n_B$);我们可以从客户的申请表中得到 m 个预测变量,因此客户 i 的特征项向量为 $x_{i1},x_{i2},\cdots,x_{im}$。

在一个最理想的信用评分中,我们的目的是找到一组权重 $\omega_j(j=1,2,\cdots,m)$ 以及一个临界值 c,使得:

对一个"好"客户,满足:$\omega_1 x_{i1} + \omega_2 x_{i2} + \cdots + \omega_m x_{im} > c$。

对一个"坏"客户,满足:$\omega_1 x_{i1} + \omega_2 x_{i2} + \cdots + \omega_m x_{im} < c$。

当然,这一点并不是总能够做到。因此,我们引入一个非负的变量 a_i 转而解这样一个线性规划问题:

$$\min \quad a_1 + a_2 + \cdots + a_{n_G+n_B}$$

$$\text{S.T.} \quad \omega_1 x_{i1} + \omega_2 x_{i2} + \cdots + \omega_m x_{im} \geq c - a_i \quad 1 \leq i \leq n_G$$

$$\omega_1 x_{i1} + \omega_2 x_{i2} + \cdots + \omega_m x_{im} \leq c + a_i \quad n_G + 1 \leq i \leq n_G + n_B$$

$$a_i \geq 0 \quad i = 1, 2, \cdots, n_G + n_B$$

很明显,这一线性规划实际上是将所有可能的错误分类的总和最小化。绝大部分文献都认为线性规划方法与统计学方法的效果相当。

二、大数据信用评分方法

大数据信用评分主要采用了神经网络、支持向量机、贝叶斯网络等算法。

（一）神经网络（Neural Networks，NNs）

神经网络是一种模仿人脑信息加工过程的智能化信息处理技术，具有自组织性、自适应性以及较强的稳健性。神经网络模型的类型较多，目前有数十种。代表性的神经网络模型有BP（Back Propagation）神经网络。神经网络能够很好地处理那些数据结构不太清楚的情况，但其训练样本时间较长。另外，在分类不当的情况下错判的比例较高。

以BP神经网络为例。图9.2为三层前馈神经网络结构图。对于输入信号，要先向前传播到隐节点，经过作用函数之后，再把隐节点的输出信息传播到输出节点，最后给出输出结果。节点的作用函数通常选用Sigmoid型函数。BP神经网络的输入（待评估申请者的特征项指标）和输出（信用得分或者信用等级）关系是一个高度非线性的映射关系。如果输入节点数为n，输出节点数为m，则网络是从n维欧氏空间到m维欧氏空间的一个映射。通过BP算法调整神经网络中的连接权重、网络规模（包括n、m和隐层节点的数目），就可以实现非线性分类。

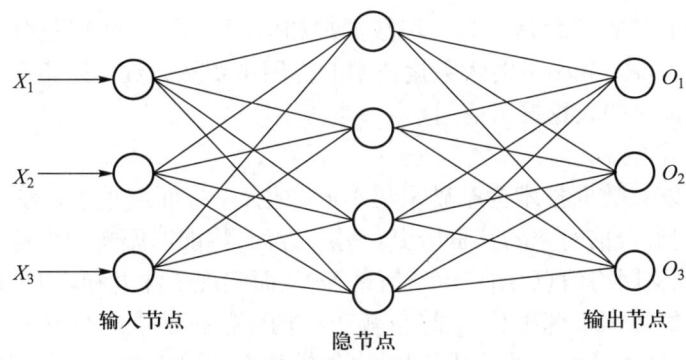

图9.2　三层前馈神经网络结构图

例如，假设1表示某人按时还款（没有违约），–1表示违约。将一个按时还款人的样本资料输入模型，如果其得分为0.2（这样误差就为1–0.2=0.8），网络会将这一错误信息送回模型进行重新调整以减少误差，直到不能再减小为止。当所有的用于估计模型的样本（称为训练样本）的误差达到最小时，模型就建好了，我们就可以利用这一模型对一个新的申请者的信用进行评估。

（二）支持向量机（Support Vector Machine，SVM）

支持向量机是由Vapnik最早在1963年提出的统计学理论。经过此后30多年的不断研究，Vapnik等人于1995年将支持向量机应用于信用评分。支持向量机是一种分类算法，通过考虑最小结构化风险来提高机器学习能力，寻求经验风险和置信范围的最小化，实现利用较少的统计样本训练相对准确的信用评分。支持向量机为二分类模型，其基本模型定义为特征空间上间隔最大的线性分类器，即支持向量机的学习策略便是间隔最大化，最终可转化为一个凸二次规划问题的求解。支持向量机与神经网络模型类似，具有良好的学习能力，在信用评分领域得到了广泛的应用。与此同时，各种改进的SVM模型也在一些金融机构的信用评分中进行了尝试,其中有代表性的成果为最小二乘支持向量机。

（三）贝叶斯网络（Bayesian Network，BN）

贝叶斯网络算法是根据贝叶斯公式演化形成的一种概率网络方法,是目前新兴的一种图形化数据挖掘方法。贝叶斯网络是基于概率推理,利用图形来表示变量之间的内在复杂关系。近年来,贝叶斯网络开始广泛应用于信用评分领域。

贝叶斯网络包含两部分:① 用来定性表示随机变量间相互关系的有向图;② 变量间的条件概率分布。贝叶斯网络可以有很多种结构。

三、大数据信用评分典型案例

（一）美国的 ZestFinance

美国的 ZestFinance 公司主要通过 ZestCash 平台提供放贷服务,后来专注于提供信用评估服务,旨在利用大数据技术重塑审贷过程,为难以获得传统金融服务的个人创造可用的信用,降低他们的借贷成本。ZestFinance 目前正在向信用风险管理的其他领域纵深扩展。2014 年 ZestFinance 宣布推出基于大数据分析的收债评分,旨在为汽车金融、学生贷款、医疗贷款提供一种新的评分系统。

ZestFinance 的基本理念是认为一切数据都和信用有关,在能够获取的数据中尽可能地挖掘信用信息。ZestFinance 对大数据技术的应用主要从大数据采集和大数据分析两个层面为缺乏信用记录的人挖掘出信用。

1. 大数据采集技术

ZestFinance 以大数据技术为基础采集多源数据,一方面继承了传统征信体系的决策变量,重视深度挖掘授信对象的信贷历史。另一方面,将能够影响用户信贷水平的其他因素考虑在内,如社交网络信息、用户申请信息等,从而实现了深度和广度的高度融合。

ZestFinance 的数据来源十分丰富,依赖于结构化数据的同时也导入了大量的非结构化数据。另外,它还包括大量的非传统数据,如借款人的房租缴纳记录、典当行记录、网络数据信息等,甚至将借款人填写表格时使用大小写的习惯、在线提交申请之前是否阅读文字说明等极边缘的信息作为信用评价的考量因素。类似地,非常规数据是客观世界的传感器,反映了借款人真实的状态,是客户真实的社会网络的映射。只有充分考察借款人借款行为背后的线索及线索间的关联性,才能提供深度的、有效的数据分析服务,降低贷款违约率。ZestFinance 数据来源的多元化如图 9.3 所示。

（1）第三方数据。对于 ZestFinance 进行信用评估最重要的数据还是通过购买或者交换来自第三方的数据,既包含银行和信用卡数据等传统信贷数据,也包括法律记录、搬家次数等非传统数据。

（2）用户提交的数据。为了证明自己的还款能力,用户会有详细、准确回答的积极性,另外用户还会提交相关的公共记录的凭证,如水电煤气账单,电话账单等。

（3）互联网数据,如 IP 地址、浏览器版本甚至计算机的屏幕分辨率,这些数据可以挖掘出用户的位置信息、性格和行为特征,有利于评估信贷风险。此外,社交网络数据也是大数据征信的重要数据源。多维度的征信大数据使得 ZestFinance 能够不完全依赖于传统的征信体系,对个人消费者从不同的角度进行描述,进一步深入地量化信用评估。

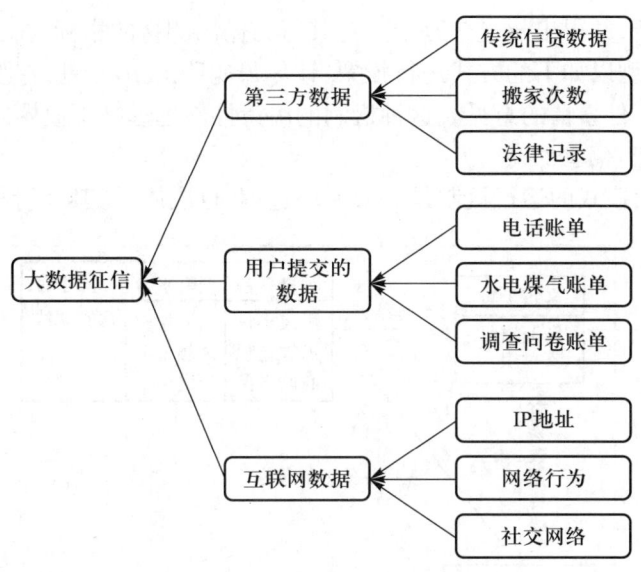

图 9.3 ZestFinance 的大数据来源

2. 大数据分析模型

图 9.4 展示了 ZestFinance 的信用评估分析原理,融合多源信息,采用了先进机器学习的预测模型和集成学习的策略,进行大数据挖掘。

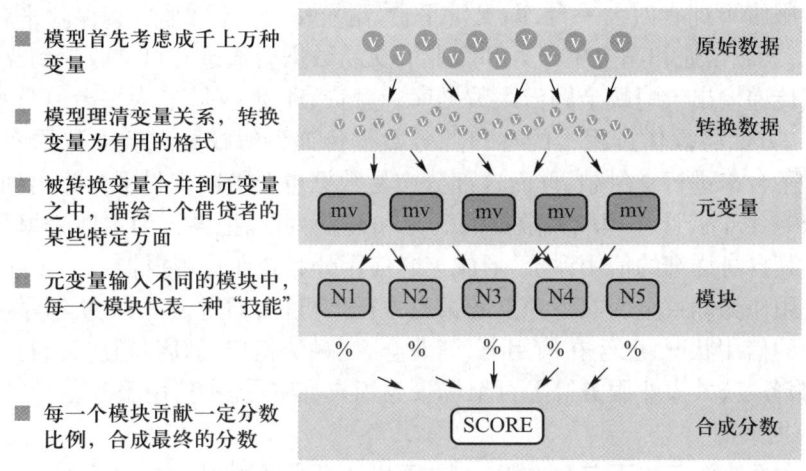

图 9.4 ZestFinance 的信用评估分析原理

首先,数千种来源于第三方(如电话账单和租赁历史等)和借贷者的原始数据将被输入系统。其次,寻找数据间的关联性并对数据进行转换。再次,在关联性的基础上将变量重新整合成较大的测量指标,每一种变量反映借款人的某一方面特点,如诈骗概率、长期和短期内的信用风险和偿还能力等。然后将这些较大的变量输入不同的数据分析模型中去。最后,将每一个模型输出的结论按照模型投票的原则,形成最终的信用分数。

ZestFinance 开发了 10 个基于机器学习的分析模型,对每位信贷申请人的超过 1 万条数据信息进行分析,并得出超过 7 万个可对其行为做出测量的指标,在 5 秒钟内就能全部完成。这 10 个模型以如下的方式进行投票:让你最聪明的 10 个朋友坐在一张桌子旁,然后询问他们对某一件事情的意见。这种机制的决策性能远远好于业界的平均水平。

(二)芝麻信用:侧重电商

蚂蚁金服征信模式的运行机制是一个循环过程,自成体系。其运行机制如图 9.5 所示。

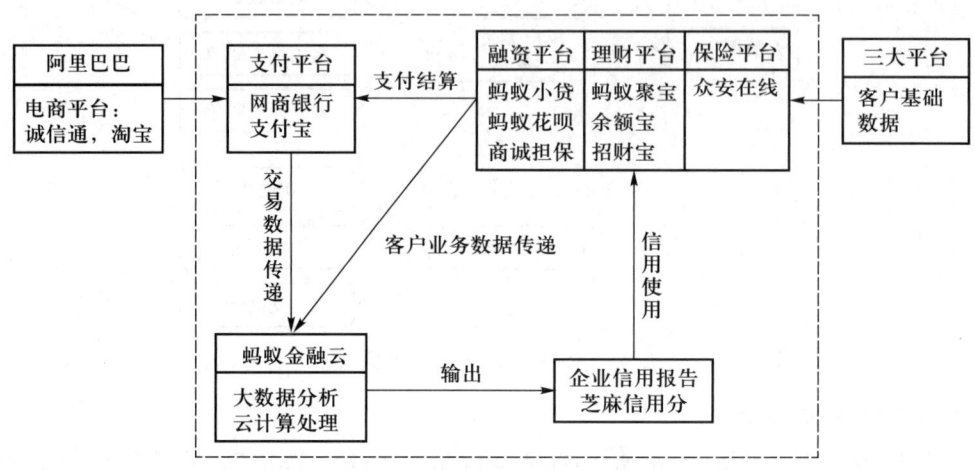

图 9.5　蚂蚁金服征信模式的运行机制

蚂蚁金服旗下拥有四大平台,即支付平台、融资平台、理财平台和保险平台。以阿里巴巴为依托,其诚信通和淘宝中个人和企业的交易数据会通过支付宝收录到支付平台,再将支付数据传递输出给蚂蚁金融云大数据库。融资、理财、保险三大平台以自身的客户数据为基础,一方面将操作过程中的客户业务数据传递到蚂蚁金融云大数据库,另一方面会通过支付平台来进行支付结算,而这部分交易数据也会随同支付平台输出到大数据库。蚂蚁金融云专注于云计算领域大数据的研究和开发,可以把各行为主体纷繁复杂的信息数据映射为其自身详细的信用评价,形成芝麻信用分和企业信用报告。

芝麻信用作为蚂蚁金服旗下独立的第三方征信机构,通过云计算、机器学习等技术客观呈现个人的信用状况,已经在信用卡、消费金融、融资租赁、酒店、租房、出行、婚恋、分类信息、学生服务、公共事业服务等上百个场景为用户、商户提供信用服务。

1. 大数据来源

其数据主要来源于以下三个方面:一是阿里体系内的数据。包括阿里巴巴体系(淘宝、天猫)的电商交易数据和蚂蚁金服的金融数据。二是外部合作机构提供的数据。主要有两种方式,政府方面的数据以购买方式获取为主,包括工商、学历学籍部门、法院、公安、电力、煤气公司等公共事业机构。另外,一些本身具有大数据积累的商业公司也是芝麻信用的合作对象,比如运营商、P2P 公司等,这部分通过合作、置换、服务输出等方式获得。三是用户自主上传的信用数据。芝麻信用在 2015 年 7 月上线了上传功能,用户可以主动上传个人信息,包括学历学籍、单位邮箱、职业信息、车辆信息和公积金五个方面。目前芝麻信用带有购物、金融和社交三种不同维度的数据,其接入的外部数据源在八成以上,而阿里的数据源已减少至不足两成。

2. 大数据处理技术

芝麻信用在构建信用评分模型体系时,利用云计算、机器学习等技术,能以较低的成本对海量数据的关联性进行分析,还在充分研究和吸收传统征信评分模型算法的优势的基础上,积极尝试前沿的随机森林、决策树、神经网络等模型算法,挖掘出和信用表现有稳定关联的特征,从而更加高效和科学地发现大数据中蕴含的信用评估价值。

目前,芝麻信用应用了一种改进的树模型 GBDT,深入挖掘特征之间的关联性,衍生出具备较强信用预测能力的组合特征,并将该组合特征与原始特征一起使用逻辑回归线性算法进行训练,从而获得一个具备可解释性的准确的线性预测模型。

3. 大数据产品与服务

芝麻信用体系包括芝麻信用评分、信用报告、反欺诈、行业关注名单等一系列信用产品,提供信息验证服务(基于实名用户的欺诈风险识别,帮助提升合作伙伴反欺诈识别能力)、芝麻数据变量服务(还原用户画像、个性化的策略模型)、负面信息披露、还款提醒等服务。

芝麻信用评分即芝麻信用分是芝麻信用产品中的核心产品,为用户提供信用评分服务。芝麻信用分,一个看似简单的分数,背后是芝麻信用对海量信息数据的综合处理和评估。

2015 年 1 月芝麻信用开始在部分用户中进行公测,并推出芝麻信用分,这是我国首个个人信用评分。芝麻信用分与国际通行的信用评分类似,分区间设定为 350~950 分,分数越高代表信用程度越高,违约可能性越低。芝麻信用分与 FICO 评分区别如表 9.2 所示。

表 9.2　芝麻信用分与 FICO 评分的比较

项目	芝麻信用分	FICO 评分
评分区间	350~950 分	300~850 分
评分维度	5 个,包括信用历史、行为偏好、履约能力、身份特质、人脉关系	5 个,包括信用偿还历史、信用账户数、信用使用年限、正在使用的信用类型、新开立的信用账户
评分等级	由低到高划分为 5 级:极差(350~550 分)、中等(550~600 分)、良好(600~650 分)、优秀(650~700 分)、极好(700~950 分)	不具体划分等级。一般而言,680 分以上代表信用状况卓著,620 分以下代表信用状况极差,620~680 分代表信用状况还需做进一步核查
应用领域	目前在与芝麻信用开展合作的商户以及部分个人消费金融领域中应用	评分结果被美国三大个人征信机构采用,广泛应用于金融、通信、公共服务、日常生活等领域

芝麻信用分综合考虑了个人用户的信用历史、行为偏好、履约能力、身份特质、人脉关系五个维度的信息。

(1) 信用历史:过往信用账户还款记录及信用账户历史。目前这一块内容大多来自支付宝,特别是支付宝转账和用支付宝还信用卡的历史。

(2) 行为偏好:在购物、缴费、转账、理财等活动中的偏好及稳定性。比如一个人每天打游戏 10 小时,那么就会被认为是无所事事;如果一个人经常买纸尿裤,那么便被认为已为人父母,相对更有责任心。

(3) 履约能力:包括享用各类信用服务并确保及时履约,如租车是否按时归还,水电煤气是否按时交费等。

(4) 身份特质:在使用相关服务过程中留下的足够丰富和可靠的个人基本信息,包括从公安、学历学籍、工商、法院等公共部门获得的个人资料,未来甚至可能包括根据开车习惯、敲击键盘速度等推测出的个人性格。

(5) 人脉关系:好友的身份特征以及跟好友互动的程度也包括转账关系、校友关系等,但目前还没有将社交聊天内容、点赞等纳入参考。

(三) 腾讯征信:侧重电商

腾讯征信是首批经中国人民银行批准开展征信业务的机构之一,专注于身份识别、反欺诈、信用评估服务,帮助企业控制风险、远离欺诈、挖掘客户,切实推动普惠金融。

1. 大数据来源

腾讯征信依托于腾讯集团,信用信息主要来自社交、游戏、电商及第三方支付平台和合作平台。其主要运用社交网络上的海量信息,如在线、财产、消费、社交等情况,为用户建立基于互联网信息的征信报告。腾讯庞大的客户群体为腾讯征信提供了海量信息。

2. 大数据处理与分析

腾讯征信由腾讯旗下财付通团队负责,通过其大数据平台 TDBANK,在不同数据源中采集并处理包括即时通信、SNS、电商交易、虚拟消费、关系链、游戏行为、媒体行为和基础画像等数据,运用统计学、传统机器学习等方法综合考察用户的消费偏好、资产构成、身份属性和信用历史四个维度,得出用户信用得分,为用户建立基于互联网信息的个人征信报告。

3. 大数据服务

腾讯征信业务服务的对象主要包括两类:一是金融机构,通过提供互联网征信服务来帮助其降低风险,为更多用户提供金融服务;二是普通用户,用很便捷的方式帮助他们建立信用记录,这些信用记录能反过来帮助他们获得更多的金融服务。

4. 大数据产品

腾讯征信的产品主要分为两大类别:一类是反欺诈产品,另一类是信用评级产品。其中,反欺诈产品包括人脸识别和反欺诈核查两个主要应用场景。

(1) 人脸识别产品。腾讯财付通与中国公安部所属的全国公民身份证号码查询服务中心达成人像比对服务的战略合作。双方通过深度合作,结合腾讯独创的技术算法,大力提升人脸识别的准确率及商业应用可用性,帮助传统金融行业解决用户身份核实、反欺诈、远程开户等难题。

人脸识别系统主要包括以下几个部分:人脸图像采集及人脸检测、人脸特征提取以及特征相似度匹配与识别。

人脸识别技术能够应用的关键在于以下三点:

第一,图像识别核心技术。2015 年 1 月,腾讯的人脸识别技术正式登场亮相。腾讯对人脸识别研究由来已久,其旗下承担人脸识别技术研发的优图团队,2014 年就已经在世界权威人脸检测测评数据集 FDDB 上达到世界第一水平,人脸识别 LFW 数据集准确率超过了99.5%,在实际业务产品社交网络图像上的准确率高达99%,对于身份证照片准确率甚至超过了99.9%。在应用方面,腾讯的图像识别核心技术能力已积累了独有的优势。

第二,丰富权威的样本数据库。有效的图像样本库包括各类生活照和证件照,这是提升人脸识别技术的必要基础。经过数年准备,腾讯采集标注了海量生活照训练样本数据,目前拥有世界上最大的黄种人人脸模型训练样本库,非常适用于国内环境。与此对应的用户人脸识别技术上已经有非常深厚的储备:在人脸检测、五官定位、特征提取和特征对比等关键步骤上,腾讯都已积累了世界顶尖的数据模型和算法。最重要的证件照是身份证照片。腾讯财付通与全国公民身份证号码查询服务中心深度合作,大力提升人脸识别的准确率及商业应用可用性。与其他几家公司的人脸识别技术不同的是,腾讯推出的人脸识别技术产品最重要的环节之一就是系统将用户的视频照、身份证照片跟全国公民身份证号码查询服务中心的权威数据三者做交叉验证,通过先进的算法和技术进行匹配,杜绝假冒身份的情况出现。

第三,广泛、灵活、便捷的应用场景。传统金融中,用户在申请银行贷款或证券开户时,均必须到实体门店上做身份信息核实,完成面签。如今,通过人脸识别技术,用户只需要打开手机摄像头,自拍一张照片,系统将会做一个活体检测,并进行一系列的验证、匹配和判定,最终会判断这个照片是否是用户本人,完成身份核实。

(2)反欺诈核查产品。腾讯征信旗下对公业务产品-账户级反欺诈产品已经开始接入合作机构,此款产品是国内首个利用互联网数据鉴别欺诈客户的产品,主要服务对象是银行、P2P、小贷公司、保险等机构,能帮助企业识别用户身份,发现恶意或者疑似欺诈客户,避免资金损失。

(3)信用评级产品。腾讯的信用评分及报告来自腾讯社交大数据优势,全面覆盖腾讯生态圈8亿活跃用户,通过先进大数据分析技术,准确量化信用风险,有效提供预测准确、性能稳定的信用评分体系及评估报告。

对于个人用户,不但可以查询个人信用报告,还可以提高和完善自身信用情况,形成良性循环;对于银行等商业机构,该信用评分体系可以与自有体系形成交叉比对,帮助机构更准确地对用户个人信用做出判别,挖掘更多有价值用户。通过多家金融机构实用验证证明,腾讯信用评分体系预测效果适用于银行,且评分性能稳定。腾讯信用评分主要以星级的方式展现,共7颗星,亮星颗数越多表明信用评级越高。星级主要由以下四个维度构成:① 消费,用户在微信、手机QQ支付以及消费偏好。② 财富,在腾讯产品内各资产的构成、理财记录。③ 安全,财付通账户是否实名认证和数字认证。④ 守约,消费贷款、信用卡、房贷是否按时还等。

(四)考拉征信:针对小微

考拉征信是由拉卡拉联合多家知名机构共同打造的。作为独立的第三方信用评估及信用管理机构,考拉征信已同时获得了央行颁发的企业征信牌照和开展个人征信业务资质。而拉卡拉在征信方面的"抢跑"远不限于牌照——考拉征信不仅拥有国内首个专注于大数据征信模型研究的专业实验室,还是国内首家征信产品被银行接入的征信机构。

1. 大数据来源

考拉征信拥有多维度的数据来源。借助大数据技术和互联网平台,考拉征信汇集拉卡拉多年积累的便民、电商和金融数据,以及亿级个人用户和数百万线下商户的日常经营数据。此外,蓝色光标、拓尔思、梅泰诺、旋极、51job 等股东提供的相关数据,政府对外公开发布的公共机构数据,以及合作伙伴提供的个人及商户交易数据也同样能够为考拉征信提供有力的支持。

2. 大数据产品与服务

考拉征信现已成功推出个人征信、职业征信、商户征信等征信平台,为用户提供考拉个人信用分、商户信用分等系列产品,并为互联网金融行业提供了一整套信用评估体系及信用服务。目前,考拉征信业务已涵盖金融、民生、购物、租车、租房、交友等领域,与近200 家机构开展了合作。

其中,考拉"商户信用分"是国内首款针对小微金融信贷及小微商户领域推出的征信产品,其有针对性地解决小微商户贷款难题,反映真实、整合和实时的商户运营情况。依托详尽的市场调研和信用数据验证的"商户信用分",考拉征信已联合光大银行推出了"信盈卡",创新性地推出了以"商户信用分"换取"信用额度"的金融模式。基于"商户信用分",小微商户通过考拉征信 App 一键申请即可快速获得信用额度,这一创新产品为急需资金支持的小微商户带来了便利,特别是对民生领域的小超市、小百货、零售领域的商户提供了实实在在的融资支持。

而考拉"个人信用分"则是对个人用户信息进行加工、整理和计算后得出的信用评分,采用国际通行的信用分直观表现信用水平高低。分数的范围在 300~850 分,分数越高代表信用程度越高。此外,作为国内首个开创职业征信平台的征信机构,考拉征信深刻理解"职场雾霾"现状和人才管理痛点,运用大数据征信技术发掘分析,可为企业提供即时、客观、全面的职业征信服务,帮助企业全面规避人才管理风险,提高人力资源效率。

不管是机构还是他人,要查看考拉分,都必须获得用户本人的授权。信用评估是直接以分值的形式呈现的,以保护个人的具体信用信息和隐私。

(五)闪银:基于微信

北京闪银奇异科技有限公司成立于 2014 年 4 月,是中国第一家互联网信用评估公司。其开发的"Wecash 闪银"(产品于 2013 年年底上线)是国内最先进的大数据信用评估系统。

闪银是一款基于微信,用大数据方式进行信用征集,利用数据分析技术和机器学习算法进行快速授信、快速完成个人小额贷款的产品。

1. 大数据来源

闪银主要根据用户在社交媒体、SNS 社区(如微信、微博、人人网等)发布的信息,分析用户在互联网上的行为轨迹及历史信息,并结合用户自主提交的身份信息、资产信息、网银流水等资料,对没有资信数据和借贷记录的用户人群进行信用风险评估。

2. 大数据分析

社交分析的具体过程是:首先分析微博、人人网、微信朋友圈的社交数据,聚合形成对个人背景信息、社交活跃度、社交密度、社会影响力的评判。通过分析诸如"关注的人""粉丝""发布内容常用词"等信息,闪银能大体判断出一个用户的职业范围以及社会影响力等因素,再结合用户上传的资产信息和银行流水等交叉验证。用户添加其微信公众账号后,可直接在微信上提交社交网络地址,拍照上传必要的身份信息、资产信息、网银流水等资料,闪银随后通过其评估模型对个人完成信用评级,从而对个人完成最快 15 分钟的快速授信过程。授信后,提款、还款的功能均可通过微信完成。这一过程通常仅需 20 分钟。

（六）51 信用卡:侧重信用卡

51 信用卡主要是基于用户信用卡电子账单历史分析,以及电商及社交关系强交叉验证。根据用户的信用卡数据、开放给平台的电商数据所对应的购买行为、手机运营商的通话情况、登记信息等取得多维信息的交叉验证,确定用户的风险等级以及是否贷款给该用户。

51 信用卡风险等级由五个维度构成:① 账单管理时间:信用卡有效存续时间越长,用户风险越低。② 账单表现:根据用户的授信卡数、授信额度,以及还款比和账单完整度判断用户的还款能力和诚信程度。③ 手机入网期限:手机入网期限越长,用户风险越低。④ 运营商:通过近 4 个月有效通话记录以及通讯录中是否存在负面联系人判断用户自身的可靠程度。⑤ 淘宝:主要看常用收货姓名及电话号码是否与申请人预留号码一致。如表 9.3 所示。

表 9.3　51 信用卡客户风险等级模型

风险等级	账单管理时间	账单表现	手机入网期限	运营商	淘宝	最高额度
1	>18 个月	授信卡数大于 3 张,单卡最高授信额度大于 3 万元,额度使用率小于 50%,还款比 100%,账单完整度 100%,近 6 个月内极少延滞,近 3 个月内利息极少	>5 年	近 4 个月有效通话记录大于 500 次,通讯录无负面联系人,与运营商匹配度高,关键联系人齐全	常用收货姓名及电话号码与申请人预留号码一致	5 万元
2	>12 个月	银行授信卡数大于 2 张,单卡最高授信额度(国有大于 1 万元或商业大于 3 万元),额度使用率少于 70%,还款比大于 70%,账单完整度大于 75%,近 6 个月内较少延滞,近 3 个月内利息较少	>3 年	近 4 个月有效通话记录大于 500 次,通讯录无负面联系人,与运营商匹配度高,关键联系人齐全	使用收货姓名及电话号码与申请人预留号码一致	2.5 万元
3	>6 个月	银行授信卡数大于 2 张,单卡最高授信额度(国有大于 1 万元或商业大于 3 万元),额度使用率少于 70%,还款比大于 70%,账单完整度大于 75%,近 6 个月内极少延滞,近 3 个月内利息极少	>2 年	近 4 个月有效通话记录大于 300 次,通讯录负面联系人很少,与运营商匹配度较高,有关键联系人	非常用收货姓名及电话号码与申请人预留号码一致,姓名对应手机号码大于 1 个	2 万元

续表

风险等级	账单管理时间	账单表现	手机入网期限	运营商	淘宝	最高额度
4	>3个月	银行授信卡数大于1张，单卡最高授信额度(国有大于0.5万元或商业大于1万元)，额度使用率高，还款比大于10%，账单完整度大于50%，近6个月内中等延滞，近3个月内利息中等	>1年	近4个月有效通话记录大于50次，通讯录负面联系人较少，与运营商匹配部分匿名，无关键联系人	非常用收货姓名及电话号码与申请人预留一致，姓名对应手机号码大于1个，多个收货地址	1.6万元
5	<1周	银行授信卡数大于1张，单卡最高授信额度(国有大于0.5万元或商业大于0.5万元)，额度使用率高或超额使用，账单完整度大于50%，近6个月内较多延滞，近3个月内利息较高	>3个月	近4个月有效通话记录大于10次，通讯录负面联系人较多，与运营商匹配较多匿名，无关键联系人	非常用收货姓名及电话号码与申请人预留一致，姓名对应手机号码大于1个，多个收货地址	0.8万元

本 章 总 结

信用评分是信息所有者根据其掌握的大量关于信息主体的信用信息，运用统计和其他方法，建立信用评分模型，对信息主体的未来表现进行预测，并用分数形式表现出来的活动。信用评分的应用场景非常广泛，信贷领域是最为主要的应用场景。大数据信用评分就是基于大数据技术所开展的个人信用评价方法。大数据信用评分在数据来源及数据特征、模型变量生成和挑选方式、建模的理论基础、模型上线运行方式等方面有别于传统的信用评分。利用数据挖掘技术构建信用评分模型一般可以分为10个步骤，它们分别是：商业目标确定、数据源识别、数据收集、数据筛选、数据质量检测和数据整合、数据转换、数据挖掘、结果解释、应用建议和结果应用。大数据信用风险评分模型更多采用了神经网络、支持向量机、贝叶斯网络等算法。

大数据信用评分是未来信用评分发展的方向，必将对我国经济社会发展带来重大影响。但是，大数据征信过程中如何保证数据来源的真实性以及如何保护消费者个人隐私问题是征信机构与监管层需要认真考量的问题。

阅读材料

个人信用评估的典范——FICO 评分系统

美国既是信用卡的发源地，也是个人信用评估体系最发达的国家之一。美国的个人信用评分系统主要是费埃哲公司(Fair Isaac Company)推出的，FICO 评分系统也由此得名。FICO 评分是美国使用量最多、认知度最高的一类评分产品。一般来讲，美国人经常谈到的"你的得分",通常指的是你目前的 FICO 分数。而实际上,Fair Isaac 公司开发了三种不同的 FICO 评分系统,三种评分系统分别由美国的三大信用管理局使用,评分系统的名称也不同。

FICO 评分并不是指一个评分,而是上百种评分的统称,各个 FICO 评分的模型、使用数据、应用领域有所不同。FICO 评分的评分模型都由费埃哲(Fair Isaac)提供,使用的数据则主要是艾克飞(Equifax)、益博睿(Experian)、环联(Trans Union)所采集的个人信息。费埃哲公司是一家信息服务公司,是商业化信用评分的发明者,艾克飞、益博睿、环联是美国的三家综合性消费者报告机构,三家机构都使用费埃哲公司的评分模型(支付评分模型使用费),利用自身数据形成个人信用评分,并将分数嵌入本机构提供的个人信用报告中,用于消费者申请贷款、信用卡、保险、租赁、求职等领域。

FICO 信用分计算方法是把借款人过去的信用历史资料与数据库中的全体借款人的信用习惯相比较,检验借款人跟经常违约、随意透支,甚至申请破产等各种陷入财务困境的借款人的发展趋势是否相似。FICO 个人信用评分表如表 9.4 所示。

表 9.4 FICO 个人信用评分表

住房:	自有	租赁	其他	无信息		
	25	15	10	17		
现地址居住时间(年):	<0.5	0.5~2.49	2.5~6.49	6.5~10.49	>10.49	无信息
	12	10	15	19	23	13
职务:	专业人员	半专业	管理人员	办公室	蓝领	退休	其他	无信息
	50	40	31	28	25	31	22	27
工龄:	<0.5	0.5~1.49	1.5~2.49	2.5~5.49	5.5~12.49	>12.5	退休	无信息
	2	8	19	25	30	39	43	20
信用卡:	无	非银行信用卡	主要贷记卡	两者都有	无回答	无信息
	0	11	16	27	10	12
银行开户情况:	个人支票	储蓄账户	两者都有	其他	无信息	
	5	10	20	11	9	
债务收入比例:	<15%	15%~20%	26%~35%	36%~49%	>50%	无信息
	22	15	12	5	0	13
1年以内查询次数:	0	1	2	3	4	5~9	无记录
	3	11	3	-7	-7	-20	0
信用档案年限:	<0.5	1~2	3~4	5~7	>7	
	0	5	15	30	40	
循环信用透支账户个数:	0	1~2	3~5	>5		
	5	12	8	-4		
信用额度利用率:	0~15%	16%~30%	31%~40%	41%~50%	>50%	
	15	5	-3	-10	-18	
毁誉记录:	无记录	有记录	轻微毁誉	第一满意线	第二满意线	第三满意线
	0	-29	-14	17	24	29

FICO 评分方法的实质,是应用数学模型对个人信用报告包含的信息进行量化分析。该模型主要的评估内容是客户以往发生的信用行为,其对近期行为的衡量权重要高于远期行为。FICO 评分模型中所关注的主要因素有五类,分别是客户的信用偿还历史、信用账户数、使用信用的年限、正在使用的信用类型、新开立的信用账户。评分权重占比如表 9.5 所示。

表 9.5　FICO 评分规则

评分项	占比	评分规则
信用偿还历史	35%	包括:各种信用账户的还款记录(信用卡、零售商账户、分期付款、财务公司账户及抵押贷款);负面公共记录以及诸如破产、抵押、诉讼、留置等报告事项,账户及应付款的违约情况以及公共记录的细节;支付账户未出现延期的天数
信用账户数	30%	包括:各种不同类型账户的欠款数额;特定类型账户的信贷余额、有信贷余额的账户的数目;信用额度使用比例、分期付款余额与原始贷款数额比例
使用信用的年限	15%	包括:信用账户开立的最早时间、平均时间;特定信用账户开立的时间;该客户使用某个账户的时间
正在使用的信用类型	10%	包括:该客户拥有的新开立账户的数目、开立时间;最近贷款人向信用报告机构查询该客户信用状况的次数、间隔时间;该客户以往出现支付问题后的情况,最近的信用记录是否良好
新开立的信用账户	10%	包括:该客户拥有的信用账户类型、数目,各种类型的账户中新开立账户的数目及比例;不同信用机构的信用查询次数、间隔时间;各种类型账户开立的时间;以往出现支付问题后的信用重建状况

此外,美国的《公平信用机会法》和《客户信用保护法》还规定民族、肤色、宗教、性别、婚姻状况等信息不能作为评分的依据,以保护客户的隐私不受侵犯或防止客户遭受歧视。被禁止使用的信息是 FICO 评分中不考虑的因素。

FICO 评分系统得出的信用分数范围在 300~850 分。分数越高,说明客户的信用风险越小。但是分数本身并不能说明一个客户是"好"还是"坏",贷款方通常会将分数作为参考,来进行贷款决策。

FICO 评分主要用于贷款方快速、客观地度量客户的信用风险,缩短授信过程。FICO 评分在美国应用十分广泛,人们能够凭借得分更快地获得信用贷款,甚至有些贷款可以直接通过网络申请,几秒钟就可以获得批准,缩短了交易时间,提高了交易效率,降低了交易成本。使用信用评分系统,能够帮助信贷方做出更公正的决策,而不是把个人偏见带进去,同时,客户的性别、种族、宗教、国籍和婚姻状况等因素,都对信用评分没有任何影响,保证了评分的客观公正性。

FICO 评分系统经过多年的实践和不断深入的理论与实证研究,已经成为美国个人信用评分事实上的标准,加之美国完善的个人信用法律环境和反馈及时的文化环境,使美国建立了相对完善的个人信用制度。FICO 评分可以帮助商业银行快速、客观地度量客户的信用风险,缩短授信过程。借款人也能够凭自己的得分更快地获得银行贷款,信用良好的借款人凭借较高的信用评分还能够获得更加优惠的贷款利率。

美国三大信用管理局 Equifax、Experian 和 Trans Union 都使用 FICO 评分方法,每一份评估报告上都附有 FICO 信用评分。美国商务部要求在半官方的抵押住房业务审查中使用 FICO 信用分数。美国金融机构获得这些数据之后,主要通过信用评分的方式将客户的这些信息形成量化的指标以指导信贷决策。据估计,美国金融机构有 90% 的消费者信用决策会将信用评分作为决定性的影响因素,有 75% 的房地产抵押贷款决策会将信用评分视为重要因素。

复习思考题

1. 请概述信用评分的特点及其应用场景。
2. 信用评分方法有哪些?
3. 试述信用评分与信用评级的异同。
4. 请对大数据信用评分与传统信用评分进行比较。

第四部分

财富管理篇

第十章　智　能　投　顾

　　智能投顾源于美国。美国在智能投顾领域中处于绝对优势地位,是全球智能投顾的领跑者。最近几年,智能投顾逐渐进入我国市场。发展到现在,国内的智能投顾市场已初步形成了由互联网金融公司、传统金融机构以及智能金融服务企业三足鼎立之势,正在逐渐改写财富管理行业。本章首先介绍了智能投顾的发展背景、内涵、与传统投顾的区别、服务流程、发展现状等,随后介绍了智能投顾的理论基础、技术核心、典型模式等。通过对本章的学习,可以对智能投顾相关知识形成基本的了解。

第一节　智能投顾概述

一、智能投顾和传统投顾

　　(一)传统投顾的内涵

　　什么是传统投顾? 顾名思义,传统投顾就是传统投资顾问的简称。投资顾问是指专门从事于提供投资建议而获薪酬的人士,其是投资服务中非常重要的角色。投资顾问,有广义和狭义之分。广义的投资顾问,是指为金融投资、房地产投资、商品投资等各类投资领域提供专业建议的专业人士。狭义的投资顾问,特指在证券行业(如证券公司或专业证券投资咨询机构)为证券投资者(通常为股民)提供专业证券投资咨询服务的人员。当你去证券公司开户,证券公司会给你配一个投资顾问;当你去保险公司买保险,保险公司会给你配一个业务经理;当你去银行买理财产品,理财经理就是你的投资顾问。这就是传统投顾。传统投顾投资门槛高,投顾费用昂贵,主要客户为高净值人群。传统投顾通过与高净值客户进行一对一沟通,为其提供包括保值、增值、传承、公益慈善等在内的财富管理咨询服务。中产及以下长尾人群很难享受专业化、定制化的投资顾问服务。

　　(二)智能投顾的内涵

　　智能投顾在美国被称为"自动化投资工具"(Automated Investment Tools)。根据美国证券交易委员会(SEC)2017 年 2 月发布的《智能投顾监管指南》中的定义,智能投顾(Robo-Advisers)是指运用创新技术,通过在线算法程序为客户提供全权委托的资产管理服务的投资工具。具体而言,希望利用智能投顾的客户需要将个人信息和其他数据输入一个交互式的数字平台,如网站或移动应用程序,基于这些信息,智能投顾为客户生成一个投资组合,并为客户提供后续的账户管理服务。

　　在澳大利亚,智能投顾被称为"数字化建议"(Digital Advice)。澳大利亚证券投资委员会(ASIC)在 2016 年 8 月 30 日公布的一份针对智能投顾的监管指南中使用了数字化建议(Digital Advice)一词,即通过使用算法和技术向零售用户提供数字化金融产品建议的金融产品。

　　国际证监会组织(IOSCO)将智能投顾解释为"根据现代证券投资组合理论向公众投

资者提供投资金融服务的平台",其通常业务模式是通过搭建智能算法模型,为客户提供持续管理与平衡投资组合服务。

我国现行规范性文件与智能投顾最为相关的表述是 2012 年中国证监会发布的《关于加强对利用"荐股软件"从事证券投资咨询业务监管的暂行规定》第 2 条所明确的:"向投资者销售或者提供'荐股软件',并直接或者间接获取经济利益的,属于从事证券投资咨询业务,应当经中国证监会许可,取得证券投资咨询业务资格。"

智能投顾也称机器人投顾(Robo-Advisor),是人工智能与投资顾问的结合体,是根据投资者的风险偏好、资产状况、理财规划、收益目标等要求,运用大数据、云计算、人工智能等技术以及资产组合理论等其他金融投资理论,为用户提供智能化、个性化的资产配置建议和资产管理服务,并对组合实施跟踪和动态调整。智能投顾作为人工投顾的替代品,通过获取用户的风险偏好水平以及大致预期收益率等指标,运用智能算法以及组合投资后的自动化管理技术,帮助用户实现主动、被动投资策略相结合的定制化投顾服务。因其服务过程能够实现全部或绝大部分自动化操作管理,因此被称为智能投顾。

智能投顾的主要应用场景是证券市场。智能投顾的目标客户主要面向中产及长尾客户。中产及以下收入人群庞大,存在强烈的资金管理及投资需求。美国年收入 3 万~20 万美元的人群属于中产阶层,占总人口的 80% 左右。而在中国,到 2020 年,中产阶层达到 7 亿人,接近总人口一半。庞大的中产阶级人群,除了购买常见的金融产品之外,还存在资产配置的需求。

(三) 智能投顾的特点

工具性、智能性和经验性是智能投顾的典型特点。

1. 工具性

从物理属性上看,智能投顾属于计算机系统,是一系列指令和代码的集合,本质上是投资咨询机构及其人员向投资者提供金融服务的一种辅助工具。

2. 智能性

智能投顾能够自主地对采集的数据进行分析,生成类似于人类思维成果的投资建议。智能投顾的智能性体现在投前、投中和投后三个方面。投前阶段,智能投顾运用智能技术提供自动化投资风险倾向分析、导入场景化需求、投资人理财目标分析等;投中阶段,实现自动化分仓交易、交易路径的最大效率或最小成本算法,以及比对市场动态所衍生的交易策略等;投后阶段,实现自动化账户净值跟进、自动调仓提示、智能客户、与其他可预先设定场景的服务规划等。

3. 经验性

算法作为智能投顾的核心,本质上就是将金融理论、投资策略、市场经验等进行转化后的计算机语言,故理论的科学性、策略的有效性、经验的丰富性将会对智能投顾的服务质量产生巨大影响。

(四) 智能投顾与传统投顾比较

1. 投资门槛比较

从投资门槛来看,传统的专业投资顾问的门槛在 100 万元以上,而私人银行理财起点多为 600 万元以上,部分私人银行甚至将门槛设定到 1 000 万元,主要针对高净值客户。

大部分中产阶级及以下长尾人群达不到传统投资顾问的门槛,故而很难享受专业化、定制化的投资咨询服务,而这类人群不仅基数大,在理财上也一直有着资产保值、增值的强烈诉求。智能投顾平台对客户的最低投资金额要求都很低,最低要求普遍在1万~10万元,部分智能投顾甚至实现了零门槛。这一设定为各层次的投资者打开了私人财富管理的大门,真正意义上实现了全民理财的普惠金融。

2. 服务人群比较

从服务人群来看,传统投顾由于投资门槛高,投顾费用昂贵,主要客户为高净值人群,服务的人群比较少。传统投顾通过与高净值客户进行一对一沟通,为其提供包括保值、增值、传承、公益慈善等在内的财富管理咨询服务。中产及以下长尾人群很难享受专业化、定制化的投资顾问服务。智能投顾降低了投资服务门槛。基于互联网提供的服务可根据客户以问卷等形式反馈的信息进行风险偏好判别,然后计算机后台利用算法自动计算出满足条件的投资组合,在全球范围内实现资产配置,本质上来讲节约了专业投顾的人力成本,且可以更高效、便捷、廉价地为中低净值客户提供投资理财、资产配置等服务。智能投顾服务的人群覆盖高、中、低净值的多数人群,但以中产、大众投资者为主要目标客户。

3. 服务模式比较

从服务模式来看,传统投顾采用的是一对一的人工服务。而智能投顾突破了传统的"一对一"服务模式,采用有限或无人工服务,且大多采用纯线上服务,填补了财富管理行业的市场空白,服务于大众群体,真正实现了普惠金融。

4. 服务内容比较

从服务内容来看,传统投顾虽说也为客户提供全面的、个性化的财富管理服务,但是资产管理模式仍是单一的、非智能化的。而智能投顾基于多元的理财目标提供多种定制化、智能化、多样化的资产配置计划。投资者的理财目标丰富多样,如购房购车、结婚育儿、养老规划、子女教育、财富增值保值、突发事件的预防、梦想基金等,智能投顾可以根据不同的理财动机定制不同的理财方案,并且针对客户的风险偏好及投资期限为其个性化定制最佳投资组合。

5. 资产配置比较

从资产配置来看,传统投顾涵盖大部分资产类别,如股票、基金等。而智能投顾是以基金为主的多资产配置。智能投顾平台往往通过与第三方基金公司或国外金融机构合作的方式,为用户提供全球范围内的投资组合,若涉及税率问题还可自动选择最佳方案。例如Wealthfront涉及多达11项资产类别,包括美股、海外股票、债券、自然资源、房产等,投资组合的载体为指数基金。

6. 投资依据比较

从投资依据来看,智能投顾涉及标的种类的选择、配置比例的划分、风险事件的处理等,需要专业理论支持该项服务的每一过程,而传统投顾更多依赖的是公司以及投资顾问的水平。相比之下,智能投顾给出的资产配置方案多数是基于经典的资产配置理论,具备较强的专业性。以Wealthfront为例,其基于现代投资组合理论,选择股票、债券和实物资产三个类别来构建客户的投资组合;通过均值-方差原理,构建了资产的有效前沿,并设定了每一类资产最高和最低的投资限制,严格地控制单项资产的风险;基于投资者的风险偏好,给出适合投资者的资产配置比例,并给予投资者调整的空间。理财方案确定后,会对客户组合的收益和风险指标实施监控,确保组合有效运行。一旦资本市场行情发生变动,考虑交易成本后,会进行资产再平衡。

7. 管理费率比较

从管理费率来看,传统投资顾问通常需要招聘专业的理财团队,服务对象主要为高净值人群。由于人力成本高,传统投资顾问管理费率平均在1%以上,一般为1%~3%,且边际成本下降不明显。而智能投顾通过人工智能大大降低了投资理财的服务费用,将费率降到0.3%左右甚至更低,一般为0.25%~0.5%,并且边际成本随着个人理财需求的增加而下降,边际效应明显。

8. 时效性比较

从时效性来看,传统线下投顾因无法对投资组合进行实时监控,对机遇的把握会有一定的滞后性,不能随时随地做出最合适的选择。而智能投顾提供的投资咨询、投后管理皆由智能算法控制,投资者可以在互联网平台上独自完成一系列过程,成功避免了传统线下投顾的时空限制。用户可以在任何时间段注册自己的专属账户、评估风险偏好、建立投资计划,以及在投资策略执行后的任何时间段登录账户了解自己账户的浮动盈亏水平,甚至调整自己的策略组合。此外,部分智能投顾算法可以做到实时监控全球资本市场以及风险事件,当遭遇较大的系统性风险时,会自动调整组合中相应资产的权重以降低组合的风险敞口。智能投顾能够7×24小时不间断智能化管理客户的专属投资账户。

9. 风险控制比较

从风险控制来看,智能投顾严格遵守经典的资产配置理论,根据投资者的风险偏好不同严格控制每一项资产比例的上下限,从而控制单项资产的风险,并且根据后续资本市场的变动情况,调整整个投资组合来控制风险。类似的投后组合管理技术,多数会在事先预设的条件下自动完成,避免投资顾问或客户因市场行情变动牵动情绪,影响策略的有效运行。此外,由于传统投顾公司和基金公司是代销关系,基金公司会在大投顾公司成功销售产品后给予一定比例的提成奖励,这导致两家公司利益高度相关。投顾公司的收入来自基金公司支付的产品提成,所以投顾公司会优先推荐基金公司给的提成比例高的产品,而提成比例高的产品往往都是相对难销售、收益相对较差的产品。因此,传统投顾公司容易发生道德风险。另外,投资顾问的很多服务条款晦涩难懂,选取投资标的过程也不透明,如果投顾公司为了产品提成,推荐提成比例更高的产品,而不是收益更好的产品,这将严重损害投资者的利益。智能投顾在金融产品选择范围、收取费用等方面都需要充分披露,客户随时随地可查看投资信息,另外由于智能投顾执行程序严格,不会出现因为私利而误导客户操作的现象,这在一定程度上减少了道德风险,增加了客户对该产品的信任感。

10. 投资结果比较

从投资结果来看,智能投顾运用资产配置理论,如MPT理论,结合大数据和人工智能技术获取基于市场风险的平均收益(β收益)。而传统投顾是基于个人投资水平获得投资成果或承担损失。

11. 用户体验比较

从用户体验来看,智能投顾的服务流程相对传统线下投顾更为简单便捷,用户体验更好。依托互联网平台,智能投顾全流程均可以在线上完成,相对标准和固定,一般只需几个步骤就可完成投资,省去人工分析和选择投资标的的过程,大幅简化了用户操作过程。智能投顾平台一般都采用网页或 App 的形式,投资者只需要在平台上回答设定的问题,智能投顾系统便可以评估出投资者的风险偏好水平,确定理财方案,自动生成相应的投资配置组合和自动执行交易。整个流程下来所花的时间仅需几分钟,高效、精准匹配用户资产管理目标。智能化、高效率的投资理财服务,解决了很多客户面对理财而缺乏金融知识和时间的窘境。

智能投顾与传统投顾的比较如表 10.1 所示。

表 10.1　智能投顾与传统投顾比较

比较内容	传统投顾	智能投顾
投资门槛	高,国内外平均在 100 万美元以上	较低,甚至可实现零门槛
服务人群	仅针对高净值人群	覆盖高、中、低净值的多数人群,但以中产、大众投资者为主要目标客户
服务模式	一对一人工服务	有限或无人工服务
服务内容	全面的、个性化的财富管理	智能资产配置及自动多样化投资
资产配置	涵盖大部分资产类别	以基金为主的多资产配置
投资依据	公司以及投资顾问的水平	基于经典资产配置理论,具备较强专业性
管理费率	高,平均税率在 1%~3%	低,平均税率在 0.25%~0.5%
时效性	会存在一定的滞后性,无法实现全程实时监控	高,7×24 小时监控变化并及时响应
风险控制	存在道德风险,易受主观情绪影响	严格遵守现代投资组合理论,分散投资,基于模型控制风险
投资结果	基于个人投资水平获得投资成果或承担损失	基于 MPT,获取 β 收益
用户体验	流程繁杂,所需时间较多	流程简单清晰以实现快速投资建议及交易执行

二、智能投顾的发展背景

智能投顾起源于美国。传统投顾高昂的服务成本和服务人数的局限性,推动了技术革新去取代人力做更好的服务,利用机器和程序把复杂的被动投资决策自动化。

1924 年 3 月 21 日,"马萨诸塞州投资信托基金"在美国波士顿设立。这是世界上第一只开放式基金,从此共同基金开始盛行于西方发达国家的资本市场。共同基金的原理是散户将自己的资金委托给交易和分析能力更强的基金经理掌管,通过基金经理对市场和企业的精准把握,获得 α 收益(绝对收益)。由于基金公司主动投资,可以使个人资金科学地分散化配置,在降低风险的同时提高收益,所以备受投资者欢迎。但由于基金经理的管理费用非常高,导致投资基金的成本很高,此外大部分基金经理的主动投资基金平均收益弱于大盘指数,所以很多投资人开始选择被动投资——紧跟大盘指数,这样不仅节约了高昂的管理费用,也降低了收益波动性,确保能获取大盘指数的收益率,最典型的就是投资 ETF,赚取 β 收益(大盘平均收益)。

智能投顾正是采用被动投资策略管理客户的资产。它主要通过问卷的方式了解客户,结合个人投资者的理财目标和风险偏好等,利用人工智能、大数据等先进技术和资产组合理论代替客户合理配置以 ETF 为主的资产,赚取 β 收益。

在我国,金融科技创新、社会结构变化和金融市场发展等因素是驱动智能投顾发展的重要因素。

首先,金融科技的飞速发展为智能投顾的发展奠定了基础。大数据、人工智能等金融科技创新的核心技术日渐兴起、成熟,将智能投顾推上财富管理这个大舞台,并逐渐改变着财富管理的模式。

随着互联网、移动终端普及,以及物联网的兴起,全球迎来海量数据时代,数据规模呈现出爆炸性增长。同时,数据源越来越丰富,数据获取方式更加多元,数据处理成本持续降低。大数据的蓬勃发展将重塑投资领域格局。除了数据规模外,大数据的发展还包含维度、频度两个方面:① 数据维度不断增加,即用户产生数据的类型、层次、场景越发丰富,诸如交易数据、社交数据、行为数据、信用数据、个人发展潜力数据等各类数据层出不穷;② 数据频度快速提升,即数据的记录及发布频率持续提升,由低频数据向高频数据转化,例如,互联网平台流量、浏览有效时长、用户交易额和交易频数等实时监测数据相对于传统的定期财务报告数据频率更高、更加精确和更具有前瞻性。

“研究 – 交易”是投顾的核心步骤,人工智能技术(包括索引技术、知识图谱、图像识别、机器学习、决策智能等)构筑的智能投顾已渗透在“研究 – 交易”的各个方面。智能投顾的复杂性在于影响市场的因素复杂繁多,因此 AI 技术需要在每一个环节与丰富的金融理论相结合,目前来看智能投顾尚处初期。不过,随着数据搜索分析、报告生成、量化交易每一步骤得到“细致的”智能化,优秀的智能投顾产品将指日可待。

其次,社会结构变化为智能投顾快速发展带来了契机。千禧一代的崛起,居民财富的增加,理财观念的成熟和目标多样化,为智能投顾的发展带来了巨大的需求。

千禧一代崛起,更易接受互联网化的智能投顾。中国 20 世纪八九十年代出生的年轻一代(即千禧一代)正逐渐成为社会的中坚力量。他们理财投资的行为习惯和思维方式深受互联网影响,更容易接受互联网新事物和新产品,在投资、借贷、理财等金融行为上,更依赖科技驱动型工具与方式。他们中大多数正处于经济能力上升或稳定阶段,未来一段时间内他们对智能投顾的需求会呈直线上升。

居民财富稳步增长,中产阶级不断壮大,投资渠道匮乏引致理财需求巨大。受益于国民经济快速发展,我国居民家庭金融资产持续快速积累。2016 年,中国个人持有的可投资资产总体规模达到 165 万亿元。此外,中等收入群体数量可观,我国中产阶级也随着私人财富快速膨胀而迅速拓展,仅次于美国与日本,预计 2030 年中产阶层数量将占总人口的 70%。然而,目前我国财富管理投资渠道依旧匮乏,大部分投资资产集中于银行、基金以及信托等机构发布的理财产品。不断积累的居民财富以及扩大的中产阶级数量将催生大量理财需求,也对资产管理服务的类型和质量提出了更高的要求,中国整体财富管理市场前景巨大。

居民理财观念日渐成熟,理财目标趋向多样化和定制化。居民的理财意识逐渐觉醒,理财需求增长空间广阔。由于家庭储蓄的增加以及收入结构中投资性收入所占比例逐渐加大,居民的理财投资意识和理财投资参与程度增强,新增储蓄额占 GDP 比重近三年来稳步下降,家庭财产形式也从单一的银行存款和房产转变为涉足多种金融资产。随着房地产市场不断调整,金融产品日益丰富,居民理财观念趋于成熟,中国居民进行资产配置和财富管理的必要性和可行性都在提升,为财富管理行业注入更大活力。

最后,金融市场的不断发展进一步促进了智能投顾市场的发展。智能投顾采用被动投资方式,投资资产以 ETF 和指数基金为主。对比过去十几年的数据,大部分主动投资产品收益逊色于被动投资产品。此外,在美国以主动管理为核心的投资咨询业务面临定价压力,传统财富管理公司设置最低投资额要求,并针对管理的账户收取 0.63%~1.70% 的管理费用。但对于被动投资账户,在没有最低投资额要求的情况下,仅对新的市场进入者收取 0.15%~0.35% 的费用。因此交易型开放式指数基金(ETF)的投资配置模式开始流行。截止到 2020 年年底,共有 2 413 只 ETF 在美国上市,资产规模合计 5.47 万亿美元,产品种类繁多,涵盖国内市场、国外市场、股指、债券、商品等多个类型。中国最近几年 ETF 的发展趋势十分良好,A 股市场上市交易的 ETF 由 2016 年的 130 多只发展到 2021 年上半年的 485 只。

第二节 智能投顾发展现状

一、智能投顾国际发展情况

近几年,随着移动互联、人工智能和大数据分析等技术的发展,智能投顾呈现爆发式增长态势,智能投顾市场不断扩大。目前,全球提供智能投资顾问服务的公司数量众多,其业务形式也是多种多样,遍布美国、欧洲、加拿大、澳大利亚、新加坡、日本、韩国等各个国家和地区,如表 10.2 所示。

表 10.2　各国主要的智能投顾平台

国家	主要智能投顾平台
美国	Betterment、Wealthfront、Schwab Intelligent Portfolios、Future Advisor、Vanguard Personal Advisor Services、Personal Capital、Acoms、Quick Vest、Wise Banyan、Financial Guard、Mint、True Wealth、Rebalance IRA、Sig Fig、Ellevest
德国	Ginmon、Growney、Visualvest、Fintego、Scalable、Vammo、Easyfolio、Cashboard、Whitebox
英国	Nutmeg、Money on Toast、Zen Assets、Scalable Capital
新加坡	Dragon Wealth
韩国	AIIM、December&Company、QV Robo Account

美国作为智能投顾的起源地,其智能投顾管理资产规模最大,也渐趋成熟。在美国,多家公司已具有成熟的智能投顾产品和稳定的盈利模式。欧洲的智能投顾提供商仍在探

索可持续的商业模式,同时主要的银行也陆续介入这个领域。亚洲作为中产阶级快速增长以及财富管理需求增速最快的市场,由于智能投顾业务起步不久,加上提供本地化财富管理服务的难度更大,智能投顾的渗透率仍较低。

在美国,80%以上的投资理财计划的参与者需要专业投资顾问服务,巨大的市场需求也促使美国财富管理行业的兴起。从 20 世纪 80 年代起,美国各大金融机构普遍组建财富管理部门的团队。但是,资产配置需要非常专业的金融知识和数学水平,当时的金融机构只能定期培训投资顾问,让其记住一些简化的规则或配备技术。随着计算机逐渐发展,智能算法逐渐取代人脑算法,可以快速地将客户与资产组合匹配,提供智能化、自动化、个性化的理财服务。此外,2008 年国际金融危机过后,美国传统金融机构失信于民,为智能投顾发展建立了民众基础。而智能投顾公司通过程序交易,避免人为操纵得到投资者信任,智能投顾公司得以借此机会迅速发展。2008 年美国 Betterment、Wealthfront 等第一批智能投顾公司相继成立,代表着智能投顾模式的开启。Wealthfront 以个人投资者为主要客户,兼顾部分法人客户,其用户主要投资 ETF。当前该公司的客户遍布美国各地,截至2016 年 2 月底,Wealthfront 的资产管理规模近 30 亿美元。截止到 2017 年年底,全球前10 大智能投顾公司中有 8 家归属于美国,美国智能投顾总的市场份额在全球的占比高达57%。

各个国家以美国为智能投顾的标杆,纷纷学习甚至效仿美国智能投顾模式。德国、英国等欧洲发达国家的智能投顾虽处于初级发展阶段,但发展速度惊人。

德国 Ginmon 自 2014 年成立以来,公司系统不断升级,为客户自动配置全球化的优质资产,一举成为德国当前最权威的智能投顾平台,获得了业界的高度评价。公司在发展的同时不断拓宽海外市场。2017 年 11 月,Ginmon 与我国光大集团签订战略合作协议,进军亚太地区。

2011 年,英国在线投资咨询公司 Nutmeg 成立,不仅在线开户十分便利,而且仅收取1%的服务费用,大幅低于传统公司收取的交易手续费 7.5%,因此受到投资者欢迎。公司成立不到 3 年就吸收了 4 万名客户,取得了一定成功。目前,英国除了在线提供投资咨询服务的公司外,还相继出现了一些通过个人平台提供资产管理业务的公司。

此外,加拿大知名的智能投顾平台 Wealthsimple 通过多轮融资,进一步扩大其智投规模与市场影响力。除了传统的资产管理业务外,Wealthsimple 布局财商教育,通过与网络媒体合作,来满足客户差异化的投顾需求。

2013 年,新加坡的 Dragon Wealth 公司成立。该公司由瑞士信贷亚洲和太平洋地区私人银行部门的最高负责人和投资咨询部门高管合作创立,利用手机移动应用程序提供在线资产管理服务。该公司与大数据及整体解决方案(Crowd Solution)供应商建立了战略合作关系,进行信息收集和分析。Dragon Wealth 公司的最大特点是向客户提供与客户投资倾向和资产规模类似的同类组(Peer Group)的投资分析报告。通过收集同等收入群体的投资动向、会员的投资组合策略以及各种网络上的外部公开信息,为客户提供信息整合后的投资组合建议。Dragon Wealth 从平台会员中收取的手续费为每月 25 美元。值得注意的是,平台上的信息大部分由客户主动提供或更新,而且从多数会员中获取信息后可设计出能吸引更多会员的产品。当然,在运营早期具备一定规模的会员数量是这种经营模式成功的关键。

韩国在 2015 年兴起了智能投顾,已有三星证券等 10 个券商、KB 银行等 6 个银行推出了智能投顾系统。以现代证券为例,2015 年 2 月份通过整合价值系统与投资咨询业务,现代证券推出了智能投顾产品,目标是基于算法进行资产管理,为客户带来稳定收益。该业务主要是通过大数据和计算机运算,为客户提供与客户特点及投资目标相符的资产配置建议及操作服务。作为在亚洲国家中智能投顾发展较快较好的国家,2016 年 1 月,韩国提出《关于活跃智能投顾的方案》,并且大力扶持以大数据为基础的在线投资咨询业务。

传统金融机构意识到智能投顾对传统投顾市场的威胁,亦纷纷开始涉足智能投顾领域,成立智能投顾部门或收购创业公司。2015 年 5 月,美国最大券商之一 Charles Schwab 推出嘉信智能平台,不到三个月时间吸引 24 亿美元投资以及 3.3 万多名客户;2015 年 8 月,全球最大的资产管理公司 Blackrock 收购了机器人投顾初创公司 Future Advisor,次年 3 月,高盛收购线上退休账户理财平台 Honest Dollar。

二、我国智能投顾业务的发展

相比起美国,我国智能投顾起步较晚,尚处于早期阶段,但是其发展速度惊人。从智能投顾体系发展历程来看,我国和美国较为类似,最初都是由一批智能金融服务公司设立。随着券商机构、银行机构、BAT 等互联网巨头陆续入局,智能投顾市场热潮渐渐扩大。

自 2014 年我国首个智能投顾——"胜算在握"上线以来,智能投顾快速发展,钱景私人理财、璇玑等平台相继上线,这些平台对算法和模型有大量的投入,并且能进行全球资产配置。此外,互联网理财平台和 BAT 等互联网巨头也逐步开展合作,推出智能化理财功能,配合自身的互联网金融产品超市,加紧在智能投顾领域的布局。目前,代表性的互联网金融公司为蚂蚁金融、京东智投、宜信投米 RA 等。随后,一些传统的金融机构也纷纷涉足智能投顾领域,包括广发证券开发的贝塔牛、招商银行推出的摩羯智投、嘉实金贝塔等。如表 10.3 所示。虽然难以摆脱固有模式,但是集团资源丰富、客户基础稳定,并且集合大类资产配置能力和基础金融大数据能力,以境内公募基金为基础,面对全球市场,涵盖各类金融资产,具有后发优势。

表 10.3　国内智能投顾市场代表

类型	代表	融资情况及产品
智能金融服务企业	钱景私人理财	2014 年完成 A 轮融资
	财鲸	2016 年完成 Pre-A 轮融资
	璇玑	公募基金、全球 ETF
	蓝海智投	2016 年完成 1 500 万元 Pre-A 轮融资; 多只国内 ETF 和 QDII、多支海外 ETF
	量子金服	2015 年完成数百万元人民币的天使轮融资及数千万元人民币 A 轮融资; 2017 年完成 B 轮融资

类型	代表	融资情况及产品
智能金融服务企业	财鱼管家	2015 年完成数百万元人民币的天使轮融资； 2015 年完成 Pre-A 轮融资； 2016 年完成 A 轮融资
	慧理财	2016 年完成 2 000 万元人民币的天使轮融资
互联网金融公司	蚂蚁金融	余额宝、招财宝、蚂蚁基金等
	京东智投	固收理财、债券基金、股票基金、定期理财、票据理财、京东小金库
	百度股市通	A 股
	宜信投米 RA	海外 ETF 投资组合
传统金融机构	平安一账通	以公募基金为基础，面向全球市场
	广发贝塔牛	
	招商摩羯智投	
	嘉实金贝塔	

2017 年，《国务院关于印发新一代人工智能发展规划的通知》（国发〔2017〕35 号）发布，认可了智能投顾在金融领域的运用，肯定了人工智能技术在金融领域的结合与创新。同时，该通知强调，中国要紧跟人工智能的发展潮流，利用科学技术推动金融市场的发展。目前，国内的智能投顾市场已初步形成了互联网金融公司、传统金融机构以及智能金融服务企业三足鼎立之势。

目前，国内部分宣称开展智能投顾业务的平台对大数据挖掘并不深入，利用率较低。且从本质上看，各平台在金融产品种类、金融产品配比、大数据运用上实力悬殊，并非所有宣传智能投顾概念的理财平台都可以真正做到智能投顾。

三、我国智能投顾平台分类

目前，我国智能投顾按业务类型来分，主要分为推荐与客户风险相适应的基金或其他理财产品的混合推荐型，仅提供诸如 A 股仓位、买卖点等建议或资产配置建议的独立建议型，以及帮助客户管理资金并投资，通过第三方平台存放资金保证客户资金安全的一键理财型，如表 10.4 所示。

表 10.4　我国智能投顾的业务类型

类型	代表
独立建议型	蓝海智投、财鲸、微量网、百度股市通
混合推荐型	平安一账通、京东智投、聚爱财 Plus、宜信
一键理财型	懒财网、钱达人

（一）独立建议型

独立建议型的智能投顾平台和国外 Wealthfront 等知名平台相似,通过调查问卷的方式,对用户的年龄、资产、投资期限和风险承受能力等方面进行分析后,经过计算,为用户提供满足其风险和收益要求的一系列不同配比的金融产品。这类智能投顾平台只为理财用户提供建议,并代销其他机构的金融产品,平台自身并不开发金融产品。平台推荐的金融产品大多数为货币基金、债权基金、股票基金和指数基金等,有些平台还配置有股票、期权、债券和黄金等。

（二）混合推荐型

混合推荐型平台在业务中融入了平台自身特有的金融产品,即向用户推荐的投资组合中,部分金融产品是平台参与开发的。该类型平台仍然通过调查问卷的方式,对用户的年龄、资产、投资期限和风险承受能力等方面进行分析。与独立投资型平台不同的是,混合推荐型平台在经过大量计算后为投资者推荐的产品分为平台特有金融产品和其他机构金融产品两类。例如,一些混合推荐型平台会为用户配置一些平台参与开发的 P2P 网贷产品、票据理财产品、固收理财产品等。同时,平台还为用户配置其他机构的金融产品,来满足用户需求。

（三）一键理财型

一键理财型智能投顾平台的用户不直接参与具体的金融产品配置方案的制定,用户只需要选择"智能投顾"这项业务,平台就会根据用户的需求和以往的行为数据自动配置产品。简单来说,这类智能投顾平台,简单明了地给用户"收益率"这个结果,采用机器人进行资产配置的过程,用户并不参与。比如,有的平台会根据用户行为分析用户资金的转出概率,给每个用户配置流动性需求不同的资产组合,并设置不同的现金保留比例,最后通过机器高效匹配来实现用户间的债权转让,从而保证较好的客户体验。

独立建议型和混合推荐型这两类在投资流程上大致相同,总体包括风险测评、客户画像、开户、投资、定期调仓、结果反馈几个步骤,区别在于前者只是为客户提供投资建议,平台本身不研发金融产品且代销其余组织的金融产品,平台举荐的金融产品大部分是货币、债权、股票与指数等多种基金,此外部分平台也包含股票、期权等。后者在服务中增加了平台本身独有的产品,也就是向顾客举荐的投资组合中,少数金融产品是平台参与研发的,除了举荐自身研发产品,也举荐其他平台研发的票据理财、固收理财等多种产品。

在技术条件还不很成熟的情况下,目前的智能投顾更多的是针对不同客户类型的资产配置,还处在概念阶段。即便是在资产种类上,国内的平台机构也主要将投资标的设定在公募基金、股票等少数投资品种上。当然无论采用何种类型,随着中国的社会收入结构从"金字塔形"向"纺锤形"过渡,中等收入的个人和家庭占总人口比例加速上升,再加上中国庞大的人口基数,这意味着在不久的未来,具有中国特色的智能投顾将给新兴中产阶级带来全新的资产配置体验。

第三节　智能投顾的理论基础与运作流程

一、智能投顾的理论基础

算法是人工智能的基础。算法就是一系列指令,告诉计算机该做什么。算法的核心就是按照设定程序运行以期获得理想结果的一套指令。所有的算法都包括以下几个共同的基本特征:输入、输出、明确性、有限性、有效性。智能投顾的算法主要基于哈里·马科维茨(Harry M. Markowitz)的投资组合理论,常用的模型包括均值－方差模型(MVO)、资本资产定价模型(CAPM)、套利定价理论(APT)以及 Black–Litterman 模型等。

(一) 均值－方差模型

证券及其他风险资产的投资首先需要解决的是两个核心问题,即预期收益与风险。那么,如何测定组合投资的风险与收益,如何平衡这两项指标进行资产分配是市场投资者迫切需要解决的问题。正是在这样的背景下,1952 年,马科维茨把风险定义为收益率的波动率,提出了著名的风险投资模型——均值－方差模型(Mean-Variance Optimization,MVO)。

均值－方差模型依据以下几个假设:

(1) 投资者在考虑每一次投资选择时,其依据是某一持仓时间内的证券收益的概率分布。

(2) 投资者根据证券的期望收益率的方差或标准差估测证券组合的风险。

(3) 投资者的决定仅仅是依据证券的风险和收益。

(4) 在一定的风险水平上,投资者期望收益最大。相对应的是在一定的收益水平上,投资者希望风险最小。

以两种资产组成的资产组合为例。

资产组合期望收益为:

$$r = w_1 r_1 + w_2 r_2$$

资产组合的方差为:

$$\sigma^2 = w_1^2 \sigma_1^2 + w_2^2 \sigma_2^2 + 2 w_1 w_2 \sigma_{12}$$
$$= w_1^2 \sigma_1^2 + w_2^2 \sigma_2^2 + 2 w_1 w_2 \sigma_1 \sigma_2 \rho_{12}$$

式中:w_1 表示资产 1 在组合中的权重;

w_2 表示资产 2 的权重;

σ_{12} 表示资产 1 和资产 2 的协方差;

ρ_{12} 表示两种资产的相关系数。

公式表明,当相关系数小于 1 时,即两种资产不完全正相关,可以降低资产组合的风险。

如图 10.1 所示,在以风险(波动率)为横坐标、预期收益为纵坐标的二维平面中,市场上所有的投资组合,都能找到所对应的风险与收益表现。理性的投资人在做投资选择时,会在相同风险下寻找能提供最大收益的组合,或在相同的预期收益下选择风险最小的组合。能同时满足最优的风险收益表现的投资组合就是投资的有效边界,在有效边界上的组合即为有效组合。在可行集中,最靠近左边的点所代表的组合称为最小方差资产组合。在所有可行的资产组合中,它的风险最小。

MVO 奠定了金融数理分析的基础。它首次对风险和收益进行精确的描述,建立了一套可行的量化方法,并且从原来的对单个证券分析转向组合的分析。单个资产的风险并不重要,重要的是组合的风险,只要组合里的资产不完全正相关,就可以达到分散风险的

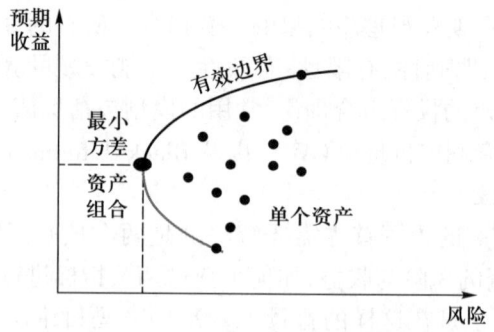

图 10.1　投资组合的风险与收益

目的。但该模型因其基于一定的刚性假设无法直接应用：① 模型假设过于严苛，现实中预期收益率多数不满足正态分布，特别是预期收益率对组合中权重优化十分敏感，个别资产的预期收益率的微幅改变会牵动整个组合的权重大幅变化。② 模型中并没有考虑交易费用和税收等成本问题。③ 投资者对风险偏好多样性并非模型假设的多数为风险厌恶型。④ 模型采用协方差矩阵计算组合证券方差，对于大规模投资组合问题，计算量巨大，导致模型求解难度大。此外，解的稳定性有待提高。

MVO 模型过于复杂，马科维茨的学生威廉·夏普（1964 年）等人在此基础上又提出了一种证券投资组合理论——资本资产定价模型（CAPM），该模型解决了所有人按照组合理论投资下的资产的收益与风险问题。

（二）资本资产定价模型（CAPM）

资本资产定价模型（Capital Asset Pricing Model，CAPM）是由美国学者威廉·夏普（William Sharpe）等人于 1964 年在马科维茨的资产组合理论基础上建立的，主要研究证券市场中资产的预期收益率与风险资产之间的关系，以及均衡价格是如何形成的，是现代金融市场价格理论的支柱，广泛应用于投资决策和公司理财领域。

资本资产定价模型（CAPM）依据以下假设：

（1）投资者都是采用资产期望收益及 / 或标准差来衡量资产的收益和风险。

（2）投资者都是风险回避者，当面临其他条件相同的两种选择时，他们将选择具有较小标准差的资产组合。

（3）投资者永不满足，当面临其他条件相同的两种选择时，他们将选择具有较高预期收益率的资产组合。

（4）每种资产无限可分。

（5）投资者按相同的无风险利率借入或贷出资金。

（6）税收和交易费用均忽略不计。

（7）所有投资者的投资期限皆相同。

（8）对所有投资者来说，无风险利率相同。

（9）资本市场是不可分割的，市场信息是免费的，且投资者都可以同时获得各种信息。

（10）所有投资者对各种资产的期望收益、标准差和协方差等具有相同的预期，投资者都以相同的方式投资，根据这个市场中的所有投资者的集体行为，每个证券的风险和收益最终可以达到均衡。

上述假设表明：第一，投资者是理性的，而且严格按照马科维茨模型的规则进行多样化的投资，并将从有效边界的某处选择投资组合；第二，资本市场是完全有效的市场，没有任何摩擦阻碍投资。

CAPM 主要研究证券市场中证券的预期收益率与风险资产之间的关系，揭示了证券收益率的内部结构，指出证券的预期收益率是无风险收益率和风险补偿两者之和。投资者在市场中会面临两种风险：一种是系统性风险，指由于某种全局性的因素而对所有证券收益都产生作用的风险，不能通过增加投资品种及调整投资组合来降低这种风险，具体包括利率风险、汇率风险、购买力风险、政策风险等；另一种是非系统性风险，是因个别上市公司特殊情况造成的风险，通过分散投资品种来降低甚至降为零，具体包括财务风险、经营风险、信用风险、偶然事件风险等。研究者发现衡量一个大的证券组合中单一证券的风险的最好指标是 Beta 值（β），Beta 值衡量的是一种证券对整个市场组合变动的反应程度。系统性风险事件一旦发生，将波及所有的证券，但是由于 β 值不同，不同的证券对此反应不同，可见 β 反映的是某种证券的风险对整个市场风险的敏感度。

资本资产定价模型的含义是：证券的预期收益由无风险利率和风险溢价组成。风险溢价的大小和 β 的大小成正比。β 系数越高风险越高，补偿也就越高。CAPM 表述为：

$$E(R_i) = R_f + \beta_i[E(R_M) - R_f]$$

$$\beta_i = Cov(R_i, R_M)/Var(R_M)$$

式中：$E(R_i)$ 表示预期收益率；

　　　R_i 表示第 i 项风险资产；

　　　R_M 表示市场收益率；

　　　R_f 表示无风险利率；

　　　$Cov(R_i, R_M)$ 表示第 i 项风险资产收益与市场投资组合收益的协方差；

　　　$Var(R_M)$ 表示市场投资组合收益的方差。证券市场线如图 10.2 所示。

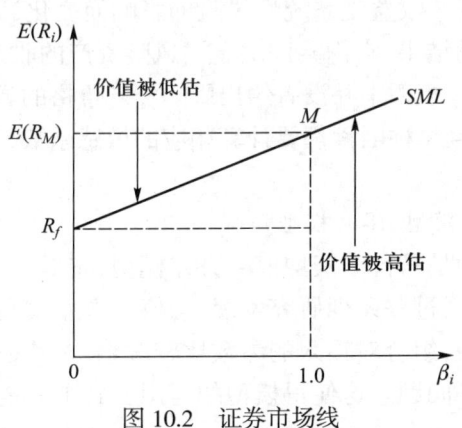

图 10.2　证券市场线

市场收益率是市场投资组合的收益率。市场投资组合是一个完全多样化的风险资产组合，应包括所有可交易的风险资产：金融资产如股票、债券、期权、期货等，以及实物资产如不动产、黄金、古董、艺术品等。由于市场组合无法观测,通常用所有的普通股的资产组合代替,如标准普尔 500 指数、纽约证券交易所的综合指数、上证综合指数等。

应用 CAPM 在资产配置时不但可对资产进行定价,甄别高估或低估的资产,还可利用不同 β 系数资产的不同市场风险来获取 β 收益。依据对市场走势的预测选择具有不同 β 系数的证券或组合以获得较高收益或规避市场风险。牛市选择高 β 系数的证券或组合将带来较高的收益;熊市选择低 β 系数的证券或组合会减少因市场下跌而造成的损失。

（三）套利定价理论（Arbitrage Pricing Theory, APT）

Stephen Ross 在 1976 年提出了一种新的资本资产均衡理论即套利定价理论（APT）。该模型推导出的资产收益率决定于一系列影响因素,其理论基础为一价定律。CAPM 是建立在一系列假设之上的非常理想化的模型,其中最关键的假设是同质性假设。套利定价理论的假设相对宽松,最关键的假设是个体是非满足的,基本假设如下:① 市场是完全竞争的。② 当投资者拥有在不增加风险的前提下提高回报率的机会时,每个人都会利用这个机会,即个体是非满足的。③ 投资者都一致认为任一证券 i 的回报率满足 j 因素模型。④ 市场上证券的种类远远大于因子的数目 j。其核心思想是当市场处于均衡状态时,不存在无风险套利机会,并且一项资产的价格受到不同因素的影响,而且各因素对资产价格的影响各不相同,存在不同的敏感系数。资产的价格为敏感系数与各因素的乘积求和再加上无风险利率。

APT 模型表述为:

$$E_i = \lambda_0 + \lambda_1 b_{i1} + \lambda_2 b_{i2} + \cdots + \lambda_j b_{ij}$$

式中:E_i 表示资产 i 的预期收益率;

λ_0 表示无系统性风险情况下的预期收益率;

λ_j 表示对于因素 j 的风险溢价;

b_{ij} 表示对因素 j 的敏感系数。

套利定价理论认为资产收益受系统性风险的影响而变化,而系统性风险是不同的相互独立的因素合力产生的结果,它们共同决定了风险资产的收益。APT 假设条件与现实更加接近,但仍存在缺陷。模型中并没有给出影响资产价格的具体因素,投资者只能凭借各自经验进行判断选择,且每种因素都要计算相应的敏感系数,而资本资产定价模型只需计算一个敏感系数。

（四）Black-Litterman 模型（B-L 模型）

现代组合理论的基础是马科维茨均值 – 方差模型,它提供了在不确定条件下选择投资组合的方法。但之后,通过一系列研究发现,均值 – 方差模型的假设比较严格,组合中个别资产权重会比较集中,组合对输入的参数比较敏感,尤其是对期望收益率而言,这会导致估计误差易被放大等问题。这使得模型的运用受到了一定的局限,主要有以下几个原因:

第一,投资者往往会关注那些他们自己认为被低估,但有可能增长或者可以确定相对交易价值的小部分股票或资产。然而,为了达到理论上的最优,均值 – 方差模型要求每一种资产都有较准确的预期收益假设,这对一般投资者来说是很难实现的。

第二,由于各种风险政策和法规的约束,投资者往往更关注投资组合的权重,而不是收益与风险的平衡。当他们使用均值－方差模型来计算资产的权重时,他们经常会发现结果非常极端。例如,在某一项资产上配置了超过95%的权重。显然,这在很多情况下是不可接受的。

第三,当没有市场观点时,投资者倾向于使用一些中性的配置方案。例如股／债的60/40法则,或风险均衡(Risk Parity)策略。但是,一旦出现了某些信号,投资者对市场就有了主观的看法,因此他们想要调整原有的投资组合权重,并在均值－方差模型下继续保持最优性。

由于均值－方差模型固有内在的缺陷,Black-Litterman模型应运而生。

Black-Litterman模型(B-L模型)最初由Black和Litterman提出,经过了一系列发展和补充后,成为资产管理领域被广泛应用的模型。B-L模型是在均值－方差模型的基础之上进行了优化,它假设市场是均衡且有效的,使用贝叶斯方法将投资者的主观观点和市场均衡收益(先验收益)相结合,通过投资者的主观观点对市场均衡收益进行调整,从而形成一个期望收益的估计值(后验收益)。这个新形成的收益向量可以被看作投资者观点与市场均衡之间的某种加权平均。最后,使用B-L模型估计得到的收益向量,计算不同资产的合理权重。

相对于均值－方差模型,B-L模型的优点在于:结合主观观点的预期收益率估计效果比纯粹基于历史数据的估计有进一步的提升;模型的收益被分散到先验配置权重的选取、先验预期收益率的估计、后验配置权重的估计等多个步骤,有助于业绩归因,各个击破,提高模型的拓展性和配置效果;融合多方观点,有助于提高预期收益率分布估计的准确性,提高配置模型的稳健性。

综上所述,B-L模型主要包含三个步骤:① 从基准配置权重到先验预期收益率;② 从先验预期收益率到后验预期收益率;③ 根据后验预期收益率得到后验配置权重。B-L模型的建模原理如图10.3所示。

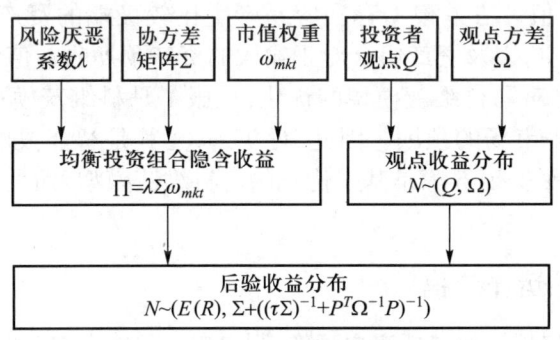

图10.3 B-L模型的建模原理

假设现在有N种资产,其收益率向量为$R = (R_1, R_2, \cdots, R_N)^T$,B-L模型中假设R服从联合正态分布,即$R \sim N(\mu, \Sigma)$。其中,$\mu$和$\Sigma$分别为各种资产的预期收益率和协方差的估

计值。现在假设估计向量 μ 本身也是随机的,并且服从正态分布:

$$\mu \sim N(\prod, \tau \Sigma)$$

式中:$\prod$ 为先验预期收益率的期望值,且有:

$$\prod = \lambda \Sigma \omega_{mkt}$$

ω_{mkt} 为市场均衡下各资产的市值权重。

λ 为风险厌恶系数,且有:

$$\lambda = \frac{E(R_M) - R_f}{\sigma_m^2}$$

于是,在拥有先验与主观信息的条件下,$N \sim (E(R), \Sigma + ((\tau \Sigma)^{-1} + P^T \Omega^{-1} P)^{-1})$,从而得到最优的资产配置权重向量。其中后验的超额收益为:

$$E(R) = [(\tau \Sigma)^{-1} + P^T \Omega^{-1} P]^{-1} [(\tau \Sigma)^{-1} \prod + P^T \Omega^{-1} Q]$$

式中:n 为资产个数;

k 为观点个数;

τ 为标量;

Σ 为各标的资产超额收益率的协方差矩阵($n \times n$);

P 为投资者的观点矩阵($k \times n$);

Ω 为观点可信矩阵($k \times k$),$\Omega = \text{diag}(P(\tau \Sigma) P^T)$;

$\prod$ 为均衡收益向量($n \times 1$);

Q 为观点收益($k \times 1$)。

对于其中的参数 τ,在 Black 和 Litterman 的论文中建议取值接近于 0,或在 0.025 到 0.05 之间的数量级。从公式计算上来看,τ 值越大表明均衡收益的方差越大,那么其在与投资者观点所构成的新预期收益率中的权重就越小,投资人的主观观点也就越为重要。

一般来说,专业投资机构和高盛私人银行等理财配置模型普遍源于马科维茨的现代投资组合理论。但相较于马科维茨的"均值－方差"模型,也有机构更愿意采用 B–L 模型。因为无约束的均值－方差模型存在容易产生比较极端的资产配置的问题。比如,对某个资产的强烈做空,以及资产组合对于输入的资产预期收益值的变化非常敏感等问题。所以,B–L 模型是对马科维茨模型的优化,克服了马科维茨模型对参数敏感性的弱点,同时加入了对未来市场的预期。因此,近年来,尤其是智能投顾行业多选择 B–L 模型。例如,招商银行、平安证券等是基于优化的马科维茨模型,而贝塔牛则采用的是 B–L 模型。

二、智能投顾的运作流程

智能投顾的运作流程一般包括客户画像、制定资产配置方案、智能再平衡。

(一)客户画像

通过大数据分析对客户进行画像,实现对客户多角度、多维度、全方位的认知,完成客户财富管理洞察。客户画像的目的是识别投资的限制因素和确定投资者的投资目标。限制因素包括投资者的风险偏好水平、流动性要求、时间跨度要求、市场的投资限制、操作规则、税收等。投资目标主要基于收益和风险平衡确定投资的预期收益率。

（二）制定资产配置方案

智能投顾的第二步就是根据客户服务的个性化风险偏好，通过智能算法模型，定制出合理的个性化资产配置方案。智能投顾利用现代资产组合理论和机器学习方法给出客户个性化的资产配置方案。主要过程为：

（1）大类资产研究，对资产进行分类，研究各类资产长期、中期、短期的收益、风险及相关性。大类资产依赖于宏观景气度的整体变化和各类资产风险因子的轮动时间点差异。根据所要投资的资产分类不同，一般分为一级资产、二级资产和三级资产。

（2）构建大类资产池，确定资产池中各种资产的预期收益率。大类资产池中资产的筛选模型依赖于大类资产的整体表现以及资产之间强弱性变化的差异。应用历史数据法与经济分析决定资产在相关持有期间内的预期收益率。

（3）应用机器学习算法确定资产组合的有效边界，求解得到大类资产配置方案最优解。即寻找在风险水平既定的情况下可实现预期收益最大化的资产组合，或在预期收益给定的情况下可将风险水平控制到最低的资产组合。

（4）计算出千人千面的投资组合。千人千面是指不同的投资者得到的投资组合不同，即在满足投资者所面临的各种投资限制的条件下，找到最佳的能满足投资者的投资目标的资产组合。通常是在深度客户画像的基础上，通过多维度、多目标、多资产优化模型，应用二次规划、非线性规划求解模型，动态计算出科学合理的投资组合。

（三）智能再平衡

系统实时监控投资组合情况，根据市场情况、风险控制以及客户需求变化实时调整投资组合。系统在经济周期识别的基础上对各类资产收益情况做出预测并智能择市，及时调整各类资产的投资比例和持有期限。系统根据客户画像结果，严格按照预设的模式执行，防止客户受虚假消息、恶意操纵以及高波动走势的影响而频繁交易、非理性交易、被动交易。

再平衡的常用策略有两种：恒定混合策略和固定比例投资组合保险策略。恒定混合策略，是智能投顾鼻祖 Betterment 和 Wealthfront 采用的方法，也是海外智能投顾常使用的平衡策略。该策略的基本运作原则是让不同资产类别间的比例始终保持在一个数值。当股市上涨时，组合里需要卖掉一些股票以保证股债比不变。同理，当股市下跌时需要买一些股票回来。固定比例投资组合保险策略主要是根据市场的波动来调整权益类资产与保证本金类资产在投资组合中的比重，以确保投资组合在一段时间里的价值不低于事先设定的某一目标价值，是一种追涨杀跌的模型。

在上述运作方式中，"智能算法"是智能投顾平台连接客户端和金融机构端的最重要工具，并成为智能投顾的核心。在提供智能投顾服务时，开发者需要通过大量的金融模型和假设，将输入的大数据转化成一系列投资建议，而该投资建议可能来自多个算法组合及多个对应任务。如果其中的算法设计不合理或者编程不正确，均可能导致偏差超出合理范围，进而造成投资者的财产损失。智能投顾的运作流程如图 10.4 所示。

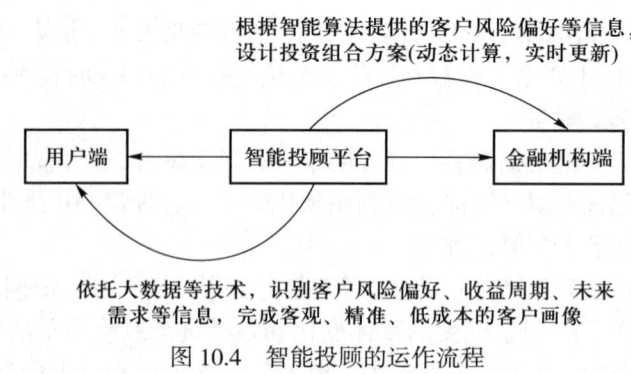

根据智能算法提供的客户风险偏好等信息，
设计投资组合方案(动态计算，实时更新)

依托大数据等技术，识别客户风险偏好、收益周期、未来
需求等信息，完成客观、精准、低成本的客户画像

图 10.4　智能投顾的运作流程

第四节　智能投顾的技术核心

智能投顾是指运用区块链、大数据、机器学习、图像识别、自然语言处理等科技手段，结合投资者的风险偏好、理财目标、资产状况等，以机器替代人工来辅助投资者获取经济利益的经营活动。一般而言，除了区块链技术很少利用以外，大数据、云计算、人工智能三种 FinTech 底层技术共同构成了智能投顾的技术基础。从技术核心来看，有基于大数据的客户精准画像的构建，给客户推荐不同投资组合的基于协同过滤的推荐引擎，基于网络爬虫、自然语言处理、图像识别等技术的大数据挖掘，以及基于机器深度学习的 AI 投资算法等。

一、用户画像

用户画像，即用户信息标签化，通过收集与分析消费者社会属性、生活习惯、行为特征等主要信息的数据，抽象出用户的商业全貌。用户画像依赖于大数据，并且要根据变化的数据不断修正。智能投顾是通过用户画像以各式各样的标签来"理解"用户的特点，然后自动给特定用户提供真正所需的服务。用户画像能给智能投顾带来商业价值，在对用户进行基本信息、财务状况、投资知识、投资经验、风险偏好、风格偏好、策略偏好、行业偏好等维度画像后，智能投顾就可以将不同的投资组合推荐给匹配的用户。这些深入而全面的用户画像可以低成本但更有效地服务大量低净值用户，同时也可以花更少时间但却更深入地了解高净值客户，为他们提供更高效且优质的服务。

《人民银行 银保监会 证监会 外汇局关于规范金融机构资产管理业务的指导意见》第 23 条第 3 款规定："……因算法同质化、编程设计错误、对数据利用深度不够等人工智能算法模型缺陷或者系统异常，导致羊群效应、影响金融市场稳定运行的，金融机构应当及时采取人工干预措施，强制调整或者终止人工智能业务。"智能投顾会有投资再平衡策略，当产品调仓不需要用户同意的时候，所有的用户都享受的是同一服务，因此算法同质化会导致市场的过度集中行为，会对市场造成巨大的冲击。但拥有精准的客户画像后，就能做到千人千面和千时千面，从而避免因算法同质化带来的市场冲击。

千人千面，是指每个用户的调仓动作和方向都因人而异。例如，在 A 股波动型上涨的行情下，保守型用户和激进型用户会采取不同的策略，保守型用户可能需要减持 A 股，而激进型用户需要买进 A 股——这两个方向的交易就对冲掉了,也不会避免市场大幅波动。而他们的行为对于他们本人的需求来说,也都是最适合自己的:保守型用户要降低风险避免收益的波动,激进型用户要增加风险来追求更高的收益。

千时千面,是指同一风险偏好用户进入市场的时间不一样,其仓位也有所不同。比如,同样是激进型用户,一周前和一周后进入市场的仓位可能就完全不同。很可能这一周内市场发生了重大变化,前一周激进型用户还是重仓 A 股,过了一周该用户就不重仓 A 股了。所以,不同时间点都有当下时间的最优策略,不会同质化。

此外,有了用户画像之后,金融机构就可以知道用户认可什么样的策略,从而让推荐的策略更符合用户的投资理念或投资风格,提高用户的转化率。同时,可以根据用户的持仓及交易记录,发现用户最近跟投的热点,从而将这些热点的新闻推荐给用户个性化资讯,进一步提高用户体验和增强用户黏性。

二、推荐引擎

推荐引擎,即借助个性化推荐技术,基于用户的基本信息,从用户的行为和偏好中发现规律,进而判断用户是否对此项产品感兴趣,为不同用户提供个性化的内容,以此提升产品的内容吸引力。其实质是利用信息过滤技术向用户推荐其可能感兴趣的产品。从实际各类推荐算法应用情况看,协同过滤推荐算法(CF 算法)比较适合金融机构采用,可尝试应用在智能投顾产品当中。

协同过滤推荐算法基于一个"物以类聚,人以群分"的假设,认为喜欢相同物品的用户更有可能具有相同的兴趣。基于协同过滤的推荐系统一般应用于有用户评分的系统之中,通过分数去刻画用户对于物品的喜好。协同过滤被视为利用集体智慧的典范,不需要对项目进行特殊处理,而是通过用户建立物品与物品之间的联系。目前,协同过滤推荐系统被分化为两种类型:基于用户(User-based)的推荐和基于产品(Item-based)的推荐。

基于用户的推荐系统具体步骤包括:

(1) 收集用户偏好。从行为和交易中寻找用户喜好。用户偏好应从用户的行为和交易中发现规律,并基于此进行推荐。从财富管理产品内部来看,用户的历史交易记录也就是购买的金融产品是最简单有效的偏好分析依据,此外还包括线下咨询、线上(网页或App)对某项服务的点击流、页面停留时间等,对不同行为产生的用户喜好进行加权,然后求出用户对某项金融产品的总体喜好,以此来表示用户对产品的喜好程度。比如通过计算得出目标客户 A,与其他客户 B、C、D 情况。

(2) 相似性计算。计算与目标客户最相似的 N 个用户。对用户的行为分析得到用户的喜好后,可以根据用户的喜好计算相似用户和产品,然后可以基于相似用户或产品进行推荐。所谓计算相似度,有两个比较经典的算法,即 Jaccard 算法和余弦距离相似性算法,本质上需要做的还是求两个向量的相似程度,使用哪种算法则需结合实际情况。下面以基于用户的相似性推荐为例。

计算与目标客户最相似的 N 个用户,最直接的办法就是把目标用户和数据库中的所有用户进行比较,找出和目标用户最相似的 N 个用户。以前文 A 为例,通过用户的相似性计算,目标客户 A 与 D 相似度高,基于用户的推荐算法将向 A 推荐股票、债券和基金。

但是当数据量巨大的时候,计算 N 个相似用户的时间将会非常长,而数据库中的大部分用户和目标客户 A 在产品偏好方面不存在交集,故无须计算所有用户,只需计算和 A 有交集的用户。这里将用到用户的反查表,即偏好股票的有 A、B、D,偏好基金的有 A、D,通过反查表,与目标 A 有交集的用户只有 B 和 D,而用户 C 被排除。

然后使用相似性公式(Jaccard 算法或余弦距离相似性算法),分别计算目标客户 A 和 B、D 的相似度,不管使用哪个公式,A 与 D 相似度最高,但如果此时我们的 N 设定为 2,那么我们就得出了最相邻的用户是 D 和 B。

(3) 计算并推荐。通过 N 个用户推荐产品。通过相似性计算,根据 D(偏好股票、债券、基金)和 B(偏好股票、债券、货币、另类资产)的偏好,可推荐给目标 A 的产品有股票、债券、货币、基金、另类资产共五种产品。如何确定上述五种产品的推荐排序,以提高推荐成功效率? 这里要使用到相似度,假如使用算法得出 A 与 D 的相似度为 80%,A 与 B 的相似度为 40%,那么对于上面五种产品,推荐度可按以下方法计算。

股票:$1 \times 0.4 + 1 \times 0.8 = 1.2$

债券:$1 \times 0.4 + 1 \times 0.8 = 1.2$

基金:$1 \times 0.8 = 0.8$

货币:$1 \times 0.4 = 0.4$

另类资产:$1 \times 0.4 = 0.4$

所以,推荐系统会首先把股票和债券推荐给 A,这个可能是 A 最需要的,其次是基金、货币和另类资产。

基于产品的协同过滤推荐系统和上述类似,但它从产品本身考虑而不是用户角度。比如偏好外汇的用户都偏好 QDII,那么可以知道外汇产品和 QDII 产品的相似度很高,而用户喜欢外汇,那么可以推断出用户也可能喜欢 QDII。

三、大数据挖掘

大数据挖掘是指通过网络爬虫等方式获取文本、图片等内容,基于自然语言处理、图像识别等技术,从网络文本、图片中提取关键信息。例如,从公告中提取公司财务数据,从研报中获取一致预期数据,构建网络舆情系统监测行业和概念热点。公司公告(股东大会、重大利好、增发、交易提示、配股、股权股本、重大事项)和财务报表(年报、中报、季报、业绩预告、业绩快报)、分析师的研究报告、股吧雪球论坛帖子、微博与微信社交网络、新闻媒体报道、搜索引擎返回信息呈现给大家的大都是一些非结构化的信息,采用文本挖掘的方法对这些非结构化数据中的金融信息进行挖掘,可以在智能投顾中为客户精准推送产品和资讯,辅助客户的投资决策。

文本挖掘是通过分析互联网,从大量文本数据中寻找其规律的技术。互联网数据具有数据量大、数据结构复杂、数据内容分散等特点,呈现出爆炸性增长的趋势。为了从中提取出有效信息,必须选择合适的数据挖掘策略。文本挖掘需要进行大量的数据采集和运算等,其基本挖掘流程划分成内容采集、内容挖掘和行为分析三个环节。

(1) 内容采集。进行互联网文本数据挖掘的基础是数据的真实性和有效性,内容采集主要包括以下两个方面:① 页面内容爬取。将网页的内容通过爬虫获取,分析页面代码格式,进行网页代码的编码转换等,尽可能获取自己需要的信息。② 页面垃圾过滤。页面中不可避免地会存在大量的垃圾信息,这些信息严重干扰后期信息挖掘的准确性,页面垃圾过滤机制会找出包括广告在内的段落以及其他对内容挖掘无效的部分,并将其清除,使其不进入内容挖掘部分。

(2) 内容挖掘。主要是对需要的特定信息进行提取,该阶段处理后的文本数据是后期进行分词、情感分析的基础。

(3) 行为分析。整个文本挖掘过程的重点和难点是分词和情感分析,对于海量文本信息而言,程序的处理速度也是至关重要的一点。

四、AI 投资算法

AI 投资算法主要采用机器学习算法,整合市场数据,构建性能更好的预测模型,判断资产在未来一段时间的走势;通过优化决策,构建更好的交易信号。

人工智能先驱 Arthur Samuel 曾经给出机器学习的定义:让机器有自己主动学习的能力,不用编程去指定机器做什么。1959 年,Arthur Samuel 编写了一个国际象棋程序,该程序并没有在编程里给出任何指定的下棋策略,而是让国际象棋程序可以在不断对弈中,学习到获胜率更高的下棋方法,这便是世界上第一个自主学习程序。简而言之,计算机通过大量数据的训练,自我总结过去经验的方法,即机器学习。以机器学习预测模型为例,完整的机器学习步骤包含预处理、学习、验证、预测四个部分。

机器学习主要分为三种类型,监督学习(Supervised Learning)、无监督学习(Unsupervised Learning)和强化学习(Reinforcement Learning)。

监督学习是指在训练过程中给出输入数据及它所对应的目标数据,算法根据所输入的数据及其所对应的答案进行深度学习,最终达到给一组新的数据预测结果的目标。训练数据集中的每个样本均有一个已知的输出项,如使用回归预测连续输出值,回归的方法有 OLS 回归、岭回归、LASSO 回归等;利用分类对类标进行预测,分类的方法有 Logit 回归、SVM、决策树、随机森林、KNN、神经网络、深度学习等。

将无类标数据或者总体分布趋势不明朗的数据,通过无监督学习,可以在没有已知输出变量和反馈函数指导的情况下提取有效信息来探索数据的整体结构,从而发现数据的潜在规律。如通过聚类对无类标数据的潜在模式进行挖掘,聚类的方法有 K-means、层次聚类等;对数据实现压缩降维,降维的方法有主成分分析(PCA)、线性判别分析(LDA)等。

强化学习的目标是构建一个系统,在与环境交互的过程中提高系统的性能。通过与环境的交互,系统可以通过强化学习来得到一系列行为,通过探索性的试错或者借助精心设计的激励系统使得正向反馈最大化。强化学习有四个基本组件,包括环境(States)、动作(Actions)、回报(Rewards)和方案(Policy)。其中,前三个组件为输入,后一个组件为输出。和监督学习不同,强化学习没有确定的标签,需要机器自己摸索,每一个动作对应一个奖赏,最后用得到一个奖赏最大的方式进行数据处理。AlphaGo 就是一个强化学习的实例。强化学习的主要算法有:Sarsa、Q 学习、策略梯度、Actor-Critic 学习、深度 Q 网络等。

第五节　智能投顾的典型模式

根据人为参与程度的高低不同,智能投顾分为以机器为主、以人为主和人机结合三种模式,并对应六种主流的商业模式。其中,以机器为主的典型模式中,主要有三种模式:一种是基于现代资产组合的大类资产配置模式,一种是基于量化投资的投资策略型模式,还有一种是基于大数据分析的投资建议型模式。以人为主的典型模式中,社交跟投型模式是目前主流模式。人机结合的典型模式,又可细分为线上引流至线下的 O2O 模式以及原有平台在智能投顾方向上的功能扩展。

一、以机器为主的典型模式

(一)大类资产配置模式

基于现代资产组合理论,根据承受风险不同,在全球范围内配置最优的各类资产大类品种,如美国股票类、公司债券类、房地产类、防通胀证券类、自然资源等。该模式的关键在于被动投资,不以追求主动收益为主,而以风险最小化追求长期稳定收益为主。国外的代表性公司有 Wealthfront、Betterment 等。我国目前上线的大类资产配置型智能投顾平台的商业模式与国外的 Wealthfront、Betterment 等平台相仿,其主要特点是采取与海外经纪公司合作的模式,根据投资者风险和投资目标,遴选全球优质投资标的,分散风险,帮助投资者实现跨区域、跨资产类别的全球资产优化配置,并为投资者带来长期稳健的投资回报。相较于其他平台而言,其资产种类更为丰富而且多样,充分实现资产风险分散化与多样化,同样也成为国内用户投资海外市场简单而且高效的工具。国内具有代表性的智能投顾平台有投米 RA、蓝海智投等。

(二)投资策略型模式

投资策略型的智能投顾更偏重于策略与交易,主要有量化策略和主题策略两大类,可以自行开发或者搭建平台。由于投资策略尤其是量化策略的实施效果与交易过程直接相关,这类智能投顾公司交易系统开发的要求更高。国外的代表性公司如基于主题策略投资的 Motif,国内如去中介化的策略与交易平台微量网和量化策略平台优矿网等。

(三)投资建议型模式

投资建议型的智能投顾更偏重于大数据分析,通过利用机器学习算法分析公司财报、宏观数据、网络舆情等各类海量数据,提供各种垂直化金融服务,如预测上市公司收入、基于突发事件给予投资指导、提供股票策略等。这一类具有代表性的智能投顾平台包括国外的 Trefis、Kensho 和国内的百度股市通、同花顺 iFinD、胜算在握、资配易、理财魔方等一系列智能投顾平台。值得注意的是,针对我国散户多、投资偏好主动投资等特点,该类型的智能投顾重点在于辅助用户进行投资决策,如选股选基和优化资产配置,而非重在策略和交易。

二、以人为主的典型模式

社交跟投型模式为其主流模式,即将职业或业余投资高手的投资业绩和持仓情况分享出来,供投资者参考,让普通投资者享用投资咨询服务,最直接从社交投资网络中获益的方式就是复制/跟投其他用户的投资策略。社交跟投型的智能投顾代表性平台包括国外的 Covestor,国内的雪球网、股票雷达和嘉实基金推出的金贝塔等。

三、人机结合的典型模式

(一) O2O 模式

通过线上免费的金融工具吸引大量客户,而后二次挖掘出合适的客户引流至线下,并提供有偿投资服务。这类智能投顾平台的特点是将机器人投顾与人工投顾相结合,既为客户提供免费的财务规划工具,同时也向有需要的客户提供收费的私人投资顾问服务。国外典型的智能投顾 O2O 平台如 Personal Capital,国内如七分钟理财。

(二) 原有平台的功能扩展

将智能投顾功能很好地整合到公司原有运营的体系,通过对接内外部资源和投资标的,可以更好地服务原有体系的客户,吸引投资者。具体包括传统金融公司推出的智能投顾服务,如国外的先锋基金、嘉信理财和国内的平安一账通(平安保险)、摩羯智投(招商银行)、璇玑智投(民生证券)、贝塔牛(广发证券)等;互联网金融公司在智能投顾方向的切入,如国内的京东金融推出的京东智投等;第三方财富管理平台的智能化,如国内的聚爱财Plus(聚爱财)、钱景私人理财(钱景财富)等。

第六节　智能投顾的风险与监管

一、智能投顾的风险

(一) 算法风险

智能投顾的大多数算法主要基于投资组合理论,其他种类算法的应用尚处在早期阶段,有待进一步研究和开发。由于智能投顾基于在线程序为投资者提供投资建议,算法风险是其最大的潜在风险。提供智能投顾服务的机构通常都将其算法视为核心机密,但算法的研发、测试、更改不透明,缺乏明确的披露、解释、审查和监督规则。算法的"黑箱"容易导致监管缺位,造成"老鼠仓"、利益输送等违法违规行为发生,进而损害投资者的合法权益。同时,智能投顾提供的投资建议的合理性高度依赖于算法的科学性和稳健性。如果算法的理论假设与现实情况偏差较大,或者算法本身存在内在缺陷,其提出的投资建议将给客户带来许多风险隐患,甚至导致客户遭受巨大损失。例如,错误的算法可能导致客户偏离预期投资目标,或超出其风险承受能力;当市场发生结构性变化后,不及时调整算法有可能导致原有投资策略失败,进而给客户带来损失。

(二) 投资者适当性管理风险

投资者适当性制度最早是由美国全国证券交易协会(NASD)提出的,国际证监会组织《关于销售复杂金融产品的适当性要求》中也有对该制度的规定,总体来说,投资者适当性管理是指金融机构根据投资者的财务状况、投资需求、风险承受能力、投资经验等为投资者提供合适的产品与服务。关键的环节就是中介机构应当"了解投资者",一旦未充分了解投资者,就会存在信用风险问题。

智能投顾依靠调查问卷和大数据,对投资者的风险偏好与投资目标进行定位存在着诸多瑕疵,并不能全面、精确地对投资者做出刻画。首先,目前智能投顾平台大多使用问卷调查的方式采集客户信息,但问卷问题的设计并没有统一标准,大多数平台仅仅依靠问卷预设的若干问题来了解客户的投资目标和风险偏好,无法全面、准确地获得客户数据并精准绘制客户"画像"。其次,由于网络用户的大数据体系并未完全打通,客户的行为数据、投资交易数据、社交数据、支付数据等个性化金融数据还没有充分整合起来,因而智能投顾平台难以利用大数据的优势对客户进行精准分析。再次,投资者提供信息的真实性、完整性有待考证。误导性、虚假性的信息会导致产品推荐与客户预期的错位,也影响资产管理的顺利开展。即使大数据的推广可以从投资者的社交网络和应用媒体获取到诸如投资经历、消费支出等信息,但是并不能忽视市场波动情形下投资者心理变化对投资行为造成的影响。最后,智能投顾平台的主要形式是在线网站或手机应用软件,相较于传统投资顾问与客户的面对面沟通,智能投顾平台与客户的互动缺乏人类的感官体验和情感交流,进而难以全面了解客户的投资需求和投资目标。如果智能投顾平台无法识别客户是否提供了准确的信息,或者无法及时更新客户信息,可能导致平台向不适合的客户提供不适合的投资建议和投资策略指引。

（三）市场风险

我国投资者以散户为主,多为了追求短期利益,在投机目的驱动下进行投资理财。而智能投顾是试图通过其最典型的以长期和自动再平衡为特征的投资策略帮助用户战胜市场周期。智能投顾在我国理财市场发展虽为中小投资者降低了门槛,但是它的功能与效益却并不能更好地体现在该群体的使用体验中,可能阻滞了智能投顾的长远发展。并且,智能投顾采取的是被动投资模式,即通过追踪基准指数,或者完成某一规范的子集,采取买入或买空获取高于市场平均水平的利润。智能投顾在国外主要投资于 ETF 基金,这种随时可以在公开市场交易的指数基金能更好地发挥智能投顾自动化再平衡的作用,而我国 ETF 基金市场发展不足,相比之下,国内的 ETF 是相对弱势的。投资品种有限,不能有效分散风险,也使得智能投顾后劲不足。

二、智能投顾的监管

（一）国外智能投顾监管

美国智能投顾机构受 1940 年《投资顾问法》约束,必须接受美国证券交易委员会(SEC)监管,而且机构需持有注册投资顾问(RIA)牌照,资金受到监管和托管以后,可以根据客户委托进行投资。SEC 要求注册投资顾问必须维护客户利益,完全公开披露信息,不可以采取不正当手段欺骗客户。而且资产的管理需要通过第三方托管机构,对于每笔投资款项的运用必须通知客户并获得认可。2016 年美国金融业监管局(FINRA)在给投资者对数字化投资的建议公告中,将智能投顾定位为数字化投资工具(Digital Advice Tools),并发布了相关的创新监管指引,强调了对智能投顾使用的算法和投资组合建立的方法论与潜在利益冲突的监管。FINRA 在监管指引中定义了投资管理的价值链:客户画像 - 资产配置 - 投资组合选择 - 交易执行 - 投资组合再平衡 - 税筹 - 投资组合分析。FINRA 更强调功能监管和过程监管,在政策制定上包容了金融创新和新的商业模式,审查新技术在投资管理价值链上各个环节的功能以及影响;采用技术中性立场,对未来的投资管理服务发展提供了更广的政策空间。

澳大利亚证券与投资委员会（ASIC）于 2016 年 8 月发布《面向零售客户提供电子化金融产品建议》监管指引（RG255），其中对智能投顾服务提出了全面的监管要求。RG255 指引共 117 条，主要包括监管范围、金融服务（AFS）许可证制度、智能投顾从业主体的一般义务、提供符合客户最大利益的投资建议四个方面。ASIC 在宏观监管的同时秉承技术中立原则，智能投顾既要遵守传统投顾领域的法律规范，又要满足准入门槛、人员组织架构、系统技术要求、算法的监督和测试、数字模型的验证、客户权益保障、信息公开等多方面的特殊要求。

2016 年 3 月，英国金融行为监管局（FCA）和英国财政部发布调研报告《金融顾问市场回顾》，对英国市场中金融顾问服务的可得性和可负担性进行了评估。报告建议需进一步理清"一般信息""以自动化方式提供的建议"等概念，并建议在 FCA 内部设立专门的投顾监管部门，围绕监管合规、最佳实践等问题，更积极地与从业机构进行交流。2016 年 12 月，欧洲银行业管理局（EBA）、欧洲保险与职业养老金监管局（EIOPA）、欧洲证券与市场管理局（ESMA）联席会议认为，智能投顾尚处发展阶段，先不进行跨行业监管，同时也强调按照现有的欧盟指令（EU Directives）进行监管。

2016 年 3 月，韩国金融服务委员会（FSC）表示，将大力扶持以大数据为基础的在线投资咨询业务，在风险可控的基础上放松对相关业务的监管，并支持智能投顾等金融创新业务发展。

2017 年 6 月，新加坡金融管理局（MAS）公布了一份公众咨询文件，内容涵盖智能投顾服务公司须遵循的一系列咨询服务许可和商业行为；为了加快智能投顾的发展，咨询文件中建议放宽某些条例，如一定条件下豁免财务顾问法案（FAA）所必需的客户财务状况信息调查。

2016 年 12 月，国际证监会组织（IOSCO）发布了《自动化建议工具调研》报告，总结了各国监管主体对智能投顾服务模式的主要顾虑：① 智能投顾所出具的投资建议是否适当，考虑到一般是通过调查问卷进行客户画像，可能导致投资建议不满足客户要求。② 投资者适当性管理问题。有的客户风险承受能力强，追求高收益，这类客户不适合智能投顾。③ 智能投顾服务的局限性。智能投顾的信息处理流程和原理、算法和工具可能存在缺陷，导致消费者可能获得错误的投资建议。④ 监管措施的适应性。智能投顾监管需要在创新发展、保护消费者利益以及金融稳定之间寻求平衡。⑤ 安全问题。作为金融科技的分支之一，智能投顾同样面临着数据安全、网络安全和个人隐私保护等挑战。

（二）我国智能投顾监管

尽管我国金融机构不断向着混业监管的方向改革，但是资产管理业务仍然是分业经营、分业监管，各自由不同的监管主体进行监管，适应不同的监管法规。具体来说，在我国资产管理业务和投资顾问业务分开管理，即规定在国内下单交易必须由客户亲自进行，证券投资咨询机构不能代为执行，只能向客户提供咨询意见。另外，我国采用分主体监管资产管理业务。当前，期货公司及其子公司、券商、基金管理公司三类机构分别有《期货公司资产管理业务试点办法》《证券公司客户资产管理业务管理办法》《基金管理公司特定客户资产管理业务试点办法》等规则，对三类不同的市场准入、投资范围、业务规范、监督管理等给出了说明。

智能投顾是一种新型财富管理方式,在2018年4月颁布的《人民银行 银保监会 证监会 外汇局关于规范金融机构资产管理业务的指导意见》(下称《资管新规》)中首次针对智能投顾提出了专门的监管规则。《资管新规》第23条第1款规定:"运用人工智能技术开展投资顾问业务应当取得投资顾问资质,非金融机构不得借助智能投资顾问超范围经营或者变相开展资产管理业务。"《资管新规》第23条第2款则对"金融机构运用人工智能技术开展资产管理业务"应当遵循的一些规则进行了规定,并且将向投资者提供的该项业务界定为"资产管理产品"。事实上,该款只是关于金融机构运用人工智能技术进行资产配置的资产管理产品的规定。但如果仅仅有"智能化资管业务",是无法取代全权委托型智能投顾的市场功能的,因为二者的运营模式完全不同。前者属于卖方投顾的范畴,而后者属于买方投顾的范畴。市场上存在着对创新的、直接对客户承担信义义务的全权委托型买方智能投顾的需求,而《资管新规》在这方面显然并没有突破。当然,由于作为上位法的《证券法》的限制,《资管新规》事实上也无法突破。

根据我国《证券法》第161条第1款的规定,证券投资咨询机构及其从业人员在从事证券服务业务时不得代理委托人从事证券投资。该款禁止了投资顾问接受客户委托从事证券投资,那么投资顾问在客户的全权委托下从事证券投资自然也在禁止之列。此外,根据《证券、期货投资咨询管理暂行办法》第24条的规定,证券、期货投资咨询机构及其投资咨询人员,不得代理投资人从事证券、期货买卖的活动。根据《证券投资顾问业务暂行规定》第12条第1款的规定,证券公司、证券投资咨询机构向客户提供证券投资顾问服务,应当告知客户投资决策由客户作出、投资风险由客户承担,证券投资顾问不得代客户做出投资决策。可见,由于我国相关法律法规的限制,所谓"运用人工智能技术开展投资顾问业务"事实上只能被限定于提供投资建议的业务范围,全权委托型智能投顾仍然是缺失的。

可喜的是,2019年10月24日中国证监会下发的《关于做好公开募集证券投资基金投资顾问业务试点工作的通知》(下称《通知》)明确表示,试点机构可以代客户做出具体投资决策,包括具体基金投资品种、数量和买卖时机的决策及代客户执行基金产品申购、赎回、转换等交易申请,首批试点在华夏基金、嘉实基金、南方基金、易方达基金、中欧基金或其基金销售子公司层面开展。《通知》在基金投资顾问和资产配置方面放开了相应限制,其核心是"全权委托"的代客财富管理。该通知的下发标志着中国买方投顾时代正式来临,中国或将快速跨越财富管理发展的2.0阶段(资产组合配置)进入3.0阶段(全权委托),投资顾问将真正以客户利益而非产品销售为导向,站在买方立场上为客户提供服务。

目前,从技术成熟度、管理资产规模和用户数量上来看,中国智能投顾的发展还处于初期,但是,中国巨大的人口规模以及不断增长的资产管理规模,都是智能投顾未来发展的基础。

本 章 总 结

智能投顾,是指运用创新技术,通过在线算法程序为客户提供全权委托的资产管理服务的投资工具。工具性、智能性和经验性是智能投顾的典型特点。智能投顾在投资门槛、服务人群、服务模式等方面有别于传统投顾。我国智能投顾平台主要分为独立建议型、混合推荐型和一键理财型三类。

智能投顾的算法主要基于马科维茨的现代投资组合理论,常用的模型包括均值-方差模型(MVO)、资本资产定价模型、套利定价理论以及 B-L 模型等。智能投顾的运作流程一般包括客户画像、制定资产配置方案、智能再平衡。智能投顾的技术核心包括用户画像、推荐引擎、大数据挖掘和 AI 投资算法。智能投顾的典型模式主要有三种:一种是基于现代资产组合的大类资产配置模式,一种是基于量化投资的投资策略型模式,还有一种是基于大数据分析的投资辅助型模式。

智能投顾面临的风险主要包括算法风险、投资者适当性管理风险和市场风险。

智能投顾起源于美国,我国智能投顾的发展起步较晚,还处于初期,但是其发展速度惊人。随着居民财富管理需求的增加,中国投资者对智能投顾模式的认可也将水到渠成。随着互联网、人工智能等技术的普及,中国智能投顾的发展有望领先全球。

阅读材料

全球智能投顾平台的标杆——Wealthfront

Wealthfront 是最早推出智能投顾服务的平台,如今已成为智能投顾领域的标杆,是典型的大类资产配置型智能投顾公司。其前身是一家于 2008 年 12 月在硅谷成立的名为"KaChing"的共同基金分析公司,于 2011 年 12 月转型为一家专业的在线财富管理公司。Wealthfront 是世界最大和增长最快的自动投资服务公司,遍及美国 50 个州,是主要面向科技领域新财富拥有者的在线理财咨询管理平台,主要客户为硅谷的科技员工,如 Facebook、Twitter、Skype 等公司的职员。其联合创始人 Andy Rachleff 曾是基准资本(Benchmark Capital)的创始人之一,宾夕法尼亚大学校董,斯坦福商学院的一名教师。Wealthfront 平台拥有世界级的投资团队,借助于计算机模型和技术,为经过调查问卷评估的客户提供量身定制的资产投资组合建议,包括股票配置、股票期权操作、债权配置、房地产资产配置等,实现客户长期收益最大化。2015 年 Wealthfront 获得了显著的增长,截至 2016 年 2 月底,Wealthfront 的资产管理规模近 30 亿美元,而在 2015 年 1 月仅仅为 18.3 亿美元。

Wealthfront 提供的主要产品和服务是自动化的投资组合理财咨询服务,包括为用户开设、管理账户及投资组合的评估。用户能够通过 Wealthfront 平台投资标的为 11 个资产类别的跟踪指数的 ETF 基金,包括美国股票、其他发达国家股票、新兴市场股票、分红股票、房地产、自然资源、美国政府债券、公司债券、新兴市场债券、市政债券、防通胀证券(TIPS)。ETF 产品的挑选标准包括费率水平、指数跟踪误差、市场流动性等。被动投资、以 ETFs 为主要投资对象是 Wealthfront 投资最关键的两大特点。

Wealthfront 投资过程主要分为四步:一是在线问卷测评,计算用户风险等级。要求用户回答一些问题,如年龄、收入水平、资产规模、最大损失承受意愿等,了解用户客观的风险承受能力和主观风险偏好水平,从而计算出用户的风险等级。二是基于算法推荐投资组合。以现代投资组合理论为基础,依据风险容忍度、账户类型等信息,向用户提供从11种资产大类投资标的中选取的投资组合(投资标的是跟踪各大类资产的ETFs)。三是用户资金转入第三方券商,实现代理投资。Wealthfront将用户资金转入第三方证券经纪公司ApexClearing,并代理用户向用户发出交易指令,买卖ETFs。目前和Wealthfront合作的公司有先锋集团、黑石、嘉信等。四是实时跟踪,定时调仓。Wealthfront对投资情况实时跟踪,根据用户需求变化更新投资组合,同时采用阈值法(设定上下限)定时调仓。

Wealthfront能获得快速发展,主要是基于七个方面的原因:一是目标客户定位中产阶级细分市场,避开与传统理财直面竞争。Wealthfront的目标客户群是从事科技行业的、具有一定经济实力的中产阶级。Wealthfront作为一种在线财富管理公司所提供的服务,相对于传统银行信托等财富管理业务来说,不仅仅是一种方式的转变,更是对人们传统思维的挑战。而从事科技行业的人员生活、工作方式与互联网关系紧密,对于在线财富管理的风险和收益有较深的了解,思想上对互联网财富管理更容易接受。此外,这些高科技专业人才手中握有很多初创公司的股票,需要获得一些如何处理这些股票的意见,在线财富管理咨询迎合了这些人员的需求。二是提供的服务质优价廉。Wealthfront能从多种资产中为用户推荐个性化的投资理财服务、多样化的资产配置,而且费用很低,背后的核心是平台雄厚的技术实力和模型方法。无论是互联网技术,还是金融市场的理论、技术,美国都引领着世界的潮流,Wealthfront将这种优势充分结合,因而能快速发展。三是采用类似传销的模式。每位在Wealthfront投资的用户,如果邀请朋友在Wealthfront开户成功,可以和朋友分别享受免除额外的5 000美元费用。这种收费模式为用户和公司带来了双赢。一方面为用户带来了实惠,另一方面为网站做了免费的宣传。四是强大的管理和投资团队。Wealthfront目前的管理团队基本上都是来自全球顶级的金融机构或互联网公司,比如Vanguard、Benchmark Capital、Livevol Securities、Apple、eBay、LinkedIn、Facebook、Twitter、EMC、Microsoft等。无论是投资顾问还是量化研究人员,基本上都拥有世界一流高校的博士学历,投资经验丰富,在商界、学界、政界均有较丰富的资源。五是美国ETF市场较为成熟,提供了丰富的投资工具。据《中国基金报》披露的数据,经过25年的发展,截至2015年12月美国ETF管理的资产规模达到2.15万亿美元,较2014年增长7%,净资金流入超过2 000亿美元。而且美国的ETF种类繁多,据不完全统计有1 000多种。这为Wealthfront智能投顾产品提供了非常丰富的投资工具,以满足不同类型用户的需求。六是信息披露比较充分,容易获得用户的信任。Wealthfront官网上的信息分五大部分:我们是谁(Who We Are);我们是做什么业务的(What We Do);博客(Blogs);平台新闻、研讨会等资源(Resources);法律文件(Legal)。从用户的角度披露大量的信息,不仅告诉用户如何使用其产品和服务,而且进行风险提示,信息表现形式也是多样化的,有PPT、白皮书、文字、图表等,并且多处使用数据来给用户提供直观的解释。七是美国SEC的监管较为完善,有利于持牌机构提供理财服务和资产管理。美国智能投顾与传统投资顾问一样,遵守《1940 年投资顾问法》(*Investment Advisers Act of 1940*)的规定,接受 SEC 的监管。该法规定,仅通过网络开展业务的投资顾问公司,无论管理资产规模大小,都必须成为 SEC 的注册投资顾问。

复习思考题

1. 试比较智能投顾与传统投资顾问的区别。
2. 请概述智能投顾的服务流程。
3. 请简述智能投顾的典型模式并介绍其运作方式。

第十一章 量化交易

量化交易在世界范围内已经有了广泛的应用。国内量化交易虽然起步较晚,但近几年也发展迅速。大数据时代的来临让量化交易有了更长足的发展,越来越多的投资者利用量化交易进行投资决策。本章将介绍什么是量化交易、量化交易的优势、量化交易的发展历程及发展状况以及量化交易中的风险及控制措施,并重点讲解量化投资的交易方式、交易流程及交易策略。通过本章的学习,你将对量化交易的基本理论与实务有比较全面的了解。

第一节 量化交易概述

一、量化交易的概念

人性的弱点是贪婪与恐惧,这让人很难理性对待市场。贪婪即不切实际的希望。不愿止损,常在止损的单子上加仓;或者盈利时还等待更大的利润点而失去止盈的最佳机会。恐惧即获得微利而害怕失去,导致过早平仓而失去后面更大的机会。因为害怕失去机会而在高位上追加投资,又因为害怕亏损继续扩大而在行情反转前止损。

在传统的手动交易中,其实已经在进行量化交易了。例如,若市场高开则做多,若市场低开则做空,若……加仓,若……减仓,若……止盈,若……止损等。在计算机量化普及之前,交易员是通过观察或手工计算来制定交易策略从而盈利的。

而今,我们可以借助计算机来制定交易策略,比如什么条件下开仓,什么条件下加减仓,什么条件下止盈止损可以利润最大化、稳定化。甚至通过计算机的验证或分析,找出最佳的建仓时机、最佳的止盈止损时机、最合理的仓位等,从而使整体利润最大化。

深圳证券交易所对量化交易的定义如下:量化交易是指投资者利用计算机技术、金融工程建模等手段将自己的金融操作方式,用很明确的方式去定义和描述,用以协助投资者进行投资决策,并且严格按照所设定的规则去执行交易策略(买、卖)的交易方式。具有帮助投资者制定投资决策、减少执行成本、进行套利、风险对冲和帮助做市商实现报价的功能。

量化交易是成熟交易市场的标志。在股票市场上,国外七成的交易都是通过计算机决策的,在国内这个数字也接近五成。过去的股票市场都是靠交易员手动敲键盘来操作,难免"一失手成千古恨",这种行为被戏称为"胖手指",相比之下,量化交易则如同点石成金的"仙人指"。量化里最美的童话就是"旱涝保收",牛市也好,熊市也罢,都能取得可观的超额收益。而我们一般称使用量化交易手段的交易者为宽客(Quant)。

量化交易可以简述为使用计算机技术、按照严格的规则来执行交易策略,从而取得超额收益。理解量化交易主要在于把握这句话的三个重点:

1. 计算机技术

量化交易的普及得益于计算机技术的发展,计算机技术使得量化交易成为可能。计算机帮助交易者生成模型,代替人类执行交易指令,大大提高了交易策略的执行效率,从而把握住那些转瞬即逝的获利机会。其中高频交易(High-Frequency Trading)作为量化交易的一个重要部分,其获利的原动力更是与计算机的性能直接挂钩,因此创建高频交易的技术设备费用都十分昂贵。

2. 严格的规则

量化交易是根据事先制定好的规则进行交易的,而这种规则是严格的。之所以称之为严格的,是因为这种规则在制定好之后,一旦开始进行交易,就不允许轻易改变,这样就克服了人性的弱点。传统的交易依赖于人的主观判断,往往会出现追涨杀跌或者过早止损止盈的缺点,而量化交易基于严格的交易规则,客观地执行交易,从而克服市场波动给人带来的干扰,进而获取更高、更稳定的收益。

3. 交易策略

量化交易是基于一系列策略进行的交易,而这一系列的交易策略在数学与计算机语言的形式上表现为交易模型。在一定时间内,一个有效的交易策略能够获取非常可观的收益。可以说,交易策略是一个量化交易系统能否成功的核心与关键。

在量化交易系统中,我们通过输入股价数据,利用各种模型策略来决定资产配置和选择的股票类型,并进行回溯测试来控制投资风险。同时进行量化择时,即何时买入或者卖出资产来获得收益。量化交易可以利用计算机同时处理大量信息,帮助投资者做出较为理性和准确的决策。图 11.1 展示了量化交易系统中不同模型策略的逻辑关系。

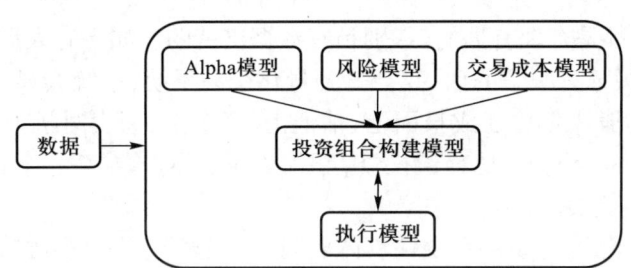

图 11.1　量化交易系统不同模型策略的逻辑关系

二、量化交易与传统交易

(一) 传统交易的弊端

传统意义上的证券投资交易,是指投资者利用自身对经济学、金融学等多学科的知识掌握,结合宏观经济分析、自身经验进行投资决策的交易方式。其无论是在技术面分析还是基本面分析上,都属于定性分析。定性分析一般是通过人的思维完成,由于是以人为主体进行决策,因此该方案在深度上占有绝对优势。但是,这种自主交易方式存在以下弊端:

(1) 传统交易往往受个体思维的局限性影响。通常,人类思考的变量是有限多个的。因此,再强大的研究机构也不能同时对海量的交易标的进行深度分析。例如,A 股总共4 000 多只股票,一个基金机构深度跟踪和分析的或许只有 300 只左右。因此,传统交易往往会错失一部分投资机会。

(2) 传统交易往往受交易者情绪的影响。决策者的喜怒哀乐以及个人的好恶均会对交易决策造成系统误差。例如，很多人在牛市的时候认为自己可以战胜市场，过于自信，始终满仓操作，最终只能随着市场的冷暖"坐电梯"。行为金融学的研究结果显示，情绪化的交易者经常会做出错误的判断。

(3) 传统交易往往更重视收益而忽视风险。例如，我国一些传统交易基金，往往重视深度挖掘个股，希望通过"金股"和"牛股"来实现超额收益，但是却不重视风险控制，没有一套有效的风险管理机制。这是造成传统主动型基金的业绩经常冰火两重天的原因之一。

(4) 传统交易往往无法有效地测试交易方法的优劣。传统交易中的核心是交易者，同样的方法因为使用者不同而造成交易结果差异巨大。在考评和总结交易方法时，无法准确地评价交易方法的优劣，也就不能对方法进行有效的修改。

(二) 量化交易的优势

量化交易的核心其实是利用金融、统计、数学建模等多种学科知识，精确定制专用的投资策略，从而给出具体的买卖点。其优势就在于克服人性的弱点，寻找低估和高估，并等待其回归合理。由于人性的弱点，正常来说无论普通投资者还是机构投资者，都无法理性地对待上涨和下跌，或者无法及时捕捉到合理的买卖点，而通过计算机可以有效避免这些问题。量化交易的优势主要有以下几个方面：

(1) 严格的纪律性。量化交易有着严格的纪律性，这样做可以克服人性的弱点，如贪婪、恐惧、侥幸心理，也可以克服认知偏差。一个好的投资方法应该是一个"透明的盒子"。我们的每一个决策都是有理有据的，特别是有数据支持的。如果有人质问我，某年某月某一天，你为什么购买某只股票的话，我会打开量化交易系统，系统会显示出当时被选择的这只股票与其他的股票相比在成长面上、估值上、资金上、买卖时机上的综合评价情况，而且这个评价是非常全面的，比普通投资者拍脑袋或者简单看某一个指标买卖更具有说服力。

(2) 完备的系统性。完备的系统性具体表现为"三多"。一是多层次，包括在大类资产配置、行业选择、精选个股三个层次上。二是多角度。量化交易的核心投资思想包括宏观周期、市场结构、估值、成长、盈利质量、分析师盈利预测、市场情绪等多个角度。三是多数据，即对海量数据的处理。人脑处理信息的能力是有限的，当一个资本市场只有 100 只股票时，这对定性投资基金经理是有优势的，他可以深入分析这 100 家公司。但在一个很大的资本市场，比如有成千上万只股票的时候，强大的量化交易的信息处理能力能反映它的优势，捕捉更多的投资机会，拓展更大的投资机会。

(3) 套利思想。量化交易正是在找估值洼地，通过全面、系统性的扫描捕捉机会。定性投资大部分时间在琢磨哪个企业是伟大的企业，哪只股票是可以翻倍的股票；与定性投资不同，量化交易的大部分时间花在分析哪里是估值洼地，哪个品种被低估了，买入低估的，卖出高估的。

(4) 数据驱动。数据驱动表现为两个方面：一是定量投资不断地从历史中挖掘有望在未来重复的历史规律并且加以利用。二是在股票实际操作过程中，运用概率分析，提高买卖成功的概率和仓位控制。

（5）风险分散。在控制风险的条件下,量化投资可以充当分散化投资的工具。量化投资依靠筛选出股票组合来取胜,而不是一只或几只股票,从投资组合的理念来看也是捕捉大概率获胜的股票,而不是押宝到单只股票。

三、量化交易方式

按照数学模型的理念和对计算机技术的利用方式,量化交易可以细分为自动化交易、量化投资、程序化交易、算法交易以及高频交易,如图 11.2 所示。不同量化交易方式其侧重点各有不同,是量化交易技术发展到不同阶段的产物,也是不同量化交易用户群的不同交易方式。

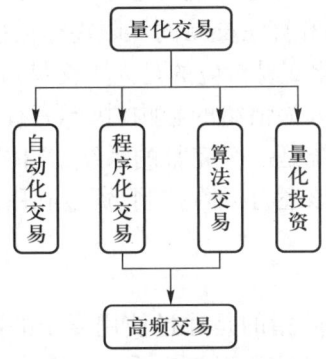

图 11.2　量化交易方式

（一）自动化交易

自动化交易(Automatic Trading),是指将技术分析投资方式固化成计算机可以理解的模型、技术指标,计算机程序根据市场变化自动生成投资决策并付诸执行的交易方式。简而言之,自动化交易是技术分析投资方式的自动化。自动化交易可以避免投资人的心理变化和情绪波动,严格执行既定策略,是最基本的量化交易方式,在外汇交易和期货交易领域应用很广。

（二）量化投资

量化投资(Quantitative Investment)又称量化组合投资,是指利用计算机分析宏观经济、行业,以及公司的基本面数据,选择投资组合的资产配置,并通过数学模型预测组合未来变化,以获取稳定收益为目的的交易方式。简而言之,量化投资是基本面分析投资的自动化,可以帮助投资人在越来越多的信息中选择实质性关键信息,并将其转化成投资决策,在股票投资领域应用广泛。

量化投资在海外的发展已有 30 多年的历史,其投资业绩稳定,市场规模和份额不断扩大,得到了越来越多投资者认可。从全球市场的参与主体来看,按照管理资产的规模,全球排名靠前的五家资管机构,都是依靠计算机技术来开展投资决策,由量化及程序化交易所管理的资金规模在不断扩大。

（三）程序化交易

程序化交易(Program Trading)又称套利交易,是从美国 20 世纪 70 年代的证券市场上的系统化交易发展演变而来的,是伴随着股指期货与现货市场套利交易而兴起的数量化交易方式。纽约证券交易所(NYSE)把程序化交易定义为:任何含有标普 500 指数 15 只股票以上,其价值 100 万美元以上的一篮子交易,且这些组合交易是同时进行的,就属于程序化交易。纽约证券交易所对于程序化交易的定义主要突出的是交易规模和集中性。简单地说,程序化交易就是同时买进或卖出一篮子股票。同时买进一篮子股票被称为程序化买进,同时卖出一篮子股票被称为程序化卖出。程序化交易发展到今天,其含义已经远远超过了纽约证券交易所当初的定义。

程序化交易,简单来说就是利用计算机程序来控制买进卖出,进行自动交易。在这个定义中,突出的是交易模型、计算机程序对交易的重要性。具体的交易时机、交易仓位、止损止盈获利标准可能包含在程序中,也可能独立于程序之外,程序只是执行的方式。随着量化技术深入发展,程序化交易和算法交易的界限逐渐模糊,有些市场使用高频交易描述流行的量化交易方式。与程序化交易对应的是人工交易。一般利用程序化交易有几大优势,比如说较快的速度、脱离了人为情绪的影响、执行力有保证等。同时也应注意交易程序和交易系统的区别。交易系统是一个完整的系统,具体执行的程序可能只是其中的一部分。一个良好的交易系统应该还有风险控制、资金利用、仓位管理等方面的内容,而不仅仅是买卖信号。

(四)算法交易

算法交易(Algorithm Trading)指的是通过使用复杂的数学算法来选取股票并发出交易指令的方法,在选股和择时中的应用极为广泛。在算法交易中,投资决策是根据一条或多条算法制定出的,算法即交易的逻辑。算法本身千差万别,难以一概而论。而当前数据挖掘领域的机器学习算法,在量化交易中使用得非常频繁。机器学习算法依托大量的数据构建最具有普适性的模型,从而可以产生卓越的预测能力,而其中比较常用的机器学习算法有线性算法、逻辑回归算法、随机森林算法以及支持向量机算法。在交易中,程序可以决定的范围包括交易时间的选择、交易的价格,甚至包括最后需要成交的证券数量。算法交易最初诞生是为了将大单拆分成大量较小的交易以减少对市场的冲击、降低机会成本和风险。

随着相关技术的发展完善,算法交易因其优势开始被应用在更多用途上。如对冲投资组合使用它在电子新闻信息到达时实现迅速交易,而其他交易员甚至还不知道信息的存在。大型交易者当然希望自己买或卖的行为不被市场发现,在不会影响市场的情况下迅速成交,否则交易对象的价格将在交易完成前迅速往自己所不期望的方向变动。合理地使用算法交易,可以令交易的冲击大大减小。此外,市场上每一个大型的交易者都不会一次性把自己所有的交易指令暴露出来,因此,实际的交易机会远远多于投资者能看到的公开交易机会。算法交易投资者可以通过科学的方法发现这些交易机会,准确地完成大额交易,提高交易的效率。

(五)高频交易

高频交易(High-Frequency Trading)源于程序化交易和算法交易,是指通过极高速的超级计算机分析高频交易数据中的价格变化模式,并且利用这些价格变化模式获利。通常高频交易利用服务器的地理位置优势,在相对更快的时间内获得市场行情和执行大量交易指令,从而取得普通交易方式难以获得的利润空间。高频交易每次交易从开仓到平仓只有很短的时间间隔,一般从十几分钟到几微秒不等,其主要目的是通过市场短暂的价格波动而获利。无论是趋势追随交易还是套利交易,只要频率达到,都可以被称为高频交易。人工达到高频交易的标准很难,所以一般都通过程序交易:设置好算法、策略后由下单软件执行。为了达到有竞争力的速度还需要软硬件共同配合。近年来,除了信息技术使得交易速度不断加快之外,交易平台日趋多元化也使得高频交易成为可能。目前高频交易的成交量约占美国股票市场成交量的 70%。

与高频交易相伴随的是闪电交易(Flash Trading)。闪电交易是美国市场上交易所为高频交易商提供的一种特殊服务,是指股票交易传达到公众的约 30 毫秒前,先显示给订用有关服务的交易员。30 毫秒的时间,对于手动交易者而言相差不大,但是对于高频交易而言,30 毫秒的时间足以完成一笔交易行为。2009 年 9 月,美国证监会认为闪电交易明显有失公平,停止了所有交易所的闪电交易服务。

央行发布的《中国金融稳定报告(2016)》将高频交易解释为:程序化交易的频率超过一定程度,就称为高频交易。

四、量化交易的发展历程

(一)国外量化交易发展历程

1. 起步阶段

20 世纪 50 年代初,量化交易已经初露端倪。1952 年马科维茨博士提出的现代投资组合理论第一次使得风险和收益数量化,代表理论领域量化投资的萌芽。1969 年,爱德华·索普利用他发明的"科学股票市场系统"(实际上是一种股票权证定价模型),和里根合伙成立了第一个量化投资基金——可转换对冲合伙基金,主要从事可转换债券的套利。1971 年巴克莱公司发行了第一只量化基金,标志着量化投资在实践领域开始应用。1972 年,纽约证券交易所推出了指定交易循环系统(DOT)。1975 年,美国出现的"股票组合转让与交易"标志着程序化交易的诞生,即专业投资经理和经纪人可以直接通过计算机与股票交易所联机,来实现股票组合的一次性买卖交易。由此,金融市场的订单实现了计算机化。这一时期电子化交易已经受到公众的关注。但受到计算机软硬件的限制,并由于高昂的计算机设备成本,量化交易的发展非常缓慢。

2. 兴起阶段

量化交易的真正兴起是在 20 世纪 80 年代,此时程序化交易得到了迅猛发展,交易量飞速增加。证券资产组合保险程序化交易和股指期货套利型程序化交易正是在这个时期出现的。同时凭借着计算机软硬件技术的突飞猛进,软件的高速并行算法都获得了飞跃式的进步,金融工程学的发展也使得不同的交易策略被迅速地编成计算机可以理解的数学模型并执行。在这段时间,量化交易渐渐地超出了程序化交易的范畴,演变出更多的模式,变得更加精细和实用。摩根士丹利的纳齐奥塔尔塔利亚的量化小组开创了配对交易法,其中成员包括 D.E. 肖(成立 D.E. 肖基金,连续 14 年盈利,平均年利润接近 30%)。1988 年,曾为数学家和密码学家的詹姆斯·西蒙斯成立了大奖章基金,从事高频交易和多策略交易。基金成立 20 多年来收益达到年化 70% 左右,除去报酬后达到 40% 以上,西蒙斯因此被称为"量化对冲之王"。在这一时期,大量的对冲基金使用程序化的套利交易系统,大量的养老金使用程序化的组合保险策略。

3. 高速发展阶段

20世纪90年代至今,量化交易进入了高速发展阶段。这一时期,量化交易在资产管理和经纪业务领域获得了长足的发展,在金融创新的变革和推进中,投资经理使用各种新的金融计量化工具,比如ETF的管理,大量通过程序化交易来实现一篮子股票交易,通过被动化投资的控制跟踪误差,实现指数的股票化交易。在经纪业务领域,越来越多的经纪公司推出了依赖程序化交易的股票组合池。程序化交易的主要优势是可以帮助投资者通过程序化交易实现低成本的交易股票组合,经纪商通过大量推介程序化交易,实现增加交易量的目的。

高盛、摩根士丹利、文艺复兴科技等公司利用量化交易在市场中获得巨额利润。摩根士丹利流动驱动交易部在1997—2006年获得超过100亿美元的利润。随后,诸多体制的优化放宽了对量化交易的限制。例如,SEC允许ECN和黑池交易系统,美国三大交易所使用股票小数报价等。黑池(Dark Pool)是一种为买卖双方匿名配对大宗股票交易的平台,参与者主要为机构投资者,其运作方式并不透明,不但不会展示买卖盘价及报价人士的身份,也不会向公众披露已执行交易的详情。目前黑池交易量约为总交易量的16%。瑞士信贷第一波士顿交易系统Crossfinder每日成交2.25亿股。这些举措为量化交易的发展扫平了道路。量化交易也朝着交易速度更快、交易量更大的方向发展。截至目前,量化交易已经成为证券交易的主要力量。在纽交所,量化交易占市场总交易量的30%左右。当前最大的量化交易公司包括高盛、摩根士丹利、巴克莱银行。量化交易的发展是由多种因素推动的:大宗交易需要便捷高效的交易手段、更低的交易成本,计算机技术和通信技术的进步提供了技术支持,交易制度的改革扫清了最后障碍。

4. 量化交易在危机中前行

量化交易发展道路并非一帆风顺。在初期,量化交易就伴随着公众的质疑。1987年10月19日的黑色星期一,股市崩盘超过22%。虽然起因不在于量化交易,但是有人认为量化交易在短时间内撤离资金,加剧了市场动荡。2010年5月6日发生的"闪电崩盘"更是将量化交易推向风口浪尖。该日,美国股市市值一度挥发8 620亿美元。量化交易基金也同样遭到市场考验。2008年,由美国次级贷款引发的金融危机使得许多量化对冲基金受到重创,价值缩水,量化投资基金的发展受到抑制。尽管如此,量化交易仍然在危机中不断前行,量化投资在最近一二十年内在海外呈指数发展态势。从起初1970年量化投资在国际市场的零占有比率,到1998年共有21只量化投资基金管理着80亿美元的资产,再到2001年约200只量化投资基金的资产管理规模达到880亿美元;截至2010年11月,共有超过1 600只量化投资基金管理的总资产高达2 600亿美元。在这10年的发展过程中,量化投资的年均增长速度高达20%,相比之下,传统基金的年增长速度仅为8%。

(二)中国量化交易发展历程

1. 开始阶段(2004—2009年)

相较于国外量化基金,中国由于金融发展较晚等特殊原因,量化基金出现较晚。根据金融研究院所提供的相关数据,我们可以查阅到国内最早的量化基金是于 2004 年 12 月由华宝信托成立发行的"基金优选套利"。当年的大盘整体为下行趋势,而同期该产品的实际收益率超过 10%,其表现良好。但是因为当时我国还没有股指期货或者交易型开放式指数基金(ETF),所以"基金优选套利"的主要策略是寻找封闭式基金大幅度折价机会,进行优选套利。受限于金融市场政策,国内早期的量化产品大部分以套利策略为主。由于套利策略有着规模限制的先天缺陷,所以实际上在此后 5 年的时间内量化基金的发行一度长期处于空窗期。

2. 成长阶段(2010—2012 年)

2010 年,沪深 300 股指期货上市,中国资本市场开始进入金融衍生产品交易新阶段。此时的量化基金终于具备了可行的对冲工具,各种量化投资策略如 Alpha 策略、股指期货套利策略才真正有了大展拳脚的空间,可以说 2010 年是中国量化投资元年。大量从事量化基金研究的机构开始投入量化策略的大潮中,一批海外量化投资人才也是在这个时期察觉到机会相继回国创业。他们认为,相对海外成熟市场,A 股市场的发展历史较短,有效性偏弱,市场上被错误定价的股票相对较多,留给量化投资策略去发掘市场无效性的机会也更多,获取超额收益的潜力更大。

这一时期,自动化交易在期货市场已初具规模,期货市场的自动化交易模式正逐步由投资者编制自用,演变为由有一定规模的投资咨询顾问组成的专业团队参与。但是在这一时期中国的程序化交易仍处于起步阶段,2012 年我国程序化交易占全部交易比例不足 3%,远低于美国、英国和韩国,量化投资的理念并没有被国内更广大的投资者和机构投资者接受和认可。

3. 迅猛发展阶段(2013—2015 年)

我国的量化交易在 2013—2015 年处在发展的黄金时期,规模迅速扩张。2013 年创业板的牛市让 Alpha 策略量化基金大赚不少,但是其中也隐藏了一些问题,比如同质化的问题和权重依赖创业板的问题,这些问题在后来创业板不再坚挺的时候就逐步暴露了出来。2014 年,基金业协会推行私募基金管理人和产品的登记备案制,推动了私募基金的全面阳光化,加速了私募基金产品的发行,其中自然也包括量化对冲型私募产品。

股市方面,国内投资者在历经 2014 年 7 月底至 2015 年 6 月初的爆发式上涨的行情后,迎来了 2015 年 6 月、8 月和 2016 年年初的三次股灾,由于量化投资擅长赚市场波动的钱,所以在此期间,几乎所有的量化投资产品都取得了很好的收益,海外投资人员开始成批回归,国内量化投资机构成批涌现,国内量化投资高速发展,量化投资在公众中开始具备了较高的知名度。

4. 稳定发展阶段(2016 年至今)

2017 年以来 A 股市场走出了分化行情,再加上 2016 年年末期指交易进一步被限制,套利与中性策略相应失效。在这种不佳的环境下,量化投资整体遭遇了"寒冰期"。进入 2018 年以来,随着国内经济市场不断开放,Alpha(阿尔法)策略、CTA(商品交易顾问)等量化交易策略表现趋好,此时,利用数学建模和统计学相关方法对交易策略进行构建和优化,不断适应经济大势的发展,优秀的交易策略必将给投资者带来一份可观的收益。

五、量化交易在我国的发展情况

量化投资于 2010 年进入中国市场,现已逐渐成为市场的投资主流之一。近年来,量化投资在国内实际上已呈现出指数式的增长,在 2014 年管理规模已经达到 3 000 亿元,涉及量化投资的基金数量也达到了 400 多只。真正让量化投资走到台前的是 2013 年的光大证券"8·16乌龙指"事件,而让量化投资震惊中国市场的则是伊世顿事件。伊世顿国际贸易有限公司以贸易公司为名,以约 700 万元的初始资金,通过高频交易,非法获利 20 多亿元。仅 2015 年 6 月初至 7 月初,该公司净盈利达 5 亿余元。

出于量化交易对市场质量负面影响的担忧,我国出台了一系列限制量化交易的措施。2015 年 8 月以来,中金所通过限制股指期货的开仓、单频率、交易接口等,抑制股指期货的过度投机。2015 年 10 月 9 日,证监会发布了《证券期货市场程序化交易管理办法(征求意见稿)》,证券和期货交易所与证监会联合行动,发布了针对程序化交易管理实施细则的征求意见稿。征求意见稿分别在建立申报核查制度、加强系统接入管理、建立指令审核制度、实施差异化收费、严格规范境外服务器的使用、加强监察执法等方面提出了明确的监管要求。2019 年发布的新《证券法》也关注了程序化交易,规定通过计算机程序自动生成或者下达交易指令进行程序化交易的,不得影响证券交易所系统安全或正常交易秩序。在 2021 年的立法工作计划中也提出,程序化交易相关的管理办法应作为"需要抓紧研究、择机出台的项目"。

从长期来看,量化的整个管理规模还将增长,量化策略的多元性会越来越强。但这也对我国资本市场的交易制度、监管机制、对冲工具等方面的完善性带来了巨大挑战。在深化资本市场改革开放与不断提高资本市场监管有效性的背景下,量化交易正在"放得开、看得清、管得住"的要求下稳步壮大。

第二节 量化交易的理论基础、主要参与者及流程

一、量化交易的理论基础

量化交易的理论基础要从市场有效性假说开始,该假说于 20 世纪 70 年代芝加哥的教授尤金·法玛提出。该理论认为,在有效市场中,所有信息包括历史信息、公开信息和内幕消息都会很快地被市场参与者消化领悟,并且股票价格会立刻体现所有信息的价值。这个理论的前提是假设所有的股市参与者都是理性而非感性的,并且这些投资者都能对所有市场信息做出迅速且合理的反应。在一个有效的股票市场里,所有的信息都能够在股票市场上迅速传播且被投资者知晓。而股票市场的自由竞争会促使股票价格对市场信息做出及时和充分的反应,即当投资者了解到证券相关信息时,股票价格已经对信息做出了应有的反应,从而使得市场的所有参与者都不能获得超额的收益,而只能获得风险调整后的平均市场报酬率。只要股票价格能充分及时地反映全部有价值的信息,并且市场上没有被低估和错误定价的股票,市场价格就代表着证券的真实价值,这样的市场被称为"有效市场"。

有效市场可以分为强有效市场、半强有效市场、弱有效市场三个层次。图 11.3 所示为有效性假说的一个层次图。

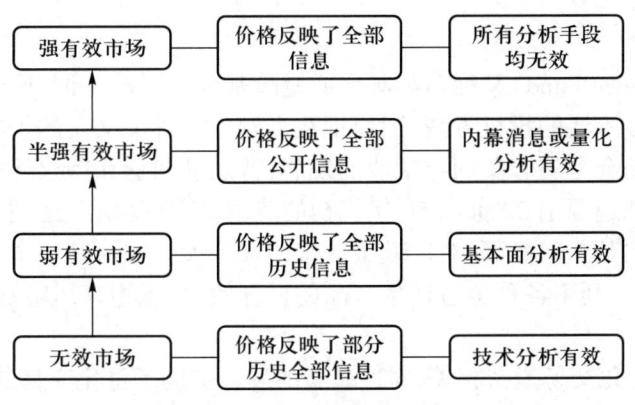

图 11.3　有效性假说层次图

在无效市场中,技术分析是足够有效的,价格反映了部分历史全部信息(这是在国内金融市场刚开始的那 10 年);当金融市场变成弱有效市场后,能够利用基本面分析收获逾额利润(国内在 2000—2010 年处在此阶段);当金融市场变成半强有效市场后(国内自 2010 年开始),多数基本面分析的产品已无法获取超额利润。在强有效市场中,所有分析方法都无法获取超额收益,而强有效市场在现实中基本不可能存在,只是一种理论中的市场。

随着国内金融市场有效性提升后,国内市场环境逐渐接近半强有效市场,监督管理人员对内幕消息的管控日趋严格,利用内幕消息获得超额收益的渠道受到制约,因此数据驱动交易成为一种更优的方式,也就是量化交易方法。从已公布的价格数据中挖掘出内在规律,从而获得超额收益,这也是美国等成熟市场量化交易额得以快速提升的原因。

二、量化交易的主要参与者

作为新生事物,量化交易的进入门槛较高,当前主要参与者还是实力比较强的机构:投资银行、对冲基金和做市商。

(一) 投资银行

投资银行(Investment Banks)是与商业银行相对应的一类金融机构,是主要从事证券发行、承销、交易、企业重组、兼并与收购、投资分析、风险投资、项目融资等业务的非银行金融机构,是资本市场上的主要金融中介。

投资银行从买方、卖方两个角度参与量化交易。资产管理业务采用数量化投资方式管理客户资产;自营交易业务捕捉市场价格异常,赚取高额利润;经纪业务为客户提供更好的订单执行服务和市场接入手段。国际上各大投资银行在算法交易上的大规模角逐在 2004 年已经开始。瑞士信贷在该领域一直处于领先地位,其 Guerrilla 算法是当时最受欢迎的算法之一。其次是高盛和摩根士丹利。另外,花旗集团、摩根大通和当时的雷曼兄弟也都在 2004 年前后推出自己的平台和算法。从那时起算法交易取得了长足的发展。截至目前,美国股市已经有超过 50% 的交易量是通过各类算法获得的执行。

（二）对冲基金

对冲基金（Hedge Fund）又称套利基金或避险基金。对冲一词,原意指在赌博中为防止损失而采用两方下注的投机方法,因而把在金融市场既买又卖的投机基金称为对冲基金。美国的对冲基金是随着美国金融业的发展,特别是期货和期权等交易的出现而发展起来的。对冲基金起源于 20 世纪 50 年代初的美国,原意是指广泛利用金融衍生产品进行风险对冲的一类基金。然而,对冲基金后来的发展大大超出其原本含义。如今人们普遍认为,对冲基金是利用各种金融衍生产品的杠杆效用,承担高风险、追求高收益的一种投资模式。

对冲基金与量化交易紧密相关,对冲基金的发展带动了量化交易的繁荣,层出不穷的量化交易策略带来的稳定收益则支撑了对冲基金行业的不断发展。国外对冲基金已经比较成熟,国内则发展比较滞后,但发展非常迅速。国内对冲基金黄金发展期可以从 2013 年算起,许多资深海归投资人士回国创业,带来了国际先进的量化技术,丰富了国内量化投资策略,带动了国内对冲基金的发展。

据统计,规模在 200 亿美元以上的 7 家对冲基金机构——JP 摩根、高盛等的基金普遍采用量化交易方式,而且有越来越多的大型投资银行和对冲基金正在采用这一交易方式。表 11.1 介绍了三个进行程序化交易的大型全球投资公司的成功操作案例。

表 11.1　全球顶级的用量化交易的对冲基金

基金名称	简介	投资情况
文艺复兴科技公司 Medallion 基金	以纯量化投资理念为基础进行全自动交易。总裁詹姆斯·西蒙斯是迄今为止对冲基金经理人收入最高的一个	不考虑基本面,且只做短线交易,在市场表现越差的时候,收益越高。在 2000 年和 2008 年收益率分别达到 98.5% 和 80% 针对不同市场设计量化的投资管理模型,并以计算机计算为主导,在全球各种市场上进行短线交易 其年平均收益率高达 35%
D.E. 肖量化基金	全球性投资与技术开发企业,活跃于全球多个资本市场,1996 年至今被期货界评为"华尔街最有趣且神秘的力量"。对中国企业的投资总额已超过 15 亿美元	该基金的交易规模达到 220 亿美元,最高交易额占 NYSE 总交易的 5%,采用统计套利和多空交易策略进行程序化交易
赛克资本管理公司（SAC Capital Management）	全球最负盛名的对冲基金管理公司,投资新兴国家货币及债务、全球能源、全球股指、中国及亚洲地区股票等	SAC Capital Advisors 总交易规模 160 亿美元,其每年频繁交易的费用就达到 1 亿美元

对冲基金作为量化交易的主要参与者,与投资银行相比有着许多优势:

(1) 专业化的技术系统。投资银行的技术系统要求"大而全",需要兼容不同的业务需求。相比较而言,对冲基金的技术系统更加专业化,速度更快。每年对冲基金都投入大量资金优化量化交易系统。

(2) 顶级的交易员。对冲基金领域的高收益不断吸引投资银行领域的顶级人才加入,使得投资银行成为对冲基金的人才培训基地。

(3) 微乎其微的监管干预。对冲基金领域没有资本金等方面的监管,因此对冲基金能够更有效地利用资金。

(4) 更高的风险承受能力。先进的技术系统和风险控制手段使对冲基金能够进行更高风险的交易,从而获取更高的利润。

(三) 做市商

做市商(Market Maker),指的是金融市场上的一些独立的证券交易商,为投资者承担某一只证券的买进和卖出,买卖双方不需等待交易对手出现,只要有做市商出面承担交易即可达成交易。其在美国纽约证券交易所市场被称作"专家"(Specialist),在中国香港证券市场被称作"庄家"。

做市商利用高性能的高频交易平台,利用自有资金在市场上买卖相应金融产品如股票等,从价差中获利。由于这种类型的交易低风险、低回报的特点,做市商需要大量地进行交易,以量来保证一定的利润空间。

做市商具有强大的定价功能。做市商通过量化交易系统分析买单和卖单的情况,为市场提供流动性,有利于降低市场的波动。盈透(Interactive Broker)证券就是其中的典型代表。

三、量化交易流程

量化交易技术覆盖投资的方方面面,从资产配置、量化选股、回溯测试与组合优化,到风险控制与绩效评估等各个环节。

(一) 资产配置

随着资产管理规模扩大,动辄超过百亿美元的资产管理公司难以人工选择合适的资产,量化分析成为资产配置的重要手段。

在确定选择投资标的之前,我们先要回答这样两个问题:投资组合中,多少投资于风险资产;风险资产之间的权重如何分配。这两个问题可以从投资者自身的风险偏好和投资目标中找到答案。马科维茨(1952)的《投资组合的选择》一文给出了解决上述问题的风险收益框架。马科维茨认为投资组合包括两个层面的问题:第一层,投资者对资产未来表现的判断;第二层,基于对未来资产表现的判断,投资者如何配置资产组合。而他的文章仅解决了第二个问题。马科维茨的资产配置方法虽然在实际使用中存在诸多缺陷——资产价格并非服从正态分布、使用历史数据得到的结果不稳定,但现代诸多投资组合理论是在该框架之上衍生而来,对模型的修改仅限于风险度量方法和资产分布函数。

在实际投资中,有两种资产配置思路:一种是自上而下选股,另一种是自下而上选股。自上而下选股是指投资者首先对宏观环境进行分析,对经济所处周期做出判断,再根据经济时钟理论选择合适的行业,最后从行业中挑选出业绩增长高于市场的个股。自下而上选股则是针对具体的上市公司进行选择。

资产配置一般包括两大类别、三大层次。两大类别分别为战略资产配置和战术资产配置,三大层次分别为全球资产配置、大类资产配置以及行业风格配置。战略资产配置是根据投资者的风险和收益目标以及可供选择的标的,确定主要的投资资产和长期均衡比率。常用的方法为以马科维茨投资选择模型为基础的风险 – 收益理论,包括均值 – 方差模型、均值 –LPM 模型、Black–Litterman 模型等。战术资产配置是指投资者根据经济基本面和公司状况动态调整资产组合。常用的方法包括行业轮动策略、风格轮动策略、投资组合保险策略等。

（二）量化选股

随着国内外金融创新加大、市场竞争加剧,公司涉足领域深入、分工细化,单纯依赖人工手段对每个公司进行分析显得不切实际,也不具时效性。量化选股的一般方法为通过对长期、海量公司和经济数据进行研究,挖掘资本市场、企业运行的规律,构建适合当期经济形势的选股策略。

筛选股票的思想就是估计得到股票的"真正价值",由于公司股票价格向"真实价值"靠拢,那么买入价格被市场低估的股票,卖出被市场高估的股票,就可以从中获利。

主流股票估值方法包括内在价值法与相对估值法两种。内在价值法又称直接估值法。该方法建立在这样的思想上:公司股东享有公司未来回报。因此,可以通过折现公司未来收益的方法估计公司股票价值。目前内在价值法有三种模型:现金股利折现模型（Willams,1998）、自由现金流折现模型、盈余折现模型（Miller and Modigliani,1966）。虽然内在价值法在理论上是完美的,但是在实际上使用时需要对公司未来收益进行判断和预测,各变量的确定存在主观性和不确定性,因此可行性不强。相对估值法是寻找资产间的相同变量（如利润、现金流等）的差异,借助可比资产的价值来估计标的资产价值。

量化选股的流程可以分为三个步骤:第一步,综合考虑基本面因素,包括国家宏观状况、行业发展状况、公司基本面状况以及公司在股票市场的活跃程度。其中,公司基本面因素又包括盈利能力、成长能力、企业财务运行效率和质量、企业现金状况、企业治理等。第二步,使用统计模型如主成分分析、聚类分析、多元回归等方法处理获得的基本面数据,得到合适的选股逻辑。第三步,综合以上两步输出选股结果。

（三）回溯测试与组合优化

完成了资产配置与选股模型之后,就建立了量化交易系统的主要环节。但将交易策略用于实际资金还为时尚早。我们需要对交易策略在历史数据上的表现进行各种各样的测试,这个测试就叫回溯测试。每种测试都揭示了策略表现的不同侧面。通过观察策略在回溯测试中的表现参数,调整模型参数,选择出最优的组合策略。一旦回溯测试的表现令人满意,我们就可以把系统切换到实时数据当中,进行实盘交易。

（四）风险控制与绩效评估

量化交易还需要加入合适的风险控制机制。建立完善的风险管理体系包括以下几个步骤:首先,设定具体的风险度量方法和数量化标准,并构建一套监管单独交易策略和整个资产组合的标准方法。其次,设定目标风险收益比率。最后,监测的风险超出临界值,启动合适的应对机制,通常可以采用止损和对冲两种方式。

另外,在每日完成量化交易后,还需要对交易结果进行及时分析和处理。传统投资方式有人工操作,频率较慢,当业绩下滑时,投资者有足够的时间进行判断和止损操作。但量化交易完全由计算机完成,如果不对交易结果进行仔细分析,就不能发现隐藏的缺陷。此外,交易结果分析有助于提高投资者对交易策略的理解,对交易策略的完善和改进很有帮助。

四、量化交易流程框架

一个完整的交易系统必须包含以下几个方面:① 市场——买卖什么;② 逻辑——买卖逻辑;③ 头寸规模——买卖多少;④ 入市——何时买进;⑤ 止损——何时退出亏损的头寸;⑥ 离市——何时退出盈利的头寸。

根据以上要素以及量化投资的流程,我们可以得到一个量化交易系统的基本框架图,如图 11.4 所示。

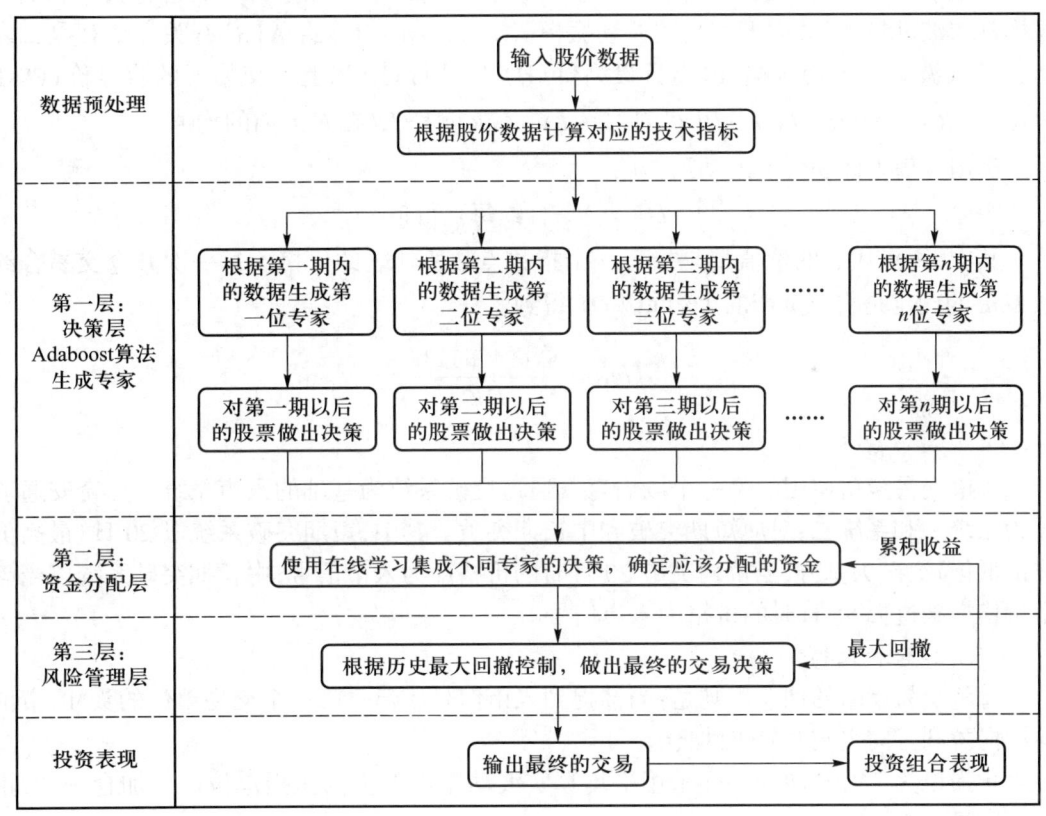

图 11.4 量化交易流程框架图

第三节 量化交易策略

量化交易策略是利用量化的方法,进行金融市场的分析、判断和交易的策略、算法的总称。著名的量化交易策略主要有:海龟交易策略、Alpha 对冲策略、多因子策略、双均线策略、行业轮动策略、跨品种套利策略和网格交易策略。

一、海龟交易策略

海龟交易策略由理查德·丹尼斯创立,是市场上已公开的为数不多的完整交易策略,包括了选择交易品种、资金管理、进出场信号、风险控制四个至关重要的方面。海龟交易策略的本质是一种长期趋势跟随策略,通过先进的资金管理方式控制低胜率下产生的亏损,并尽可能地把握大的趋势行情。海龟交易策略在历史上曾取得惊人的成绩,但是其本身的缺陷也非常明显。容易产生大幅回撤,在真实的交易中,多数机构及个人投资者都不能承受这样的回撤率,一方面是机构投资者控制资金的需要,另一方面是由于交易员心理上的压力,很难继续严格执行既定的交易策略。

(一)建仓资金

海龟交易策略将建仓资金按照一定比例划分为若干个小部分,每次建仓头寸和加仓规模都与波动量 N(又称平均真实波动振幅 Average True Range,ATR)有关。ATR 是日内指数最大波动的平均振幅,由当日最高价(H)、最低价(L)和上一交易日的收盘价(PDC)决定。 $TR = \text{Max}(H-L, H-PDC, PDC-L)$, ATR 就是 TR 在 N 天内的均值。

利用 N 值来体现价值波动量 DV:

$$DV = N \times 合约每点价值$$

其中,每点代表的价值量是指每一个指数点数所代表的价格。每一次开仓交易合约数 $Unit$ 的确定是将总资产的 1% 除以 DV 得到。

$$Unit = \frac{总资产的1\%}{DV}$$

(二)入市信号

海龟交易策略使用的是一个以唐奇安通道突破系统为基础的入市系统。唐奇安通道分为系统一和系统二,对应短期突破和中长期突破。其中,短期突破系统以 20 日(最高价或最低价)突破为基础,当价格突破 20 日时的价格即为入市信号;中长期突破系统以当盘中价格突破过去 55 日时的价格为入市信号。

(三)加仓和止损

海龟交易策略的加仓规则是:当捕捉到入市信号后建立第一个交易单位的头寸,市价继续向盈利方向突破 0.5N 时加仓。

止损位为 2N,同加仓一样采用平均真实波动振幅 N 值为止损单位。每加仓一次,止损位就提高 0.5N。

(四)止盈

短期:多头头寸在突破过去 10 日最低价处止盈离市,空头头寸在突破过去 10 日最高价处止盈离市。

中长期:多头头寸在突破过去 20 日最低价处止盈离市,空头头寸在突破过去 20 日最高价处止盈离市。

二、Alpha 对冲策略

提到 Alpha 对冲策略,首先要理解什么是资本资产定价模型(CAPM)。CAPM 模型于 1964 年被 Willian Sharpe 等人提出。Sharpe 等人认为,假设市场是均衡的,资产的预期超额收益率就由市场收益超额收益和风险暴露决定。如下式所示:

$$E(R_p) = R_f + \beta_p(R_m - R_f)$$

式中:$E(R_p)$ 为资产 p 的预期收益率;

R_m 为市场组合收益率;

R_f 为无风险收益率;

β_p 为资产 p 对市场风险的暴露程度。

根据 CAPM 可知,投资组合的预期收益由两部分组成,一部分为无风险收益率,另一部分为风险收益率,即存在一个 β 值。

CAPM 一经推出就受到了市场的追捧。但在应用过程中发现,CAPM 表示的是在均衡状态下市场的情况,但市场并不总是处于均衡状态。为了解决这个问题,1968 年美国经济学家迈克·詹森(Michael Jensen)提出了詹森指数这个概念,来评估基金的业绩优于基准的程度,即 Alpha 系数(α 系数)。詹森指数的提出是以传统的资本定价模型做基础,通过将证券组合在一段时间内的收益率与同时间段该组合的预期收益率作差,得到的结果称作詹森收益,也可称之为 Alpha 收益,计算方式如下式所示:

$$\alpha = R_p - [R_f + \beta_p(R_m - R_f)]$$

式中:α 是投资组合(资产)实际收益率超过 CAPM 预测的收益率的部分;

R_p 是资产 p 的实际收益率;

R_f 是市场的无风险收益率;

β_p 是资产 p 对市场风险的暴露程度;

R_m 为市场组合收益率。

因此,可将投资组合的收益拆分为 Alpha 收益和 Beta(β)收益。β 是由市场决定的,属于系统性风险,与投资者管理能力无关,只与投资组合与市场的关系有关。当市场整体下跌时,β 对应的收益也会随之下跌(假设 β 为正)。α 与市场无关,是投资者自身能力的体现。投资者通过自身的经验进行选股择时,得到超过市场的收益。

所谓的 Alpha 对冲不是将 α 收益对冲掉,恰恰相反,Alpha 对冲策略是将 β 收益对冲掉,只获取 α 收益,如图 11.5 所示。

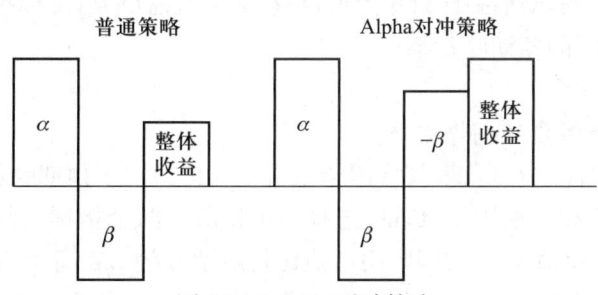

图 11.5　Alpha 对冲策略

Alpha 对冲策略将市场性风险对冲掉,只剩下 Alpha 收益,整体收益完全取决于投资者自身的能力水平,与市场无关。

Alpha 对冲策略常采用股指期货做对冲。在股票市场上做多头,在期货市场上做股指期货空头。当股票现货市场亏损时,可以通过期货市场弥补亏损;当期货市场亏损时,可以通过股票现货市场弥补亏损。

目前 Alpha 对冲策略主要用于各类基金中。国际上比较知名的桥水基金、AQR 基金等都采用过这种策略。国内也有许多利用 Alpha 对冲策略的基金,比如海富通阿尔法对冲混合、华宝量化对冲混合等。

Alpha 策略能否成功,主要包括以下几个要点:一是获取到的 Alpha 收益是否足够高,能否超过无风险利率以及指数;二是期货和现货之间的基差变化;三是期货合约的选择。

Alpha 对冲只是一种对冲市场风险的方法,在创建策略时需要结合其他理论一起使用,怎样获取到较高的 Alpha 收益才是决定策略整体收益的关键。

三、多因子策略

多因子策略是最广泛应用的策略之一。CAPM 的提出为股票的收益提供了解释,但随着各种市场异象的出现,人们发现股票存在超额收益,这种收益不能为市场因子所解释,因此,出现了多因子模型。多因子模型最早由 Fama 提出,包括三因子和五因子模型。Fama 认为,股票的超额收益可以由市场因子、市值因子和账面价值比因子共同解释。随着市场的发展,出现了许多三因子模型难以解释的现象。因此,Fama 又提出了五因子模型,加入了盈利水平、投资水平因子。此后,陆续出现了六因子模型、八因子模型等,目前多少个因子是合适的尚无定论。

多因子策略的基本思想是找到某些和收益率最相关的指标,并根据该指标,构建一个股票组合,期望该组合在未来的一段时间跑赢或跑输指数。如果跑赢,则可以做多该组合,同时做空期指,赚取正向阿尔法收益;如果是跑输,则可以做多期指,融券做空该组合,赚取反向阿尔法收益。多因子模型的关键是找到因子与收益率之间的关联性。下面,以三因子模型为例来说明多因子策略。

Fama 等人在 CAPM 的基础上,加入了价值因子(HML)和规模因子(SMB)两个因子,提出了三因子模型,三因子模型也是多因子模型的基础。三因子模型如下:

$$E(R_i) - R_f = \beta_{i.\text{MKT}}[E(R_M) - R_f] + \beta_{i.\text{SMB}}E(R_{\text{SMB}}) + \beta_{i.\text{HML}}E(R_{\text{HML}})$$

式中:$E(R_i)$ 代表股票 i 的预期收益率;

R_f 代表无风险收益率;

$E(R_M)$ 代表市场组合预期收益率;

$E(R_{\text{SMB}})$ 和 $E(R_{\text{HML}})$ 分别代表规模因子收益率和价值因子预期收益率。

为构建价值因子和规模因子,Fama 选择 BM 和市值两个指标进行双重排序,将股票分为大市值组 B 和小市值组 S;按照账面市值比将股票分为 BM 高于 70% 分位数的 H 组,BM 低于 30% 分位数的 L 组,BM 处于二者之间的记为 M 组,如表 11.2 所示。

表 11.2　BM 与市值指标分组

项目		BM 分组		
		H	M	L
市值分组	S	S/H	S/M	S/L
	B	B/H	B/M	B/L

得到上述分组以后,就可以构建规模和价值两个因子:

$$SMB = \frac{1}{3}(S/H + S/M + S/L) - \frac{1}{3}(B/H + B/M + B/L)$$

$$HML = \frac{1}{2}(S/H + B/H) - \frac{1}{2}(S/L + B/L)$$

规模因子是三个小市值组合的等权平均减去三个大市值组合的等权平均;价值因子是两个高 BM 组合的等权平均减去两个低 BM 组合的等权平均。

在用三因子模型估算股票预期收益率时,经常会发现大部分股票都会存在一个 Alpha 截距项。当存在 Alpha 截距项时,说明股票当前价格偏离均衡价格。基于此,可以设计套利策略:

$Alpha < 0$ 时,说明股票收益率低于均衡水平,股票价格被低估,应该买入。

$Alpha > 0$ 时,说明股票收益率高于均衡水平,股票价格被高估,应该卖出。

四、双均线策略

均线最早由美国投资专家格兰威尔(Joseph E.Granville)于 20 世纪中期提出,现在仍然被广泛使用,成为判断买卖信号的一大重要指标。从统计角度来说,均线就是历史价格的平均值,可以代表过去 N 日股价的平均走势。

1962 年 7 月,格兰威尔在他的书中提出了著名的格兰威尔八大买卖法则,只利用股价和均线即可进行择时,方法简单有效,一经提出,迅速受到市场追捧。尤其是其中的金叉和死叉信号,更是沿用至今。

格兰威尔八大买卖法则中有四条用于判断买进时机,另外四条用于判断卖出时机。买进和卖出法则一一对应,分布在高点的左右两侧(除买点 4 和卖点 4 以外)。法则内容如下所示:

买点 1:均线整体上行,股价由下至上上穿均线,此为黄金交叉,形成第一个买点。

买点 2:股价出现下跌迹象,但尚未跌破均线,此时均线变成支撑线,形成第二个买点。

买点 3:股价仍处于均线上方,但呈现急剧下跌趋势。当跌破均线时,出现第三个买点。

买点 4:(右侧)股价和均线都处于下降通道,且股价处于均线下方,严重远离均线,出现第四个买点。

卖点 1:均线由上升状态变为缓慢下降状态,股价也开始下降。当股价跌破均线时,此为死亡交叉,形成第一个卖点。

卖点 2:股价仍处于均线之下,但股价开始呈现上涨趋势,当股价无限接近均线但尚未突破时,此时均线变成阻力线,形成第二个卖点。

卖点 3:股价终于突破均线,处于均线上方。但持续时间不长,股价开始下跌,直至再一次跌破均线,此为第三个卖点。

卖点 4 :(左侧)股价和均线都在上涨,股价上涨的速度远快于均线上涨的速度。当股价严重偏离均线时,出现第四个卖点。

格兰威尔八大买卖法则与波位如图 11.6 所示。

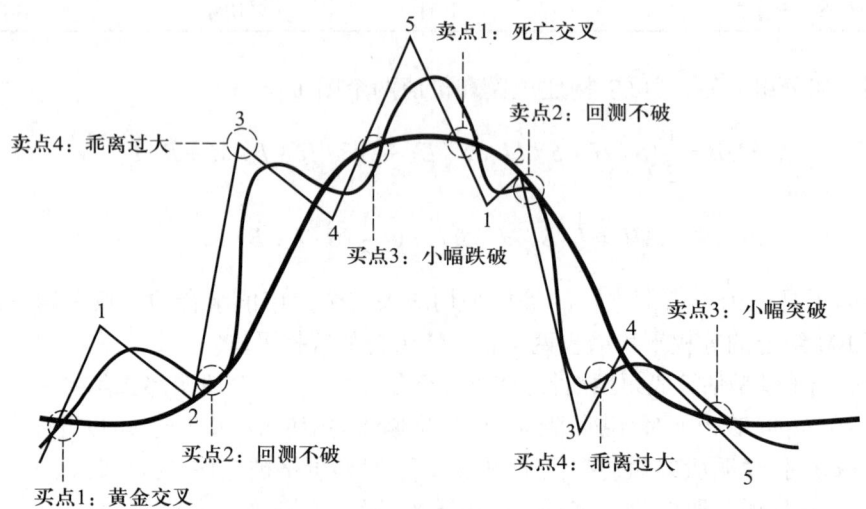

图 11.6　格兰威尔八大买卖法则与波位

Shiller(1981)在研究中发现,资产的长期价格呈现均值回复的特征,即从长期来看,资产的价格会回归均值。这也是均线理论被广泛应用的前提。

均线归根到底是一种平均值,平均值在应用过程中存在的最大问题就是其滞后性。当出现买入卖出信号时,最佳时机早已过去。举例来说,如果 A 股票最新价格出现了较大的涨幅,股价和均线都上涨,但均线上涨速度慢于股价上涨速度。此时,从形态上来看,金叉出现,为买入信号。次日,股价回调,股价下降速度快于均线下降速度,形成死叉,为卖点。这样一买一卖不仅没有盈利,反而出现亏损。

针对均线的缺点,市场上提出了各种各样的改进方法:一是对均线的计算方法进行改正。加权移动平均线是在移动平均线的基础上按照时间进行加权的。越靠近当前日期的价格对未来价格的影响越大,赋予的权重越大;越远离当前日期价格,赋予的权重越小。二是调整均线周期。利用不同周期均线得到的结果也不同。许多有经验的投资者发现,在不同的市场中,有些均线的效果显著优于其他周期均线。有些长线投资者还会将股价替换成短周期均线进行趋势判断。

五、行业轮动策略

(一) 行业轮动策略原理

1. 行业轮动现象

在某一段时间内,某一行业或某几个行业组内股票价格共同上涨或下降的现象即行业轮动现象。行业轮动策略是根据行业轮动现象制定的策略,是利用行业趋势进行获利的方法,属于主动交易策略。其本质是通过一段时间的市场表现,力求抓住表现较好的行业以及投资品种,选择不同时期的强势行业进行获利。

2. 行业轮动原因

行业轮动原因主要体现在行业周期、国家政策和重大事件三个方面。

(1) 在行业周期方面。行业的成长周期可以分为初创期、成长期、成熟期和衰退期,一般行业会按照这个周期运行。初创期属于行业刚刚起步阶段,风险高、收益小。成长期内风险高、收益高。处于成熟期的企业风险低、收益高。处于衰退期的企业风险低、收益低。在一段时间内,不同的行业会处于不同的行业周期,在时间维度上看会呈现行业轮动现象。

(2) 在国家政策方面。国家政策对我国资本市场有重大影响。我国每年的财政政策和货币政策都是市场关注的热点,货币政策和财政政策会释放出影响市场的信息,如利率。当政策释放出下调利率的信号,就为资金需求量大、项目周期长的行业缓解了压力,如房地产行业,这时对于这类行业利好,相应的股价就会上涨。

(3) 在重大事件方面。资本市场对于消息的反应是迅速的。根据有效市场理论,在半强式有效市场下,一切已公开的信息都会反映在股价当中。以疫情为例,消息一出迅速拉动医疗行业股价水平,带动行业增长。

(二) 行业轮动下资产配置

1. 美林时钟:大类资产配置

根据经济增长和通货膨胀可以将经济分为四个周期:衰退、复苏、过热、滞胀。美林时钟分析了四个不同时期,并总结出适合投资的资产类别,如表 11.3 所示。

表 11.3　美林时钟:大类资产配置

周期阶段	经济增长	通货膨胀	最优资产类别	最优股票板块
衰退	下降	下降	债券	防御成长
复苏	上升	下降	股票	周期成长
过热	上升	上升	商品	周期价值
滞胀	下降	上升	现金	防御价值

当经济增长速度加快时,与国家经济联系紧密的行业如钢铁、煤炭、电力等基建利润也会随之增长。当经济增速放缓时,非周期性的行业如医药、基础消费品、基础建设等行业呈现较强的防御性。

当通货膨胀处于较低水平时,市场利率水平也处于较低水平。按照股票估值理论,此时的折现率处于低水平,价格相对而言较高。此时,金融行业的股价会呈现明显的上涨。当通货膨胀处于较高水平时,市场利率较高,此时现金为王,原材料价格走高。与此相关的原材料行业就会表现较好,如天然气、石油等。

2. 策略设计

(1) 行业动量策略。部分研究表明,行业在日频率、月频率上会存在动量现象,在周频率上会存在反转现象,也就是行业间轮动。因此,在日频率和月频率上可以利用行业动量设计策略,如果是在周频率上可以利用反转效应设计策略。

(2) 行业因子策略。将行业变量作为一个因子放入多因子模型中,利用多因子模型预测各个行业的周期收益率,采用滚动预测方法每次得到一个样本外预测值,根据这些预测值判断该买入哪些行业,卖出哪些行业。

六、跨品种套利策略

套利是指在买入或卖出一种金融资产的同时卖出或买入另一种相关的金融资产从中利用价差获得套利的过程。

当两个合约有很强的相关性时,可能存在相似的变动关系,两种合约之间的价差会维持在一定的水平上。当市场出现变化时,两种合约之间的价差会偏离均衡水平。此时,可以买入其中一份合约同时卖出其中另一份合约,当价差恢复到正常水平时平仓,获取收益。

跨品种套利有以下几个特点:一是套利的两种资产必须有一定的相关性;二是两种合约标的不同,到期时间相同;三是两种资产之间的价差呈现一定规律。

怎样确定合约之间有相关性?最常用的方法是利用 EG 两步法对两个序列做协整检验,判断两个序列是否平稳。只有单整阶数相同,二者才有可能存在一定的关系。

传统利用价差进行跨品种套利的方法是计算出均值和方差,设定开仓、平仓和止损阈值。当新的价格达到阈值时,进行相应的开仓和平仓操作。

七、网格交易策略

网格交易是利用市场震荡行情获利的一种主动交易策略,其本质是利用投资标的在一段震荡行情中价格在网格区间内的反复运动来进行加仓减仓,从而达到投资收益最大化的目的。通俗点讲,就是根据建立不同数量、不同大小的网格,在突破网格的时候建仓,回归网格的时候减仓,力求能够捕捉到价格的震荡变化趋势,达到营利的目的。

投资者可以随意设置网格的宽度和数量。既可以设置为等宽度网格,也可以设置为不等宽度网格。设置等宽度网格可能导致买点卖点过早,收益率较低。设置不等宽度网格能够避免这个问题,但如果行情出现不利变动,可能错失买卖机会。

举例说明如下。在行情震荡上涨时网格交易策略如图 11.7 所示。

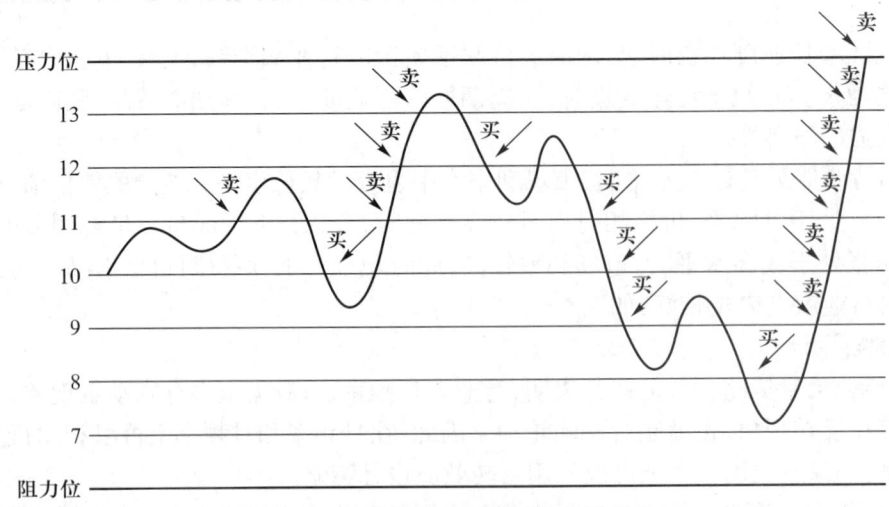

图 11.7　行情震荡上涨时网格交易策略

假设格子之间的差为 1 元钱,每变化一个格子相应地买入或卖出 1 手,则通过网格交易当前账户的净收益为 5 元,持空仓 3 手,持仓均价为 13 元。

行情震荡下跌时网格交易策略如图 11.8 所示。

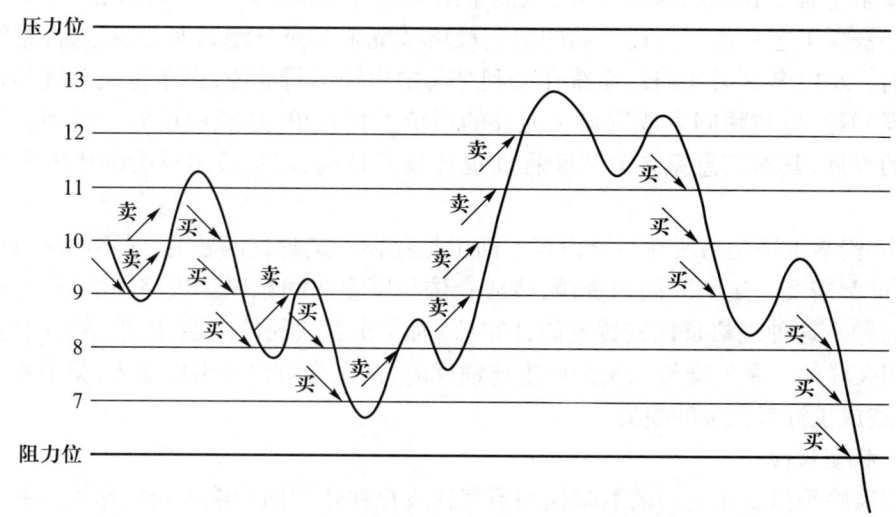

图 11.8　行情震荡下跌时网格交易策略

同理可知,净收益为 10 元,持 5 手多仓,平均成本为 8 元。

可以看到,无论行情上涨还是下跌,已平仓的部分均为正收益,未平仓的部分需要等下一个信号出现再触发交易。

即使网格交易能够获得较为稳定的收益,但也存在一定的风险。如果行情呈现大涨或大跌趋势,会导致不断开仓,增加风险敞口。这也是为什么网格交易更适用震荡行情,不适用趋势性行情。

网格交易策略主要包括以下几个核心要点:一是挑选的标的最好是价格变化较大,交易较为活跃。网格交易是基于行情震荡进行获利的策略,如果标的不活跃,价格波动不大,很难触发交易。二是选出网格的压力位和阻力位。确定适当的压力位和阻力位,使价格大部分时间能够在压力位和阻力位之间波动。如果压力位和阻力位设置范围过大,会导致难以触发交易;如果压力位和阻力位设置范围过小,则会频繁触发交易。三是设置网格的宽度和数量。设定多少个网格以及网格的宽度可根据投资者自身喜好自行确定。

第四节　量化交易的风险与控制

一、量化交易的风险

量化交易作为计算机技术与金融理论的经典结合,通过智能且高效的方式,能够持续地获得稳定的收益,但量化交易在层出不穷的新交易工具使得以前无法实现的交易手段变为可能时,也在制造更多的风险。

（一）技术风险

量化交易对计算机设备和技术的依赖性非常高。通常而言,硬件带来的风险比较小,而软件往往比较脆弱,因而技术风险主要来源于软件。软件设计的一个小缺陷都有可能导致整个程序化交易策略失效,从而带来风险和波动。2013年光大证券"8·16"事件就充分暴露了这一点。公司外购的套利策略系统未经充分测试即上线运行,系统存在固有缺陷。2013年8月16日,系统在套利交易中出现运行故障,订单生成系统和执行系统均出现问题,导致瞬间生成巨量预期外的市价委托订单,造成市场异常波动。随着量化交易的发展,其对信息系统的依赖程度也会越来越高,产生技术风险的概率也会越来越大。

此外,资本市场交易所在系统设置方面也是存在一定延迟问题的,对不同的订单进行授权、认证都需要一定的时间与资源,造成仓位与资金之间难以达成完美的契合,进而导致爆仓问题。这种现象是比较普遍的,同时因为存在着软硬件问题、网络系统问题,会造成与之相关联的一系列交易系统都产生连锁反应,甚至会被黑客乘虚而入,整个系统被黑客破坏,造成投资者大量的损失。

（二）模型风险

模型风险是指量化交易的数学模型不完善或存在错误而影响投资策略执行并可能导致资产亏损的风险。量化交易的关键是数学模型,模型是否准确反映并执行了投资策略关系到量化投资的成败。模型风险体现在两个方面:一是模型不完善。量化模型一般会经过海量数据进行仿真测试,但若其测试的历史数据不完整则可能导致模型与行情数据不匹配。二是模型中存在错误。量化模型建立过程中需要运用大量的数理知识及计算机技术,由于知识或技术能力限制,模型中可能存在错误,不能准确反映投资策略。若模型中存在错误,则影响投资策略实现并可能导致资产亏损。若用量化模型来管理客户资产,将损害客户利益。

（三）操作风险

量化交易行为展开的基础是大量的投资信息以及数据计算,相比于传统的投资选择判断方式,量化交易无疑具备更强的科学性,能够通过计算机的运算精准地得到比较客观的数据信息,尤其是可以防止被投资者的主观情绪左右。利用数据分析方法做出投资决策,特别是将模型构建系统进行整合之后,可以全面性地分析出各项结果,投资者通过这些结果选择合适的投资项目,使得投资行为避免出现太多的偶然性。

但是,在操作层面上,部分机构为了赚取超额收益,可能放弃稳定的模型,冒险采用稳定性较低的量化策略模型。同时,模型使用者的水平良莠不齐,对模型不熟悉的操作者容易出现操作失误,甚至酝酿出更大的风险。

二、量化交易风险控制措施

（一）加强对量化投资过程中风险的重视

量化投资主要采取智能化的信息技术手段,帮助投资者选择合适的投资方式以及方法,所以必须要对其中有可能出现的风险进行高度重视,尤其是要针对其中的数据陷阱风险、系统故障风险以及市场操纵风险进行控制,对量化投资的风险控制理念做出实时更新, 不断革新量化投资技术体系, 以符合我国资本市场发展规律。只有从根本上重视量化风险相关内容, 才可以取得好的成效。

从物质基础上来看, 首先必须要对部分非结构化的数据信息进行分析, 将大部分看起来并不相关的数据因素纳入量化投资模型, 对权重进行细致的分配, 不断提升量化投资模型的精准度以及层次。其次要设计出虚拟交易程序, 可以综合人工智能体系, 实时监督量化投资策略的合理性, 重视过程中的风险控制。

(二) 优化量化投资风险控制流程

量化投资风险控制流程实际上就是系统建设, 目的在于提高量化投资系统的安全性与真实性, 并且可以在实际工作过程中保持高度的自我修正水平。这需要在量化投资交易系统数据接口方面做出优化, 尤其是要建立起相关预警系统, 一旦交易过程中产生了数据异常就可以迅速做出应对, 从而可以实现及时入围。要进一步完善量化投资风险控制流程体系建设, 形成相对系统化的监督流程, 对有可能存在的风险故障因素做出排查与检测, 形成科学性的风险故障排查对接体系, 如果出现了风险因素应该及时处理, 防止风险扩大化。在平时需要对量化投资风险控制管理工作展开一定的培训, 让工作人员了解各个步骤以及关键环节, 强化综合素质, 在职业道德方面也应该加强塑造, 争取在防范市场操纵方面获得有效突破。

(三) 完善量化投资风险控制运行机制

量化投资风险控制运行机制是保证相关工作取得成效的重要保障, 所以必须要结合最新的技术体系, 尤其是人工智能技术的应用, 不断创新量化投资风险控制相关环节, 将量化的数据与用户体验直接关联起来, 使两者相互促进、相互制约, 发挥出量化投资风险控制的综合管理作用。

要对我国的量化投资风险控制制度进行完善, 结合当前的资本市场发展趋势, 发挥出制度的稳定性与约束力, 对量化投资风险因素进行经常性的调查分析, 了解市场上存在的各方面因素。在运行的过程中需要不断发挥出法律法规的制约作用, 例如, 可以针对市场操纵情况制定专门的条例, 加强法律对于投机事件的惩戒, 减少资本市场上的不规范行为。

量化交易在如今发展得如此之快, 但我们一定要认识到量化交易并不是万能的。比如宽客常常建立错误的模型从而低估风险, 使得量化交易的风险暴露过大。此外, 对于 "黑天鹅" 事件, 基于程序化的交易本身不能识别出来, 如果交易者本身不能及时纠正, 就会产生巨大的损失。基于模型交易的本质也使得量化交易对模型提出很高的要求, 如果在建模过程中产生错误, 就会使得交易在错误的道路上越走越远。

所以总结一下, 作为量化交易的主体, 宽客首先必须关注风险管理, 对市场里面的各种关系保持警惕心, 对他们所进行的各种投资以及各种投资组合中如何进行这些操作有深刻的认识, 即使在市场突发性改变时也能够安全驰骋。其次, 宽客必须对整个量化系统进行创新性的研究, 减少存在于系统中的共同风险。最后, 在明确利用数据挖掘时, 不要对历史数据以及其预测能力过度自信。

量化交易并不是计算机对人脑的完全替代, 投资永远不会一劳永逸, 那些优秀的量化交易系统只有不断创新与迭代, 才能在市场长久的考验中脱颖而出。

本 章 总 结

量化交易可以简述为使用计算机技术、按照严格的规则来执行交易策略,从而取得超额收益的一种交易方式。量化交易的优势主要体现在严格的纪律性、完备的系统性、套利思想、数据驱动和风险分散。量化交易方式可以细分为自动化交易、量化投资、程序化交易、算法交易以及高频交易,不同量化交易方式的侧重点各有不同。量化交易的主要参与者包括投资银行、对冲基金和做市商。量化交易技术覆盖投资的方方面面,从资产配置、量化选股、回溯测试与组合优化,到风险控制与绩效评估等各个环节。

量化交易策略主要有海龟交易策略、Alpha 对冲策略、多因子策略、双均线策略、行业轮动策略、跨品种套利策略和网格交易策略。

量化交易的风险主要包括技术风险、模型风险和操作风险。应该通过优化量化投资风险控制流程和完善量化投资风险控制机制来控制量化交易的风险。

量化交易兴起于 20 世纪 80 年代的美国。20 世纪 90 年代至今,系统化交易进入了高速发展阶段。量化投资于 2010 年进入中国市场,现已逐渐成为市场的投资主流之一,呈现出指数式的增长。

阅读材料

詹姆斯·西蒙斯

如果说世界上有哪个人能将知识与财富的关系演绎得最为深刻,这个人恐怕非詹姆斯·西蒙斯莫属。这位世界顶级数学家,依靠对数学模型的深刻理解,一手打造了华尔街"赚钱机器"——文艺复兴科技公司,并依靠公司旗舰产品"大奖章基金"的超群表现赢得无数赞誉。

一、天生的数学奇才

1938 年,詹姆斯·西蒙斯出生于波士顿郊区的牛顿镇,父亲是制鞋厂的老板。他在 3 岁时就表现出了惊人的数学天赋。从牛顿中学毕业后,西蒙斯进入麻省理工学院学习数学,他的老师是著名的数学家安布罗斯和辛格。1958 年,西蒙斯便获得了学士学位。3 年后,他又获得了加州大学伯克利分校的数学博士学位,堪称神童。毕业后一年,他就成了哈佛大学的讲师。1964 年,西蒙斯离开了大学校园,进入美国国防部下属的一个非营利性组织国际逻辑分析协会,从事代码破解工作。1968 年,30 岁的西蒙斯受邀担任纽约州立石溪大学数学系主任。西蒙斯在石溪大学做了 8 年的纯数学研究,并让当地成了全美前十的数学重镇。

1974 年,36 岁的西蒙斯与华裔知名数学家陈省身共同发明了对数学和物理学影响深远的"陈–西蒙斯(Chern–Simons)"理论。用数学理论证实了爱因斯坦相对论描述的扭曲空间确实存在。1976 年,38 岁的西蒙斯获得了每 5 年一次的数学领域最高荣誉——全美数学科学维布伦(Veblen)奖,其个人数学事业的成就也就此达到顶峰。不过,西蒙斯并没有将眼光局限在纯理论研究上,在业余时间里他还醉心于股票和期货交易。

二、传奇的投资生涯

早在 1961 年，西蒙斯就开始对股票和期货市场产生了浓厚的兴趣，他曾和麻省理工学院的同学一起投资哥伦比亚地砖和管线公司，在伯克利时也曾投资一家婚礼礼品公司，但结果都不是很理想。他还曾经找到美林公司的经纪人，试图做些大豆交易。

1978 年，他离开纽约州立石溪大学，并创立了私人投资基金。该基金的投资非常广泛，最初主要采用基本面分析的方法。但后来由于与合伙人的投资观念不一致，他最终关闭了投资基金。1982 年，西蒙斯创立了一家投资基金公司"文艺复兴科技公司"，主要投资于商品期货和其他金融工具。1988 年 3 月，50 岁的西蒙斯成立了第一只基金产品大奖章（Medallion）对冲基金（由于该基金的两位基金经理都是美国著名的数学家，且都得到了数学界最高荣誉维布伦奖，该基金因此命名为"大奖章基金"），并引入了量化投资的思想。

西蒙斯曾表示："和流行的'买入并长期持有'的投资理念截然相反，市场的异常状态通常都是微小而且短暂的，我们随时都在买入卖出，我们依靠活跃赚钱。"当指令下达后，交易员会通过数千次快速的日内短线交易来捕捉稍纵即逝的机会，交易量之大甚至有时能占到整个纳斯达克市场交易量的 10%。不过，当市场处于极端波动等特殊时刻，交易会切换到手工状态。

大奖章基金最初主要进行期货交易，成立当年盈利 8.8%，但第二年就开始亏损，西蒙斯不得不在 1989 年 6 月停止交易。在接下来的 6 个月中，西蒙斯和普林斯顿大学的数学家勒费尔重新制定了交易策略，并从基本面分析转向数量分析，同时也确立了他在量化投资领域的地位。1988 年以来，文艺复兴科技公司的最高资产规模达到了 250 亿美元，而大奖章基金的年均回报率也高达 35% 左右，远远高于标准普尔指数的年均回报率。这个数字比罗斯等投资大师同期的年均回报率要高出 10 个百分点。这意味着，如果你在 1988 年投入 1 元给大奖章，那么到 2009 年将变成 1.1 万元左右。西蒙斯在 1988 年创立的大奖章基金让其成为近 20 年来最成功的基金经理，年均回报率高达 34%。美国金融杂志《阿尔法》公布的 2015 年、2016 年全年最赚钱的顶级对冲基金经理榜单中，西蒙斯也以 17 亿美元与 14 亿美元的收益排名第一，他也成了全球量化投资的鼻祖。

2019 年，在福布斯排行榜中，81 岁高龄的西蒙斯以净资产 215 亿美元的身价，排名世界亿万富豪第 44 位。尽管已经退出了华尔街，西蒙斯投资方式仍然在不断创造财富。

三、独特的投资方法

1. 壁虎交易法

壁虎交易法是指在投资时进行短线方向性预测，依靠交易很多品种、在短期做出大量的交易来获利。用西蒙斯的话说，交易"要像壁虎一样，平时趴在墙上一动不动，蚊子一旦出现就迅速将其吃掉，然后恢复平静，等待下一个机会"。其实，壁虎交易法和鳄鱼交易法类似，一动不动地等待猎物出现，然后迅速行动。无论是 1998 年俄罗斯债券危机，还是 21 世纪初的互联网泡沫，大奖章基金历经数次金融危机，始终屹立不倒,令有效市场假说都黯然失色。对此业内人士普遍认为,西蒙斯的不败神话主要得益于其壁虎交易法。

2. 抓住胜算极高的微小波动

频繁交易,短线迅速结清头寸,获取无风险的收益机会。西蒙斯的团队有大量的数学家、物理学家和计算机博士等,交易的决策和执行是模型和算法,据说一天交易笔数用万计算,人工绝对是无法做到的。

3. 不使用杠杆

财务杠杆放大投资规模,是导致长期资本管理公司倒闭的罪魁祸首。杠杆交易容易破坏市场的流动性,而跨市场、跨品种,资金分散,不会因为自身的算法交易影响市场的流动性。

4. 只寻找那些可以复制的微小的获利瞬间

绝不以"市场终将恢复正常"作为赌注投入资金。这一点和价值投资的格雷厄姆、巴菲特有很大区别,价值投资就是在被严重低估的时候买入,等待价值恢复正常。而西蒙斯只做微小的波动,不做特别长期的布局。所以,2007年美国次贷危机的时候,很多基金出现大幅回撤,但是西蒙斯的基金收益超过了80%。

四、投资风格

西蒙斯特有的投资风格包括:

1. 基于数据挖掘的交易策略

任何成功交易的第一步都是找到期望收益为正的交易系统。为了实现这个目标,投资者需要在一个庞大的备选交易策略集合中进行筛选。西蒙斯与其他成功投资人的相通之处在于:利用系统性的交易策略开发得到期望值为正的交易系统;利用资金管理技术提升绩效。大奖章基金偏好的是基于数据挖掘的交易策略。20世纪90年代中期,许多交易所开始提供高频金融数据。事实上,这个领域成了西蒙斯的蓝海。

人们推测,通过麾下精通数据挖掘技术的团队,通过对指令册数据和订单流数据的大规模数据挖掘,西蒙斯在这个领域找到了很多成功的交易策略。有了备选交易策略集合,投资者需要筛选出有效的交易策略。有效的交易策略能够在某种程度上对市场的未来行为进行准确预测。数据挖掘领域的常见做法是交叉验证,也就是将数据划分为建模样本和验证样本。有效的交易策略应该能够在建模样本和验证样本上体现出较好的预测效力。

2. 一支由科学家组成的投资团队

在进行投资的过程中,光有模型是不够的。文艺复兴科技公司还雇用了许多高端人才,其中有1/3是拥有自然科学博士学位的顶尖科学家,其知识面涵盖了数学、理论物理学、量子物理学和统计学等领域。西蒙斯的团队中很少出现工商管理硕士(MBA),这与其他基金显著不同。对于科学家来说,如果让他们来研究市场,一定是基于市场事实出发,而不是基于某种理论来预先规定市场应该是什么样的。因此科学家也更可能发现市场的无效之处,在此基础上形成交易策略。这正是西蒙斯麾下的交易人员主要由科学家构成的原因。

3. 西蒙斯交易的衍生工具比较少

西蒙斯曾经表示："我是模型先生,不想进行基本面分析,模型的优势之一是可以降低风险。而依靠个人判断选股,你可能一夜暴富,也可能在第二天又输得精光。"他对交易品种的选择十分严格。要求交易品种是流动性大的公开交易品种,同时还需要符合模型设置的某些要求。

这就形成了西蒙斯经常交易基础资产而非衍生资产的投资风格。基础资产的价格更有可能出现规律性,影响基础资产的价格也更容易。交易基础资产的另一个好处是,基础资产市场流动性更强,要知道LTCM的垮台很大程度上是由所交易资产的流动性不足引起的。西蒙斯总结了LTCM的教训,非常重视所交易资产的流动性。

五、詹姆斯·西蒙斯的成功

西蒙斯通过"模型"投资开启了与巴菲特"价值投资"完全不同的交易方式。通过量化投资的方法,西蒙斯成功经受住了1998年俄罗斯债券危机、2001年高科技股泡沫危机以及2008年国际金融危机的考验。虽然投资业绩斐然,但是西蒙斯的成功很难复制,因为并不是每一个投资人都同时是一名享誉世界的数学家,这也令西蒙斯的成就更加独一无二。

复习思考题

1. 简述量化交易流程和量化交易策略。
2. 量化交易的风险主要有哪些? 我们如何进行风险控制?
3. 量化交易是万能的吗? 谈谈你的认识。

参考文献

[1] 陈勇.支付方式与支付技术——从实物货币到比特币.长沙:湖南大学出版社,2018.

[2] 石川,刘洋溢,连祥斌.因子投资:方法与实践.北京:电子工业出版社,2020.

[3] 刘海二.移动支付:原理、模式、典型案例与金融监管.西南金融,2014(5).

[4] 徐小平.基于第三方的安全电子支付模型的研究.计算机工程与设计,2006(12).

[5] 张奎.电子支付的一般业务模型与创新监管分析.上海金融,2014(7).

[6] 赵小娟,朱建明.第三方跨境电子支付发展战略研究.当代经济管理,2015(12).

[7] 盖静.支付机构跨境支付业务模式、问题及建议.征信,2019(1).

[8] 管弋铭,伍旭川.数字货币发展:典型特征、演化路径与监管导向.金融经济学研究,2020(3).

[9] 吴婷婷,王俊鹏.我国央行发行数字货币:影响、问题及对策.西南金融,2020(7).

[10] 陈燕红,于建忠,李真.中国央行数字货币:系统架构、影响机制与治理路径.浙江社会科学,2020
(10).

[11] 安娜.数字美元:发行目的、基本架构、应用场景及对我国央行数字货币DC/EP的挑战.新金融,
2020(11).

[12] 高旸.数字货币发展动态及监管政策选择.征信,2019(2).

[13] 巴曙松,张岱晃,朱元倩.全球数字货币的发展现状和趋势.金融发展研究,2020(11).

[14] 谢开斌.基于区块链的数字货币演化.计算机应用研究,2019(7).

[15] 李文红,蒋则沈.分布式账户、区块链和数字货币的发展与监管研究.金融监管研究,2018(6).

[16] 封思贤,杨靖.法定数字货币运行的国际实践及启示.改革,2020(5).

[17] 杨东,陈哲立.法定数字货币的定位与性质研究.中国人民大学学报,2020(3).

[18] 童毛弟,牛哲,陈庭强.区块链技术及其在数字货币领域的应用.财会月刊,2018(8).

[19] 王道鹏,李一娥.日本加密货币监管制度对我国的启示.甘肃金融,2021(3).

[20] 孙英,辛建轩.加密货币的创新发展.哈尔滨工业大学学报:社会科学版,2021(1).

[21] 周永林.加密货币的本质与未来.中国金融,2018(17).

[22] 赵炳昊.加密数字货币监管的美国经验与中国路径的审视.福建师范大学学报:哲学社会科学版,
2020(3).

[23] 惠志斌.数字加密货币的形成机制与风险监管研究.探索与争鸣,2018(9).

[24] 季坤,钟建新.论传统商业银行网络贷款的法律问题及对策.甘肃金融,2018(6).

[25] 程雪军,吴敏,马楠.互联网消费金融资产证券化的发展反思与监管建议.消费经济,2020(2).

[26] 程雪军,厉克奥博.消费金融资产证券化的风险管理.改革,2018(5).

[27] 赵大伟.我国互联网消费金融相关问题研究——基于金融消费者权益保护视角.金融理论与实践,
2021(8).

[28] 张晓冉.国内个人信用评分机制的规范研究.征信,2019(6).

[29] 姜琳.美国 FICO 评分系统述评.商业研究,2006(20).

[30] 杜淼淼.美国个人信用评分系统及其启示.南方金融,2008(8).

[31] 宋云鹏,武钰.数据挖掘技术在信用评分中的应用研究.征信,2013(10).

[32] 王俊山,王玥.对我国个人信用评分及监管的分析与思考.金融发展研究,2021(1).

[33] 庄传礼.我国信用局个人信用评分发展研究.征信,2011(1).

[34] 石庆焱,靳云汇.个人信用评分的主要模型与方法综述.统计研究,2003(8).

[35] 何珊,刘振东,马小林.信用评分模型比较综述——基于传统方法与数据挖掘的对比.征信,2019(2).

[36] 赵春燕.信贷紧缩背景下民营中小企业电子商务贷款模式创新及发展对策——基于美国、韩国发展模式对比.特区经济,2011(10).

[37] 莫易娴,钟秋萍.电商小额贷款、银行系电商平台小贷业务与线下小额贷款业务比较.农村金融研究,2015(11).

[38] 倪隆洁,田发.浅析 Kensho 对我国互联网金融智能投研发展的启示.经济研究导刊,2020(30).

[39] 李经纬.构建中国智能投资顾问领先模式——基于市场需求与全球实践.中央财经大学学报,2020(6).

[40] 李苗苗,王亮.智能投顾:优势、障碍与破解对策.南方金融,2017(12).

[41] 蔚赵春,徐剑刚.智能投资顾问的理论框架与发展应对.武汉金融,2018(4).

[42] 赵阳.证券经营机构互联网证券业务发展模式评价研究.金融监管研究,2018(9).

[43] 赵吟.智能投顾的功能定位与监管进路.法学杂志,2020(1).

[44] 李晴.互联网证券智能化方向:智能投顾的法律关系、风险与监管.上海金融,2016(11).

[45] 武文超.中国 A 股市场的行业轮动现象分析——基于动量和反转交易策略的检验.金融理论与实践,2014(9).

[46] 高波,任若恩.基于主成分回归模型的行业轮动策略及其业绩评价.数学的实践与认识,2016(19).

[47] 李国杰,程学旗.大数据研究:未来科技及经济社会发展的重大战略领域——大数据的研究现状与科学思考.中国科学院院刊,2012(6).

[48] 刘朝,马超群.大数据与小数据深度融合的价值与路径.人民论坛,2021(Z1).

[49] 杨晓刚,姜毅,张璠,王伟军.基于大数据技术的用户小数据管理.情报理论与实践,2018(3).

[50] 高志鹏,牛琨,刘杰.面向大数据的分析技术.北京邮电大学学报,2015(3).

[51] 彭宇,庞景月,刘大同,彭喜元.大数据:内涵、技术体系与展望.电子测量与仪器学报,2015(4).

[52] 秦荣生.大数据、云计算技术对审计的影响研究.审计研究,2014(6).

[53] 刘智慧,张泉灵.大数据技术研究综述.浙江大学学报:工学版,2014(6).

[54] 孙大为,张广艳,郑纬民.大数据流式计算:关键技术及系统实例.软件学报,2014(4).

[55] 罗军舟,金嘉晖,宋爱波,东方.云计算:体系架构与关键技术.通信学报,2011(7).

[56] 李乔,郑啸.云计算研究现状综述.计算机科学,2011(4).

[57] 秦荣生.云计算的发展及其对会计、审计的挑战.当代财经,2013(1).

[58] 陈全,邓倩妮.云计算及其关键技术.计算机应用,2009(9).

[59] 房秉毅,张云勇,程莹,徐雷.云计算国内外发展现状分析.电信科学,2010(S1).

[60] 李航,陈后金.物联网的关键技术及其应用前景.中国科技论坛,2011(1).

[61] 刘强,崔莉,陈海明.物联网关键技术与应用.计算机科学,2010(6).

[62] 黄鹏.物联网技术的架构与应用.计算机科学,2011(S1).

[63] 樊雪梅.物联网技术发展的研究与综述.计算机测量与控制,2011(5).

[64] 马春光,安婧,毕伟,袁琪.区块链中的智能合约.信息网络安全,2018(11).

[65] 斯雪明,徐蜜雪,苑超.区块链安全研究综述.密码学报,2018(5).

[66] 邵奇峰,金澈清,张召,钱卫宁,周傲英.区块链技术:架构及进展.计算机学报,2018(5).

[67] 袁勇,王飞跃.区块链技术发展现状与展望.自动化学报,2016(4).

[68] 黄俊飞,刘杰.区块链技术研究综述.北京邮电大学学报,2018(2).

[69] 何蒲,于戈,张岩峰,鲍玉斌.区块链技术与应用前瞻综述.计算机科学,2017(4).

[70] 陈伟利,郑子彬.区块链数据分析:现状、趋势与挑战.计算机研究与发展,2018(9).

[71] 王毛路,陆静怡.区块链技术及其在政府治理中的应用研究.电子政务,2018(2).

[72] 贺海武,延安,陈泽华.基于区块链的智能合约技术与应用综述.计算机研究与发展,2018(11).

[73] 韩璇,刘亚敏.区块链技术中的共识机制研究.信息网络安全,2017(9).

[74] 路寻.卓越的人工智能科学家——马文·明斯基.自然辩证法通讯,2010(2).

[75] 张妮,徐文尚,王文文.人工智能技术发展及应用研究综述.煤矿机械,2009(2).

[76] 韩飚,胡德.人工智能在金融领域的应用及应对.武汉金融,2016(7).

[77] 林子筠,吴琼琳,才凤艳.营销领域人工智能研究综述.外国经济与管理,2021(3).

读者意见反馈

为收集对教材的意见建议,进一步完善教材编写并做好服务工作,读者可将对本教材的意见建议通过如下渠道反馈至我社。

咨询电话　400-810-0598

反馈邮箱　zhaopeng1@hep.com.cn

通信地址　北京市朝阳区惠新东街 4 号富盛大厦 1 座 21 层

邮政编码　100029